時枝誠記論文選　言語過程説とは何か

時枝誠記論文選
言語過程説とは何か

時枝誠記 著

書肆心水

目次

時枝誠記論文選　言語過程説とは何か

凡　例

一、底本には『時枝誠記博士論文集　第一冊・第二冊・第三冊』（一九七三―七六年、岩波書店刊行）を使用した。
一、論文の配列は発表年の順とした。同じ年に発表されたものは、掲載誌刊行月の順とした。発表年は各論文の末尾に※印を附して示した。
一、本書では漢字は新字体で表記した。
一、初出時に「現代かなづかい」で発表され、底本において「歴史的かなづかい」に変えられたものについては、底本の表記で掲載した。
一、論文冒頭の見出し目次は省いた。
一、正誤表が附属している場合はそれに従って訂正し、正誤表とそれに関する附記は省いた。
一、明らかな誤植は特にそれと示すことなく訂正した。
一、一篇の論文内において捨て仮名を使用したりしなかったりしている場合があるが、底本のままに表記した。踊り字の使用／不使用も（ごく近接する箇所で不統一であっても）全て底本のままに表記した。
一、丸括弧の範囲を小活字で記すか否かの区別は原則として底本に従った。ただし底本では小活字で組まれている註などにおいては丸括弧の範囲にさらに小さい活字を使用していないが、本書では本文中におけるのと同じ要領で小活字で記した。
一、二行割註で＊を記した註記は本書刊行書によるものである。

本居宣長及び富士谷成章のてにをは研究に就いて

――日本語学史上の一つの古い問題に対する私の考――

一

中世歌学に源を発したてにをは研究は、その初め、現行文典の助動詞助詞、及び係結等の要素を包括した、極めて、漠然とした内容を持つたものであつたが、その後、徳川時代諸学者によつて、その意義が規定され、徳川末期には、漸く、助動詞、助詞の分離が意識され、明治時代に至つて、てにをはは全く助動詞とは分離されて今日に至つた。併し乍ら、現在、てにをはは或は助詞と呼ばれる一群の品詞は、その取扱に関して、学者の間に、極めて異論が多い。明治の初、西洋語学の光に照らされてからは、西洋文典の中に、その組織の規準を求める者があつたけれども、満足な結果を提供しなかつた。西洋文典の模倣に飽足らぬ者は、従来の、日本語学の分類法に従はうとしたけれども、只徒に、外形の継承に終つて、過去の独得の研究から、新しい光を求めるといふ処迄は行かなかつた。文典の組織は反動より反動へと進んで、その難点は、常に、てにをは及び活用の上に存する様であつた。思ふに、てにをはの研究は、日本語の特異の姿を明にする主要な鍵ではあるまいか。本誌卅三号に於いて、私は、活用研究の重要な意義を述べたが（＊「鈴木朖の国語学史上に於ける位置に就いて」）、てにをは研究は活用研究と不可分離の関係を持つて居り、日本語学の興味の中心が、徳川時代を通じて、活用、てにをはの研究にあつた事は道理あることゝいはねばならない。

過去に於けるてにをはの概念内容を明にし、その研究の発達の跡を、今に於いて顧みるといふ事は、極めて必要な事と私は信ずる。明治以後の多くの文法研究者が、単に理論的組織にのみ腐心して過去の研究に、静に耳を傾ける余裕を持たなかつた事は、一つの大きな欠陥であつた。「徳川時代に帰れ」といふ言葉は、強ち、奇矯を強ふるものではないと思ふ。

二

新らしい研究に進むに当つて、語学史、文法史の必要である事、即ち、過去の研究を顧みる事の大切な事は、既に、二三の学者によつて提唱されては居つた。併し、その理由とする処に、私には、猶、飽足らぬ点があつた。

研究史の任務とされて居る処を見るに、それは、過去に於ける研究の到達した範囲を明にして、将来に於ける研究の出発点を知る事であつた。即ち、先人の研究を再び繰返す無益の労を省くと同時に、先人によつて示された暗示を新らしい研究の中に取入れるといふ事であつた。是等も重要な理由である事は、私も認める。併しながら、此の見地から編まれる研究史には、一つの大きな欠陥がある事を見逃してはならない。此の種の研究史は、勢ひ、過去に於ける研究の価値批判に傾くのが常である。事実、明治卅年以後現はれた研究史の多くが、多少とも、当時の最新知識である西洋言語学の問題、方法等を規準にして、これに類似した研究を我が研究史の中に見出さうと努力し、又、これに類似した研究を優れた研究であると考へたのは当然であると云はねばならない。かくして、過去の研究に対する不当な評価、又は、見当違ひの解釈が往々に見えて居つた。又一方には、日本語学史上の重要な事項が一蹴されてしまつた様な事もあつた。併し、一面に於いては、従来埋もれて居つた優れた学者が世に出る様になつた事は事実である。富士谷成章のてにをは研究、鈴木朗の言語起源論等の如きそれである。しかし、研究史によつて、我等の学ぶべき事は、これのみではない。

否、更に重要なものゝある事を忘れてはならない。

私の考へる処では、研究史は常に研究対象の特質をその中に反影して居るといふことである。日本語研究史は、研究者の頭脳に現はれて来る、日本語に対する意識の堆積であらねばならない。従つて、研究史を明にする事は、やがて、研究者の意識を明にする事であり、それは、即ち、研究対象である日本語そのものゝ姿を明にすることである。日本語学史の齎す一つの大きな効果は、実に、それによつて、我々の言語に対する意識をより確実にし、又一方、それによつて、日本語そのものゝ姿を闡明にする事である。特に、徳川時代の如き、外来知識の影響の比較的少い時代に於ける研究史は、此の意味に於いて注目すべきものと考へるのである。かくの如き任務を帯びた研究史は、出来得る限り、価批判を斥け、研究の展開を如実に眺めて、是を記述し、その理由を説明する事でなければならない。

三

研究の意義に就いて、余りに多く述べ過ぎてしまつた様であるが、これが、私の研究史に対する根本的考であり、既に論じ古されたかの観がある、此の宣長、成章のてにをは研究の問題を、今、事新らしく、茲に掲げようとするのも、全く、此の考に基いて、見直して見ようとするに外ならない。

てにをは研究の跡を顧みる時、特に異彩を放つのは、明和、安永期に於ける本居宣長、及び、富士谷成章の研究である。宣長は、紐鏡、詞の玉の緒に、成章は、挿頭抄、脚結抄に共に、殆ど時を同じうして、てにをはの精密な研究を試みられたといふ事は誠に学界の奇異といふべきである。従つて、後世、此の両学者間の相互関係といふ事が興味ある題目となつて、或者は、宣長の玉の緒は脚結抄、挿頭抄等の影響を受けたものであるとし、或者は、成章の著書は彼の門人が宣長の研究によつて増訂を加へて世に出したものであると論じた。此等の論争に対して、最後的論断を下されたのは、上田万年博士であつた。今、私の考を述べる必要上、次に之を掲げる事とする。

富士谷・本居両大人の関係は、久しく国語学史上の一問題なりき。富士谷翁の生涯は千七百三十八年（元文三年）より、千七百七十九年（安永八年）に至り、而して本居翁の玉緒は実に其歿年に成る。富士谷翁の学風は、大人が門弟及著書に乏しかりしこと、学者の最も尊重すべき晩年を有せざりしこと、又其一生の大半を京都に送りたる為に、種々の関係上より十分に其抱負を吐露し得ざりしことなどよりして、永く発達の機を失ひ、独り本居派の学問をして幸運を恣にせしめたれど、猶研究の深密なる点にては、余輩は容易に両大人を軽重し得べからずと信ずるものなり。しかして、学者或は富士谷翁の門人が後に本居翁の説をとりて師説を補ひたるものありといひ、或は宣長翁は成章翁の著書を読みたりといひ、或はまた両大人の学説は全然独立に成り立ちて、其の間には何等の関係なしともいへり、しかれども、たとへ暫く両大人が生前嘗て面談の機を得ざりしこと、及び宣長翁が富士谷の書を読みたることの此の二個の点を事実なりとするも、なほこれらの解釈は何れも軽々に首肯し難く、殊に一の学問は突如として起り得べからず、必ず其の歴史を有すべき事を考ふる時は、両派の学説がたゞ偶然に類似せりといふ事にこれ亦いかゞあらん。こゝに於いて予は、両大人の学問は、均しく他の第三者に其の種子を有するものにはあらざるべきかと考へたり。即ち悦目抄八雲御抄歌林良材抄の如きを始めとし、殊に定家以来の研究として姉ヶ小路家に伝はりたる歌道秘蔵録、手爾波大概抄同十三ヶ条の類、これらが均しく此の時代に於いて民間に伝はり、両翁は共に之を観、やがて各自独立に両家の学問を作り出しにはあらざるか。蓋し一方には、既に成章が歌道秘蔵録を得てその飜刻に着手したることあると同時に、他方には、曾て契沖が賀茂神社に献納したる手爾波研究の書類が、東麿、真淵を経て宣長に伝はりたる形路あるを信じ得べければなり。又本居翁にして当時既に学者間に伝播せられたりと覚ゆる秘蔵録、大概抄などを見ざりしといふことあるべからず、余はこれらの書によりて、両家手爾波の研究の萌芽が茲に明に認められ得べきと信ぜり。さらば両大人はこゝに其の学問の系統を均うし、しかしておの〳〵異りたる方向に其の発達を致したるにはあらざるべきか。思ふに秘蔵録、大概抄の如きは其の一端にすぎざるべしといへども、余はこの提説によつて、永く両学派の争議を解くを得べしと信じ、なほ大方の学者が此の方面に探求をいた

されんことを希望する者なり。（明治卅三年八月言語学雑誌第一巻第七号、同卅六年国語の為第二に転載）

以上の所説に於いて見る如く、博士は、本居、富士谷両学派の直接相互関係の事実を否定し、此の両学派は、中世歌学の秘伝として伝承した手爾波大概抄以下のてにをは研究書を母体とする姉妹関係に立つものである事を論じ、巧に論争を折衷されたものである。

此の上田博士の折衷説は、後進の研究者によつて継承され、本居、富士谷両氏のてにをは研究は、何れ兄たり難く、弟たり難き位置に置かれ、寧ろ、成章の研究は、その精密なる点に於いて、宣長の研究に優るものがあるといふ事は一般に信ぜられる様になつた。

四

本居・富士谷両学派の源流に関する学説は、大体以上の如くである。更に進んで、

一、両学派のてにをは研究の内容、方法の相違、

二、両学派の継承者並にその影響、

の二項に対する従来の説に一瞥を加へようと思ふ。

先づ、両学派の内容、方法に関する見解を見るに、保科孝一氏は国語学小史一五二頁以下に成章のてにをは研究の特点として、次の項を挙げて居られる。

一、材料の豊富なること、

二、分類の緻密なること、

三、歴史的に研究して居ること、

四、てにをはの性質を俗語を以て解釈して居ること、

これに対して、宣長の研究に就いては、一七四頁以下に、

一、材料の点に就いては八代集に限つたのは遺憾である。

二、緻密の点に於いて成章の研究に幾分劣る。

猶、他の二三の語学史は概ね此の説を踏襲したものゝ様である。そして、何れも、相方のてにをはの分類に就いて、粗密の程度を殊に注意して比較して居る。両学派に対する右の如き見解、批評を見るに、そこには何等かの色眼鏡がかけられて居つて、虚心、両大人の著書に対して下された批評であると判断する事は出来ない様に私は思ふ。両学派の真の姿を示さうとしたのでなくして、自らの尺度を以て、これを律しようとした態度が見られる。即、材料の範囲、分類の粗密、歴史的でありや否や等の事は、当時、自然科学方法論に基礎を置いた西洋言語学の与へた智識に過ぎないのではなからうか。この色眼鏡によつて判断する時、宣長の研究も、成章のそれも、その特色は一様の色によつて塗りつぶされてしまふ。研究史に対する態度に就いて、先に、私が言を煩しくしたのは、この危険を斥けようとするが為であつた。思ふに、これ迄の研究に於いては、宣長、成章の研究の本質迄は触れる事が出来なかつたのではないかと考へる。

五

更に進んで、両学派の継承者、並に影響等に関する見解を見るに、此の問題に対しても、諸学者の見解は、殆ど一様で、且つ簡単である。保科孝一氏の所説を見るに、国語学精義一〇一頁以下に、

然るに脚結抄は分類があまり緻密に過ぎて、多少繁雑の嫌があるし、用語が佶倔で容易に了解し難い点があるのみならず、成章の学界上に於ける境遇がかれの学説の普及にきはめて不利な地位にあつたので、脚結抄は弖爾遠波研究上、あまり強大なる勢力を得る事が出来なかつた。之に反して玉緒は分類も繁簡その宜しきを得、説明の方法も頗る巧であるし、且つ宣長の学界に於ける境遇がきはめて有利であつた為に、学者は大抵是に赴いて、その研究法

が玉の緒流になり、その系統を継いだものが多くあらはれた。
右に述べられた如く、成章の用ゐた術語の難解、彼の地位の不遇等の事に禍されて、その研究の実際的価値あるにも拘はらず、玉の緒の如く、有力なる継承者を得ず、又、著しい影響をも与へずして終つたといふ事に於いて一致して居る。以上の諸説を綜合して、図示するならば、左の如くになる。

中世歌学（歌道秘蔵録 手爾波大概抄等）……

　富士谷成章（脚結抄 挿頭抄）……継承者ナク不振ナリ。

　本居宣長（紐鏡 詞の玉の緒）……てにをは研究ノ主流ヲナス。

従来の国語学史の教へる両学派の解釈は、右に示す如く、極めて簡単なものであつて、成章の研究は、たとへ、その研究が優れたものであるにもせよ、研究史上に於いては、単に流星の如く、現はれて来たものに過ぎないことになつて居る。

六

以上、第三、四、五項に於いて、本居宣長及び富士谷成章のてにをは研究の第一、源流、第二、両研究の流派等の問題に就いて、諸説を引用し終つたので、進んで、私の卑見を述べる順序になつた。
日本語学史上に於ける研究の展開の跡を辿つて、本居・富士谷両大人の著書に至る時、私は、以上の諸説によつては、どうしても解け難い多くの疑問に到着した。そして、私は、以上述べ来つた諸問題に対して、全く別個の見地をとる様になつた。此の見地に立つて眺める時、日本語学の展開といふものは、従来考へられて居つたよりも以上に、興味あり、豊富な内容を包括したものであることを知る様になつた。

卑見を以てするならば、二大人の研究は、全然別個の源流を有するものであり、その研究方法に於いて、その言語に対する考へ方に於いて、全く異つた見地をとるものである、此の全く相違した二つの研究は、次第に綜合され、統一されて、徳川末期に於ける、独特なる日本語学が建設されたのである。此の綜合者を、私は、鈴木朗であるとし、これを継承して、統一の仕事を完成したものを本居春庭、僧義門等の所謂、本居派の学者であると考へるのである。かくして、従来信ぜられた本居系統の語学なるものは、単なる、宣長より春庭、義門等への継承ではなくして、こゝに成章の考へ方を加へて見なければ、到底、解釈することが出来ないことを知つた。日本語学に、若し、注目すべき特質があるとするならば、それは此の二つの全然異つた研究を綜合したが為であると解釈して差支へないと、私は判断する。従つて、成章の研究は、研究それ自身に価値があると見る、従来の解釈は、猶不完全であつて、歴史的に見てこれを等閑視することが出来ないと見るべきであらう。以上は私の結論を先づ述べたので、更に、その一々に就いて、従来の諸説と異る理由を説明せねばならない。

七

第一に、宣長、成章の研究の源流に対する私の考を明にすべきであるが、それには、此両者の特質、相違の点を明にすることによつて、自ら解決がつく問題である。先づ、宣長の語学、特にてにをは研究に就いて考察して見よう。

思ふに、宣長の語学研究には、二つの異つた系統が並立して居る。その一は、古典註釈の基礎となつた語学であり、その二は、和歌・文章作法の準備として研究された語学である。古典註釈の基礎となつた語学は、早く、中世に於いて、五音相通、同響、略語、発語、助語等の術語の下に、縦横に、古語の訓釈に従事して居る。此の方法には、賀茂真淵に至つて、更に、延言、略言等が加へられて、古語註釈上、甚だ便利に又、自由になつたと同時に、その弊害を後世に残した。宣長は、真淵の門弟として、古典解釈の上に、此の方法を忠実に継承して、又、それ以上に余り発展もさせなかつた様である。古事記伝を開けば随所に之を認めることが出来るであらう。例へば

国《クニ》は久毛爾《クモニ》又久牟爾《クムニ》の約《ツヾ》まりたるにて、其爾《ニ》は宇比地邇《ウヒヂニ》の邇《ニ》と同くて、彼野渟《ヌス》と通ふ言なるべし……布斯《フシ》は比《ヒ》と切《ツヾ》まれば、香節《カフシ》と買《カヒ》と同じ、さて加比《カヒ》は久比《クヒ》と通ひ、久比《クヒ》は久美《クミ》と通へり。（本居宣長全集第一古事記伝一七七頁）

此の方面の語学は、私の問題には関係がない。

次に、和歌・文章作法の準備としての語学は、中世歌学の中から起つたもので、多くのてにをは秘伝書の中に研究されて、徳川時代に迄伝承されて来たものである。これらの内容は極めて雑然としたものであつて、従つて当時のてにをはなる観念が如何に漠然としたものであつたかゞ分る。今、これらの内容を、大体に於いて整理を加へて見ると次の如くになると思ふ。（例証は古事類苑文学部一ノ三より）

一、呼　応

らんとうたがはんには、か・かは・かも……是らの詞いらずして、はねられ侍らぬにぞ、たとへばうたに、「大虚は恋しき人のかたみかは物おもふごとにながめらるらん。

おさへてつめてはぬる事。「かすが山みねの木の間も月なれば右左にぞ神はまもらん。

二、留り、切り、

ころどまりの事。「三島江の鳰のうきすの乱れ蘆の末葉にかゝる五月雨のころ。

て・に・を・は此四文字を止に置事。「我心なぐさめかねつ更科やおば捨山にてる月を見て。

右いづれも上の句へ打かへして聞心あり、かならず上の句に切る処あるべし。

三、単独のてにをは

や——口あひのや雪や氷。

よび出だすや葛城や。

哉――ねがひ哉。「あふげどもこたへぬ空の浅みどりむなしくはてぬ行末もがな。」

てにはの哉。「東路の不破の関屋の鈴むしをむまやにふると思ひけるかな。」

以上、要約した処を以て見るに、こゝには、てにをはそのもの、意義内容を説明しようとして居るのでなく、和歌の呼応、断続、特殊な単語の使用法等を述べて、それらを総括して、てにをはなる名称を与へたものと見るのが最も当を得たものゝ様に私は考へる。

かくの如き内容を持つたてにをは研究は、元禄時代に於ける古学復興の精神、万葉集や古事記註釈の仕事とは、いたく懸離れたものであつた。従つて契沖や真淵にはこれらのてにをは研究は主要な問題とはなり得なかつた。然るに、宣長は、その古典註釈の精神を真淵より受け継いだにも拘はらず、彼の和歌に対する考は真淵とは根本的に異るものであつた。（佐佐木信綱博士日本歌学史三〇九頁以下参照）

真淵は和歌に於ける真情を尊び、作為を斥け、その理想を上代歌謡の中に見出した。宣長は是に反して、新古今集の「物のあはれ」をその理想と考へた。此の和歌に対する相反した態度は、和歌に用ゐられる言葉に対する根本的に異つた考を抱かせる様になつた。真淵は祝詞考序に於いて、奈良朝以前の言語のすぐれて居ることを称揚し、「そがつぎ〳〵詞はいやくだちにくだちまよわに弱らひつゝ更にあげつらふべくもあらずなもある云々」と言語の次第に堕落して行くことを歎いて居る。是に反して、宣長は、その著「うひ山ぶみ」に於いて、和歌の理想を述べて、「歌はおもふまゝにたゞにいひ出る物にはあらずかならず言にあやをなしてとゝのへいふ道」であると論じ、古今集以後、世々の勅撰集に対して批評を下し、「新古今集はそのころの上手たちの歌どもは、意も詞もつゞけざまも一首のすがたも別にひとつのふりにて、前にも後にもたぐひなく云々」と推賞して居る。宣長に従へば、言葉は古今集以後、次第にその美しさを増し、新古今集に至つて極まつたものである。この和歌に対する、真淵とは異つた考は、真淵より継承した古典註釈以外の語学研究を開拓させる様になつた。それは実に中世歌学に随伴して起つたてにをは研究の上に築き上げられたものであつた。

八

宣長に、二つの語学の系統がある事は前条述べた如くであるが、今、こゝに、問題になるのは、彼の歌学に随伴して起つたてにをは研究である。中世歌学のてにをは秘伝書が宣長に至つて如何に発展して行つたかといふことを、先づ、明にせねばならない。或は、又、宣長の研究が、はたして、中世歌学のてにをは研究を大成したものと考へられ得るかといふことを見なければならない。彼のてにをは研究書、「詞の玉の緒」の体裁を見るに、大体に於いて、その主要なる点は、中世てにをは秘伝書の延長と見て差支へないと考へられる。以下、玉の緒の巻々の内容を概観して見よう。

第一巻—は・も・徒・ぞ・の・や・何・こそによつて係が起こされ、それによつて、夫々結が変化して行く場合、宣長の所謂三転の変化で、これは前に述べた中世歌学の呼応の部に入るべきものである。

「有明のつれなく見えしわかれより暁ばかりうきものはなし。」

「かくばかりをしと思ふ夜をいたづらにねてあかすらん人さへぞうき。」

「をみなへし吹すぎてくる秋風はめには見えねどかこそしるけれ。」

第二巻—留りより上へかへるてにをは、これは前の留りと切りとの関係と見ることが出来る。

よそにのみ恋やわたらん—しら山のゆき見るべくもあらぬ我身は

重なるてにをはの格、これは第一巻の呼応の一種と見られる。

てにをは不調歌、これも第一巻の呼応の一種と見られる。

第三巻—係に応ずる三転以外の種々な結び。これも呼応の一種と見られる。

「青柳のかた糸によりて鶯のぬふてふ笠はうめの花笠。」

又、種々な係の例があるが、これらも結びを予想して居ると思はれる故、一種の呼応である。三転以外の呼応関係の雑例を此の巻に見ることが出来る。

第四巻―同じく三転以外の呼応の関係である。

「たに風にとくるこほりのひまごとにうち出る波や春のはつ花。

語のとぢめに置くてにをは。これはてにをはと和歌の切りとの関係である。

「妻こふる鹿ぞなくなるをみなべしおのがすむ野の花と知らすや。

全然呼応に関係ないものもある。雑のやとして出したのは之に属する。

すがはらや伏見の里、
なには津にさくやこの花、
但しこれも「右条々雑のやなり、いづれも切るゝ故に下の結びにかゝはらず」と宣長が但書を加へて居る処を見るに、やはり、呼応の関係如何といふことが研究の根底をなして居る様に思はれる。

第五巻―これも三転以外の呼応の関係を示す。

「人ならば思ふこゝろをいひてましよしやさこそはしづのをだ巻。

呼応に関係のない、と・を・に・な等のてにをはの意義用法に就いて示す。これは中世歌学の単独のてにをはの部に入る。

第六巻―三転及三転以外の結辞に就いて説明あり。これは云ふ迄もなく呼応の関係である。

古き歌の例を考るに、ましと結べるはおほくは上にばといふ辞あり。「花のごとよのつねならば過してしむかしはまたもかへりきなまし。

第七巻―古風の部
文章の部
以上、玉の緒を要約して見ると、その主とする処は呼応の関係、てにをはと和歌の切り、留りの関係及び単独なるてにをはの説明の三部に分けて見ることが出来る。これは全く宣長以前に於けるてにをは秘伝書の内容と相一致する処である。詞の玉の緒は、決して、単なるてにをはの分類・排列を企図したものでないことは、以上の説明を以て明になつたと思ふ。保科孝一氏が宣長の研究に於いて、如何にてにをはが分類されて居るかを求めようとされた事は、私は賛成出来ない（国語学小史一七五頁参照）。

九

右に述べた事は、宣長のてにをは研究の内容、及びそれに基く、研究の源流に関する私の考であるが、それならば、宣長は中世の研究より以上には一歩も進めなかつたのであらうか。何を彼は中世の研究に加へることが出来たのであらうか。

中世の研究と比較して、彼の著書を貫いて著しく目につくことは、一は、てにをはの法則に対する彼の観念が極めて明瞭に示されて居る事、二は、そのてにをはの種となる法則が不変のものであり、又、不変でなければならないといふ主張である。此の二つの考を主張するが為に、彼の玉の緒は書かれたものであり、豊富な材料が集められたものであると云つてよいのである。先づ、彼のてにをはの法則に対する観念を明にしよう。此の事は重要な事であると考へるのに、今迄、余りに等閑視されて居つたのは不思議な位に思はれる。玉の緒の序に、

「此ふみの名よ、玉の緒としもつけゝるよしは、人の身のよそひにも、万の物のかざりにも、あがれりし世には、高きいやしきほど〳〵に、みな玉をなむものして、いみしきたからのおやとはしければ、……此緒こそげにいとなのめなるまじき物には有けれ、……ことの葉の玉のよそひはた此ぬきつらぬるてにをはからなん、ともかくもあめるわざなれば、又よそへてなむ。」

又、一巻の総論に、

「かのからぶみの助字といふなる物は、その本と末とをあひてらして、かなへあはするさだまりはなきものなるを、てにをはゝ、たしかにさだまりのあと有ていさゝかもたがひぬれば、言の葉とゝのはず」

又、七の巻総論に、

「歌にまれ詞にまれ、此てにをはのとゝのはざるは、たとへばつたなき手して縫たらん衣のごとし、その言葉はいかにめでたき綾錦なりとも、ぬへるさまのあしからんは、見ぐるしからじやは」

以上、挙げた宣長の説明は、てにをはをその法則の方面から見たもので、てにをはそのものゝ内容を明にしたものとはいひ得ないかも知れない。併し、それは間接に、説明して居ると見るべきであらう。宣長は、てにをはの法則を玉を貫く緒を以て、又、衣を縫ふ糸を以て、又、その縫ふ技術を以て之を譬へて居る。そして、てにをはを常に呼応の法則と不可分離のものと考へた事は注目すべきことである。かくして、宣長に於いては、てにをはは極めて抽象的の概念になつて居る。此の考は、彼の門弟鈴木朗によつて、猶一層、明瞭に規定される様になつた。（朗のてにをはに対する考方は、必しも宣長より伝へたもののみではなく、他の要素があると認めることが出来るけれども）

鈴木朗著言語四種論テニヲハノ事の条に、

「三種（体ノ詞、作用ノ詞、形状ノ詞）ハ物事ヲサシ顕ハシテ詞トナリ、テニヲハハ其詞ニツケル心ノ声也。詞ハ玉ノ如ク、テニヲハハ緒ノ如シ、詞ハ器物ノ如クテニヲハハソレヲ使ヒ動カス手ノ如シ、」

とあるを比較すれば、宣長の以上の言は、朗にとつては、極めて暗示的なものであつたらうと推定することは困難でない。

次に、彼が此の法則を不易のものと考へ、又、不易でなければならないと考へた事は、玉の緒一の巻総論に、

「てにをはは神代よりおのづから万のことばにそなはりて、その本末をかなへあはするさだまりなん有て、あがれる世はさらにもいはず、中昔のほどまでも、おのづからよくとゝのひて、たがへるふしはをさ〳〵なかりけるを世くだりては、歌にもさらぬ詞にも、このとゝのへをあやまりて、本末もてひがむるたぐひのみおほかるゆゑに、おの

れ今此書をかきあらはせるはそのさだまりをつぶさにをしへさとさんとてなり」

彼の和歌に対する理想、てにをはの法則に対する信念、これが右の言葉を貫いて存在し、そこに玉の緒七巻が成立したのである。本書が単なるてにをはの分類書でないことは右の総論によつても明かなことである。玉の緒が語学研究の著書として、その材料の範囲、研究法の上に欠漏があらうとも、それは、今、さまで、問題とすべきことではない。宣長のてにをは研究の源流及び研究の内容に就いて述べ終つた。進んで、その影響に就いて論ずる前に、成章の研究を一通り考察し度いと思ふ。

十

歌人であり、歌学者である富士谷成章の開拓した語学は、宣長の語学の一面である、和歌・文章作法の為の語学であつた。挿頭抄論に、

「道（和歌の道を指す）は大いなる願にして言の葉は卑しき務なれど、道に志して、言の葉にかゝづらはむ事を恥づるは筑紫に行かまほしき人の淀の渡りせじといはむが如し。」

と云つて居るのは、言葉の研究を何処迄も手段と考へて居つた事明であつて、且つ、成章は言語の研究の為に、和歌の大道を忘れる事を誡めて居る。かくの如く、玉の緒と相等しき目的の為に生れた成章の語学が、又、玉の緒と相等しい源流である、てにをは秘伝書の中から生れたと見る、従来の説は、余りに、皮相の見に陥つて居はせぬだらうか。その取扱はれた問題の上では、両者は極めて類似して居る。しかし、その考へ方、組織の方法に於いて、はたして同一種類のものであらうか。私の考では、成章の研究の根本精神は、宣長のそれとは、全然異るものであつて、寧ろ、それは、漢学に附随する度の語学の中に系統を引くものではないかと考へる。此の全然別の見方に基くてにをは研究が、中世歌学の系統を引く、宣長のてにをは研究と融合、統一される処に、日本語学の特殊な発達を見たのではなからうか。

そこで、問題は、漢学に附随する語学とは如何なるものであるかといふことになる。此の問題に就いては、私は、未だ充分の研究を遂げてないので、組織立つたことは述べられない。只、僅の一般に知られた材料に基いて、成章の研究の特色と、その源流の推定だけを試みて見たいと思ふ。

成章の語学研究が、漢語学に影響されては居らぬであらうかといふ想像を助ける、最も近い手がゝりは、彼の兄、皆川淇園が開物学の創始者として、語学的研究に造詣あることである。彼の経学は天下の事物の名義の精奥に通達する処に初まる。彼の助字、虚字、実字等の研究は要するにそれが為である。此の助虚実等の分類、或はそれに類する分類は、既に、東涯、徂徠、春台等の古学、古文辞学派の諸学者の研究した処で、要するに、それは言語の分解による一つの単位であつて、現今の品詞的分類に相当するものである。此の分類法の精神が、そのまゝ、弟成章に影響を及ぼして、彼の、挿頭・脚結・装・名の四つの分類を案出させたのではなからうか。又、淇園と成章の著書には、互に、共通した体裁をなして居ることも此の事実を裏書するものではあるまいか。試みに淇園の史記助字法を見るに、

用矣法　カ《マヽ》フアツタ、カフアルナド云意ナリ已往、方今、未来ヲ云ニ拘ラズ何ニテモ其アリサマヲ語ル辞ノ助字ナリ。

とあるのは、成章が脚結、挿頭の解釈に常に俚言を用ゐた事と相等しく、又、助字の意味の説明に於いて、特に親切である事も亦共通して居ると云ふことが出来る。若し、成章の子、御杖の言霊研究を考へ合せるならば、淇園、成章、御杖の三人を以て、助字、てにをはの研究に、特殊な学風を見ることが出来るであらう。これらの品詞的分類、俚言にての解釈、意味の考究等の事は、成章のてにをは研究が宣長のそれと明瞭に区別さるべき点である。そして、成章は単に、漢語学の分類法を国語の分類法の上に応用するに止つたのであらうか。彼の脚結の研究は、単に助字の飜訳であつたらうか。

成章のてにをは研究が、漢語学の助字の研究と相対するものであることは、以上の説明によつて、ほゞ想像がつくと思ふ。更に重要な事は、この研究法が、直に、彼の活用研究に密接な関係を持つて居るといふことである。換言すれば、漢語学は、日本語学の重要な部分を占める、活用・てにをはの研究を誘導したと見る事が出来る。此の研究の展開は如何なる順序を以て進んだか。

一、漢語学の品詞的分類は、成章をして、先づ、国語の分解を試みしめた。

（挿頭（脚結　（名（装（脚（名（脚（装　（挿　（挿　（挿（名　（脚（装　（脚

（いつ（とても（月（み（ぬ（秋（は（なき（ものを（わきて（こ（よひ（の（めづらしき（かな

二、日本語の特質は、品詞的分解を、漢語に於ける如く容易には、進捗せしめなかつた。即、各品詞間の連鎖の上に特殊な関係ある事を発見せしめた。かくして、一方に、装図の成立を見、又、一方に、脚結抄の研究を成立せしめた。

成章の装図なるものは、用言＋てにをはよりてにをはを分離した際の接続面である。成章の装図並に脚結抄には、此の両接続面が明示されてゐる。此の事に就いては、本誌卅三号に、私は卑見を述べて、活用とは用言とてにをはとの断続による用言の種々なる接続面を示したものである事を論じた。従来、成章のてにをは研究を論ずるものが、単に、その精密な分類にのみ着眼したのは誤である。脚結抄本来の面目は脚結と脚結、其他の品詞との接続関係を示したものと解すべきである。かく見て来ると、装図と脚結抄は全然別の研究ではなくして、本来一個の統一した研究である。さればこそ、此の二つの研究がやがて、結合されて、活用研究の主流を形造ることが出来たのである。

成章の、名・装・挿頭・脚結の四分法は、日本語学史上の品詞分類の第一頁を飾るものではあるけれど、その研究は、寧ろ、活用てにをはの方面に展開して行つたといふことは、日本語そのものゝ特質から、自ら進んだ処の方向であらう。成章の四分法、てにをは研究も、此の流の上に置いて、始めて正当に批判されるべきものと思ふ。

十二

最後に、私は此の学派の後継者並に影響の点に就いて考へて見度い。此の問題に就いての一般の説は、第五項に掲げて置いたが此の点に於いても、私の考は相反する研究の外観を眺めて、その展開を云々することは、研究史を叙する上に何等の価値もないことは云ふ迄もない。成章の研究も、彼の残した、あの煩瑣な体裁に於いて、之を継承した者は、通説の如く、極めて少い。然るに、玉の緒の流は甚だ賑やかである。併し、是はほんの外観に過ぎない。我々はもつと内面的展開を洞察しなければならない。玉の緒、紐鏡に於いて、宣長の帰納し得た呼応の法則が、現行文典に見る様な係結の法則に迄、整頓される為には、どうしても、茲に、用言の整理といふことが予想されねばならないのである。然るに、宣長の用言の研究は、御国詞活用抄に見る様に、未完成のものである。こゝにどうしても新らしい要素が要求されねばならなくなる。この要求に応じ得るものは、即、富士谷成章のてにをは研究、及び活用研究である。成章の活用研究を整理し、玉の緒の法則を是に加へたのは、前にも述べた如く、鈴木朗であるが、朗は、用言の分類に於いて、宣長の研究をそのまゝ踏襲した為に、両学派は僅に混合された程度であつたが、本居春庭が八衢に於いて、用言を五十音図に従つて排列した為に、宣長の係結の関係、成章のてにをはの接続等の研究は、渾然として統一され、日本語学の独得の成果を得たわけである。かく見て来るならば、日本語学の主流を、単に、宣長の系統と断ずることは、全く理由のないことであつて、成章が如何に重要な役目を持つて居るかと云ふことを知る事が出来るのである。

十三　結

以上十二項に亙つて、本居、富士谷両学派のてにをは研究の内容並に系統に就いて、従来の解釈、見方の誤と考へられる処を訂正して来た。そして、私の得た系統図は、

中世歌学のてにをは研究（歌道秘蔵録手爾波大概抄等）……本居宣長（てにをは紐鏡詞の玉の緒御国詞活用抄）

漢語学……………………富士谷成章（挿頭抄脚結抄装図）

→鈴木朗（活語断続譜言語四種論）→本居春庭（詞のやちまた）→

併し、私が此の小稿を認める理由は、単に従来の学説を訂正しようといふ企図ばかりでなく、更に重要な事は、日本語学史上に、いかに種々なるてにをはの観念が暗示されて居るかを考へて見度い為であつた。又、もう一つの理由は、純粋日本語学と考へられる組織の中に、外来の要素がいかに影響を与へて居るかといふこと、そして、是等のてにをはの観念なり、語学の組織なりが、日本語そのもの丶特質を如何に反影して居るかといふことを考へて見度い為であつた。現今の日本語学の中には、なほ此の外に、西洋語学の影響と認められる分子を混じて居る。これらのものをその要素、要素に分解して、その拠つて来る処を明にし、日本語そのもの丶特質を明かにして始めて、こ丶に、新らしい日本語研究が組織されるのではなからうか。それは将来の問題である。論旨の不徹底、先哲の研究に対する誤解等があるならば、大方の諱憚なき御示教によつて、訂正を加へ度いと思ふ。

（※一九二七年発表）

国語学の体系についての卑見

菊沢季生氏の「新興国語学の再建」と題された国語学の新体系樹立に就いての御高見に関して、卑見を求められるままに、以下極めて随筆的な所感を述べさしていたゞいて、菊沢氏並に世の識者の御是正を得たいと思ふのであります。

将来の国語学の建設には、菊沢氏の云はれる様に、泰西言語学の原理方法の指導に俟つべきことは勿論でありまして、多くの言語学書の飜訳の出現が待望せらるべきことは、将来の国語学の建設に当つて多言を要しない事でありませう。と同時に、一方忘れることの出来ないことは、国語学者が、国語それ自身に内在するあらゆる国語的現象を拾ひ求めて、実証的に体系なり、法則なりを立てて行かねばならぬことだと思ひます。

前者は外部から国語を規定し、認識することであり、後者は内部からその組織を建設することであります。此の二の道は共に重要な手段であつて、人各〻その得意とする方向を選ぶことが出来るでありませう。

私は従来、その後者の手段を私の任務と考へて進んで来ました。将来とても亦此の道を続けるでありませう。私には、予め規定せられた国語研究の部門と云ふ様なもの、例へば音韻研究とか、意味研究とか、語法研究とか云ふ様なものの持合はせがありません。只管に雑多な国語現象を拾ひ集めようと努力します。例へば「家」といふものが、或る時には「いへ」と書かれ、或る時には「いえ」又は「いゑ」と書かれると云ふ様なことを、一の国語現象として拾ひ上げて、そしてその現象の意味を考へようとします。丁度植物学者が色々な植物を採集して、そこに何等かの分類や系統を求める様に、私は務めて既成の概念を捨てゝ、只管に国語現象に直面してそこに何らかの意味を発見したいと思ふのです。これらの国語現象の断片は私に断片的ながら国語に就いての或る意識を構成して行きます。文字とか、音韻とか、語法とか、仮名遣とかそれらの国語現象は、皆私にとつては国語の断片的な意識に他ならないのです。

かくの如く、自分自身の脳中に国語の意識を建設して行くことを私は国語学の第一歩と考へたいのであります。私の脳中にはこれら雑多な国語現象を通して朧気ながら、国語の歴史性とか、方処性とか、或は語法とか、語義とか、音声とか、文字とか色々な意識が積み上げられて来ると思ふのですが、併しそれは未だほんの堆積に過ぎないものであつて、未だ建築に役立つ迄には整理されて居ないものです。此の堆積せられた意識の統合、組織こそは、私にとつては、私の国語学の目標とすべきものと考へるのであります。

から云ふ過程を持つて居る私の国語研究は、その出発点を私の国語学史に持つて居ます。私の国語学史は、国語への凝視を教へ、国語意識の建設を企図するものであります。国語学史は、将来の国語学の建設にとつて、原理方法を暗示することを目的とするものでなく、国語が正に意識せらるべき正当の方向を暗示するものであります。

私の方法は、既に述べました様に、或る外部的の研究部門とか、研究方法とかによつて国語を認識しようとすることでなく、国語への凝視により、国語の個々の現象の克明な考察によつて、内面から国語研究の部門を展開せしめ、研究部門を体系付けようとするのであります。凝視が深まれば深まる程、個々の現象の考察が拡大されればされる程、そこに国語学は無限に研究部門を展開するでありませう。

随筆風にと御断りしてある様に、私は論理の筋道を越えて次の問題に移りませう。

菊沢氏は、言語をその要素――音声と意義――に分析して、研究の根本とされようとします。それも一の見方であり、一の方法でありませう。併し私には、言語が一の表現活動であり、理解活動であるといふ本質観が先づ頭にこびりついて居るのを感ずるのであります。此の本質観は私に音声意義といふ言語の二面観をとらせることを躊躇させます。言語はさういふ出来上つた「もの」でなく、「こと」でありませう。宛も「波」が風と水との合成になる「もの」でなく、水が風によつて起される一の「こと」である様に、言語は、文字や音声と意義とに分析せられる「もの」でなく、文字や音声と意義とを連鎖する一の表現理解の活動であり、「こと」でありませう。から一言に簡単に決めてしまふことは恐らく随分問題がありませう。金田一氏の国語音韻論第二節言語と国語の条を見ても私の考は誤の様に思はれます。併し私の理解の不敏な為か、私には言語を一の「もの」と見ることが納得出来ない不安があるのであります。金田一氏の説に従へば、「こと」としての言語には歴史がない単なる繰返しの活動の様に説かれてあります。併し「こと」としての言語はたしてさう云ふものでありませうか。Ａといふ観念がａといふ音に結び付く此の言語の表現の働は、常に同一なる「こと」と考へられませうか。ａといふ音に結び付くと云ふ概念は、常に動いて居るとは見られないでせうか。従つてその「こと」としての言語は異らねばなりますまい。宛も大洋の波が風の強弱により、波長を異にし高低を異にし変化して居ると同様でせう。波そのものとしては同じであらうとも波の運動としては相違して居ると思ひます。言語が一の「もの」と見える場合にも、それは依然として一の「こと」であると私には思はれます。英語を学ぶとか、支那語を学ぶとか云つても、それは「もの」としての英語或は支那語を学ぶのでなく、英語支那語といふ或る特定の言語の表現及び理解の過程を習得することになると思ひます。言語を「もの」と見る考から、言語は文化財であると云ふ言葉が使はれます。併しそれは美術や道徳が我々の生活に伝へられるのと全く異るものであります。我々の生活が変じ環境が変ずれば、我々は自分の祖先とは同じ言語を用ゐるとは限りません。外形はたとへ同じでも内容が異るといふことは、言語が構成体でなく一の「こと」である証拠でせう。言語を構成体であるとする、見方と、言語に変化があると云ふ見方には大きな矛盾があります。ソッシュールはそれを説明して、変化は観念と記号との繋鎖が弛緩したのだと云ひ、変化の原因を時に帰して居ります（小林氏訳原論第二章）。言語を「もの」とする見方と、従つて試みられた自然科学的説明は私には納得出来ません。

　そこで問題は国語学の研究部門の展開は、国語の中から音声や意義を分析して一の研究部門を立てることでなくて、音声や意義が言語の中に占むべき位置を明にし決定することに寧ろ存するのではないでせうか。言語を観察するに当つて、我々が公理として認めてよい只一のものは、それが表現理解の一形態であると云ふこと以外には私には考へ得られないと思ひます。言語を音声と意義とに分析して考へることは、宛も「波」を水と風とに分析して考へる様なもので、遂にそれは「波」の本質的考察を逸脱するのではないかと云ふ不安が私には付き纏ふのであります。

総てが懐疑的に終つて、とりとめが無くなりましたが、繰返して私の考を纏めて見ますならば、国語研究の私の方法は、国語に現はれた諸現象を大小となく拾ひ集めて、それを表現理解の働と云ふ言語の本質観を枢軸に置いて、考へて見ようといふのが、私の今持ち合はせて居る国語研究のプランであります。若し「もの」としての言語を想定せねば総てが解釈し得られないといふ行きつまりに到達した場合に、始めて私のプランの展開が予想せられるのであつて、それまでは私は忠実に私の言語の本質観が保持せられねばならないのだと確信するのであります。私が言語を経験し得るのは、私一個の日常生活に於ける表現理解の精神的活動それ以外にはないと思ひます。私は此の第一経験を先づ大切に持つて居なければならないと思ひます。そこが国語研究の出発点だと思ひます。若しさう云ふ「こと」としての経験以外に、「もの」としての国語と云ふ様なものが考へられるとしたならば、我々は一応さう云ふ国語と云ふ意識の依つて来たる処を検討して見る必要があると思ひます。

此のプランには、国語学の体系も、又研究部門も未決定のまゝに残されてあります。只出発点と方向だけしか示されてありません。実際私の今持合はせて居るものがそれだけなのです。私自身極めて幼稚に思ひ、又不安なプランでありますが、菊沢氏が立論せられた此の機会に私の平生の疑問を開陳して、菊沢氏並に大方の御示教を得るならば、之亦私の為には得難い好機と考へて、極めて非論理的な随筆めいたものを草することゝしたのであります。立論ではなく一個の感想であります、併し常に私の研究の奥底を支配して居る感想であると思ふと恐ろしい感がします。

（昭和八年十一月八日草）

（※一九三三年発表）

文の解釈上より見た助詞助動詞

序　論

動詞助動詞其の他一切の語の類別の方法に就いては、既に多くの学者によつて、種々な立場や見方が示されて来た。例へば、山田孝雄氏の如きは、独立観念の有無によつて語を二大別し、これを観念語、関係語と名付けられた。此の類別法は、語の思想的内容に基いたものと云ふことが出来る（日本文法概論八四頁）。又例へば、橋本進吉氏の如きは、語を文節構成上に於ける相違の点から、一はそれ自らで独立して文節を構成し得るもの、二は常に第一の語に伴つて文節を構成し得るものに二大別された（国語法要説一一頁―一二頁）。そしてこれを詞、辞と名付けられた。此の類別法は、語の思想的内容によらず、語の職能即ち語が文節の断続や連接上の種々の関係を如何に担ひ如何に表すかの相違によつたものである（国語法要説七一頁）。前者を言語の意義による類別と称するならば、後者は言語の形式による類別と称することが出来ると思ふ。

私は今、これらの説や立場に就いて、批評を加へようとするのではない。只私の考へたいことは、以上二種の説や立場以外に猶別に考へるべき道がないであらうかと云ふことである。猶根本的には、言語の考察には、如何なる立場や方法をとるのが至当であらうかの問題に就いてである。その一の立場を、私は仮に「文の解釈上より見た類別法」と名付けて見たのである。この立場を主張するに就いて、私には次の様な態度考へ方が根本にあることを先づ述べて置かなければならないと思ふ。

言語はその本質として、人間が思想感情等を、可聴的な或は可視的な媒材即ち音声或は文字を借りて外部に表出する処の精神活動であると云ふことが出来るであらう。若しさうであるならば、文法体系の研究ばかりでなく、一切の言語現象の研究と云ふことは、先づこれら可聴的或は可視的な媒材を通して、表現者の精神活動の過程を再建することから始めなければならない。これは明らかに、一の解釈的な作業であると云はなければならない。従つて或る語の解釈に於いて、我々がそれを妥当であると考へたことは、言語の体系を考へる一の重要な足場であると考へてよいと思ふのである。例へば、山田孝雄氏は、「あり」と云ふ語を存在詞と命名されたが、此の語の使用例を見ると、

一　こゝに梅の樹がある
二　これは梅の樹である

の二種が存在する。「あり」の語形式は右の二の文に於いて全く同一であるが、此の二の文から「あり」を解釈して、我々が妥当と考へる意味には、第一は存在を表はすが、第二は話者の判断を表はすと云ふ大きな相違があることは、誰しも気付くことであらう。此の二の相違は、「あり」それ自身の語形式からは帰納し得られないが、客観的には文の構造から、主観的には文意の把握の上から明らかに考へ得られることであつて、この解釈による語の意味の相違は、語の体系を考へる上の一の大きな示唆でなければならないと思ふのである。又例へば、橋本進吉氏の採られた方法による、語の形式を主とした分類に従へば、助動詞と接尾辞とは本質的には何等の相違をも見出すことが出来ないと云ふ理論的結論に到達する。併し乍ら、若し文の解釈上、どうしても助動詞と接尾辞とは同一視することが出来ないとなれば、我々はもう一度右の結論に就いて反省して見る必要が起こるのである。この様に、語それ自身から帰納し得られた理論が如何にあらうとも、文意の理解に照して不合理だと考へられる場合には、そこに何等か別の考へ方が存在すべきであると見て、文法体系にもう一度反省を加へて見たいと云ふのが私の主張する立場なのである。

私の立場については、猶一言述べて置かなければならないことがある。文意の把握を足場として、言語の現象を考察して行くと云ふことは、形式を主として研究して行かねばならぬ言語研究に於いては、本末顛倒ではないかと云ふ抗議に対して、どう弁解すべきであるか。言語研究は勿論、思想の研究ではなくして、何処迄も形式が主でなければならない。併し乍ら、此の形式を把握させるものは、何かと云へば、先づ最初に文意の把握でなければならない。橋本進吉氏の形式を主とした処の立場といへども、文節の分析それ自身やはり文意の把握の上に立脚したものであることによつてもこの事は明らかなことであらう。解釈に基く言語の考察と云ふことは、実践的な一の方法として我々の立場を規定して居るのである。

私は右の様な立場に基いて、先づ従来助詞助動詞と云はれたものを、文の解釈の上から、これを文法的にどう取扱ふのが最も適切であるかを常に念頭に置き、そこから此の二品詞の本質を考へ、更に進んで、従来此の二品詞の中に収められて居る語が、はたしてあのまゝでよいものであるか否かを考へて見ようと思ふのである。結局に於いて、文意解釈の妥当性と云ふことと、文法体系の合理性といふことが一致すべきものであるか否かと云ふことが一の大きな問題として残されるであらう。

一　表現過程の相違による語の二大別　概念語――観念語

文意の解釈上、所謂助詞助動詞の中に含まれる語は、これを他の名詞動詞形容詞等の語と比較して考へる時、その著しく相違して居ると考へられる点は次の様な事実である。例へば、

　我は行かむ

と云ふ文に於いて、はむを、「我」「行く」と比較して見る時、その思想内容に就いては、此の両者は、共に或る観念を表はして居るものであることに於いて何等の相違を見出すことが出来ない。はむの表はす観念は甚だ稀薄であつて把握

することは困難であるが、これを

我も行くまじ

のもまじと比較して見る時、それが或る厳然たる観念であることは明らかに認められることである。だから語の持つ思想内容から助詞助動詞を他の語と区別することは困難である。処がこれらの語を、それが表現される過程に就いて見る時、「我」「行く」は夫々の思想内容を概念化して表出してゐるのに反して、はむは、思想内容が概念化せられず、そのまゝ直接的に表出されて居る。これは語の性質から見て著しい相違であると見なければならない。この事実は、次の様な例の対比について見れば一層明らかになるであらう。

一　悲しい　驚く　急げ

二　あゝ　おやまあ　さあ〳〵

第一類第二類の表はすものを、その思想内容から見れば、共に「悲しみ」「驚き」「急ぎ」と云ふ同一事実であるが、「悲しい」と表出するのは、悲しみの感情を概念化して表出したのであり、「あゝ」とは、概念過程を経ず直接的に表出したのである。前例のはむは右の第二類の感歎詞に本質的に類似して居るのである。この概念過程を有するか否かと云ふことが、助詞助動詞を特色付ける第一に重要なことであると思ふ。

概念過程と云ふことは、話者の意識内容を話者から切り離して、話者の外にあるものとし、対象化して表現することである。従つて概念化せられた語は、話者以外の他のものの心理的内容に就いても表出することが出来る。「我」は「我にかへる」と云ふ様に、又「行く」は「彼も行く」と云ふ様に表現に自由さがある。これに反して概念過程を経ない直接表現の語は常に話者の意識に関することだけしか表現し得ない。

彼も行かむ

に於いて、もは彼自身が「自分も行かう」と云ふ意志を持つて居ることを云つたのではない。「彼」と話者との関係から、話者が「彼」に就いて持つ或る意識を表出したのである。むも同様に、「彼」が持つ所の予想或は想像を表はしたものでなく、此の文の話者の心理に属する予想或は想像を表出したものである。これは感歎詞にも共通する処の性質であり、この事は極めて自明のことであるから、文の解釈上誰しも無意識の中に右の様に誤りなく把握することが出来るのであるが、これが語の性質として注意すべきであることに就いては余り云はれて居ない。

私は右の様な表現過程の相違に基いて語を二大別し、一を概念語、他を観念語とすることとした。

語を、単に音声と心的内容との聯合したものと考へるならば、一切の語は、その点に関しては皆同一性質のものであると云はなければならない。即ち「む」も「想像す」「予想す」などと云ふ語と何等変つた処はない。併し乍ら、実際に於いては、右述べた様な著しい相違が存することは、語の表現過程に於いて著しい相違が存すると考へなければ説明し難いことである。即ち我々は、自己の心的内容を表出する場合に、二の異つた過程に於いて行ふのであり、ここに語を性質上から類別する根拠が生まれて来るのである。そして、この性質上の相違の故に、語はその表現内容に於いて自ら右述べた如く限定されて来ると云ふ結果を齎すのである。

第一の概念語とは、話者の意識内容を概念過程を経て表出したものであり、従つてかくして表出された対象は、話者に於いては、自我の外に置かれたものと考へられる対象の世界を構成する。「我は行かむ」の「我」は、自我を対象化して表出したもので、「汝」「彼」と全く同等の位置に置かれた「我」なのである。第二の観念語とは、右の様な概念過程を経ない、対象化せられない処の表出であつて、それは概念語によつて表出された対象世界に対する、話者の種々なる立場の表出である。此の二種の語は、表現過程を異にすると同時に、対象世界と自我との二の世界を示すものであり、解釈上からは、此の截然とした区別は常に実践的に要求される所のものなのである。所謂助詞助動詞の大部分は、かくして私の所謂観念語の中に包摂することが出来ると思ふのである。

今迄述べた語の表現過程と云ふことは、決して語の持つ意義の方面即ち心的内容とは同一ではない。それは、それとは全然別個である処の語自身の持つ性質に関することである。従つて、表現過程と云ふことは、語の類別の基準として充分堪へ得る処のものである。文意の解釈から入つて把握された語の表現過程と云ふ事実は、音声と心的内容との聯合を語と考へる語構成観からは説明し難いものであつて、語は常に心的内容より音声へ、又音声より心的内容へと循環する一の心的活動であると考へなければならないと云ふ結論に到達するのであるが、この点は猶大に批判の余地があることと考へるのである。

二　文意の上より見た助詞助動詞と他の語との接続関係

文意の解釈上、助詞助動詞はこれを観念語と考へ、他の概念語と截然と区別すべきことは前節に述べた。この観念語としての助詞助動詞は、それならば文中に於いて、文意の解釈の上から、他の語と如何なる接続関係に於いて考へたならば適当であらうかと云ふことを考へて見たい。それは観念語の性質を考へる上からも重要なことであらうと思ふ。通常文法書に於いて説明されて居る助詞助動詞の接続関係は、私はこれを機械的或は形式的接続関係であると考へて居る。例へば、

我は行かむ

のはは名詞に接続し、むは動詞の未然形に接続すると説明する類である。何故にこれを機械的形式的であるかと云ふならば、これらの接続関係は、文中より抽出された語と語とのみの関係に就いて云はれることであつて、文全体の意味の脈絡に立つて説明されたものではないからである。それならば、文意の解釈から考へられる接続関係とは如何なるものであるかと云ふならば、例へば、

雨が降るから、今日は止めませう

に於いて、からと云ふ助詞は、文意から云へば決して「降る」のみに接続するのではなく、「雨が降る」と云ふ句全体にかゝつて、下の句に対して理由を表はして居るのである。右の文を

降るから止めませう

と云つた場合でも、からは句の述語としての資格を持つ「降る」に接続するのであつて、単なる語に接続するとは考へられない。かく考へることは、文意の解釈から必然的に導かれる助詞の接続関係である。そこで接続関係を考へる場合には、

一　形式的接続関係

二　意味的接続関係

の二があることを念頭に置かなければならない。一の形式的と云ふことは、私がこゝで低段階或は無意義な研究と云ふ意味に使つたのでは決してなく、それはそれ独自の任務があるのであつて、近世に、国学者によつて研究された語の断続或は接続と云ふことは、概ねこれに関係して居るのであるが、既に述べた如くそれは抽出された語と語との断続関係であるが故に、その限界を越えて文意の解釈に迄適用する時は屢〻誤つた結果に到達するのである。さて右述べた二の接続関係は、文意の解釈の上にどう反影するかを実例を以て示すならば、例へば、

外は雪が降つて居るらしい

に於いて、助動詞らしいは、形式的には動詞「降つてゐる」に接続して居る。そして文法書では、助動詞を右の如き接続関係にあるものとして定義するのが普通である。

動詞存在詞が、その本来の活用のみにて十分に説明若くは陳述の作用を果すこと能はざる場合に、その活用形より分出して種々の意義をあらはすに用ゐる特別の語尾を複語尾と名づく（山田氏日本文法学概論二九一頁）

右の山田氏の定義は、複語尾として認識されたものであるが、語の内容は大体に於いて助動詞と一致するものである。橋本氏は、

動詞に附き、之にいろ〳〵の意味を加へて叙述を助け、又は他の語に附いて、之に叙述の意味を加へる語（新文典別記昭和十一年版四三頁一一七頁）

の如く、その職能を、主として叙述に関するものとされて居る。処が右の例文に於いて明らかな様に、らしいは雪につ

いての叙述に関することでなく、「雪が降つて居る」と云ふ事実に対する話者の或る種の判断、ここでは推量を加へて居るのである。故に文の解釈上からは、らしいは「降つて居る」に接続するのでなく文全体に接続すると見なければならない。

花咲かば告げむ
風吹かねば花かすむ

の助詞ば、助動詞ねに於いても全く同様である。この事実は次の例によつて一層明らかになるであらう。

僕は早く行きたい

たいを叙述を助けるものとして、「行きたい」を述語と見る時、「早く」と云ふ語の副詞としての勢力は何処迄及ぶのであるか。たいと云ふ語迄も修飾するとはどうしても考へられない。これは「僕は早く行く」と云ふことを話者が希望して居ることを表出したので、たいは意味上はやはり文に接続するのである。

山田孝雄氏の「述語に関係あるものにして常に文句の終止にのみ用らるゝもの」と云はれた終助詞（が、かな、かし、がな、か、い、ろ等）も、意味の上から云へばやはり文全体に懸ると見るのが至当と思はれる。

世の中にさらぬわかれのなくもがな

もがなは「なく」にのみ関するのでなく、「世の中にさらぬわかれのなく」全体に接続する。従つて「なく」は此の文の述語であつて意味上直接にはもがなに連絡しないのである。

この事は口語の否定助動詞ないについてもいひ得ることである。例へば、

あの山は高くない

右の形容詞連用形に接続するないは通常形容詞とし、山の述語であると考へられて居る。従つて、「高く」はないの修飾語になるのであるが、かく考へることは文意の解釈上甚だ困難である。「高くない」と云ふ存在の仕方を想像することは出来ない。これもやはり

あの山は高く――ない

となり、「高く」が「山」の述語格であり、上の文全体の事実を話者はないと否定したものと見なければならない。さうすれば、

水は流れない

と全く同様に考へられるのである。右の形容詞接続のないは一般には議論あることであるが、私は文意の解釈上からさう考へざるを得ないことを述べたのである。

助詞のあるもの、及び助動詞の大半（猶次の節を参照されたし）は、右の如く文全体にかゝるものであり、従つて、文中の副詞は助動詞とは何等関係ないものである。例へば、

散々に負けたらう

詳しく見たい

随分こまかいらしい

処がこの事は、或る副詞については、例外があることがある。

必ず休むまじ（まい）　きつと学生だ

月はいまだ昇らじ（まい）　恐らく鼠の仕業らしい

確に受取らず（ない）

等に於けるが如く、「必ず」「きつと」「まだ」「確に」「恐らく」等は助動詞の意味を補つて居る。但しこれはある限られた副詞であつて、一般には、

この雪は高く積らない

の如く、「高く」はないに迄は勢力を及ぼさないのである。橋本進吉氏は右の如き副詞を叙述の副詞と云つて居られる（新文典別記昭和十一年版一〇六頁）。

助動詞は意味上文に接続するものであること以上の説明によつて了解されたと思ふのであるが、こゝに文と云つたのは勿論それ自身独立し得る文をいふのでなく、厳密に云へば文的素材に接続するものである。

「我は行か」む

右は活用形に於いて終止しない形であり、

「君も男」だ

「花は雪の」ごとし

「波は穏か」らしい

の如きは決して完全な文とはいへないがその要素だけは具備して居る。助動詞は話者の立場を表出する語であると云ふことは、これらの対象世界に統一を与へる職能を持つ語であると言ふことである。

私は次に、体言に接続すると言はれて居る助動詞なりだです等に就いて述べなければならないのであるが、それは次の「あり」に就いて論ずる際に譲らうと思ふ。

三　助動詞と認むべき動詞「あり」形容詞「なし」の一用法

私は、語の表現過程の相違に基いて、概念語と観念語の別を立て、従来助詞助動詞と云はれて来たものは大部分此の観念語の中に入るべきであることを述べて来た。併し乍らこの論は、助詞的なるもの、助動詞的なるものの或るものを捉へ来つて、これを観念語として認識したのであつて、所謂助詞助動詞と云はれるもの全部が、私の類別に合致するか否か、又所謂助詞助動詞以外のものの中にも、私の観念語の概念に相当するものがあるか否か、そしてそれらを観念語として整理した時、文法体系がはたして合理的に組織せられるか否かの吟味が次の問題となるであらう。

私は先づ一般に動詞とせられ、或る場合に助動詞と密接に関係がある様に説明されて居る「あり」及びそれに聯関する一群の語について観察して見ようと思ふ。

山田孝雄氏は、氏の語類別の根本的基準に基いて、「あり」を他の動詞と区別し、これを形式用言の中に入れ、特に「あり」については、これを純粋形式用言とし、存在詞と命名された（日本文法論三三五頁、日本文法学概論一八六頁二七〇頁）。山田氏の分類は、「あり」と云ふ語の意味内容が極めて稀薄であるといふ心的内容の如何に基準を置かれて居るのである。そして山田氏も注意された様に、「あり」には二種の用法がある。

一　存在の義をあらはすもの

　昔小野篁といふ人ありき

　こゝに梅の樹がある

二　たゞ陳述の義のみをあらはすもの

（イ）この冬は暖かり（く・あり）き

　花も紅葉もなかり（く・あり）けり

（ロ）楠木正成は忠臣なり（に・あり）

　気候温和なり（に・あり）

　豪傑たり（と・あり）哲人たる（と・ある）を望まむは

　星斗燦たり（と・あり）

（ハ）水の心のあさきなり（に・あり）けり

　花を見るなり（に・あり）

「あり」の用法は、大体右の如く要約出来ると思ふのである。第一の用法は純然たる動詞であつて、只意味内容が稀薄であることが奇異に感ぜられるが、「おはす」（居るの意）「はべる」（伺候の意）等と同様、単に意味内容の差等を以て語の類別の根拠とすることは出来ないから、これは動詞に編入すべきである。第二（ロ）以下の用法については、山田氏は、専ら統覚作用を表はすものであり、第一の本性的用法の派生的なものであるとされたことは、明らかに第一用法との相違を認められたことであつて、而もこれを同列に論ぜられたことは承服し兼ねる処である。

（イ）は所謂形容動詞と云はれるものであるがこれに就いて山田氏は、

第一種の場合と同じく事物に対してある種の存在的意義をあらはすものなれど、第一種のものは事物そのもの丶存在をあらはし第二種のもの（即ちイの場合）は属性そのものが本体たる事物その者の上に存する事をあらはすなり

（日本文法論三四〇頁）。

と云はれたが、「属性そのものが本体たる事物その者の上に存する」と云ふことは、（イ）の例をそのまゝに解釈した処からは出て来ない。即ち文の構造上からは許せないことであつて、只これを改造して

暖かさはこの冬にありき

とした場合にいひ得ることである。但しこれは思想上の問題で言語を離れることになる。既に第二節助詞助動詞の接続関係の項で述べた様に、（イ）の例文は、

この冬は暖く——ありき

と考へるべきで、ありは「この冬は暖く」と云ふ文全体に接続し、かゝる事実に対して話者が肯定的な判断を下したことを表はすのであつて、「あり」は存在とは全く関係なき話者の立場の表現である。これを次の

雪は白いよ　——白いぜ　——白いね　——白いらしい

等と比較して、殆ど相違を認めることが出来ない。相違する処は、皆夫々に異つた判断立場を表出して居ることである。これは明らかに（イ）の「あり」が動詞でなく、又第一の派生的なものでもなく、全く助動詞であることを示すものである。この著しい相違は、存在を表はす「あり」と助動詞の場合との文の構造上にも認められることである。

主語	述語	
梅の樹が	ある	（動詞の場合）

これを第二節に述べた否定の助動詞の場合と比較すれば、明らかであらう。

主語　述語
この冬は　暖く　ありき　（助動詞の場合）

主語　述語
あの山は　高く　ない

山田氏の「なかりけり」に就いての説明は、甚だ困難である（日本文法論三四一頁）が、これも前例の如く見るならば

主語　述語
花も紅葉も　無く　ありけり

となる。若しこの「あり」に動詞「あり」の概念が存在すると考へ、その間に聯関を認めるとならば、それは、「花も紅葉もなし」と云ふ事実が、話者に於いて「存在する」と認められたことを意味すると考へなければならない。その場合には既に動詞的用法より助動詞的用法へ推移しつゝあることを示すので、「ない」の場合も同様と考へてよからう。この事は、「昔男ありけり」の「ありけり」と構造上全く同様と考へられる「哀れなりけり」の「なりけり」が詠歎であると一般に解せられて居る事実にも妥当することである。後者は即ち話者の立場の表現なのである。

（ロ）の場合

は、山田氏も明らかに統覚作用を表はすものであると考へられた（日本文法論三四三頁）。私はこれも亦前例同様話者の立場、こゝでは純粋な肯定判断を表はしたもので助動詞であると考へたい。前節にも述べた如く、助動詞は多く文或は句全体に意味上接続するのであるが、（ロ）の場合は、体言に接続して居るのは如何に解すべきであらうか。私は次の如く考へたい。「なり」「たり」が体言に接続すると考へるのは、これ亦形式的接続関係の側からいふことであつて、意味上は、

主　述
楠木正成は　忠臣に――あり

上　述
星斗　燦と——あり

と接続すべきである。こゝで問題となることは「忠臣に」「燦と」が述語と考へられるか否かと云ふことである。既に形容動詞の論に於いては、連用形の一形に、「静かに」「丈夫に」「堂々と」「確乎と」等のにとを語尾と認める説もあり、又、名詞ににを伴つたもの「哀れに」「誠心に」等が形容動詞の連用形と同様に用ゐられて居るのを見る。例へば

　又いとあたらしうあはれに、かばかり遠きみぐしの生先を、しかやつさむことも心苦しければ（源氏物語、柏木）

　まことに見給はぬもまごころに、そら言し給はざりけりと思ふに（枕草子、職の御曹司の段）

さうすれば、「忠臣に」「燦と」は共に述語的性格を与へられたものと考へてもよいわけである。この場合の「あり」は、文意解釈上から見ても、文の構造上から見ても、他の一群の助動詞と全く同じであると考へることが出来るのである。かくして、「なり」「だ」「です」は皆述語の語尾と融合したものであり、「にあり」「である」はその分解されたものと説明することが出来るのであつて、従来の文法に於ける、「だ」を助動詞と立てながら、「である」を助詞と動詞と結合したものと説明する不合理から脱却することが出来ると思ふのである。勿論技術的に見て、「なり」「だ」を助動詞と見ても以上の説明は少しも不合理を感じない。そして、それが接続する体言「忠臣なり」の「忠臣」が述語的性格を持つものであることも変らないであらう。

　（八）の場合

は、以上の説明から推して了解出来ると思ふ。皆助動詞でなければならない。

　私は当然ここで、所謂詠歎の「なり」（松尾捨次郎氏はこれを推定伝聞のなりといはれた。国文法論纂三一五頁）に就いて述べなければならないのであるが、考も未熟故触れないこととした。

　又助動詞としての「なし」に就いては、後の第五節概念語観念語相互間の語の移動の項中に便宜述べることとしてこゝには省略することとした。

附記　「あり」の一用法を、中間的のものと考へず、明らかに助動詞と認めてよいと云ふ根拠は、第五節　概念語観念語相互間の語の移動の条に於いて触れる積であるが、助動詞「らしい」が接尾辞となつて構成された「病人らしい」「男らしい」を純然たる形容詞と認め、「まほし」が接尾辞となつて構成された「あらまほし」を形容詞と認め、又名詞「はかり」「くらゐ」「かぎり」等が助詞として使用されたものを明らかに助詞と認めると云ふ根拠に立つて、「あり」の一用法も助動詞と認めてよいと思ふ。それらは語が移動したものであると考へられると同時に、措辞上から見ても相違するからである。

四　助動詞より除外すべき受身、可能、敬譲、使役の助動詞

一般に助動詞といはれて居る処のものは、観念語であることを根本性質とし、話者の種々なる立場を表出する機能を持つものであることを既に述べた。そしてかゝる助動詞の概念に相当するものとしては、従来動詞と考へられて居た「あり」のある用法と、形容詞と考へられて居た「ない」のある用法とは、共に助動詞の中に入れるべきことを述べて来た。次に従来助動詞とされて少しも怪しまれなかつた受身可能敬譲使役等の助動詞を観察するのに、これらの語は、私の観念語の領域から除外することが適切であると考へるによつて、次にこの事に就いて述べようと思ふ。

受身以下の助動詞を除外することは、一面私自身の立てた基準に執着して、異を排する様に考へられるであらうが、これ亦文意の解釈上、当然さうあらねばならぬと云ふ結論に基いたことであり、又かくすることが国語の文法体系を一層合理的に説明し得ると考へたからである。

受身以下の助動詞が他のものと性質を異にするものであることは、山田氏も云はれたことであつて、氏は複語尾を分つて、

一　属性の作用を助くる複語尾

二　統覚の運用を助くる複語尾

の二とし、受身以下のものを第一の部類に編入された（日本文法学概論三一五頁）。又橋本氏も文節構成上の性質から、これらの助動詞が他と異るものであることを認めて居られる（国語法要説七七頁）。かくの如く学者によつては既に他と別個のものであることが考へられながら、山田氏も橋本氏も猶複語尾或は辞として他の助動詞と同列に取扱はれたのは何故であつたであらうか。その理由を想像して見るのに、これらの語が独立には使用されないと云ふ形式上の差別を重視されたが為ではあるまいか。既に述べた如く、語の形式的連接関係から見るならば、これらの助動詞は他の助動詞と同様に、常に動詞に接続し、意義上も又それに附属して居るかの如く考へられる。かゝる見方に立つ限り、受身以下のものと、他の助動詞とは区別することが出来ない。山田氏が他の助動詞と一列にこれらを複語尾とされたのは右の理由に基くのであらう。又橋本氏が助動詞の中に収められたのも同様な理由であつたであらう。更に橋本氏が、文節構成上の性質と云ふ氏の基準を以て追求し、助動詞と接尾辞との間に根本的差別を見出され得なかつたことも、助動詞の中に受身以下のこれらのものを包含された結果であると認めてよいと思ふ。それならば、受身以下のものと、他の助動詞とを識別するには如何なる方法をとらなければならないかと云ふならば、それはやはり文意の解釈から入らなければならない。即ち助動詞の文意の接続関係が標準になるのである。助動詞はその意味上の接続関係に於いては、文に接続するものであることは既に述べた。然るに、受身以下の助動詞に於いては、例へば、

彼は人に‖怪しまる‖

に於いて、る‖は単独の語「怪しまる」からは「怪しま」「る」と分析することが出来る。併し乍ら此の文全体からは抽出することは出来ない。

彼は人に怪しむ――る‖

といふことは不可能であるが、他の助動詞に於いては、

我は行かむ　我行く――む

の如く、文を少しも傷けることがない。この事によつて、「怪しまる」はそれ自身完全な独立した一語であることが分るのである。これを文の構造上から云つても、「怪しまる」はそれ全体で述語たる資格を持ち、分析することによつて述語たる資格を失ふのである。

次に私が観念語として認める処の助動詞は、常に話者の立場にのみ関して、決して他の第三者の立場を表出することが出来ない。

彼は行かむ

むは話者の想像であつて、彼の想像ではない。処が受身以下のものは、

我はこの問題に答へらる

彼もこの問題に答へらる

らるは自己の可能であることを表出すると同時に、第三者の可能であることも表出することが出来る。即ちらるはそれ自身独立することは出来ないが、その表出の機能に於いては、他の概念語と同様で、これを観念語たる他の助動詞と混同することは出来ない。此の方面から云つても、「答へらる」は完全に「彼」の述語たることが出来るのである。これを別の見方から云ふならば、観念語たる助動詞は、動詞にそれが添加された時には、常に加算法的に意味が追加されて来るのに反して、受身以下のものは、色の組合せの様に基本たる動詞の意味内容を塗りつぶして新しい意味を作り上げるのである。或る語に附加されてその語の性質を変へる処のものは、助動詞でなく、接尾辞と考へなければならない。私はかう云ふ意味で、山田氏の複語尾の概念は、受身以下のものに限り保存するのが適切であると思ふ。

国語研究の歴史を顧みるに、受身以下の助動詞に就いては取扱方が区々であるが、これを基本動詞より分析して他の助動詞の中に包摂するよりも、寧ろ一語の変形と見る点に於いて他の助動詞とは区別して居た様に思はれる。これは恐らく意識的に或る見識に基いてやつたことでなく、国語の対象性から、自ら規定されたものであつたらう。宣長は御国

詞活用抄の凡例に

合《アハ》す云々合する云々とやうに二やうに云はれていづれとも定がたきあり凡て令（シムス）の意の詞に此格多し

と云ひ、本文中にも、

何シムノ類　何ラユノ類　何ラルノ類　何バムノ類　何ラシノ類　何ベシノ類

と助動詞附属のものと一緒に一語の動詞の如く考へて居る様であるが、又

ケリ（辞）　ナリ（辞）　メリ（辞）

等と比較すると明らかに辞とは考へて居なかつたのであらう。富士谷成章はあゆひ抄中に被見、令見の中に入れて他のあゆひと同列に取扱つたが、春庭は、詞の通路に於いて明らかに動詞の語尾としての体系を立てようとして居る。春庭が如何なる見識の下に、他の助動詞とは別に取扱つたかと云ふことは分らないが、これも国語の本性が然らしめた自然の研究過程の様に思はれる。

以上如何なる見地に立つて観察しても、受身以下の助動詞は、これを複語尾或は接尾辞として助動詞から分離させることが必要であらうと思ふ。

五　概念語観念語相互間の語の移動

語は、その表出に於いて働く概念過程の有無より見て、概念語観念語に二大別されることは、本論の最初に述べたことであつて、この性質に基いて、観念語たる助詞助動詞は、専ら話者の心理に関する表現にのみ限定されて居ると云ふことは、文の解釈上極めて重要なことであることも既に了解せられたことであらう。処が、第三節にも述べた様に、「あり」は概念語であると同時に、その或る用法は、観念語として考へなければならないと云ふ事実は、如何なることを意味するのであらうか。最初から二元的に「あり」に此の二用法があつたと見るべきか、或は何れか一方の用法が起源

的であつて、それが他の領域の語即ち観念語として移動したと見るべきか、何れかでなければならない。「あり」の場合に於いては、恐らく動詞的用法が移動して助動詞的用法になつたと見るのが正しい様に思はれる。それは、動詞「あり」と同様に元来動詞であつた処の、「侍り」「候ふ」が、存在伺候を表はすことから、敬意を含む断定判断を表はす助動詞となつた事実によつて傍証されると思ふ。(註)

（註）吉沢義則氏の論文「ソウロウ」と「サムロウ」（国語国文の研究所収）参照。

右の論文の要旨は、私のこゝに問題にする様な事実に就いてではないが、それに触れて居る処がある。奈良朝時代には、「侍り」「候ふ」は共に伺候の義を表はす動詞であつたが、平安朝時代になつて敬称助辞となつたと云ふのである。そしてかくの如く移動された「サフラフ」は、室町時代の国語界に於いては、「ソウロウ」「ソウ」「ソロ」として栄えた。

更にこの移動の事実は、口語の助動詞「ない」の出現によつて、一層確実にすることが出来ると思ふ。

「あり」の二用法中、動詞としての用法に対応するものは、形容詞「なし」である。

樹あり　樹なし

「あり」の助動詞としての用法に対応するものは、古くは、「あらず」であつて「なし」ではなかつた。

川清くあり（かり）　川清くあらず（からず）

川流れてあり（たり）　川流れてあらず（たらず）

処が後に、非存在を表はす形容語の「なし」が、観念語に移動し、「あらず」に代つて否定判断を表はす様になつた。

樹である　樹でない

川清くあり　川清くなし

そして「なし」は、一切の肯定的判断に対応する否定判断を表はす様になつた。

本を読む　本を読まない

川は清い　川は清くない（註）

この過程は、明らかに、非存在を表はす概念語が観念語に移動したことを示すものである。助動詞の「ない」と概念語のそれとの相違は、文の構造に於いても識別出来ることは、「あり」の場合に準じて知ることが出来る（前第三節参照）。

（註）一般には、ないが形容詞の連用形に接続する場合には、形容詞とされ、動詞に接続する場合を助動詞として居る。私の右の説明は、これらの説に対して甚だ混乱を齎す様に考へられるであらう（橋本氏新文典上級用別記二七九頁参照）。併し乍ら右の如きないを形容詞とするのは、

花は大変美しい

の「美しい」を述語とする文の構造と同様に解する処から来るのではなからうか。「あり」の場合に述べたと同様な理由を以て、「ない」はこゝでは述語たり得ないものである。話者の立場の表現であつて、かく解することによつて、それは文の解釈上の結果と全く一致することが出来る。又「清くはない」「清くもない」等のはもの助詞が介在し得ることは、必しもないを形容詞としなければならない理由にはならない。例へば

あの人が来ないのは恥かしいかららしい

締切は今日までらしい

男でさへあらば

の如く助詞を伴ふことがある、そして右の諸例文の助動詞は、

「山は高くは（も）」――ない

「恥かしいから」――らしい

右の如く、文的なものに接続するので、「高く」と「ない」との間に助詞が介在したのではない。

「花は雪の」ごとし

と同様である。従つて、清くないは助動詞が接続したと解することは誤ではないであらう。

又名詞であつたものが、観念語に移動した例もある。例へば、「はかり」は

いづくをはかりと我も尋ねむ（名詞）
三月ばかりの空うらゝかなる日（名詞）
雨が降つたばかりは道が悪い（名詞）
雨ばかり降る（助詞）

又「くらゐ」は

本を読むくらゐはいゝでせう（名詞）
昨日くらゐ（に）着いて居る筈です（助詞）

猶「だけ」「かぎり」（きり）等に就いても同様なことが云ひ得るであらう。

以上挙げた諸例は、概念語より観念語への移動の例であるが、次に観念語より概念語への移動の例も考へ得られるのである。「たし」は

家にありたき木　左側を通られたし　御出で下されたし

等の如く、話者の希望を述べて居るので、助動詞と見るべきである。処が、

逢ひたくば、呼びにやらう　見たければ見てもよい

に於いては、たくは対者或は他者の希望について表出して居るので、これは私の観念語たる本質に反することになる。而もかくの如き用法は決して誤用でなく一般に通用して居る事実である。私は右の如き諸例を、観念語の結合したものが慣用によつて、概念語中の形容詞に移動したものと解したいのである。そしてそれは、形容詞の接尾辞としてあらゆる動詞から形容詞を構成する。かくして、

水が飲みたい　飯が食ひたい

等はその接続する助詞まで形容詞的であることは、次の例と全く同じである。

狼が恐ろしい　故郷がなつかしい

従来も、このたいを接尾辞とした文法書があるが、私は右の理由で、これを認めてよいと思ふのである。

橋本氏は新文典初級用昭和十一年版別記一四三頁に、「たがる」を種々の動詞に自由につくと云ふ理由の下に助動詞として取扱はれたが、私は、私の観念語の本質に従つて、これは接尾辞とした方がよいと思ふ（詳しくは、第六節参照）。これは、一旦観念語より概念語に移動した形容詞が、他の「恐しがる」「恋しがる」等に類推されて出来た概念語であると考へるのである。

「らしい」に就いても同様なことがいへる。

あの方は男らしい

右は二様に解せられて、推量の助動詞とも考へられるし、又「男性的だ」を意味する形容詞とも考へられる。後者の場合は、明らかに観念語より概念語に移動したので、「らしい」は接尾辞とすることが出来る。

いやらしい人　　あほらしい事　　子供らしい遊び

等は全く形容詞である。かゝる移動の現象は古語に於いても見られることであつて、「まほし」は

少しの事にも、先達はあらまほしき事なり（徒然草）

その世のことも聞えまほしくのみ思し渡るを（源氏、若菜上）

くらぶの山に宿もとらまほしげなれど（同若紫）

いと知らまほしげなる（同夕顔）

我も睦び聞えてあらまほしきを（同若菜上）

等は純然たる希望の助動詞であるが、この中、「あらまほし」と云ふ用法は慣用によつて全く形容詞化して、頻々として用ゐられたのである。左の例は、助動詞の意味を以てしては解釈困難な例である。

祖父大臣ゐたちて、儀式などいとあらまほし（源氏、みをつくし）

この一条の宮の御有様を、なほあらまほしと心にとゞめて（同夕ぎり）

明石の御方御身に添ひて出で入り給ふもあらまほしき御宿世なりかし（同若菜上）

いと清げにあらまほしう行ひさらぼひて（同明石）

心にくゝけだかくなどもてなして、けはひあらまほしうおはす（同紅梅）

右の例は、希望の意味を全く脱して、対象の目出度い結構な有様を表出する概念語となつたのである。

かくの如く、概念語観念語の間には、その相互間に移動が行はれて、文意の解釈を甚しく困難にして居る様に見受けられるが、右の如く説明するならば、これらの解釈は極めて容易になるであらう。

拙稿「形容詞の情意性意味と状態性意味」（京城帝大文学会論纂日本文学研究の中、『語の意味の体系的組織は可能であるか』本論第二項）参照。

六　助詞助動詞及び接尾辞の本質的相違

助詞助動詞は、或る点接尾辞に類似した処があり、接尾辞の本質を理解することは即ち助詞助動詞の本質を理解することになるので、些か此の点に触れて見たいと思ふ。

助詞助動詞と接尾辞との類似或は相違は、種々な方面より認識せられるのであつて、山田氏は、助動詞を複語尾として、動詞が語尾を分出したものと考へられ、又接尾辞は、単語の中の遊離せる部分であつて、之が附属して複雑なる意義を有する単語を構成するものと考へられた。此の見解に於いては、複語尾は動詞に附属して新らしい単語を構成するもの、接尾辞は其の他種々なる語に附属して新らしい単語を構成するものと云ふ区別以外に、本質的相違と云ふものを認めることが出来ないのである。又橋本氏は、その文節構成上の研究からして、助詞と接尾辞との区別はこれを説明することが出来るが、助動詞と接尾辞は、共に独立しない語であつて、他の語に附属して新らしい語を構成すると云ふ形式上の類似があつて、その差異を認めることが困難であることを云はれた。そして助動詞と接尾辞の別は根本的でなく程度の差に過ぎないと述べられた（国語法要説一二二頁）。そこで此の両者の区別を、一は自由に規則的に他の語に附くが、一はある慣用に限られて居ると云ふことを識別の根拠とされた。「たがる」を口語の助動詞とされたのは右の根拠に基かれたのである（新文典初級用別記一三三頁）。

此の両氏の見解は、その根本に溯るならば、語が独立的に用ゐられるか、常に他に附属して用ゐられるかと云ふことが一貫して語類別の基準に存すると見てよいであらう。その結果、助動詞と接尾辞との間に截然たる区別を見出すことが不可能であると云ふ結論に到達したのであると私は解釈したい。国語に於いて、語の意義、形式の独立不独立と云ふことは、かなり語の分類基準として重要の様に考へられるが、はたしてこれは妥当であらうか。私は疑を持つものである。

この事は、国語がその本質的性格に於いて膠着性であると云ふ事実からも幾分推察することが出来るのであるが、これを実際にあたつて検討し、又単語の認識と云ふことが如何なる心理的過程によつてなされるかの根本理論を併せて考へるならば、一層その感を深くするのである。例へば、用言の未然形「咲か」の如きは、必ず或る種の助詞助動詞なくしては用ゐられない語形である。我々が、この語を独立した語と考へるのは、この語の種々なる変形から帰納して抽象的に一の単語を意識し、「咲か」をその一変形と考へるからである。又或る種の語、度《タビ》、由、程、旨、条、様《ヤウ》、相《サウ》、故等の語は必ず、「この度」「困つた由」等の様に限定修飾語が必要である。いはゞ独立しない語である。又多くの漢語は、帰納的にのみ一語と考へられるが、決して独立しないものがある。山（富士山、深山）、舗（薬舗、店舗）、道（人道、車道）の如きものである。助動詞が一の単語と考へられるのも全く右の如き手続によるのである。若し、「度」「由」等を独立した語と考へるならば、助詞助動詞も独立した語でなければならない。従つて接尾辞も亦独立の語であると云ふことになる。かく考へて来るならば、独立不独立と云ふことは、国語に於いて語を決定する根本基準とは立て得ないことになり、その上に立つて助詞助動詞を識別することの不可能なことは当然であると云はなければならない。

併し乍ら此の両者は、文意の解釈上からは必然的に差別されることであつて、我々は実践的には決して混同して解することはない。そこで我々の考へるべきことは、かく必然的に差別されるのは何に基いて居るのであらうか。その理由を探索することでなければならない。既に私は第四章に於いて助動詞中より受身可能使役等の助動詞を除外してこれを接尾辞或は複語尾とすべきであると述べた際に触れたことであるが、助詞助動詞とそれが接続する語との意味の聯関関係、接尾辞とそれが接続する語との意味の聯関関係がこゝに重要な問題となるのである。このことは、語の形式上意義上の独立不独立とは全く別個の問題であることに注意されたいのである。動詞と助動詞、名詞と助詞、これらの意味の聯関関係は、既に述べた様に、加算法的な意味の追加である。

私は……私――は＝A＋B

行きたい……行き――たい＝C＋D

然るに接尾辞と考へられる受身以下の動詞に接続するもの、及びその他の語に接続するものは、その意味の聯関関係に於いては、乗算的であつて、意味の主要な決定部分は寧ろ接尾辞である。

径しまる……怪しま――る＝A×B

恐ろしがる……恐ろし――がる＝C×D

悲しさ……悲し――さ＝E×F

かくの如き聯関関係は、又畳語と複合語との間にも成立する。畳語に於いては、

ちちはは……ちち――はは＝A＋B

よくあしく……よく――あしく＝C＋D

複合語に於いては、

うさぎうま……うさぎ――うま＝A×B

うちやぶる……うち――やぶる＝C×D

かく意味の聯関関係から見て来るならば、接尾辞は、複合語の最後の項、即ちその意味の決定部と何等異る処はない。これ即ち接尾辞の本質を示す事実であつて、私は接尾辞は、他の概念語と全く同じものであると考へたいのである。只異ることは、その意味が稀薄に感ぜられて把握に困難であることと、種々な語に共通して意味の決定部となることであるが、これは他の概念語に於いても存することであつて程度上のことで、特に接尾辞を特色付ける事実ではない。接尾辞が意味の決定部であつて、只単に添加したに過ぎないと云ふ程度の軽いものでなく、文の意味の理解に於いては重要なものであること、複合語の最終項と同様である。この事実は、

寒さがはげしい

の如き例に於いて、述語「はげしい」に呼応するものは、さの意味する処のものであることによつても明らかであらう。

石川が来た　石川様が見えられた　石川閣下がお見えになられました

等の例文によつても明らかであらう。述語の変化に対応するものは、様、閣下等の接尾辞的のものなのである。

接尾辞が単語と等しいものであると云ふことは、単に理論的にばかりでなく、左に述べる事実によつて実証的にもいひ得ることである。

一　接尾辞中には嘗て又現に独立的に用ゐられた事実の明らかに認められるものがあること、

ども　とも呼ぶ千鳥、ますらをのとも

さま　方向の義ある名詞より

らしい　助動詞

たい　助動詞

ぶる　風、容子の義ある名詞より転ず。又口語に動詞として用ふ。

二　接尾辞と他の語との結合様式

山田氏は、接尾辞は単語の内部に於ける遊離する部分と定義された（日本文法学概論五七一頁）が、国語に於ける実際の状

態は決して右の如くではない。左の用法は、単語より遊離されたものが、種々な場合に運用されたものでなく、接尾辞が単語としての資格を嘗て持ち、又現に持ちつゝあることを証明するものであると考へるのが至当であると思ふ。

　腹のひもじさ

右は、「腹の」――「ひもじさ」と分解すべきでなく、「腹のひもじ」――「さ」と分解する方がより適切である。

人の恋しさ＝「人の恋し」――「さ」

大家の坊ちゃんめく＝「大家の坊ちゃん」――「めく」

右から数へて三軒め＝「右から数へて三軒」――「め」

物思はしげ＝「物思はし」――「げ」

何か事ありげ＝「何か事あり」――「げ」

少しからめ＝「少しから」――「め」

右の如く接尾辞と云はれるものは、決して単語の内部構成の要素でなく、独立しては用ゐられないが、機能的に見れば、他の単語と全く同じである。かくして接尾辞は、本質的には、独立した概念を有する単語であること、そしてそれと助詞助動詞とを区別する根拠は、語相互間の意味関聯の相違にあり、接尾辞は概念語であるが故に、話者の心理ばかりでなく第三者のことに就いても表出することが可能であると云ふ区別があるのである。

　若し接尾辞を以て概念語であるとするならば、助動詞より形容詞の接尾辞に転じた「らしい」「たい」「まほし」等は、第五節に述べた、概念語観念語相互間の語の移動の現象として説明が可能であり、助詞の「ばかり」「ぐらゐ」「かぎり」が名詞より接尾辞となり更に助詞に転じたことも同様に説明出来ると思ふ。意味の聯関関係に於いても全く同様である。

附記　以上の説明は、これを接頭語にも及ぼすことが出来るであらう。左の例の如きは、接頭語が必しも単語内の構成部分

でないことを示すものであらうか
御同じ腹　同じ御腹の意
御中のあはひ　中の御あはひの意

七　結論　助詞助動詞の限界と助動詞の名義についての可否

論旨の概括　助詞助動詞に関しては、それが国語に於ける極めて興味深い言語事実であるが為めに、古来幾多の学者により、種々な角度から研究されて来たのであるが、その中で、言語の意義内容に基く類別を立てられた山田孝雄博士の学説と、言語の文節構成上の形式に基く類別を立てられた橋本進吉博士の学説とは、文法研究の両極を代表するものと考へるのである。そして此の二の方法の根柢には、言語は心的内容と音声とを以て構成されて居ると云ふ言語構成観が存在して居ると考へてよいと思ふ。私は、これらの方法に対して、言語の本質は、一の心的過程それ自体であると云ふ言語過程観を前提として、言語の研究は、一義的にこの心的過程を再建する処の解釈作業でなければならないと考へた。そして、此の解釈作業で新たに知り得たことは、語の表出に於いて、或るものは概念過程を有し、或るものは概念過程を有しないと云ふ二の性質上の相違が存在すると云ふことであつた。私は、これを概念語観念語に二大別したのである。(註)

（註）小林英夫氏によつて我国に紹介されたソシュール学派の説によれば、語は所記と能記との聯合されたものであると云ふ。この説によれば、概念過程と云ふ様な心的過程を、語の類別基準に設けることは、恐らく充分な批判に値することであらうと思ふのである。

これを表示するならば、

- 語
  - 概念過程を有するもの
    - 名詞
    - 動詞
    - 形容詞
  - 概念過程を有しないもの
    - 感嘆詞
    - 助動詞
    - 助詞

右の類別は、私に於いては、表現過程そのものの体系的再建であると考へて居るのである。

かくして、私は従来助詞助動詞と呼ばれて居つた処のものが、大体に於いて、私の観念語に相当するものであることを知つた。飜つて、私の観念語の本質的性格を基準として、従来の助詞助動詞の領域を検討し、或るものは之に加へ、或るものは之より除去することによつて文法体系の組織を企てようとしたのである。今迄述べて来たことは、主として語の二大領域の本質に就いて、或はその本質的性格より見て、その相互間に如何なる交渉関係があるかに就いてであつて、それ以上には進んで居ないのである。そしてそれらの考察の根柢には、常に文意の解釈と云ふことを出発点として居ることを附加へて置き度い。かくの如き新らしい方法によつて出て来た結論の一は、助動詞に包含せられる語が、従来のものと甚しく異つて来たこと、その二は、助詞助動詞と他の語との接続関係である。

助動詞の限界　本論中に考察した重要な出入のみに就いて記すならば、

一　新たに助動詞に加へたもの

「あり」及びそれと類似の一群の一用法を動詞の「あり」と区別して助動詞とする。

「なし」の一用法を形容詞の「なし」と区別して助動詞とする。

二　新たに除外したもの

「る」「らる」

「す」「さす」

「しむ」

動詞の複語尾或は接尾辞とする。

三　時に取扱を異にするもの

「らし」

「たし」

「まほし」

他の語と結合して概念語に移動した場合には接尾辞とする。

助詞助動詞の接続　形式的接続関係即ち意味の脈絡を度外視した、単なる語と語との接続関係から見れば、助動詞は用言に接続すると同時に又体言にも接続する。これは助詞に於いても同様である。意味的接続関係から見れば、助動詞は凡て文的なものに接続する。助詞の中には語に接続するものがあると同時に助動詞と同様に文的なものにも接続する。この様に、上部接続関係から見るならば、助詞助動詞は全く区別の根拠を持たないものである。古来助詞助動詞を「てにをは」なる概念に包括して居つた理由もこゝに見出すことが出来るのである。国語に於ける語の類別の認識は、下部接続関係によつて成立することは、動詞形容詞の類別法に見る処であるが、此の方法は、助詞助動詞の下位分類にも適用出来るであらう。即ち、下部接続関係に於いて、語形を変化するものが助動詞であり、語形を変化しないものが助詞であると云ふ結論に到達するのである。此の分類に従へば、助詞助動詞の区別は、それらの語の本質に係るものでなく、全く下部接続関係と云ふ接続上の形式に基くものであつて、従つて嘗て助動詞であつたものが容易に助詞に移動することも出来るわけである。古く、助動詞を「動くてには」として認識した根拠もこゝに見出せると思ふのである。

助動詞の名義についての可否　以上論述した処によつて、助動詞の名義が如何に誤解を齎すものであるかも自ら想像し得ることであらうと思ふ。それに就いては既に諸家の述べる処があるから省略する。

歳末年初のあわたゞしい気分に、ともすれば掻き乱されながら、此の稿を終つた。委曲を尽さず、論旨亦不徹底のまゝで、世に出すことを恥づる。就中、山田橋本両先生の学説に対して、一知半解の見を以て屢〻妄評を敢へてしたことを、深くお詫びしなければならない。

（昭和十二年一月八日稿）

（※一九三七年発表）

心的過程としての言語本質観

局外者の言が、時には事の真相に触れることがあるといふ事実が認められるならば、私のこの小論も、或は反故として棄て去られる危険から、僥倖にも免かれ得るかも知れない。

私は読者に何ものかを与へようとして居るのではない。私は、只卒直に、私自身のものを、心から語りたかつたのである。読者は、本論の冒頭から結尾まで、決して批評の手を緩めてはならない。

私をして此の大胆な立言を敢へてさせた理由は、その一は、私が言語学に就いて無知だからである。その二は、私の国語に関する僅かな実践的研究の結論である。第一の理由は、申訳にもなる。第二の理由には、私の学問的生命が賭けられて居る。私はいつでも溯源的に出直す用意に欠けてゐはしない。

第二章は、最初にソシュールの言語学説の概略を述ぶべきであつたが、今はそれを省略して、直に学説の検討に入ることとした。ソシュール始め、フランコ・スイス学派の学説に就いては、既に小林英夫氏の秀れた訳書が公にされて居る故、就いて見らるゝならば幸である。ソシュールの学説は同氏の訳書言語学原論に総て従つた。

ソシュールの用ゐた術語の中、langue は「言語」、langage は言語活動、parole は「言」として、総て小林氏の訳語に従つた。

読者は、第二章の各節と、第三章とを併行して読まれるならば、一層私の意のある所を了解せられることと思ふ。第四章は、本論の前提となるべき部分であるが、論述の便宜上これを最後に廻すこととした。

一　国語研究と言語学の立場

国語学（日本語学）の使命とする処のものは、第一に国語に現れた凡ての言語現象を摘出し、之を記述すると同時に、第二にこれを説明し、その中から出来るだけ普遍的な法則を見出すことである。それは、国語の対象としての性質を明らかにすることであると同時に、国語自体を他の言語より区別する階梯であり、更に進んで言語一般に通ずる理論、或は言語の本質観の確立に寄与することとなるであらう。此の意味に於いて、国語研究に携はるものは、第一に何を措いても、国語の持つ極微極細の現象に対して凝視することを怠つてはならない筈である。

凡そ何時、如何なる場合に於いても、真の学問的方法の確立或は学問的理論の帰納と云ふことは、対象に対する考察から生まれて来るのが当然であり、又それが学問にとつて幸福な傾向であつて、対象以前に方法や理論と云ふものが定立されて居るべき筈のものではない。たとへ学問以前の方法や理論があつたとしても、それはやがて対象の考察から或は変更せられるかも知れぬ暫定的な仮説としてのみ意義を有するのである。比較言語学の勃興は、サンスクリットの発見によつて、言語的対象が、就中言語の類縁性が、この学問を導くべく学者の前に取り揃へられたが為であつた。比較言語学より史的言語学への展開は、言語的対象の変化即ち類縁性より歴史性への焦点の変化による研究方法の変更であつたと私は考へる。かくして、我々は対象に向けられた焦点の移動に従つて変化する対象に対応して、立場や方法の変更が強制されて居るのである。それは対象の不明瞭な、そして対象を把握することが一の重要な使命である精神科学の分野に於いては、常に起こり得べき学の必然性であると思ふ。かくして、言語学は、その発見せられ行く対象に応じて、その方法、理論の検討を試み、不断に真の言語的対象の把握を目指して精進すべきであると云ふことが出来る。

この様な、学問に就いての一般論が承認されるとして、翻つて我が国語研究の状態を考へて見るのに、そこには極めて変則的な情勢が支配されて来たのを見るのである。このことは、明治維新以後泰西の学術が我国に将来されて以来、万般の学問界に共通に現れた現象であると思ふのであるが、常に対象への考察以前に、学の方法、理論と云ふものが与へられ、対象の考察は、此の方法理論に規定されて進められて来たと云ふことである。このことは、我が国の学界の水準を高める為には、喜ぶべき現象であつたには違ひないが、又同時に、真の学問的発達換言すれば、真に「学問する」ことの為には、憂ふべき事実であつたことも否むことが出来ない。国語研究と云ふことが、若し与へられた方法や理論の、国語に就いての実演であり、適用に過ぎないならば、国語研究と云ふこと、即ち国語に就いて学問すると云ふことが、全く無意味なものになるであらうと云ふことは明らかな事実である。それは、刀剣の切味を試みる底の痛快味はあらう。が、真の学問的態度は、我々の前に与へられた総てのものを断ち切るに適当した刀剣を自ら工夫し、用意する処の態度でなければならないと思ふのである。

併し乍ら、国語学界に此の変則的情勢を馴致するに至つたに就いては、一には我国の学問の水準が、明治以前に於いて極めて低かつたこと、又低いと見られたことに起因することが多いと思ふ。とにかく間に合はせでも、他人のものを借りてでも、目前の事態を処理せねばならなかつた情勢にあつたのである。明治以後問題になつた国語の系統論の如きに就いて見ても、それは国語の対象性が必然的に要求した、換言すれば国語の考察それ自体から生まれて来た問題であると云ふよりも、当時我国に紹介せられた比較言語学の命ずる処の問題であつたのである。学の命ずる処の問題に答へると云ふことが、対象の考察に従つて問題を捉へ、方法を考へ、理論を構成するよりももつと重要であり、学の水準を高める所以であると考へた処に、学問そのものの根本精神に対する誤解があつたのである。従つて、国語に於いて幾多のより重要な問題が学者の眼から逃れ去つたのであつた。

第二の原因と思はれることは、明治以前の国語研究が、殆ど理論的にまで組織されて居なかつたことにあると思ふ。学問的考察が、理論的固めによつて継承されて来なかつたと云ふことは、後進の進むべき道に指針を与へなかつたと云ふことである。後進は自ら進むべき道も、又自己の理論を是正すべき鑑をも与へられなかつた。凡ては以心伝心に近い形を以て継承されて来た。この二の原因によつて、国語学者は与へられた方法、理論を無上のものと考へ、自ら対象と取組む勇気を失つた。そして外来の規範に対する余りにも謙虚なこの態度によつて、学問の真の精神を忘却し、国語に対する冒瀆を敢へてするに至つたのである。かくして今日に於いて、言語学は国語学にとつて外在する指導原理であるかの如き観念を強く生み付けてしまつたのである。この変則的情勢に於いて、今日の国語研究者は、先づ次のことを念頭に置かねばならないのではないかと思ふ。

一は、国語を対象として考察して来た我等の先行者の学問を、理論的に再構成すること。この考察は、たゞに我等の先行者の学的成果のみに就いてでなく、学とその対象との相関関係に於いて見ることが肝要である。

二は、泰西言語学の理論方法と、国語研究との関係に就いて正しい認識をなすこと。一切の個別的な現象も、その核心に普遍相を持つと云ふことは、国語に於いてばかりでなく、一切の事物に就いて云ひ得ることであらう。森羅万象に神が宿ると云ふ宗教上の考方は、これを学的対象に就いても云ひ得る。特殊相を特殊相として認識すればする程、そこに我等は普遍の相を見出すのである。国語に就いての特殊的現象の探求は、そこに普遍的言語の理論を見出すことが出来る。それは演繹的な理論として云ひ得るばかりでなく、実証的にも云ひ得ることである。小林英夫氏が国語は言語の一般性を単に分有してゐるに過ぎないと云はれたことは、正しいこととは思はれない。国語に存しないものは言語の一般性とは云ひ得ない。それはやはりいづれかの言語の特殊性に過ぎないものである（言語学方法論考四六頁）。

かくして国語研究の正しき道は、それが即ち一般言語学への有力な寄与でなければならない。このことは、国語学の外に在る処の別個の学問に対する寄与を意味するのではなくして、国語研究自体の目標なのである。従つて言語学と国語学との関係は、前者が後者の拠つて以て立つべき指導原理ではなくして、言語学の理論方法は、国語学の細心な批評的対象とならなければならないのである。即ちそれはテーゼに対するアンティテーゼでなければならない。若しこの様な態度なくしては、国語研究は永久に高次的理論の確立への希望を放棄しなければならないと云ふ結論に到達するのである。この様に考へることは、徒に唯我独尊にして他を排する底の偏狭な態度を執ることを意味することではなくして、真に国語学の行くべき道を考へることによつて得た結論である。従つて我国の言語学が、単に泰西の学術の移植と云ふ意味ばかりでなく、国語研究への何等かの寄与と云ふ実利的意味をも含むものと考へるならば、国語学徒は言語学者に対して次の様なことを希望するであらう。それは泰西に於ける学問の方法や理論的結論よりも、寧ろ対象と方法、対象と理論との関係、学派の起こる根本的な理由、学派相互の関係、学問の動向を支配する背後的な理由等々に就いて我々に教へられる処がありたいと思ふことである。小林英夫氏は、嘗て「文学」誌上に於いて（第一巻第二号）、国語学と言語学と題して、国語学徒は言語学者より理論と方法とを仰ぐべきであることを云はれたが、国語学徒の言語学者に望む処のものは、理論や方法ではない。寧ろ多きに過ぎる理論や方法を以て対象に手を下し兼ねて居る。そして理論や方法を以て何を為すべきかに迷つて居る。私に於いてのみ経験することをこゝに述べるならば、泰西の言語学書を完全に読解することは難事である。併しそれにはまだ努力を以て遂行し得る可能性もあり得る。更に進んで学説を吟味し批判し何れを採つて我が規範となすべきかを考へる時、それは私に於いて殆ど不可能事に近い。さりとて無批判に一学説に従ふと云ふことは妄挙であり、又良心の許す処でもない。小林氏並に我国の言語学者に切望する処は正にその点である。

二　国語研究より見たソシュールの言語理論の批判

a　言語対象の分析と「言語」（langue）の概念の成立について

対象の考察が方法を規定すると云ふ仮説的理論から、そして国語対象を学的に把握すると云ふことを国語研究の究極の目標とする私の立場から、私は、国語を対象として考察して来た過去に於ける我が国の国語学者の業績を顧みると同時に（私は嘗て国語学史として之を公にした）、自ら努めて国語学上の問題をその対象の中に求めようと努力して居る。それは、底知れぬ深海を探るにも等しい覚束ない仕事ではあるが、私はそれが国語学徒に与へられた責務であり、又この学の方法論でもあると考へて居る。そしてこの研究途上に於いて、日本の優れた言語学者であり、我が畏敬する友である小林英夫氏より、常に泰西の言語学の理論とその業績について幾多の啓発と教示とを親しく受け得ることは感謝に余りあることである。併し乍ら、私は必しも常に小林氏によつて示される理論の実演者ではなかつた。寧ろ私は、私の実証的探求の結論を泰西の理論に照し、我自らの非を悟ることがあると同時に、時にはおほけなくも言語学の理論に対して批判の眼を向けざるを得ないこともあつた。小林氏が、恐らく理論にもならぬ私の僻説に、喜んで耳を傾けられたことは一再ではなかつた。併し乍ら私の僻説が、小林氏の批判に値する為には、私の考を私自ら理論的に組織して見なければならない責任を感じたのである。(註) 以下述べることは、私の国語に就いての実証的研究より得た言語の理論を、先づソシュールの言語理論に照し、私のテーゼに対するアンティテーゼとしてのソシュールの言語理論を述べることによつて私の考を組織して見たのである。

（註） 私は嘗て、国語学の体系についての卑見と題して私の考の断片を示したことがあつたが、それは未だ論理的体系には達してゐなかつた（コトバ昭和八年十二月、新興国語学シムポジユム）。

先づソシュールの言語対象の分析法と、それによる単位の発見に至る過程に就いて吟味することとする。

自然科学の方法の一として考へられて居る対象の構造分析は、その対象の構造形式に従つて規定された方法であると云へるであらう。例へば生物体は、その組織に於いて細胞の並列的構造形式の故に、構造分析が可能とされる。それならばこの方法が、如何なる対象にも普遍的に適用し得るかと云ふに、たとへ適用してもそれは対象の真相を示さないと云ふ結果に到達することは明らかである。例へば精神機能の如き、構造分析は神経諸器官の各部分を摘出し得ても、遂に精神機能それ自体は分析し得ない。ソシュールが言語活動の分析に用ゐた方法を、その対象との相関関係に於いて見る時、対象の構造を無視した分析方法があつて、その故に、その種々なる結論に歪を生じたことを見出すのである。

ソシュールは、言語活動の分析に於いて、先づその対象の中に、それ自身一体なるべき単位要素を求めようとする。(註)

（註） このことは、彼が「言語」（langue）を定義して、「言語は之に反して其自身一体（un tout en soi）である」（小林氏訳言語学原論二一頁）と云つて居ることによつて明らかである。

この意図は、すでに対象の考察以前に於いて、自然科学的構成観を以て言語対象に臨んで居つたことを示すものである。この予定観念は、言語活動の構成要素の分析に於いて、次の如き失望に彼を導いたのである。それは、「言語現象は絶えず二相を取つて顕れる。相対応し、互に対者なくしては価値を持てぬ二相を取つて顕れる」（言語学原論一九頁）と云ふことであつた。音は、聴覚と声音の結合したものであるが故に、それは単一単位でなく、精神物理的複合単位であると云ふのである。この失望は、対象の性質としては明らかに精神物理的継起的過程現象であるべきものに、強ひて並列的構造単位を求めようとしたからである。即ち求むべからざるものを強ひて対象の中に求めようとしたからである。言語現象に於ける、思想、声音、聴覚印象等は、夫々二をとつて複合単位を構成して居るのでなく、それらは言語現象に於ける継起的過程の一断面である。言語の重要な過程である文字は、ソシュールにとつては、「書其れ自身は内的体系とは無関係であつて」（言語学原論五〇頁）、「書の効用、短所、危険を知ることが肝要である」（同上五〇頁）と云はれる位の注意にしか値しなかつた。

私は更にソシュールの理論を辿つて見よう。言語活動の分析に於いては、それ自身一体なるべき単位を発見し得なかつた彼は、こゝに於いて対象に向つて限定を試みた。彼は云ふ、

余をして言はしめれば、かうした難関（筆者云ふ。難関とはそれ自身一体なるべき単位を見出し得ないことである）を凡て切抜けるには唯一つの解決法しかない。何か。何を差置いても先づ第一に言語なる土地の上に腰を据え、言語を以て言語活動の他の凡ゆる示現の規範と為す事である（言語学原論二二頁）。

この方法は、明らかに対象よりの逃避の危険を含んで居る。対象を局限して、その中に自己の要求する対象を定立し得ても、それは言語自体の考察を意味しないことは明らかである。かくして対象とされた「言語」（langue）なるものは、はたして彼が求めた処のそれ自身一体なるべき単位であつたらうか。先づ「言語」とは何であるか。

言語は言語活動なる雑然たる事実の総体中にあつて、よく定義されたる対象である。その座を循行中の何処々々であると決めることが出来る。それは聴覚映像が概念と聯合する場所である（言語学原論三一頁）。

言語記号は二面を有する精神的実体である。此の二つの要素は密接に結合し、互に喚起し合ふ（同書一三五頁）。

この「言語」なる概念に就いて、小林氏は次の如き説明を加へて居られる。

言語とは何であるか。言ふこと、それが即ち言語ではないか。言ふこと以外に言語なるものがあるであらうか。あると考へる。私がいま貴方に、今日町へ買物に行つて下さいませんかと言ふとすれば、この行為は確かに私の言である。けれどもこの行為が可能なるがためには、私の脳裏に、今日なり町なり買物なり行くなり下さいなりの語が予め蓄積されてゐなければならない。それと同時に、それらの語を一定の順に従つて結合する習慣もまた附いてゐなければならない。語とそれの習慣的結合様式とが言語の本体である（小林氏文法の原理五頁）。

この考方は、ソシュールが、「言語は謂はゞ言の運用に依つて、同一団体に属する言主の頭の中に溜込まれたる預金であり」（言語学原論二九頁）と云つた言葉に応ずるものである。猶、学者によつては、「言語活動」（langage）を「こととしての言語」「言語」（langue）を「ものとしての言語」と云ふことがある。

右の如き、聴覚映像と概念と聯合したものが、果して言語活動の単位となるべきそれ自身一体なるものであらうか。ソシュールも述べて居る様に、聴覚映像と概念とは二の要素である（言語学原論一三五頁）。それが如何に密接に結合されて居る様に見えても互に喚起し合ふと云ふ機能に於いて結合して居る時、この結合は一のものではなくして継起的な心的現象と考へなくてはならない。聴覚映像と概念とが、脳髄の中枢に於いて聯合すると云ふことは、生理学的にも証明されることであるが、これが聯合と云ふ精神生理的現象である限り、ソシュールが言語活動に於いて述べた如き二面の相は解消し得たとは云ひ得ない。ソシュール的に云へば、それは飽迄精神生理的複合単位であり、正しく云へば、聴覚映像→概念、概念→聴覚映像となる継起的な精神生理的現象である。継起的過程を、並列的構造の単位に置換へることは、常識的説明としては許されるとしても、それによつて若し学問の体系に矛盾を来す様な場合には、断じて許すことが出来ないことである。それ自身一体であるとして認めた言語単位に就いて、ソシュールは言語の可易性を説明する際に次の如く述べて居る。

言語の連続性を確立する「時」なるものは、其れとは一見撞著するが如く見える他の作用を有して居る。即ち言語記号を晩かれ早かれ変遷せしめることである（言語学原論一五一頁）。

それ自身一体なるべき単位と考へるが故に、この単位の中に変化の原因を求めることは不可能である。これを「時」に嫁したのは、必然の帰結とはいへ、説明の逃避であると云はなければならない。言語の変化は勿論時間に於いて実現する。併し乍ら、「時」が言語を変化させるものでないことは、幾多の事実がこれを証明するであらう。更に言語に於ける変化の現象を定義して、

変遷はその要因の何たるを問わず、単独に行はれると結合して行はれるとを問はず、詰る所は常に「所記能記の関係がずれる事」に外ならぬ（言語学原論一五一頁）。

と云ふ処を見れば、所記と能記即ち概念と聴覚映像とは、それ自身一体なるべき精神的実体ではなくして、分析可能な複合物でなければならない。此の論理的矛盾は、元来一体ではない処の継起的精神生理過程を、単一単位と看做した処に原因する論理的破綻である。

以上要約するのに、ソシュールの言語本質観は、自然科学的並列構成観に禍され、性急に言語の対象性に即さぬ処の分析を強制し、学の対象としての単位を抽出しようとした所に、方法上の重大な誤謬があると考へなければならない。但しソシュールの「言語」の概念は、以上述べた如き方法によつて結論されたものであると考へられると同時に、この概念は、又別にデュルケムの社会学説に胚胎する社会的事実なる思想によつて導かれたものであると云ふことは一部の学者によつて云はれて居ることであり、(註)この系統関係がたとへ事実でなく、ソシュールの独創に出づるものだとしても、その思想的近似性は極めて濃厚であるが故に、その方面からも考察する必要があるであらう。

（註）小林英夫氏訳ドロシェフスキー社会学と言語学（言語学方法論考所収）。

b 「言」（parole）と「言語」（langue）との関係について

社会的事実としての言語本質観を吟味する前に、前項に述べたソシュールの「言語」の概念の帰趨に就いて今少しく検討して見る必要があると思ふ。

自律的定義を受ける資格を有し、言語活動の他の凡ゆる示現の規範と為すことの出来る「言語」の概念の成立によつて（言語学原論二一頁）、それは「言」とは如何なる関係に立つか。小林氏はこれに就いて次の如く述べて居られる。

言とは何であるか。それは言語を以ての体験の自覚的表出である（文法の原理五頁）。

又、

言語は潜在せる言であり、言は言語の実現である。両者は連帯的ではあるが同じものではない（同上五頁）。

此の考方は、ソシュールが、

言語は謂はゞ言の運用に依つて、同一団体に属する言主の頭の中に溜込まれたる預金である（言語学原論二九頁）。

と述べたことに対応するものであつて、言主は「言語」なる預金の使用者である。理論的にいへば、それ自身一体なるべき「言語」を、言語活動の単位と認めると云ふソシュール理論の帰結である。併し乍ら、我々はそこに、古き言語道具観（means, instrumentalities）の変形を覗い得ないであらうか。嘗ては、音声が思想の発表或は伝達の道具と考へられて居つたが、今は聴覚映像と概念との聯合したもの（実はそれは一の心的過程であることは既に述べた）がそれに置き換へられて居るとは見られないであらうか。問題は「言語」と「言」との関係である。

さてかくの如き「言語」を介しての「言」に於ける実現に於いて、話者の表現せんとする体験と、「言語」との間に如何なる関係が成立するか。「言語」を以ての体験の表出とは、如何なることを云ひ、そしてそこに如何なる作用が必要とされるか。小林氏の説明を借りるならば、

さて潜在的なるものはその数に於いて有限であるが、その質に於いて無限である。例へば町を指すべき語としては私は町といふ語一つしか知らないが、如何なる町を指すかは予め決定されてゐない。私がいま貴方に向つて町へ行つて下さいと言つた瞬間に、町の意味は決定されて来る。無限者が限定されるのである（文法の原理五―六頁）。言は個

別的である。個別的なるものが他者に理解されんがためには、一般的なるものの存在が予定されなければならない。言は言語の実現であつて始めて理解されるのである（同書六頁）。語はそれ自身の姿を以て適当の文脈に置かれることによつて、我々の内面的生活を表現するのである（言語学方法論考五七八頁）。

活動に於ける語は、意識的であり個性的であり、従つて性格的である（同書五七九頁）。

此のソシュール学説は、仔細に見る時、二の矛盾を蔵して居る。他者に理解されんが為には一般的なものの存在即ち「言語」の存在が必要であると云ふ。そして「言語」の「言」に於ける実現は、その目的からいへば他者に理解されんが為であり、そしてその実現の形式に於いては、非限定なるものの限定であると云ふことは、論理の矛盾ではなからうか。他者に理解されんがために一般的なるもの即ち「言語」が必要であるならば、個物の限定的表現と云ふことは無用であり、却つて他者の理解を妨げると云ふ結論になりはせぬか。理論はさておき、現実の言語活動に於いて見るに、実際我々が具体的な「言」に於いて受取る処のものは、限定された語ではなくして、非限定的語である。例へば一物理学者が、

地球は廻る（A）

と云つたとする。それは概念以外に何ものをも意味しない。処が、ガリレオが裁判官の前に立つて、情熱と確信に燃えて、

地球は廻る（B）

と云つたとする。（B）の場合の「地球」「廻る」等の語は、（A）の場合の語よりも限定されて居るであらうか。私はさうは考へない。ガリレオに於いては、「地球」も「廻る」も特殊の意味を持つた表象であつたらう。併しこれを言語に表現するには、物理学者の表現と同様、非限定的に、概念的に表現したのである。私が何等の知識もなくして（B）の場合の「言」を受取つたならば、それは（A）と何等異るものでないことは明らかであらう。これを限定されて居ると考へるのは、文脈に於いて、或は他の知識を以て話者の立場を理解したからである。この語が限定されて居ると考へ

るのは、聴者に於ける補足作用、換言すれば解釈作業の結果に他ならない。「言語」が非限定的に「言」に実現すると云ふことは、理解者の側から充分云ひ得ることであるが、「言語」の限定的実現と云ふことは、如何なる方面からも証拠立てることが出来ない。それに就いては猶後に詳説する積である。従つて、私をして云はしめるならば、ソシュール的考方とは正反対に『一切の言語的表現は、具体的個別的なるものを、非限定的に表現することである』と。若し「言語」が「言」に於いて限定されるのであるならば、言語に於ける限定的技巧、即ち修飾語による語の装定、其の他一切の描写は無用の長物でなければならない。「言語」が「言」に於いて限定されると考へるのは、「言語」に於ける意味と声音とを構成的に見る処から来る誤である。或は「言」を「言語」の実現と見る言語道具観から来る誤である。このことを更に実例に即して述べて見ようと思ふ。

私が今、机の上に、一冊の特定の本が存在して居ることを云はうとするのに、

机の上に本がある。

と云ふ。此の場合、本と云ふ語が、一冊の特定の本に限定されて用ゐられたと考へるのはソシュール的考方である。併し乍ら事実はさうではない。話者は目前の一具体的対象を、先づ本と云ふ概念に於いて把握する。次にこの概念によつて喚起される「ホン」なる音声を以て表出する。この過程は、明らかに、限定されたものが非限定的に表出されたのである。従つて聴者の受取るものは非限定なる本の概念である。如何なる本であるかは、対話の場合ならば、話者と聴者の直接的な立場が決定することもあらう。若しこの語が、単に文字によつて伝達されたならば、聴者は、只本なる概念を想起するか、或は自らの経験から、種々なる本を想像するに止るであらう。本の具体性を決するのは、この本なる語それ自身には存しない。即ち本は限定的に使用されたのではないのである。若しこの際、ソシュールの考方に従つて、具体的な一冊の本を表すに、本なる語を使用したと解するならば、何故に個別的な事物を表すに本なる語が選ばれたかを説明しなければならない。本なる語が選ばれるには、具体的な事物が、本概念として先づ認識されることが必要である。かく考へて来るならば、たとへソシュール的見地に立つとしても、表現対象なる具体的本は、本なる語の使用に先

じて既に概念化されて居なければならない。若しさうでないならば、具体的事物は、如何なる場合に於いても「言語」の使用を促す契機を持たないことになる。

若し右の様な場合、同じ事実を話者が、

机の上にものがある

と云つたとする。ものなる語が、特定の本に限定されたと見るべきであらうか。それは寧ろ、特定の本が、話者に於いては、本として概念されず、更に広い概念ものとして考へられ、それが言語として表出されたものと考へなければならない。便所を表すに「御不浄」なる語を以てした当初は、恐らくこれを直接に表現することを忌んで、更に広い概念「不浄」に於いて之を把握し、之を音声を以て表現したのであらう。「不浄」なる語が、「言」に於いて便所の意味に限定されたと見ることは全く当らぬことである。かく見るならば、「不浄」なる語が選ばれた理由は全く不明になつてしまふ。凡ての忌詞は、限定されたものを非限定的に表す言語表現を、更に誇張して意識的に行つたものである。そこに忌詞としての生命があり、又話者の心理も捉へることが出来るのである。平安朝女流文学者の表現法に、屢〻右に述べた様な事実の著しい例を見るのであるが、これを限定的なものの非限定的表現と解することに於いて、平安朝文学の精神とも合致し得るものを見出すことが出来るのである。

以上の説明によつて、読者は恐らく了解せられたであらう。ソシュール的考方に従へば、「言語」の運用と云ふことが問題になる。それが普遍的法則の下に於いても、或は個人的創造の下に於いても。私に於いては、「言語」(私はこれを心的過程と考へる)を通して表現せられる過程即ち言語表現自体を問題にしようとするのである。

ソシュール説の展開であるバイイ氏の文体論なるものが、「一言語が使ひこなす表現手段を研究すること」であるならば、私の右述べたこととは、大きな距離がある。「言語」を使ひこなす表現手段の研究と云ふ文体論は、一歩誤れば、それは言語自体の研究ではなく、言語の窓から覗いて居る作者のプロフィルの研究に堕してしまふ恐れがある。(註)

（註）小林英夫氏訳レオ・シュピッツェル語詞芸術と言語学（言語学方法論考六五三頁）に次の如く述べられた個処があることによつて明らかである。

「わけてもティボーデは、マラルメ、フロベール、モーラスに関する論考において、全く次に論述するやうな意味での、言語に於ける心の反映を説いてゐる。」

「こゝにも亦芸術家の心頭に去来するものがその言語表現のうちに反影してゐる。」

「全く意味がなささうな文法的小詞にしても、心の裡を報ずることが出来る。」

かくの如き言語研究の危険性は、言語を内容外形に分つて考へる構成観の中に既に萌芽して居るのであつて、音声の研究が、音響学、生理学に逸脱したのと、其の方向は相反しても、帰する処は同じ禍根に基いて居るのである。


こゝでは、言語は単に論究の資料にしかなり得ない。そして又一方、観点的差別を取除いたならば、文体論は一般の文法研究と何等異る処はない。「言」は「言語」の具体的実現だからである。個別的表現特質の研究を目標とする文体論的方法と、普遍的表現形態の研究を目標とする文法論的方法とは、一般科学に於ける方法即個別的認識と普遍的認識の異つた方向でしかあり得ない。その何れか一方を以ては学を構成し得ない。

「言」に於ける思想の表現が、個別的経験の非限定的概念的表現であると云ふことは、言語活動の本質的性質である。これを他の絵画的表現、音楽的表現に比較して見る時、一層その特質が明らかになるであらう。言語を非限定的概念的表現と解する時、言語解釈の方法又その限界が問題とされるのである。ソシュール的見解に於いては、もはやその問題は起こり得ない。と同時に、此の問題に就いてソシュールの言語理論は全く無力である。（註）

（註）第四節言語研究の課題の中、文の解釈に於ける語の意味の把握についてを参照されたし。

ソシュール的見解の演繹をこゝに導いたものは、その最初に於いて、「言語」を言語活動のそれ自身一体なるべき単位と考へ、一切の言語活動を「言語」の示現と考へた処に起因するものと私は考へるのである。

C　社会的事実としての「言語」(langue)の概念について

ソシュールの「言語」の概念の成立は、それが自然科学的構成観に禍された対象よりの逃避であり、観点による対象の切取りであり、此の概念より演繹せられた「言」と「言語」との関係が、実証的に見て誤った帰結であることは、前二項に述べた如くである。ソシュールの「言語」の概念は、既に述べた如く、対象の考察から生まれた理論的結論であると同時に、一方社会的事実としての言語の性格から帰納せられた結論であるとも考へられる。それはデュルケム社会学派に云ふ所の社会的事実と、ソシュールの「言語」の概念が、極めて類似して居る所から云はれることである。(註)

(註)　小林英夫氏訳ドロシェフスキー社会学と言語学(言語学方法論考三一頁)

私は今デュルケムとソシュールとの思想的交渉を問題にしない。又それに就いて何等の知識も持合せない。只ソシュールが、「言語」をデュルケム的意味に解して居ったことだけを知るのである。此のデュルケム的「言語」の概念が、言語の社会的性格を説明する為に設けられた仮説であり、そして結論であるのか、或は前に述べた如き対象の考察から導かれた理論的結論であるのか。私はその点に就いても詳にするだけの知識がない。それらの点は、言語学史家にまかせて、私は直にソシュールの見解について検討したいと思ふ。彼は言語学の対象論に於いて(言語学原論第三章)、「言語」が言語活動の単位であると述べて居ると同時に、又「言語」が社会的所産であると云ふことを云つて居る。「言語」は聴覚映像と概念との結合であると考へる限り、それはソシュール自ら述べて居る如く、純心理的実在である。そしてそれが一歩進んで、「言語」は社会的所産であり、個人に外在するものであると定義される時、我々は慎重に、批判的にその論理の迹を辿らなければならない。この間の論理の経緯は、彼の遺著を通しては、確実に追求することは私には困難に考へられる故、今は論述の便宜上、社会的事実としての「言語」の概念の成立を吟味し、翻つてそれが純心理的実在としての「言語」と同一視して差支へないものであるかを考へて見ようと思ふ。この行方の方が、或はソシュール学説の成立過程それ自体に近いのではないかと私は想像するのである。

ソシュールは、「言語」を社会的事実として認識するに当つて、次の様な過程をとつて居る。言語活動に依つてかやうに結びついた個人間には、一種の媒体が出来るであらう。彼等は皆、同一概念と結合した同一の――と正確には言へまいが稍同一に近い――記号を再造するに違ひない（言語学原論二八頁）。ソシュールに於いて「言語」の認識は、各個人間に類似な言語単位と文法体系とが存在することが考へられる処に基いて居る。かくの如き「言話」が社会的事実として認識されるのは、第一にそれが個人間の社会的交渉に原因すると同時に、社会的交渉を成就せしめる媒体と考へられるからである。そしてこの媒体は、個人的「言」と如何なる関係に立つのであるか。

言語は言語活動の社会的部分であり、個人を外にした部分である（言語学原論三一頁）。

こゝに「言語」の外在性と云ふことが考へられて居るのである。右の諸見解に於いて、第一に、個人間に同一或はそれに近い類似の記号が再成すると云ふことが如何なることを意味するかを考へて見よう。若し「言語」をこの意味に解するならば、それは個物を通し帰納せられた普遍的概念に相当するものであつて、宛も個々の「人」から帰納して得た概念「人」に等しいものである。それは認識的所産であつて実在すべきものではない。若し右の如きものに「言語」の概念を限るならば、かくの如き同一記号の再成と云ふ現象は、条件的には個人間の社会的交渉と云ふことが考へられるが、本質的には個人銘々に存在する受容せられたものを整序する処の能力に基く。此の能力こそ普遍的本質的のものであつて、社会的交渉と云ふことは、単にその色付けに過ぎない。従つて同一記号の再成と云ふことだけでは、未だ「言語」を以て社会的事実であると断言する根拠は薄弱である。ソシュールの述べる処を見れば、「言語」が社会的事実と考へられる根拠は又別に存するものの様である。ソシュールは、右の如く個人間に成立した共通的のものを、単に認識の所産と考へず、個人間に成立した一種の媒体であると考へることによつて、外在性と実在性とを与へようとする。但しこゝには著しい論理の飛躍が存することに注意しなければならない。各個人間に同一記号が再成されると云ふことは、受容者の能力に基くことであつて、これを共通的なものとして統一的に考へるのは認識能力である。かくして成立した

「言語」なる概念が、直に個人間の思想の伝達をなす媒体であると考へられたことは、認識的所産を実在と考へたことになるのである。個々のものとその概念との関係に於いて見るべきものを、個々のものと、それに外在するものとの関係に置いたことは、「言語」の外在性と実在性とを主張する根拠とはなつたであらうが、私はその論理に疑を挿むものである。

先づソシュールが「言語」を一種の媒体であると考へたことから吟味して見たい。こゝに媒体と云ふ語を充分厳密な意味で使用しなければならない。さもなくば、或は言語活動と云ふ個人間の交渉に於いて、甲の口から乙の耳に何か実体的なものが飛込む様に考へられ易いからである。処が言語活動に於いて思想の伝達をなす処のものは、かゝる実体的なものではなくて、実は甲と乙との間に働く純生理的純物理的な継起的過程である。乙が甲より受容するものは、如何なる場合に於いてもこれ以外のものではない。言語を以て、意味を持つた音声であると定義する処から、乙は甲から、音声と共にそれに随伴する意味をも受容する様に考へるであらう。併し乍ら、乙が甲より受容するものは音声だけであつて、甲から受容したと考へられる意味は、実は乙自らがこの音声の聯合によつて喚起した処のものである。ソシュールの見解を検するに、右述べた意味を持つた音声としての言語観に類するものを見出すのである。

かうした社会的結晶は何に起因するか。其処に原因として働くのは循行の如何なる部分か。(中略)物理的な部分は雑作なく取除けられる(言語学原論二九頁)。

即ち概念と聴覚映像との聯合したもの即ち「言語」が媒体をなすと考へるのである。嘗ては意味を持つた音声が甲より乙に伝達された。今は、「言語」がそれに置き換へられたに過ぎないのである。ソシュールの見解が、古き言語道具観の変形であることはこれを見ても明らかである。ソシュールによつて雑作なく取除けられた物理的部分こそ、却つて個人間を結ぶ思想伝達の媒体でなければならない。我々は如何に既知な言語に於いても、音声の不明瞭な場合には、意義不通であり、思想の伝達過程は中止される。乙が甲と同様な記号を再成し得るのは、言語活動の循行中に座を占める「言語」の力でもなく、意味を持つた音声の力でもなく、受容された音声が、甲と同様な概念を喚起し得る聯合の習慣を、乙が持つて居るからである。かくして万人に殆ど同一と思はれる記号の成立するのは、「言語」それ自身が媒体としての職能を有するからではなく、純生理的純物理的な過程を媒体として同一概念を喚起し得る習慣性が万人の間に成立して居るからである。かゝる習慣性の成立は、勿論条件としては個人間の社会的交渉と云ふことが存在し得るであらうが、本質的には、個人の銘々に、受容的整序の能力が存在することを考へなければならない。従つて、ソシュールが、

若し凡ての個人の頭の中に貯蔵された言語映像の総和を把握する事が出来たならば、言語を構成する社会的繋鎖に触れるであらう（言語学原論二九頁）。

と云つた言葉は、余りに性急なデュルケムの社会的事実への「言語」の近寄せでなければならない。私をして云はしめるならば、個人の頭の中に貯蔵された言語映像の総和を把握することが出来、そしてその様は、同じ辞書を各人が一本づゝ所有して居るのに似通うてゐる（言語学原論四〇頁）と云ふことが認識されるならば、それは、各個人の整序的能力の普遍性を証明するものでなければならない。若し各個人間に於ける言語映像の差別相に着目するならば、それは整序的能力の差異と云ふよりは、その内容である各個人の社会的生活、体験の相違に基くものであつて、それは言語の性質を規定するものである。従つて社会的と云ふことは、「言語」の本質を云つたことではなく、「言語」の性質について云ふべきことである。それは、「言語」に冠せらるべき幾多の修飾語の一であると思ふ。

「言語」が社会的所産であると云ふことは、個より帰納せられた普遍概念を実在の如く考へる処から来る誤であり、「言語」が個人間を結ぶ媒体であると考へることは、個人の普遍的整序能力を外在的なものに置き換へたことであり、これらをその正当の位置に引き戻すことによつて、ソシュールの「言語」の概念は、それが対象性の考察から結論された「言語」の概念と一致すべきものであることを知るのである。ソシュールが、

言主の頭の中で、万人に殆ど同一と思はれる印象が出来上るのは受容的整序能力の働きである（言語学原論二九頁）。

と云つたことは正しい。この能力による所産を、直に媒体と考へ、これを社会的部分と考へた処に論理の飛躍を認めざるを得ないのである。

「言語」の外在性と云ふことは、主として受容者の側に於いて考へられることであるが、「言語」が社会的事実として考へられた別の重要な理由は、それが拘束性を持つと考へられる処から来るのである。拘束性と云ふことが、社会的事実の必しも絶対的の性質でないことは、タルド（Tarde）のデュルケムの学説に対する批判にも見えて居ることであるが、(註)デュルケムに於いては、社会的事実の決定の標準と考へられた。

(註) Pitirim Sorokin, Contemporary sociological theories, p. 466.

ソシュールは云ふ、

言語は凡ての社会制度の中で、最も個人の創意に拘はれぬものである（言語学原論一四九頁）。

集団が認めた法則は各人が受容すべき物であつて、自由勝手に協約出来る規則とは自ら選を異にすると云ふ事を、言語ほど能く立証して余す所なきものはないからである（言語学原論一四五頁）。

拘束性は、主として言語の遂行者の側に於いて意識せられる事実であつて、我々は、我々の周囲のものと殆ど同様な手順を以て言語行為を遂行して居る所から、かゝる事実が何等か外部的な拘束力によつて実現されて居るかの如く考へられるのである。社会的事実の絶対的性質が拘束性にのみ存在するのでないと云ふことは、その反対に、拘束性の存在は、必しも社会的事実であることの証明にならぬことを示して居ると云へよう。生理的現象に於いて我々は拘束を感じてもそれは社会的事実ではない。我々が言語の表現に於いて或る拘束を感ずるからとて、その全部を直に外部的な拘束力に帰することは出来ない。言語に於いて、最も明瞭な外部的拘束力――例へば仮名遣の厳守、漢字の制限、方言の矯正――の如きすら、時に甚しく無力なことがある。又例へば我々が母語を語る時と、外国語を語る時とは、何れに於いて規範を感ずることが濃厚であるか、そしてその結果を考へて見る時、我々の言語は、規範或は外部的拘束力の故に遂行されるのではないこと明らかである。拘束性を形成する重要な要素の一として習慣性を挙げることが出来る。言語に於ける習慣性は、受容的整序能力の結果であつて、習慣に逆行した言語的表現は、それ自ら表現とは意識されない。「言語」の統一性は、「言語」それ自体に拘束性があるのではなく、言語行為の習慣の普遍性が、「言語」の統一を保つのである。それは受容的整序の普遍性が、万人に同一記号を再成させることと相表裏して居る。

ソシュールが、言語に於ける社会的性質を認めたことは正しい。併し乍ら、この性質を対象化して、言語活動の循行の中に切取つて、これを「言語」として認識しようとしたことは大きな誤である。若しソシュールの言語理論が、社会的事実としての「言語」の概念を建設することに性急であつたが為に、言語対象の考察に、第二章ａに述べた如き飛躍があつたと考へるならば、それは言語学の理論の体系的組織にとつて惜しむべき事実であつたと云はなければならないと私は思ふのである。

追記　亀井孝氏は、言語に於ける規範を次の如く述べて居られる。

「社会からの強要物とみるよりは、言語活動が目的論的に措定した所の必然的自由とみた方が更に正しいであらう」（国語と国文学昭和十一年十月号、文法体系とその歴史性）目的観念は、志向作用、意味作用、表現意識等と共に言語の表現過程に働く機能と見ることは差支へないであらう。

三　言語構成観より言語過程観へ

ソシュールは、言語対象の分析に当つて、先づこれを構成的のものと考へ、言語より、その構成単位を抽出することを試みた。然るに言語は、その如何なる部分をとつて見ても、多様であり、混質であることを発見し、こゝに対象を限定し、概念と聴覚映像との聯合を以て精神的実体であるとし、これを、それ自身一体なる言語単位と考へて、「言語」(langue)と命名した。この分析過程は、その対象に於いては、純粋に心的なものを把握したけれども、その方法に於いては明らかに自然科学的構成観の反映であると云つてよいと思ふ。この誤つた分析方法の帰趨は次の事実に於いて一層顕著となつた。ソシュールに於いて摘出され、それ自身一体なる単位と考へられた「言語」は、果して彼の考へた如く、一体なる単位であつたらうか。ソシュールも云ふ如く、この「言語」なるものは、概念と聴覚映像とが密接に結合されて居つて、互に喚起し合ふ処のものである（言語学原論一三五頁）。原文に於いては、

C'est deux éléments sont intimement unis et s'appellent l'un l'autre.（Cours de linguistique générale, p. 99）

右の定義に於いて、密接に結合されて居ると云ふ云ひ表し方は、甚だ不明瞭な叙述であるが、私は「互に喚起し合ふ処のものである」と云ふ説明に従つて考へて行かうと思ふ。若し互に喚起し合ふ処のものであるならば、それは密接に結合されたものではなくして、概念と聴覚映像とは、継起的過程として結合されて居ると考へなければならない。宛も、ボタンを押すことによつて電鈴が鳴ると云ふ現象に比すべきものである。このことは、単にソシュールの定義の解釈より得た抽象論でなく、脳神経の解剖学的生理学的研究の証明する処によつても明らかである。即ち聴覚中枢（Sensorisches Sprachzentrum, od. Werrickesches Sprachzentrum）と、知覚された音声に対する意味を理解する中枢（Sensorisches Sprachgedächtniszentrum）とは、大脳皮質部の相異る個処に比定せられる。言語に於いて、概念と聴覚映像とが、互に喚起し合ふ心理的現象は、生理的にはこの中枢間の伝導作用に置き換へることが出来る。そして更にこの継起的現象であることの明らかな証明は、此の伝導作用の疾患に於いては、言語の音は受容されるが、その意味を理解することが出来ない認知不能症（Agnosie）、或は他人より云はれゝば直にその名を思ひ出す健忘性失語症（Amnestische Aphasie）等の存在によつて明らかにすることが出来る。かく見て来るならば、ソシュールが摘出した「言語」は、決してそれ自身一体なるべき単位ではなく、又純心理的実体でもなく、やはり精神生理的継起的過程現象であると云はなければならない。言語表現に於いて、最も実体的に考へられる文字について見ても、それが言語と考へられる限り、それは単なる線の集合ではなく、音を喚起し、概念を喚起する継起的過程の一継面として考へなければならない。若しこれを前後の過程より切離して考へる時、それは既に言語的性質を失ふことになる。かくの如く、言語に於いては、その如何なる部分

をとつて見ても、継起的過程でないものはない。継起的過程現象が即ち言語である。かゝる対象の性質を無視した自然科学的構造分析は、従つて対象の本質とは距つたものを造り上げることになる。ソシュールの「言語」の概念は、かくの如き方法上の誤の上に建てられたものであつた。

既に述べて来た如く、言語の対象からは、構成的単位は見出すことが出来なかつた。それならば言語は多様であり、混質的であり、我々は言語に於いて、純一な学的対象を把握することが出来ないのであらうか。構成的単位を追求する限り、言語の学は、心理学、生理学、音響学等に分散せられ、その固有の対象を把握することは困難である。併し乍ら、若し既に述べた如く、言語の対象に即して、言語の本質を一の心的過程として理解するならば、その過程に参与するものとして、生理的物理的等のものがあり得るとしても、その過程それ自体に於いては、他の如何なる過程にも混じない、そして言語を言語たらしめる一様にして純一な対象を見出すことが出来ると思ふのである。言語表現は、他の思想表現例へば音楽絵画等に比較して、単に外部に表現せられる部分、即ち音或は色等に於いて相違して居ると云ふよりも、そもゝゝの出発点からして異つた方向をとつて現れる表現過程であると思ふ。これを明らかにするには、言語過程に参与する種々な要素の一を除外して見ればよい。概念なき言語、音声なき言語は我々はこれを考へることが出来ない。即ち概念、音声は、言語に於ける並列的構成要素として重要であるのでなく、言語過程として不可欠のものであり、かくの如き過程の存在に於いてのみ我々は言語の存在を意識することが出来るのである。未知の言語の音声を聞いた場合でも、それが何等かの観念に還元し得ると考へることによつて言語は意識されるのである。

言語過程を以て、言語の本質と考へる時、「言」を以て、言主による「言語」の実現であると云ふ考方は訂正されねばならない。「言語」は、言語活動に於ける継起的過程中に位置を占める処の一過程であると云ふべきである。そして言語活動に於いては、概念に聯合する聴覚映像は、直に運動性言語中枢（Motorisches Sprachzentrum, od. Brocasches Sprachzentrum）に伝達され、発音行為となる。私が、前節に於いて、言語表現は、限定的なものの、非限定的表現であると云つたことは、右の過程にも該当することであつて、表現対象である具体的事物は、概念過程を経てこゝに非限定的となり、更に発音行為に移された時、音声は全く思想内容と離れて外部に表出される。特定の象徴音を除いては、音声は何等思想内容と本質的合同を示さない。これを合同と考へるのは、音義学的考である。

物あれば必ず象あり。象あれば必ず目に映る。目に映れば必ず情に思ふ。情に思へば必ず声に出す。其声や必ず其の見るものの形象《アリカタ》に因りて其の形象なる声あり。此を音象《ネイロ》と云ふ（古史本辞経）。

右の平田篤胤の考方の如きはその一例であるが、音声は聴者に於いて習慣的に意味に聯合するだけであつて、それ自身何等意味内容を持たぬ純生理的純物理的継起的過程である。音が意味を喚起する事実から、音が意味を持つて居ると解するのは、常識的にのみ許せることである。かく考へる時、「言語」を「言語活動」の単位と認めることも、又「言語」と「言」の二の言語学の成立する理由も認めることが出来ないのである（言語学原論第四章）。

言語は、限定的な個物を、非限定的に表現する過程であると云ふことは、言語の本質的な性格である。こゝに於いて、非限定的表現を以て如何にして限定的に表現するかの表現法の問題と、非限定的表現より、如何にして限定された個物を認知し得るかの解釈上の問題が起つて来る。バイイの文体論は、解釈に於いて到達し得た処のものを、言語表現それ自身の能力の如く誤認した（生活表現の言語学第三篇言語表現性の機構）。その根本原因は、やはりソシュールの「言」に対する「言語」の概念の誤謬に胚胎する。

次に私の言語過程観をその最も基本的な形式に於いて図示するならば（*次頁図）、〰〰〰は遂行者より受容者への伝達過程であつて、純物理的過程である。起点及び終点は、具体的事物である場合もあり、表象である場合もある。第一次過程が存せず、概念が起点及び終点になる場合もある。第四節Cに述べる処の観念語とは、起点より、第一次過程を経ず直に第二次過程即ち聴覚映像に聯合する処の語である。文字的表現は、聴覚映像より直に文字に移る場合と、一旦音声的表現に移されて、文字に移る場合と更に概念により文字に移る場合とがあり得る。ソシュールの「言語」の概念は、第二次より第三次への過程を構成的に見たのであるが、実際の言語活動は、起点より第三次或は第四次に至る継起的過程の繰返しの連続である。従つて、言語に於ける単位と云ふものを求めるならば、此の一回繰返しを以て単位的過程とし

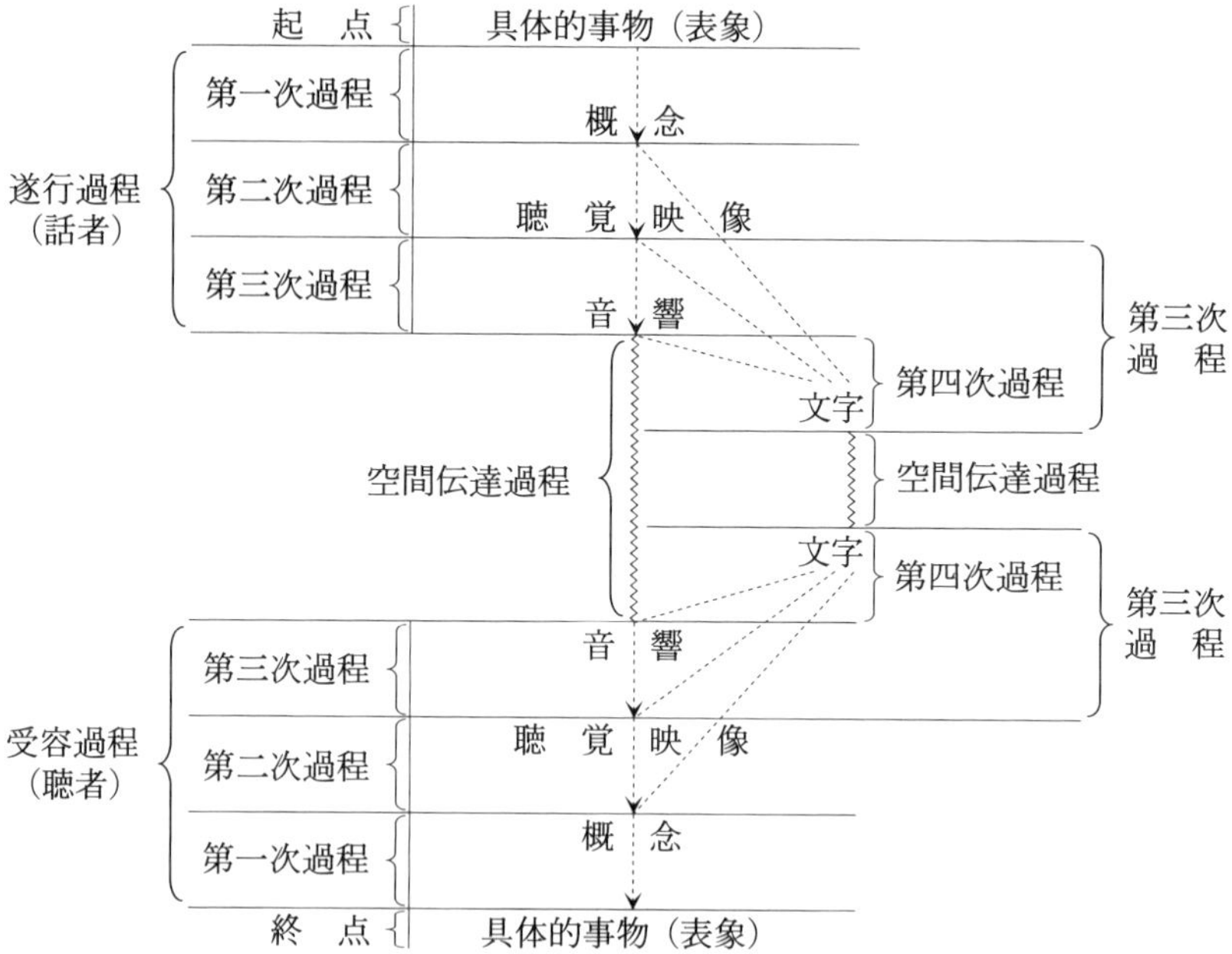

なければならない。この過程に参与する要素内容に於いては、人により時により処により千差万別であらうとも、此の過程のみは如何なる場合に於いても変化することのないものである。又変化する場合には、それは言語的表現とは云ふことの出来ないものである。

追記　言語を継起的過程それ自体であると考へる時、此の過程的現象の構造が如何なるものであるかは、猶詳に考究を要する問題である。此の過程に参与する精神機能、生理的作用、次に表象として与へられる音の知覚、及び概念その他の心的内容等は如何なる関係を保つてこの過程的構造を形造るものであるかに就いては私は未だ詳にしない。この構造の研究は、言語学に於ける音声、意味、発音行為、表現意識等の研究の体系的位置を決定する為に重要なことであることを記すに止めて置く。

四　言語研究の課題——国語に於ける実践的研究の例二三

言語対象が構成的のものではなくして、過程的のことであると云ふことから、言語研究の対象は、必然的に構成要素より過程そのものに移される。そして構成要素は、構成要素としてでなく、過程を成立せしめる条件として観察されねばならなくなる。従つて問題は、概念そのもの、或は音声そのもの、或は文字そのものではなくして、それらの間の過程に存すると云はなければならない。私は、言語研究の新しい課題を、単に抽象的に列挙したり、問題の体系を立てたりすることを、この学問の結論に譲つて、今は只、私が嘗て試みて、そしてこの小論を認める前提ともなつた二三の国語に於ける実践的研究の例を摘出して、問題の所在を暗示するに止めようと思ふ。

a　複合語（合成語）の説明について

語を外形である音声、内容である思想の二の構成要素に分つて、その文法的単位を決定しようとする限り、単位語即ち単語の決定は、甚だ困難な問題に遭遇する。普通には、一の思想を音声で表したものが単語であること云ふまでもない。

竹↕タケ　籔↕ヤブ　石↕イシ　橋↕ハシ

処が、「タケヤブ」「イシバシ」等の語に於いては、夫々一の思想を表したものと考へられるにも拘はらず、これらの音声は、夫々二の部分に分解せられて、それに対応する二の思想が現れる。

タケ・ヤブ——竹・籔　イシ・バシ——石・橋

従つて、「タケヤブ」「イシバシ」等は、一の思想を表す語であるのか、二の思想を表す語であるのか疑はしくなる。一の思想を表したものとすれば単語であるが、分解可能と云ふことになれば、複合語とは云ひ得ても単語と云ひ得なくなる。処が一般に、複合語は文法に於いて単語として取扱はれて居る。複合語が単語として取扱はれる根拠は何処にあるのであるか。これを解決する為に、複合語は、その文法的機能に於いて普通の単語と同等であると云ふ理由を以てすることがあるが、それならば畳語の場合は如何に。畳語は単語の結合したものでそれは二単位であるにも拘はらず文法的には単語と同等の取扱を受けるから、単に文法的機能からのみこれを説明することは出来ない。私はこれを言語過程の問題に帰して次の様に説明したいと思ふ。

　単語は思想表現の単位であつて、前節に示した私の言語過程図に於ける一回の完結した過程である。今aを具体的事実（或は表象）、Aをそれに対応する聴覚表象（或は音声）とするならば、その過程は、

a ⟶ A

によつて示される。右の単純な形式に対して、複合語は如何なる相違を持つて居るかを見るに、これを次の如く説明することが出来る。aなる具体的事実が、第二次第三次の過程に移る階梯に於いて、表現の必要上から、二以上の思想に分析され、その分析されたものが、夫々音声的表現をとり、全体としてaなる具体的事実を云ひ表さうとするのである。今bcを分析された事実、BCをそれに聯合する聴覚映像（或は音声）とする時、複合語は次の図を以て表すことが出来る。

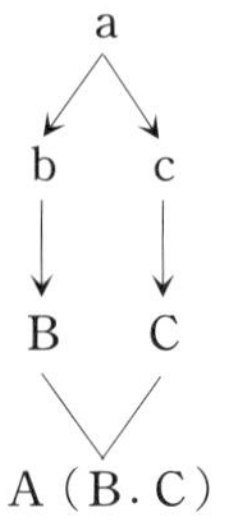

　BC即ち「タケ・ヤブ」なる音声は、具体的事実aを表して居ることに於いて一の単語である。そして、B及びC即ち音声「タケ」及び「ヤブ」は、aの表現せられる過程に於いて分析せられた事実b及びcに聯合する音声である。複合語は、一回の完結した過程の重加したものでなく、一回の過程中に更に一回の過程を包摂した処の表現形式である。これを、「ハルアキ」（春秋）、「シロクロ」（白黒）の如き畳語と比較するのに、これは明らかに、一回の過程に更に一回の過程が重加したものである。図を以て示すならば、

ハル　a → A
アキ　b → B

若し複合語に於いて、話者及び聴者が、包摂された分析過程に就いて意識を持たなくなつた時、それは単純な単語の形式として意識される。「ナベ」「サカナ」「ヲケ」の如きは、もはや今日では、ナ（魚）―ヘ（瓮）、サカ（酒）―ナ（魚）、ヲ（麻）―ケ（笥）の如くは意識されない。即ちそれは単純な単語となつたのである。

同じ原理は比喩に用ゐられた語の説明にも該当する。比喩には、通常分解不可能な音声の中に二の表象が認められる。正に複合語とは相表裏して居る。併し、この二の表象は、構成的に並列して居るのではなく、過程的の排列である。従つてそれはやはり単語である（詳にはdの条を参照されたし）。

b　国語用字法の組織について

国語用字法の従来の研究は、主として、国語を表すために、如何に漢字を使用したかの研究であつた。即ち、漢字には意義、音、訓等の要素があるが、国語を表すのに、その如何なる要素を採つて使用したかを問題にする。換言すれば、漢字を主体として、その用ひられ方を見るのである。例へば、「ヤマ」「カハ」を夫々「山」「川」と表記すれば、此の文字は漢字の意義に従つて用ゐたので正用であるとする。若し「也末」「可波」と表記すれば、文字の音を用ゐたから仮用であるとする。右の如き国語用字法の取扱方は、国語対漢字の関係に就いてのみ妥当するのであつて、国語用字法の全野に亙つての可能な説明ではない。試みに、「ヤマ」「やま」「カハ」「かは」なる記載法は如何なる種類の用字法に所属するかを問ふならば、従来の用字法研究は直に返答に窮せざるを得ないのである。

私は、これらの方法に対して、言語の本質を表現過程それ自体であると考へるところから、文字を言語過程中の一断面と見る。そしてそこに文字に関する問題解決の端緒を見出さうとする。従つて文字使用の研究と云ふことは、第一に、文字記載の過程に作用する記載者の表現意識を観察することでなければならない。記載者の表現意識の観察とは、話者が、自己の言語表現に於いて、文字を以て何を表現しようとするかの意図を考へることである。第二に、かかる意図に従つて、如何なる文字を如何に使用したかを研究するのである。私は右の如き考から、用字法をその意図に従つて、言語に於ける音声を表さうとする表音的記載法と、言語に於ける意味を表さうとする表意的記載法との二に大別する。その表現形式に就いては、第三章の終に添附した言語過程図を参照せられたい。

かくして、「ヤマ」「やま」「也末」「カハ」「かは」「可波」等は皆表音的記載法であつて、その為に使用された文字は、漢字及び仮名である。又「山」「川」等は表意的記載法であつて、その方法としては、漢字が使用されて居る。仮名はこの目的の為には使用することが出来ない。右の如く文字記載の意図を考へることは、即ち表現過程を考察することになるのである。私のこの立場は、更に次の如き用字法の説明に妥当することになる。

イ　川清　　花咲
ロ　川清し　花咲く

（イ）（ロ）の二の用字法は、夫々同じ国語を表現して居ると見て、その区別は如何に説明すべきであるか。漢字を主体とした従来の説明法からは、「清」「咲」等が、義用或は正用として説明されても、「清し」のし、「咲く」のく等に就いては、それが如何なる事実であるか説明されない。今これを表現過程の問題として考へるならば、「清」と「清し」との間には、重要な過程上の相違がある。（イ）の記載者は、「キヨシ」「サク」と云ふ語を、表意的に「清」「咲」と記載して満足して居つた。処が（ロ）の記載者は、単にこれを表意的に記載するだけでは満足されず、これらの語の音声の一部分を表音的に記載することを意図した。そこでこれを、「清し」「咲く」と云ふ風に、表音文字しくを表意文字に添加することとしたのである。此の方法は、これを精密に云ふならば、表意文字に表現せられた国語の音声的部分を、可視的に添加したといふべきである。空間的延長を持つ文字は、元来継起的現象である概念と音声とを、同時的にそこに表現し得る可能性を持つからである。この方法は、孤恋（コヒ）烏梅（ウメ）烏馬（ウマ）有争（アラソフ）羽根（ハネ）童部（ワラハベ）夕部（ユフベ）兵ノ（ツハモノ）族ラ（ヤカラ）今フ（ケフ）等の如く、古くは語の上下に、又名詞に於いても、必要に従つて用ゐた処のものである。

又次の如き用字法に就いて見るに、

西渡（カタブク）　恋水（ナミダ）　水泡（ミナワ）　思有（オモヘリ）　荒磯（アリソ）　我家（ワギヘ）

これらは、漢字を主として見るならば、皆正用或は義用として用ゐられたと云ふ以外に問題はない。それならば、「西渡」と「傾」、「恋水」と「涙」との間に如何なる相違が存するかの問に対しては、従来の研究は答へることが出来ない。私はこれを次の様に説明しようと思ふ。記載者は、与へられた語の意味を記載するに、この語の概念に直に聯合する文字を以て表現する前に、先づその語の意味を解釈する。その解釈に従つて、「カタブク」に「西渡」の文字を用ゐ、「ナミダ」に「恋水」の文字を用ゐる。これは、複合語の成立に現れたと同様な、表現過程に於ける現象である。「水泡」に就いても同様であつて、此の文字は、この語の解釈に由来すると思ふ。従つて、国語「ミナワ」の夫々の音を、この文字の何れかに比定すべきでない。古くはこれを通略延約の方法を以て説明したが、この方法は、国語変化の現象については妥当しても用字法に適用すべきではない。同様に、

吉野爾在（ヨシノナル）

は、先づ国語の「ナル」を「ニアル」と解釈し、「ニ」を表音的に「爾」を以て表し、「アル」を表意的に「在」を以て表し、全体として「ナル」の記載としたのである。解釈過程そのものが文字の上に表記されて居るが、記載者の表さうとする処のものは、分析過程でなく、分析以前の国語「ナル」であることは明らかである。散動而有（ドヨミタル）と同じ筆法である。

更に次の用例を見るに、

転歩（テンポ、例へばテンポが早い）　混凝土（コンクリート）

等は、記載者が語の概念と同時にその音をも併せて表現しようとするので、文字の空間的延長を利用して、語に於ける継起的過程を同時に固定させたのである。既に古く万葉集に、孤悲（コヒ　恋）苦流思（クルシ　苦）等とあるのに匹敵するものである。記載者の表現意識に基かずしては説明されない現象である。

又、現今国語の助詞助動詞は、仮名を以て表音的に記載されて居る。このことは、これらの語が観念の直接的表現であり、他の概念語と異り、これを表意的に表することが困難なためである（次の概念語と観念語の区別についての条参照）。処が万葉集に、

君之行疑《ラム》　宿可借疑《ラム》（三二一三）

言量欲《モガ》（二八九八）

朝寝疑将寝《カ》（一九四九）

等の例を見るに、助詞助動詞の漢字による表意的記載を見るのである。その記載された結果から見れば、既に述べた解釈過程を経た記載法と同様である。前者と少しく異る処は、前者は、与へられた語の分析によつて解釈を試みて居るに反し、後者では、与へられた語を概念的に把握し、「ラム」は疑である、「モガ」は欲であると規定して、然る後に記載したものである。語としては概念過程を経ない観念語であるものが、文字記載に於いて概念過程を経て表出されたのである。

追記　用字法の組織に就いては、拙稿「万葉用字法の体系的組織について」国語と国文学九七号を参照せられたし。

c　概念語と観念語の区別について

語を、これを物的構成観に立ち、その構成的要素について見るならば、意義と音声との結合であつて、如何なる語に於いても、この点に就いては差別を見出すことが出来ないのは明らかである。山田孝雄博士は、この語構成観に立脚され、語を独立観念の有無によつて区別され、一は観念語にして一定の明らかなる具象的観念を有するもの、二は関係語にして独立の具象的観念を有せざるものに分類された（日本文法論一五五頁日本文法学概論八四頁）。この分類基準には二の原理を含んで居る。一は語の観念内容の性質に基くものであり、二は語としての文法上の機能に基くものである。第一の分

類基準が語の分類に妥当するか否かを検するに、具象的観念の有無と云ふことは、単に段階的の差別であつて、具象的観念の絶無なものは既に語とは云はれない。例へば山田氏の関係語とされた助詞について見るに、

花も咲き鳥も歌ふ

に於いて、もを、「花」「咲き」「鳥」「歌ふ」等の語に比較するに、もが接続機能に於いては独立することはないが、一個の具象的観念を有せずと断言することは出来ない。右の文を、

花咲き鳥歌ふ

と比較する時、もの存在の理由と、もの表す観念とは一層明らかにすることが出来るであらう。更にも及び其の他の助詞を、「程」「由」「旨」等の語と比較して、観念内容に於いて、何れがより具象的であるかは容易に決し難いことである。

次に第二の文法上の機能に立つて、独立して用ゐられるか、他の語に附属して用ゐられるかと云ふことを考慮に入れるならば、如何になるか。橋本進吉博士の、文節を基礎にした語の独立不独立の研究の結論が示す様に、助詞助動詞と接辞との区別は、根本的のものでなく程度の差に過ぎないものとなり（国語法要論二三頁）、又助動詞もこれを接辞の中に入れなければならないと云ふ結論に到達する（同書八一頁）。

以上述べた如く、語はその思想内容を基準にしても、又外部形式を基準にしても、我々を満足させる分類に到達することが出来なかつた。それならば、語は語の分類に堪へ得るそれ自身内有した性質上の区別を持つて居ないであらうか。言語過程観に立脚する時、次の様な事実を見出すことが出来るのである。

感歎詞と他の語とを比較する時、「あゝ」「おゝ」「まあ」「さあ」等は、「悲し」「楽し」「驚く」「促す」等の語とその観念内容を等しくし、且つ両者は独立した語であるがために、常識的には何等かの相違が考へられ乍ら、その区別を理論的に決定することが出来ない。同様にして、助動詞「む」「ず」「らむ」と「推量」「否定」「疑」等の語との比較に於いても、それらが接続機能に於いて相違する以外に、何故に一方は助動詞であり、他方は名詞或は動詞であるべきかの

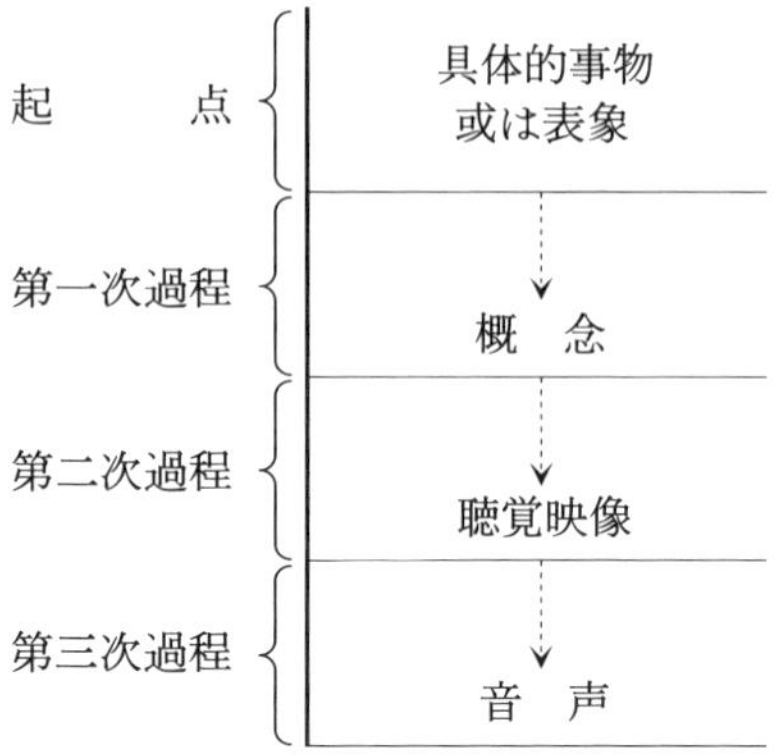

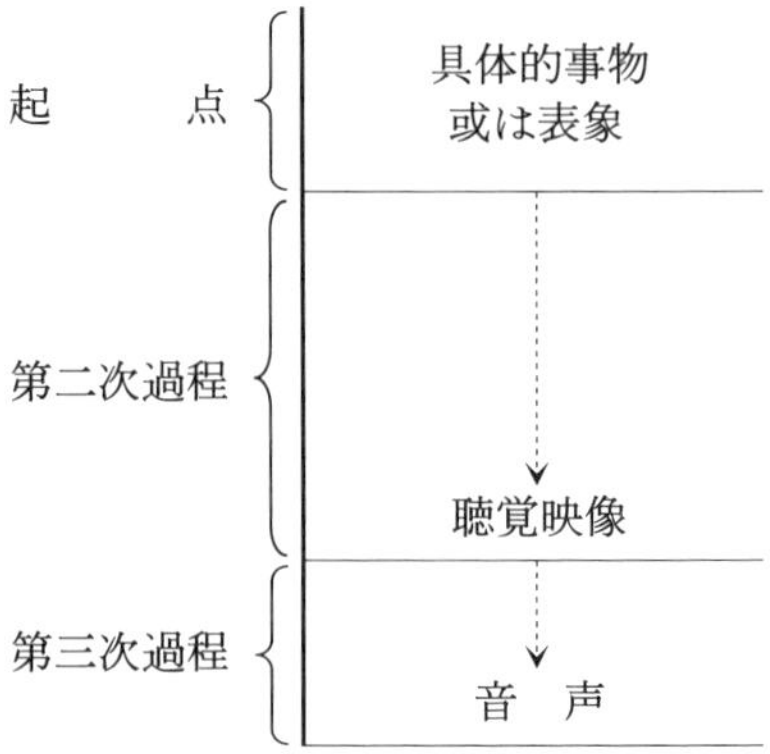

根拠を見出すことが困難である。語構成観に立つ限り、一切の語は観念と音声との結合であつて、その中に区別を見出し難い。今この語構成観を棄てて、語の本質的構造形式に即する語過程観に立つ時、一般に語は上の如き表現過程をとる（第三章末尾に附した言語過程図を参照されたし）。

即ち語は、その表出過程に於いて概念化の過程を経過する。私はかくの如き表出過程の形式をとつたものを概念語と名付ける。概念化と云ふことは、一切の事実を客観化することであつて、たとへ自己の感情情緒をも、この過程によつて客観化され対象化される。従つて、「悲し」と云ふ語は、自己の切実な悲哀感情を表し得ることは勿論、同時に、自己の過去の経験即ち表象的な悲哀感も、又他人の悲哀感をも概念化することによつて表出し得る。これは概念語と云はれるものの性質である。

右の如き表出過程の形式に対して、語には上の如き形式のものがある。私はこれを観念語と名付ける。

この形式に於いては、起点より第一次に至る過程即ち概念化の過程を経ず、直に第二次過程に移るのである。かゝる語は、第一次過程の欠如即ち概念過程を経て居ないが故に、常に現実の或る感情情緒、話者自身の或る立場以外には表現し得ない処の言語表現の形式であつて、感歎詞、助詞、助動詞がこれに入る。

あゝ恐ろしかつた

右のあゝは此の場合、恐ろしい過去の何等かの事件に就いて語る時でも、過去に於ける恐怖の感情を表出して居るのではなく、追想により再生された表象から今現実に受取る恐怖の感情を表出して居る。これに反し、「恐ろし」は過去に於ける感情を叙述して居るのである。又助動詞「む」は推量を表すと云はれて居るが、

彼は行かむ

に於いて、むの表す内容は、此の文の話者の心理に関することであつて、此の文の主語「彼」に関するものではない。たとへ彼が推量して居つても、むはそれを表出することは出来ない。同様にして、

彼は行かず

に於いて、ずは彼に於いて否定の意志があるか否かを表すことが出来ない。話者が彼に就いて否定して居るに過ぎない。かくの如き語の、かくの如き用法上の限定は、これらの語が、その表現過程に於いて概念過程を経過しなかつたこと、そして観念内容を直接に表現して居るがためである。

概念語と観念語との相違は、右の如く語に内属する性質の故に、語の実践的解釈作業に於ける語の認識の仕方に、二の異つた方法として現れる。例へば、

花咲かむ

に於いて、概念語である「花」「咲く」に就いては、その概念内容を明らかにし、或は個々の事物に還元して理解しようとする。ところが観念語である「む」に就いては、逆にこれを概念化して、「推量」と云ふ様な概念を以て理解しようとする。助詞に就いても同様なことが云ひ得るのであるが、これは語の性質上の相違を反影した自然の結果であると思ふ。

概念語と観念語の区別を論ずるに当つて、再び顧みるべきは、鈴屋門下の駿才鈴木朗の「てにをは」に就いての定義である。朗は、体の詞作用の詞形状の詞の三者に対して、てにをは即ち助詞助動詞を次の如き言葉を以て対立せしめて居る（言語四種論てにをはの事）。

	○三種の詞	○てにをは
一	さす所あり	さす所なし
二	詞なり	声なり
三	物事をさし顕して詞となり	其の詞につける心の声なり
四	詞は玉の如く	緒の如し
五	詞は器物の如く	それを使ひ動かす手の如し
六	詞はてにをはならでは働かず	詞ならではつく所なし

右の中、四五六は、てにをはの、語としての機能の上から述べたことであるが、一二三はその観念内容によるものでもなく、純然たる語の性質上からの説明である。さす所とは概念化対象化の意であり、心の声とは、観念内容の直接表現を意味するものと解さなければならない。私は今、自己の論理的結論から見て、朗の説を正しとするのではなく、寧ろ、嘗て私が国語学史を調査して朗の学説を吟味した際、彼の到達した思想が、泰西の言語学説の未だ至り得なかつた上に出て居ることに驚歎し、そこに啓発されて、こゝに論理的に彼の説を組織することを試みたのである。山田孝雄博士が、朗の説を評して、其の本義は遂に捕捉すること能はざるなりと云はれ、心の声とは如何なるものか。思想をあらはす声音の義か、しからばいづれの語か心の声ならざると云はれたのは、語構成観に立つての批評であるが、かくの如き、言語観に立つ限り、朗の真意は遂に正当に解釈されることは出来ないのである（日本文法論二四頁）。

語は表現過程それ自体であるが故に、表現過程の相違は即ち語の性質上の相違であると見てよいと思ふ。従つて語を概念語観念語に二大別することは、語の意味内容によるものでもなく、又語が独立するか否かの機能によるものでもなく、実に語の最も根本的な性質に基く分類である。換言すれば、語それ自体に分類基準を求めた処の分類である。語に於ける一切の他の分類は、皆この二大別の下位分類と見るべきである。

拙稿　文の解釈上より見た助詞助動詞、第一、表現過程の相違による語の二大別（岩波「文学」昭和十二年三月号）参照

d　文の解釈に於ける語の意味の把握について

言語活動は、我々の脳裏に蓄積された「言語」の具体的な実現であり、非限定的な「言語」が、具体的な事物によつてその意味が限定される処の働であるといふソシュール的見解に立つ時、文の解釈に於ける語の意味の把握に於いて、種々の不合理な結果を来すことがあり、それは畢竟継起的過程現象である言語を、構成的に見た誤謬に起因するものであることを次に述べようと思ふ。

ソシュール的見解に於ける意味の概念を、小林氏は、二に分ち、「言」に於けるものを意味と称し、「言語」に於けるものを意義と名付けられた（文法の原理五二頁）。この区別はソシュール的見解の当然の帰結であると考へるのであるが、こゝに問題になることは、「言」に於ける意味と、「言語」に於ける意義との関係如何である。即ち限定された意味と非限定的意味との関係である。ソシュール的見解に関して、私が先づ問はねばならぬことは、限定的個物の表現に、非限定的「言語」が使用されるのは、如何なる契機によるものであるのか。これに就いては既に第二章bに述べた。次に「言」に於ける意味は、「言語」に於ける意義に対して如何なる関係に立つか。例へば、桜花を花と云つた場合、天上の星を花と云つた場合、それらの意義意味は如何なる関係に立つか。言語学は「言語」に於ける意義を取扱ふことを主眼とするものであると云つても、実践的解釈作業の求める所のものは、実にそれらの関係に就いての明確な解答である。例へば、一個の具体的な机を表現するために、「ツクヱ」（机）なる語を使用したとする。その時、非限定的概念的「ツクヱ」は、こゝに特定の個物をさすことによつて限定されて、それは机一般ではなくして、特殊な机を意味することになると云ふのであるが、この理論は、次の様な場合に於いては如何に適用されるのであるか。今、一個の具体的な机を表現する場合に「モノ」（物）なる語によつて表したとする。その時「モノ」は、特定の机によつて限定される故に、意味内容として特定の机をその中に包含すると考へるべきであるか。又次の様に、「仏の功徳」と云ふべき場合に、「仏の光」と

云つたとする。「光」とは此の場合「功徳」を指す故、「光」の意味内容に「功徳」なる意味を包摂すべきであるか。かく考へて来ると、抽象的な広義の概念は、その意味内容としてあらゆる事物を包摂しなければならなくなる。更に不合理に感ぜられることは、アイロニカルな云ひ方で、馬鹿を利口と云つた時、「利口」なる語は「馬鹿」を意味内容として持たなければならなくなる。この様な場合、これは臨時的意味であると云ふ説明を以て、その本格的意味と区別する方法もあり得るであらうが、「言語」が具体的事物によつてその意味が限定されると云ふ立場をとる限り、「言語」の使用は、その如何なる場合に於いても、臨時的でないことはない。甲が使用した場合の「ツクヱ」は、決して同じ意味内容では乙によつて使用されない。此の矛盾は畢竟、我々の言語行為を以て、「言語」の具体的実現であると考へる処から来るのである。私は言語過程観を以て如上の問題を次の如く説明したいと思ふ。

「仏の功徳」を「仏の光」と表現した場合、「功徳」を、「光」の他の意味と同列に位する意味と考へるべきではない。「功徳」と「光」との意味内容は、その間に過程的区別が存すると認めなければならない。話者の表現対象となつた具体的事実は、「功徳」と云ふ事実或は表象である。この事実は、次の過程に於いて話者によつて光的性質のもの即ち讃歎の対象として、或は光それ自体として表象される。かくてこの表象は、「光」として概念され「ヒカリ」と云ふ聴覚映像或は音声に聯合する。この表象の展開過程は、音声より意味を逆推して行く場合に極めて大切なことである。言語過程図によつてこれを示せば、

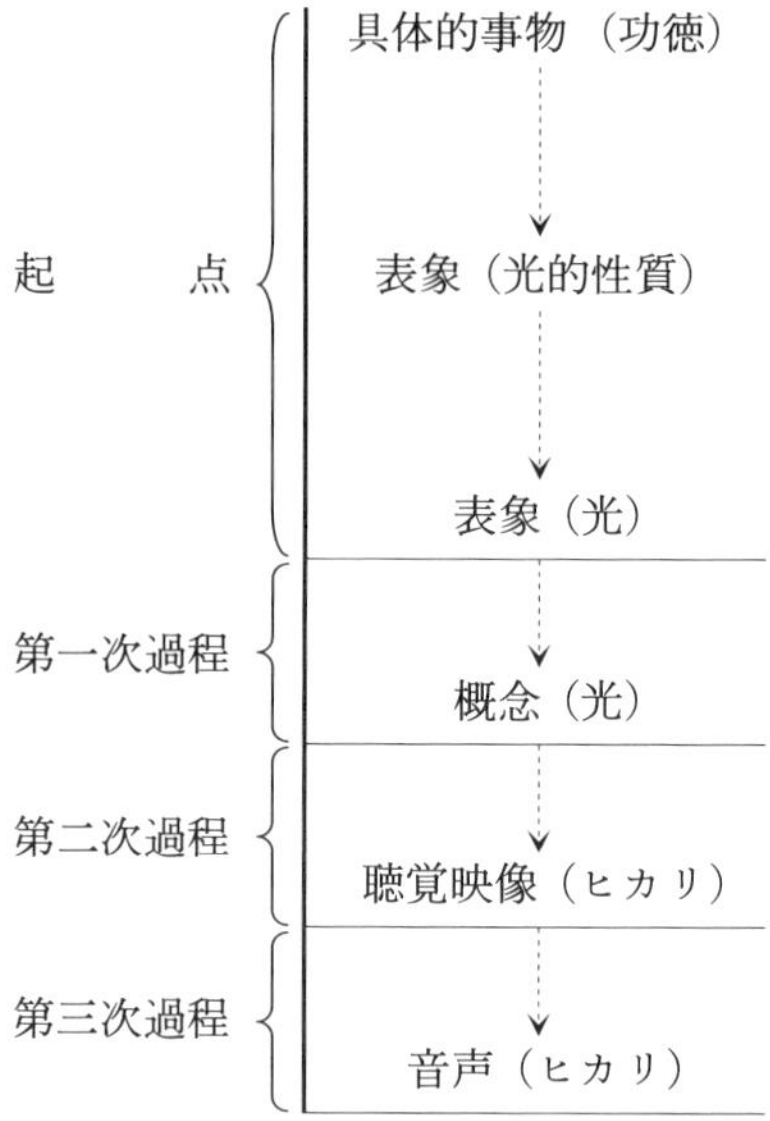

上の「功徳」より「光的性質」へ更に「光」としての対象の把握に現れる対象の展開は、何によつて規定されるかと云

へば、それは、具体的事物に対する話者の立場即ち対象に対する話者の志向的関係である。例へば、巡査の出現は、暴漢に襲はれようとした者にとつては、「救」として表象されるが故に、「救が現れた」と表現されるであらう。是に反して、暴漢にとつては、「邪魔」として表象されるが故に、「邪魔が入つた」と表現されるであらう。「救」「邪魔」と云ふ二の語が、この場合限定されて巡査を意味すると考へるならば、それは表現過程に於ける対象の展開を無視した意味の理解である。若し又この二語が、単に概念的な「救」「邪魔」を意味するだけであると考へるならば、これ又この二語の表現過程を完全に再建した理解過程であるとは云ひ得ない。語の意味の理解は、必ずその語の表現過程に沿うて、その起点である具体的事物或は表象に迄溯らなければならない。そしてこの過程に参与した各の表象が即ちこの語の意味内容となるべきものである。かくして語の意味の把握に於いては、音声に対応する内容的意味よりも、先づ表現対象である具体的事物が対象として如何に把握されつゝ表現されるかの展開過程の考察が重要である。展開の形式が如何なるものであるかは、後に述べることとして、展開の実際に就いて例を以て猶示すこととする。

やをら几帳の綻びより見給へば、こゝろもとなき程の光影に御髪いとをかしげに花やかにそぎて（源氏物語澪標）

右の例のこゝろもとなきは、具体的事物に即して考へれば、意味は「ぼんやりした」と云ふ程の意である。処が此の語の他の用例を見る時、

この世の栄末の世に過ぎて、身にこゝろもとなき事は無きを（源氏若菜上）

右の如く、不満足な事に対してかくあれかしと願ふ意である。それならば、この二の意味は、この語の持つ二義であると考へるべきであるか。前の例は、その第一義によつて限定され、後の例は、その第二義によつて限定されて居ると考へるべきであるか。私はこれも表象の展開過程として考へたい。即ち具体的事物である灯は、第一過程に於いて「淡き光」として表象される。第二過程に於いて、この対象は、話者に対して或る感情を刺戟し、かゝる感情の志向対象として表象される。「もう少し明るければ」と云ふ感情が、こゝに音声をとつてこゝろもとなきと表出される。従つてこの語の意味は、話者の感情と同時に、その起縁となつた淡き光である。これらの意味は、並列した意味ではなく、過程的な

展開の段階に於いて現れる処の意味である。

又次の様な例に於いて、

斯く恥かしき人参り給ふを、御心遣ひして見え奉らせ給へ（源氏絵合）

いと恥かしき御有様に、便なき事聞し召しつけられじと（源氏澪標）

これを単に形式に対応する内容として意味を把握するならば、恥かしき＝立派な、端麗なと云ふ程の意味となり、又その様に解釈した註釈もあるが、次の例に於いては、

いと恥かしき有様にて体面せむも、いとつゝましく思したり（源氏蓬生）

恥かしきはみすぼらしいとでも解さなければならなくなる。右三例に於いても、対象の展開と考へるならば、端麗な人或は有様、みすぼらしい有様は、対象としては著しく異つたものであつても、話者の志向関係に於いて、共通した「恥かし」と云ふ感情に於いて把握されたものと考へることが出来るのである。かくの如くして、客観的には同一である対象も、話者の志向関係に於いて、「死」を「かくれる」と云ひ「なくなる」と云ひ、或は「くたばる」「のびる」と表象されるのである。「死」は又常に必ずしも生理的機能の停止として把握されない、寧ろ、それは、悲しいことであり、無常のことであり、又涅槃である。

かくの如く具体的事実の展開過程は、その各段階に於ける志向対象をａｂとするならば、その形式は種々なる図式によつて示すことが出来るであらう。

ａ……↓ｂ……↓Ｂ（音声）

ｂがａのより広義なる概念の場合、ｂがａを起縁とする情緒的表象である場合、ｂがａの聯想によつて生じた表象である場合、ｂがａの反対概念である場合等に分類することが出来る。音声Ｂの表す意味内容は、Ｂより逆推して得た処のｂａの表象である。

忌詞は、「書」に於いて限定されると云ふ観点から云へば、その意味内容は具体的事実ａである。例へば、「アセ」

（汗）の意味は「血」であり、「カミナガ」（髪長）の意味は「僧」である。これを過程観に立つて解するならば、話者に於いては、b即ち「汗」の段階を経て、a「血」を表現して居ることであり、聴者に於いては、b「汗」の段階を溯つて、a「血」を理解することであり、共に直接的に具体的事物を表現し理解することが避け得らるゝのである。そこにこそ忌詞の本質を認めることが出来るのである。比喩の場合も同様であつて、その本質に於いて相違はないのであるが、前者は表現意識に即して忌詞と云ひ、後者は表現手段に即して比喩と云つた迄である。「血」を「アセ」と云ふのは忌詞であると同時に比喩である。(註)

（註）菊沢季生氏は忌詞を言語の位相と考へられたが、忌詞に於ける語の表現形態は、忌詞と云はれて居ない語にも表れて居る。死をかくれる、神去ると云ひ妊娠結婚をおめでたと云ふが如きは皆同一過程である。そして忌詞を忌詞として認識し得るのは、上に述べた様な逆推的理解が成立する場合であることは、この語が、他の単純な表現過程を持つ語に比して表現形態上の差別を持つて居ることを語るものである。そして、表現に於いても受容に於いても、右述べた如き過程の意識が稀薄になり、消滅するに従つてそれはもはや忌詞としての価値を失つて来る。

ソシュール的見解に従へば、詩人は語の巧みな使用者である。語を個性的にし、性格的にし、概括して云へば、語の創造的限定者である。(註)

（註）活動に於ける語は、意識的であり、個性的であり、従つて性格的である（小林氏言語学方法論考五七九頁）。

若し言語過程観に立つならば、右の見解は根本的に修正されねばならない。詩人と雖も自己の思想を言語に於いて表出する限り、それは概念的表現であることを免かれない。只詩人は、その与えられた具体的な対象の世界に、詩人のみに許された表象を把握する。

　閑さや岩にしみ入る蟬の声

蟬の声のかまびすしい現象を、岩にしみ入る現象として把捉した処に、芭蕉にのみ許された対象への特殊な志向を見出すのである。しみ入ると云ふ語を芭蕉が特殊の意味に使用したと考へることは当らぬことである。もしさうであるならば、語彙の豊富な語学者は詩人とならなければならない筈である。芭蕉が言語の形に於いて表現した表象は、具体的事象の幾展開かした非現実的事実の上に把捉したものであつたかも知れない。言語過程観は、これら表象の展開を逆推することを許すであらう。

勿論言語的表現の全部が、対象への志向の上に構成されるのではなく、屢々前語の縁によつて導き出される語や、音声的聯想によつて生ずる語や、理解に於ける二種の意味を見込して表出する懸詞等の複雑なものもあり得るが、それらが遊戯的技巧的と云はれるのは、正常な言語的表現に反するが故にこそ、さう云はれるのであつて、遊戯的技巧的言語も、言語過程観に立つてのみ、その本質を明らかにすることが出来るのである。

言語を表現自体であると考へる時、対象への志向関係に於いて、対象の把握に段階を生じ、意味の把握は、この展開過程を逆に再建するところに可能であること以上述べた如くである。

参照　拙稿　語の意味の体系的組織は可能であるか（京城帝大文学会論集日本文学研究所収）

追記　以上の私の所説は、意味の論究としては、甚だ未熟であることを感ずる。只従来の所説に比して進め得たと考へることは、音声に対する内容として固定的に考へられて居つたものを、志向作用に対応する対象の展開に於いて考察したことであつた。併し私が述べて来た意味は、やはり外形に対する内容としての表象にあつたことは依然として従来の所説と等しい。併し乍ら言語を表現過程自体と考へる時、その過程に於いて把握された表象は、それは何処迄も表象であつて、意味はこの場合表象と同義語であるかの質問も成立する。内容的なものを意味と呼ぶのは、猶言語構成観の旧套を脱し切れないのであると云ふ評を受けたとするならば、それは甘んじて受けなければならない。私は、本論に於いては、特に混雑を恐れてそれを避けたのであつた。対象が意識に於いて或る特定の対象として把握された時、それは対象と意識する者との間に特定の関係が成立したことを意味するのであつて、言語の「意味」を云ふ時、実は此の志向作用の一性質を云はなければならなかつたのである。学者は書籍を知識の蔵として把握し、商人は同一物を商品として把握する。これらの把握にこそ意味作用が認められるのであつて、書籍それ自体に意味があり得べきではない。かくの如き考方に於いては、意味と対象とは別物であつて、意味は意味作用と考へることによつて、意味の正しき認識を得る。対象それ自体に意味があると考へるのは、対象に対する意味作用を、対象の中に投影したものに他ならない。我々の日常の言語に於いて、意味と云ふ時、そこに三種の場合があつて、此の問題に就いて或る示唆を与へると考へられる故に之を記してこの小論を終りたいと思ふ。

その一は、「何々には意味がある」と云はれた時の意味である。それは或る感性的記号が、それの受容者に或る心的なものを喚起した場合、その感性的なものに対して喚起された内容を云ふ。外形に対する内容を意味と云ふのは此の謂である。「ツクヱ」と云ふ文字、或は音声に意味があると云ふのは、この音声が、一定の概念或は表象を喚起し得るからである。

その二は、「何々の意味は何であるか」と云はれる時の意味である。或る感性的のものが、或る特定の心的なものを喚起することを自明のこととして、更にその内容に就いて細い記述を意味したのである。

その三は、「何々は意味がある。或はない。」と云はれる時の意味である。お祭騒ぎは意味がない。長年の苦心も意味があつた。と云ふ風に使はれる。或る事象が、話者に対して特殊の関係に於いて結ばれて居ることを意味する。この関係の最も顕著なのは、価値関係に於いて対象を把握した場合である。この場合は、既に意味は、対象それ自身ではなく、対象の把握の仕方を意味する。語の意味を、その内容的なものに於いて捉へた場合でも、実は、対象に対する話者の志向関係を捉へて居ることが多いのである。書籍を商品と表出し、知識の蔵と表出する。そこに既に我々は対象への把捉の仕方を観取することが出来る。書籍を書籍と概念した時ですら、これを紙の集積として把捉した時とは異つた意味作用を見出すのである。語に意味があると云ふ云ひ方も、かくの如き意味に於いて始めて正しいのであると思ふ。私は本論に於いては、専ら内容的に意味を把握することを説いたのであるが、それは、直に意味作用に置き換へらるべく、私は充分に注意を以て説いた積りである。言語過程観もそこにこそ真の効力が認めらるべきである。

（昭和十二年二月八日了）

（※一九三七年発表）

言語に於ける場面の制約について

一　場面の意味

本論に入るに先立つて、こゝに使用しようとする「場面」といふ語の意味を先づ明らかにしようと思ふ。

「場面」の意味は、例へば「場面が変る」「不愉快な場面」「感激的場面」などと使用される処のものであつて、一方それは場所の概念と相通ずるものがあるが、場所の概念が単に空間的位置的概念であるに対して、場面は内容を含むものである。場所に存在する或るものを包含するのである。かくして場面は又場所を満たす事物情景と相通ずる意味を持つのであるが、場面は単にかゝる主観を離れた客観的存在としての事物情景を意味するのではない。場面は、位置と情景と、そして之れに志向する主観の作用即ち主観の態度、気分、或は感情の志向を含むものである。かくして我々は常に何等かの場面に於いて生きて居るのである。例へば賑やかな道路を散歩するとする。私はその時、人の往来、灯火のきらめき、車馬の騒音を知覚しつゝ、同時に緊張した気分或は浮々した感情を経験しつゝ歩いて居るのである。即ち私はこの様な場面に於いてあるのである。若し私がこの際遠来の旧友と相携へて語りつゝ歩いて居るとしたならば、私はかゝる場面に於いて旧事を語つて居るのである。若しこの際、悲しい過去の思出を語るとならば、我々は恐らく街上の騒音を捨てゝ、静かな人通りの少い公園の林道を選んだでもあらう。この際、我々は積極的に、我々の新しい場面を求めたことになるのである。又例へば、群衆の感激的集合の中に居る者が、只これを一の情景として眺めて居る時は、かゝる集合は我に於いて一の客観的事実に過ぎないのであつて、未だ場面が成立したとは云ひ得ない。若しこれが場面となる時、私も亦群集と共に怒号し、歓呼するに至るであらう。そこには既に主客の対立は存在しない。我々の日常の行為が、自己の内心の必然的欲求によつて行為される以上に、場面がこれを左右し、拘束すると云ふことは屢〻経験する明らかな事実である。

言語が心的表現過程の一形式であり、主観の行為の一形式であると考へるならば、言語は単なる主観の内部的発動ではなくして、言語に於いて、これを拘束し、左右する処の場面が存在すると云ふことも当然予想せらるべきことである。言語的行為は、内部的欲求に基き、それ自身独立し、抽象された行為ではなく、必ず或る場面的体験に於いて行為されるものである。詳に云ふならば、言語は必ず或る場面を素地とするものである。場面は軌道の如く、言語はその上を走る車輛の如きものである。軌道は車輛の運動を拘束すると同時に、車輛の運動を完成さす処のものである。場面の素地を走ることによつて、始めて完成せる言語的表現となると云ふことが出来よう。例へば、私が或る一人の人と語つて居るとする。聴衆が二人になり、五人になり、十人になつた場合、私の言語的行為は、必然的に最初とは趣が変らざるを得ない。若しこゝに一人の私の畏敬する大先輩が現れたとする。私は威儀を正し、言語に注意するであらう。これ即ち私に於いて場面が変化したのであり、又場面が私を拘束したのである。私は場面を無視して、只内心の欲するまゝには言語を行使することが出来ないのであるが、一方、言語を改めたと云ふことは、言語的表現の完成となるのであつて、それは実に場面との関係に於いて云ひ得ることなのである。既に譬へた如く、言語を車輛と見れば、場面は軌道であり、それは車輪に対して、摩擦による抵抗として働き、又摩擦を除く油として作用する。抵抗や油の無い車輪の運動は抽象的にしか考へられない様に、場面の拘束なき表現的行為は考へることが出来ないのであつて、特に言語の如く表現の対者の存在が不可欠なものに於いて一層重要な意義を有するものと考へなければならない。只こゝに一言附加へて置きたいことは、従来でも言語研究上聴者といふものが問題にされなかつたのではない。併しながら、言語学上聴者と云ふ場合、それは主として言語の受容的活動に就いて云つて居るのであつて、主観即話者との志向関係に於いて成立し、言語表現の行はれる素地或は軌道としての場面の概念とは異るものである。場面に於ける志向対象は、必しも聴者のみには限らない。言語の表現せらるゝ雰囲気までをも含めて云ふことが出来るのである。

私は言語に於ける場面の問題を追求する前に、少しく他の事実に就いて場面の概念が如何なる意味を持つかを明らかにしようと思ふ。

二　表現一般に於ける場面

芸術が一の表現的行為的事実であるとするならば、芸術的創作を考へるに当つて表現の素材即ち思想感情と、表現の媒材、及びその表現的技巧を考察すると同時に、表現の実現する処の素地即ち場面に就いて観察することの重要なることは既に述べた処である。芸術による自己の表出は、換言すれば自己を或る場面に押し出すことを意味する。簡単な例を挙げるならば、置物を製作しようとする者は、テーマと表現的技巧とを考へると同時に、その作品が置かるべき場面——単なる場所ではなくして、場所と創作者の感情の結合した——例へば床に置かるべきか、マントルピースの上に置かるべきか、或は机の上に置かるべきかを考慮するであらう。それは即ちかゝる創作が一の場面の拘束の下に制作せられることを意味するのである。従つて、若し此の置物を創作者の予期に反した場面に置くか、或は場面を全然遮断してその美的価値を評価するならば、恐らくその作品の生命の一部は無視されたことになるであらう。又例へば、写真に撮られようとする者は、自らポーズを工夫すると同時に、自己のポーズを置くに適当した背景を考慮選択するであらう。これは前例の場合とは逆に、表出に相応した場面を求めることであつて、両者に共通する処のものは、表現と場面との調和に対する考慮である。かく見て来るならば、表現は、只単に内部的素材の余すことなき表出に於いてよりも、表現が完全に場面にまで拡充せられるか否かによつてその価値が決定せられると云ふことも出来ようかと思ふ。或る作品が一の場面に於いて始めて発揮せらるべき美的価値を仮に場面的価値と名付けるならば、場面的価値の評価こそ、そのものの孤立した絶対的価値の認識以上にその作品の本質に迫ると云はなければならない。かくの如く、場面が制作を拘束すると云ふことは、必しも芸術に於いて必然の事でもなく、又それが完全な作品の制作せられる所以であるとも考へないが、事実としてかゝる場合の存在することも亦認めなければならないと思ふ。場面は一方より見れば確に創作に対する障礙であり、摩擦による抵抗とも考へられるであらうが、又一方より見れば、表現と場面との調和による自己のより大なる拡充とも考へられるのである。何となれば、鑑賞者の立場に於いては、場面との遮断に就いて特別の用意なき限り、芸術品をそれ自身独立したものとして鑑賞することが妨げられて、常に場面的価値に於いて鑑賞することが必然の傾向となる。音楽の演奏を聴く者にとつては、多少とも、音楽会場の装飾、聴衆の態度、服装、静粛の度合等が場面を形成し、かゝる場面の素地に於いて鑑賞することが余儀なくされる。かくの如き鑑賞者の綜合的創造作用の働く限り、創作者は、作品それ自身を場面に合致させるか、或は場面を作品に合致させるか二者一を選ばなければならない。反響に対する用意、照明に就いての注意は、一面より見れば、芸術作品と場面との重要な関係を物語るものと云ふことが出来よう。造庭術の最高峯を示すものとして天下に喧伝されて居る岡山市の後楽園は操山連山の背景との調和に於いて云はれることであつて、造庭師の本意も正しく、この庭園をかゝる場面に具現することにあつたことは明らかである。芸術の本質は、単に自己を表現することによつて能事終るのではなくして、自己を或る場面に押し出し、自己を場面にまで拡充し、自己を囲繞する世界と融合する処にあるのではなからうか。

　これを文学に就いて観察して見る。連歌の場合に就いて考へて見るに、連歌は、その張行の目的から、法楽、夢想、祈禱、追善、披露、祝賀、歓迎等に分類される（福井久蔵氏、連歌の史的研究前編四四七頁）。こゝに挙げられた法楽夢想以下のものは、即ち夫々の連歌張行の際の連中の場面であつて、かゝる場面は、張行に参加する連中の創作に或る種の拘束を与へると同時に、又一方、一座の成立を完成さす処の規範ともなるのである。又同じく連歌の場合に例を求めるならば、二条良基の言葉に、一座を張行せんとおもはゞまづ時分をゑらび眺望をたづぬべし雪月の時花木の砌時にしたがひてかはるすがたを見れば心もうちにうごきこと葉も外にあらはるゝ也（中略）時をうかゞひおりをみてこのみちの好士ばかり会合して心をすまし座をしつめてしみ〳〵と詠吟して秀逸をいたすへし（連理秘抄）

とあるのは、先づ場面を整へて、それによつて詩興の表現を制約しようとしたものであると考へられるのである。詠歌に関する俊成の桐火桶の説話、或は頼山陽が日本外史の執筆の始には毎時史記を朗誦したと云ふが如きは、皆創作に於いて場面を考慮した例とすることが出来るであらう。

更に又、原本平家物語より流布本への展開には、それが文学的作品としての完成を目標としたことが考へられるのは勿論ながら、又一方音楽の影響によるものであることは多くの学者の認める処である。これ即ち、音曲が一の場面を構成し、この素地の上に、この軌道の上に平家が牽引されたものであると考へられるのである。換言すれば、平家は音曲的場面への拡充に於いて展開したとも云ひ得るのである。又謡曲、浄瑠璃の詞章が、演能或は人形の場面に於いて成立したとするならば、かゝる詞章は、その場面的価値に於いて評価せられなければならないのは当然である。

和歌に於ける詞書と和歌との関係は、詞書が和歌の表現を補助すると云ふ意味に於いて、或は全体に於ける部分と部分との関係に於いて、重要なのではなく、詞書が和歌の表出せられた場面的世界を構成するに役立つと云ふ意味に於いて重要であると解することが出来ないであらうか。伊勢源氏に於ける地の文と和歌との関係も同様に見らるべきであり、源氏物語が勅撰集をさし措いて和歌に入るべきもののようすがと考へられたのは、表現とその場面との関係を最も如実に示すが故であらうと思ふ。かくの如く和歌と文との次元を異にする処の表現は、これを後世の俳文に於ける句と文との関係と比較する時、例へば芭蕉の銀河の序に於ける「荒海や」の句が、文に於ける感懐の変形的表出であつて、宛も長歌に対する反歌にも似た関係にあるのと著しく相違する処である。更に進んで、和歌俳句の詠出に際しては、和歌俳句のリズムが、やはり場面的素地をなして居ると認めることが出来るのではなからうか。「桜の花」といふべきを、「さくらばな」といひ、「夜ふけて」といふべきを、「さよふけて」といふ類は、リズムの世界といふ場面への表出によつて変

形されたものと解釈出来ると思ふのである。寂光都と云ふ言葉が

しづかなるひかりのみやこたづぬれば胸の蓮の月ぞすみぬる（夫木集三四）

権現の砌潜に寂光の都に移る（岩波文庫本海道記九オ）

右の如く二様の形をとつて現れるのは、和歌及び和漢混淆文といふ二の異つたリズムの世界への表出による変形に他ならない。此の二の変形が同一観念を表出する言語でありながら、両者を入れ替へることが出来ないのは、場面によつて拘束された特殊なる場面的価値を夫々が持つからである。

これを絵画、彫刻、建築等について見ても同様なことが云へるであらうが今はくだ〳〵しくは述べない。

以上私は表現に於ける場面の如何なるものであるかを述べて来たのであるが、若し場面の概念を導入するならば、表現は次の三つの要素を持つと云ひ得るであらう。一は表現行為の主体である。表現的欲求を持つ自我或は主観である。二は場面、三は表現の素材である。此の三者が如何なる関係に於いて結ばれて居るものであるかを次に吟味して見よう。

第一に表現行為の主体である。主体は絶対に、表現の素材とは同列にはそれ自らを表現しないものである。画家が自画像を描くとしても、描かれたる自己の像は、描く処の主体ではなくして、客観的に見られた自己であり、描く処の自我は依然として表現せられることなく残るのである。言語に於いても同様、第一人称と呼ばれる「私」或は「我」と云ふ語は、話手である主観ではなくして、主観の客観化せられたものであるといふ点に於いて第三人称と本質的に異るものではない。故に「我読まむ」に於いて、「我」は「読ま」の主語であるとは云ひ得ても、「む」と想像する話手の自我そのものの表現ではない。それは、「花咲かむ」と想像する主観が絶対に表現されないと同様である。言語の主体は、「我」「読む」「花」「咲く」の如き表現の素材たるべきものとは全く次元を異にするものである。

第二に場面である。場面は、主観を囲繞する世界と主観の志向関係によつて結ばれた自我の一の意識状態である。若し場面を、主観を離れて客体に即して云ふならば、それは志向的客体（intentionales Objekt）といひ得るであらう（山内得立氏　現象学序説　三二一頁）。私が少年少女を前にしてお話をしようとする場合、少年少女は私の前に愛らしく無邪気な

ものとして存在して居る。それは私がお話を始める前にも、又お話の最中にも、私の志向的対象として私の前に存在して居る。これ即ち私のお話に於ける場面である。場面は、主観の志向的客体であるが故に、一定の対象が一定の志向的客体即ち場面を形造るとは限らない。客観的には同一と考へられるものも、場面としては相違する場合がある。私が少年少女に対する関係と、先生がこれに対する関係とは自ら異らざるを得ない。現象学的に云へば場面の注意的変様（attentionale Modifikation）とでも名付くべきであらう（現象学序説　三二五頁）。場面は、話をする主体が素材となり得ないと同様に——若し素材化されたならば、それはもはや話者自体ではない——私のお話に於いて、決して素材となり得ないものである。それが素材となる時、もはやそれは場面的志向対象ではなくなり、表現の素材的対象として変様されるのである。私が少年少女を前にして少年少女に就いて語る時でも、それは場面を語るのではなくして、場面を素材化して語つて居るのである。私は詩歌のリズムがやはり一の場面と考へられると云つたがこの場合に於いても、表現の素材は詩歌のリズムそのものでなく、自然或は人事が素材であり、リズムは表現以前に厳存する創作者の志向的客体である。作者に於いて表出する処のものである。かくの如く、場面は、同じく主観に対立する客観であると云つても、それに就いて語られ、描かれ歌はれるものではなくして、そこに於いて語られ、描かれ、歌はれるものである。表現が究極に於いて自己を拡充して場面に融合するといふことは、素材化せられた客体が、再び場面となつて、そこに志向的客体を形造ることを意味する。

第三に表現の素材である。場面的志向的客体が絶対に素材的客体になり得ないといふことは、場面的客体と素材的客体とは、その客体としての現象的性質を異にするといふことである。赤い花と表現する時、かゝる表現の素材は、我々が現実に見る花即ち志向された客体そのまゝではない。或る事件に就いて驚き悲しんで居る場合、かゝる志向的対象はそのまゝでは表現の素材とはなり得ない。表現の素材たるが為には、それが一度捕捉されることが必要である。志向的対象に対して、素材的対象は、これを捕捉された客体（erfasstes Objekt）と云ふことが出来るであらう（山内得立氏　現象学序説　三二一頁）。詩歌が感情情熱の表現であると云つても、それは決して感情情熱の燃焼の最中に生まれることは出来ないのである。かく見て来るならば、表現に於いては、二の異つた客体に対して、それに相応する二の志向関係が同時に働くことを認めることが出来る。一は表現の素材に対して働く志向と、他は表現の行はれる場面に働く志向である。例へば狼に出会つたことを少年少女の前に物語らうとする時、私が狼に対して持つた判断感情想像は素材に対する志向であり、私が話相手である少年少女に対して持つ親しみの感情は場面に対する志向である。素材に対する志向関係は、場面に対する志向関係の素地、軌道の上に表現せられるのであつて、こゝに両者の相関関係が問題にされることになるのである。そして一般に表現が場面の拘束を受けるといふことは、如何なる形に於いてそれが現れるかといふことが注意すべき事柄となるのである。以上私は場面の概念を導入して、表現的行為そのものの構造を分析して見たのである。次にこれが言語に於いて如何に適用せられるかを見ようと思ふ。

三　言語に於ける場面の制約

私は前二項に於いて、場面の意味とその性質とに就いて相当詳細に述べて来たのであるが、元来この場面の概念は、私が言語現象を考察し、これを説明し組織する為に立てた仮説であつて、若し言語に於いてかゝる概念を導入し得るならば、言語と同様な表現的特質を有する一般芸術に於いてかゝる事実が存在するや否やといふことが当面の問題となつたのである。私の概観を以てするならば、芸術には勿論場面の概念を以て説明せらるべき多くの事例を見出すのであるが、芸術は常にそれ自身独立し統一した評価を要求するが故に、寧ろ積極的に場面との遮断を求めることが多い。和歌は詞書なくしてそれ自身独立して鑑賞され得ることが寧ろ好ましいのであり、一の楽曲はそれ自身何ものにも拘束されることなく鑑賞されることが要求される。絵画は額縁によつて完全に場面と遮断されるのである。かくして芸術は、時処の如何を超越して普遍性を持つことゝなる。言語に於いては、それらの事情は著しく異つて来る。芸術に於ける評価が絶対的価値に向けられるに反して、言語に於いては寧ろ場面的価値に於いてせられる。如何に表現的素材を適切に表現し得る言語でも、それ故にその表現が何時、如何なる場合に於いても効果的であるとは限らない。その点言語は我々の行為と類似して居る。内心の欲求がいかにもあれ、我々は長上の前で只内心の欲するまゝには振舞ふことは許されない。言語的表現も同じであつて、云ふべきことを只的確に表現し、相手をして我が心の内を如実に知らしめればよいのではない。私は同一の事実を、甲乙丙丁と聴手の異るに従つて異つた表現をとることが言語に於いては要求せられるのである。こゝに言語表現の理想と、言語習得及び言語教育の技術の根本理論を求めることが出来るのであらうと思ふ。

かくの如く言語が芸術的表現と異り、一般行為に類するのは、言語は専ら場面の拘束を受け、言語それ自身に独立性と、統一性とが限られることが困難になり、場面にまで拡充され、場面と一体となつて場面的価値に於いて評価せられる故である。私が嘗て論じた言語の美的形式なるものも、極めて抽象的にのみ云はれることであつて、これこれの形式が常に美であるとは云はれないので、或る場合には寧ろ不調和の醜となることもある（言語過程に於ける美的形式　文学　昭和十二年十一月、同十三年一月号）。以上の如く、場面の概念が最も適切に有効に適用されるのは言語的表現に於いてゞある。次に場面的拘束と考へられる二三の例を摘出して見よう。

一　発音法に関して

kuʃi（櫛）に対して　kʃi

kuri（栗）に対して　kri

イッテシマイマシタ（行つて仕舞ひました）に対して　イッチマイマシタ、イッチャイマシタ

コンニチワ（今日は）に対して　コンチワ、コンチャ

右の如き対立はこれを如何に説明すべきであるか。音声形式が異るからとて、これを意味内容の相違した異つた語であるとすることは出来ない。又これを、音声の脱落であると云ふ理由から歴史的変化であると説明しても、現に我々はこの二或は三の対立を同時的に所有して居るのであつて、我々の言語意識から見てもこれを時間的相違であると観念することは困難である。又これを精神の不精、或は筋肉の経済に帰しても、かゝる不精或は経済が何故に起るかの説明を要

する。右の如き音声形式の対立は、実は音韻変化の概念に当てはめるべきでなくして、場面の拘束による発音過程の変形と解さなければならない。「コンチャ」と呼び懸ける魚屋は、決して「コンニチワ」と云ふ表現を忘れたのではない。只この場合、出入の商人とお得意と云ふ特殊の志向関係即ち場面がかゝる表現をさせたので、彼が若し常人として知人を訪問したとするならば、「コンチャ」ではなく、やはり「コンニチワ」であるに違ひない。「クシ（kʃi 櫛）を持つておいで」で相手が了解しなければ、「kuʃi を持つておいで」或は「ku—ʃi を持つておいで」と云ふ表現形式がとられるので、夫々の場合に於いて、志向対象である場面が相違するのである。国語の標準的音声組織を決定するに就いても、右の如き発音の場面的体系が先づ明らかにされなければならない筈である。国語に於いて二重子音の発音法があることは事実としても、それは *stop*, *sprechen* が二重三重子音であるといふこととは意味が異るのである。

又平安朝の物語文には、消息（セウソコ）朱雀（スザカ）律（リチ）の如き字音語があつて、漢語が著しく国語化されたことを示して居るが、漢字音の研究のやかましかつた当代に於いて、漢字の原音が全然忘れられて右の如く脱化してしまつたものとは考へられない。右の如き発音法は、これらの語を特に国文調といふ言語的場面の中に押し出し、前後に調和を求めようとした場面的変形と解すべきであらうと思ふ。従つて物語に於いては、「クヤウ」（供養）と発音されても、経典の中などに於いては、「クヰヤウ」と原形に近く発音されたことは事実が証明する処である。アクセントに就いても同様で、国語の中に於いては、メン（面）であつても、漢文調の中に於いては原音通りメンを保存したのではなからうか。キチニチ（吉日）がキッキョウ（吉凶）となる処からも想像されるのである。言語の調子を場面と考へるのは、言語のリズムを場面と考へることが許されるならば、認められてよいと思ふ。文の調子或はリズムは、共に語を、に於いてあらしめる表現の素地或は軌道と考へられるからである。

二　用語法に関して

寂光都が和歌と和漢混淆文とに於いて異つた形に於いて表現されて居ることは既に述べた。又例へば、「花を折つてはいけません」「花を折るな」「花を折るべからず」と云ふ同一内容を表す三の表現法は、或はこれを言語の歴史的段階による変化と見るであらうが、この三種の表現法を選択しようとする我等の言語意識には歴史による区別は意識されない。この三種の表現法に対する具体的な感じは寧ろ場面的相違である。「花を折るべからず」と表現する場面は、「花を折つてはいけません」と表現する場面とは同一ではない。故にかゝる表現法の選択は、先づ、それによつて制限せられる場面を予想することが必要となつて来る。同一内容の表現ならば何れでもよいではないかと云ふことは許されないのである。「花を折つてはいけません」と云ふ表現は、親が或は先生が子供に対する時の様な場面を必要とする。故に今一般的場面を予想して表現する場合には、勢右の如き特定場面を予想する表現は不向となる。一般に口語は、常に或る特定場面に対する表現として発達したものである故に、限定的になる嫌がある。文語にはかゝる限定された場面が予想されない。いはゞ中性的な表現であるといふことが出来よう。口語と文語とを近接さすことは、言語の簡易化といふ点から言へば好ましいことであらうが、若し言語に場面的拘束が存在するといふことが事実とすれば、相異る場面に同一表現法を用ゐると云ふことは歓迎すべきことでもなく又不可能である。それは宛も礼服と事務服を一着で間に合せようとする類で両者各〻その理念を異にすることを忘れたことになるのである。

標準語の本質は、これを起源的に論ずれば或特定地域の方言と考へられようが、今日標準語による言語表現は、必しも東京語による表現と考へられて居るのでなく、云はゞ標準的場面に表出する言語として価値を持つて居るのであらうと思ふ。方言に就いても同様で、それは内々の言葉、粗略な言葉と云ふ様な意識に於いて、標準語とは異つた場面に応ずるものとして考へられて居ることが多いのである。

以上は極めて簡略に、言語に於ける場面の問題の二三を摘出したのであるが、我が国語に於いて著しく発達した敬語法なるものは、その組織に於いて最も明瞭に場面的体系をなして居るのであるが、それに就いては、又稿を改めて論ずることゝしたいと思ふ。

（昭和十三年一月十一日）

（※一九三八年発表）

敬語法及び敬辞法の研究

本稿は私が嘗つて発表した敬語の理論を発展させたものである。特に言語の表現機構に即して敬語を組織しようとした処に、従来の敬語研究とは著しく趣を異にしたものを見出すであらうが、そこに、複雑多岐にして誠に解し易からぬ国語の敬語の真相に一歩近いものを描き得たかとも思ふ。そして全篇を貫く理論的組織は、直に以て敬語の正しい習得と表現とを目標とする実践的秩序の段階に置代へ得るものであつて、言語理論は、言語を客体的投影としてでなく、言語体験それ自らの如実の姿の把握に於いて体系付けられねばならないと云ふ主張の一端は、そこにも裏書されないであらうか。

序　説

我が国語に於いて、敬語が著しく発達して居ると云ふことは、常識的にも認められて居ることである。このことは、国語の一つの特性として数へられることであると同時に、又国語の相貌を甚しく複雑ならしめて居る所以でもあつて、外国人は勿論のこと、国語の常用者すらも屢〻敬語の適切な使用に迷ふことのあるのは、決して珍らしいことではない。国語の表現は、敬語を積極的に使用した場合でも或は消極的にこれを省略した場合でも、何れにせよ、敬語の関与を離れては存在し得ないものである。最も客観的な記述、例へば、

「裁判の目的は、決して人を争はせ、又は人を罰することではない」

の如きに於いて、この表現は、その素材的事実を少しも増減することなくして、単に聴手の上下長幼尊卑の如何によつて、

「……人を罰することではありません」

「……人を罰することではございません」

の如き表現に対立する。この対立は話手の敬意の表現が聴手の如何によつて制約されて生ずる現象であつて、かくの如く国語は如何なる場合に於いても、敬語的制約から免かれることは出来ないのである。かくして敬語は殆ど国語の全貌を色付けて居るものであるからして国語現象の科学的記述と組織とを企てようと思ふものは、先づ予め国語を彩るこの多様の色彩様相に着目し、これを正当に処理することを考へて置かねばならない。敬語は確かに国語研究に於ける一の迷路である。敬語は、印欧語の研究に於いては、その研究対象の性質上、殆ど問題になり得ない事項であつて、而も国語研究者にとつては重要な課題である。そして敬語の教授及び習得は、国語教育の重要な要目であることは云ふまでもない。

国語が比較研究の対象とされず、それ自身孤立して研究されて居つた明治以前に於いては、敬語は自明のことと考へられた為か、宣長の古事記伝に見られる様な周到な敬語的訓法の存在するにも拘はらず、敬語の学問的組織と云ふものは生れなかつた。敬語が国語の一つの特性であると云ふことは、古くは本邦来訪の耶蘇宣教師によつて認識され又故国に報告されもしたが（土井忠生氏、吉利支丹の観たる敬語、国語・国文第八巻第七号）、それらは江戸時代の国語研究には何等の影響をも及ぼさなかつた。近代の敬語研究は、チャムブレン氏の示唆によるものであることを山田孝雄博士は述べて居られる（敬語法の研究一一頁）。爾来敬語の研究は多くの学者によつて注目され、口語研究の勃興に平行して大小幾多の業績が発表された。中にも松下大三郎氏の標準日本文法中の待遇及び山田孝雄氏の敬語法の研究はその雄なるものである。昭和十二年十一月文部省主催の日本諸学振興会の国語国文学会の研究発表中にも、敬語に関するものが著しく目立つのは、

必しも時勢の然らしめたと云ふ簡単な理由のみからでなく、もつと深い根拠に基くものと考へたいのである。

敬語研究の現在に於ける機運はそれとして、さてそれならば、今日に於いて到達した敬語の研究は如何なる程度のものであり、又、そこに適切周到な考察が施されて居るかを吟味して見るに、その多くは従来の文法学上の品詞論を背景として、敬語と云はれるものをそれに分属せしめ、敬語の名詞、敬語の動詞、敬語の助動詞と云ふ様に組織立てて、そこに何等かの法則的なものを見出さうとしたものであり、或は特定の敬語についてその意味用法を吟味したものであるに過ぎない。中に、松下氏が敬意の対象の所在に就いて詳細に論ぜられ、山田氏が敬語の称格的呼応の現象を以て敬語の眼目とされた如きは特異なものである。更に進んで敬語の本質、敬語と敬語ならざるものとの限界等に就いては、敬語は敬意の表現であり、それは我が国民の敬謙の美徳に基くものであると云ふ様な説明以上には出て居ない。このことは敬語研究の甚しい欠陥であつて、敬語に就いて論じようとするならば、先づ敬意の表現とは如何なることであるか、その本質その意味に就いて深く考へて置かねばならない筈である。例へば、

暑いね　　暑うございますね

と云ふ二の対立に於いて、前者には敬語が省略されて居り、後者に於いては「ございます」が敬語であると云はれることと、

お庭を見た　　お庭を拝見した

と云ふ二の対立に於いて、「拝見し」が敬語であると云はれることとは、敬意の表現の意味に於いて著しい相違があることに注意しなければならない。「ございます」は話手の聴手に対する敬意の表現であり、敬意そのものの直接的表現であるが、「拝見し」には聴手に対する敬意は少しも含まれて居ない。若し聴手に対しての敬意を表さうとするならば、「拝見しました」と云はなければならない。それならば、「拝見し」は如何なる意味に於いて敬語と云はれるかと云ふに、通説では、「拝見する」と云ふ動作の客体になる事物即庭の所有者を尊敬し、その敬意を表現したものであると云ふのである。それならば「彼は拝見した」と云ふ場合には一体それは誰の誰に対する尊敬になるのか。右の説明が妥当でな

いことは、本稿自体がそれを明らかにするであらうが、「拝見し」は右の如き意味で敬語と云はるべきものではない。話手が庭の所有者に敬意を持つて居ることは事実としても、その敬意が直ちに「拝見し」に表現せられるのではなく、かゝる第三者に対する行為が単なる「見る」行為とは別個の行為として認識され、表現されたものと考へなくてはならない。要は「拝見し」は誰の誰に対する敬意の表現であるかを問ふべきではなくして、事実の特殊のありかたの把握を表現したものであると解すべきである。従つて「拝見し」の拝は、敬意の音声記号ではなく、「見る」特殊のありかたを表す処の限定修飾語である。涼み台で月を「見る」のとは異つた「見る」ありかたの表現である。「うけたまはる」と云ふ語に就いて見ても同様で、それは単に「聴く」と云ふ事実とは異つたありかたを表現する処に敬語と云はれる根拠がある。かくの如く一の見る行為、聴く行為を「拝見」と把握し、「うけたまはる」と概念することの中に話手の或者に対する尊敬と、用意とを観取することは出来るであらう。そしてこれらの語が敬語と云はれることと、最初に述べた「ございます」が敬語であると云ふこととは、敬意の表現の意味に於いて根本的の相違があると云ふことは先づ注意されねばならぬことである。これを一括して同列に敬語として取扱つた処に従来の敬語研究の混乱があるのであつて、それは敬意の表現の意味の検討に欠陥が存する為である。私の立場は、先づ最初に敬意の表現とは如何なることであるかを考へ、そして敬意の表現に於いて区別せらるべき形式の相違を明らかにし、その結論に基いて従来敬語と呼ばれ来たつた事実を再検討しようとしたことである。次の二の小論は即ちそれであつた。

イ　言語に於ける場面の制約について（国語と国文学第十五巻第五号）

ロ　場面と敬辞法との機能的関係について（同第十五巻第六号）

本稿に於いては、右の小論に述べた処の敬意の表現に関する理論を基礎にして、これが欠を補ふと同時に国語に於いて如何に具体的に敬意の表現が実現して居るかを調査し記述しようとしたのであるが、論述の順序として右小論に述べた論旨を要約して本稿の序説としたいと思ふ。

従来敬語或は敬語法の名の下に一括して論ぜられて居る処のものを見るに、そこには既に述べた如く、明らかに峻別せられなければならない二の事項が混同して論ぜられて居る。この混乱の事実を明らかにする為には、先づ言語表現と云はれる一の事実の機構が明らかにされねばならない。表現には、第一に表現する主体が必要である。言語に於いては話手である。第二に表現せらるべき内容が無ければならない。言語に於いては、就いて語られる処の素材である。第三に表現の実現する場面である。言語に於いては聴手が場面となる。表現機構の右述べた処の三の要素の中、主体と素材とに就いては従来とても注意されたが、第三の場面に就いては殆ど閑却されて居る。（イ）の論文は専ら場面の表現に於ける意味に就いて論じたものである。私はそこに場面に就いて次の様に述べた。

　言語は単なる主観の内部的発動ではなくして、言語に於いて、これを拘束し、左右する処の場面が存在すると云ふことも当然予想せらるべきことである。言語的行為は、内部的欲求に基き、それ自身独立し、抽象された行為ではなく、必ず或る場面的体験に於いて行為されるものである。詳に云ふならば、言語は必ず或る場面を素地とするものである。場面は軌道の如く、言語はその上を走る車輛の如きものである。軌道は車輛の運動を拘束すると同時に、車輛の運動を完成さす処のものである。例へば、私が或る一人の人と語つて居るとする。聴衆が二人になり、五人になり、十人になつた場合、私の言語的行為は必然的に最初とは趣が変らざるを得ない。若しこゝに一人の私の畏敬する大先輩が現れたとする。私は威儀を正し、言語に注意するであらう。これ即ち私に於いて場面が変化したのであり、又場面が私を拘束したのである（イ論文二頁）。

又場面の現象的性質に就いては、

　場面は、主観を囲繞する世界と主観の志向関係によつて結ばれた自我の一の意識状態である。（中略）場面は、同じく主観に対立する客観であると云つても、それに就いて語られ、描かれ、歌はれるもの（素材）ではなくして、そこに於いて語られ、描かれ、歌はれるものである（イ論文七―八頁）。

言語を拘束する処の聴手は、表現一般に於ける場面と同じものである。場面は、その志向的対象に即して云へば、表現の素材と同様に、話手の外に置かれた客体的存在である。併し乍ら素材的対象と場面的対象との根本的相違は、素材が表現の主体によつて捕捉された客体であるに対して場面は絶対に捕捉されて居ない志向的客体を云ふのである。場面的対象が捕捉されて客体となる時、それはもはや場面的志向関係を成立しない。場面の意味を具体的にするならば、例へば私が早朝掃き浄められた神域に詣でたとする。私の抱く厳粛清浄爽快の感は、その志向的客体である緑の木立、清徹した渓流、簡素な神殿等と融合して一の場面を形造る。私は実にかくの如き場面に於いてあるのである。この時若し私が神代の有様を想像するならば、私はかくの如き場面に於いて想像して居るのであり又場面がかくの如き想像に私を導いたのである。処が若しこの際、かゝる場面を記述して友人に送らうとして筆を執るならば、今の神域の場面はもはや場面ではなく、捕捉されて表現の素材的対象となる。私の場面は私が書き送らうとする友人であり、その家族である。私が書かうとする相手が友である場合、親である場合、妻である場合、子である場合皆夫々に従つて場面的対象を異にし、かゝる場面を軌道とする私の表現も夫々に異らざるを得ないのである。私の敬語研究は、右の如く場面が表現を制約すると云ふ事実を基礎として展開するのである。論文（ロ）に於いては、聴手に対する話手の敬語表現を特に敬辞法と名付け、他の敬語との関係を論じようとした。場面の機能としての敬辞法とは、聴手と敬辞法との相関関係を云つたものであり、本稿の初に注意した「暑うございますね」の「ございます」、「拝見しました」の「まし」がこれに相当する。そしてこれらの敬辞は、夫々「暑いね」「拝見した」の判断辞が、場面即ち聴手に制約されて変容したものと考へ、敬辞と云ふ特殊の辞が存在すると見るべきでなく、判断辞の変容に於いて敬辞が始めて存在すると云ふ処からこれを敬辞法と名付けた。

さて所謂敬語中より敬辞法を除き、残る処のものは、既に述べた如く敬意そのものの表現ではなくして、敬意に基く事物の特殊のありかたの把握であり、その表現である。此の両者を識別する為に、論文（ロ）に於いては敬意の表現に三種の区別あることを詳細に述べた。右の敬意に基く事物の特殊のありかたの表現に関するものは従来の慣用に従つて敬語と呼び、かゝる語の構成法を敬語法と名付けることとした。本稿は右の敬語法及び敬辞法の実際を更に具体的に記述して見ようとするのである。理論の詳細に就いては総て右の二論文に譲ることとした。

第一部　敬語法

一　敬語の本質

イ　事物の概念的把握の種々相と敬語的表現

序説に於いて述べた様に、所謂敬語法は、これを分つて狭義の敬語法と、敬辞法との二とすることが出来る。先づ最初に狭義の敬語法に就いて観察して見ようと思ふ（以下敬語或は敬語法と云ふ時、それは敬辞或は敬辞法に対立する狭義のものを指すこととする）。

敬語としての構成法を敬語法と云ふ時、敬語或は敬語法は、国語研究上如何なる領域に属すべき研究事項であるのか。この事は敬語の本質から規定されねばならないことであると同時に、敬語の概念を確立する上に必要なことである。敬辞法が聴手に対する話手の敬意の表現であり、聴手による話手の表現の制約であるに対して、敬語法は、話手による事物の特殊のありかたの把握であり、その表現であると考へなければならないことは既に序説に於いて触れた処である。然るに敬語に限らず、語は凡て事物のありかたを指示し得ることによつて語としての機能を発揮し得るものであることは今更云ふまでもないことである。それならば、敬語として考へられて居る語は、如何なる特質の故に他の語と区別され得るのであらうか。こゝで暫く、敬語の特質を明らかにする為に、凡そ事物の概念的把握の仕方に幾許の種類が存在するかを検討して見る。事物が観念として或は表象として与へられた時には、それは全く無規定のものである。これらの事物が表現の素材として概念的に把握される時に、ここに夫々意味が附与される。語が意味を持つとは、語が表象を表現するが為ではなくして、表現的素材が意味的志向作用によつて規定されるが故に云ひ得ることである。概念とは客体的に見れば語の内容の様に考へられるが実は主観の規定に他ならない。故に客観的には同一物と考へられるものでも、意味的志向作用換言すれば概念規定の異るに従つて異つた語として表現されるのは当然である。一の天変地異でも、甲はこれを禍として把握し、乙はこれを福と概念するかも分らない。又天変地異と概念することそれ自身、これを自然現象と概念することとは、同一事象に対する意味的志向作用の相違と見るべきである。かくの如き事物の概念的把握の種々相を試に列挙して見るならば、

一　美的形式を構成する処の把握

既に言語過程に於ける美的形式（文学昭和十二年十一月号、同昭和十三年一月号）に於いて詳細に述べたので再び繰返すことを避けるが、「死ぬ」と云ふ事実を「なくなる」と云ひ、「花が咲く」事実を「綻ぶ」と云ふが如き場合の概念把握を云ふのであつて、要するに一の事物を表現するに、それを表現するに最も直接的な概念によることを避けて、或は更に広範囲な概念に移行し、或は対比的な概念に於いて把握する方法であつて、我々は右の如き概念の移行それ自身を美的鑑賞の対象とすることが出来ると考へられる処から美的形式と呼ぶこととしたのである。

二　分析的把握

一の事物を、それが属する概念中の一特殊として把握し、これを表現せんとする方法であつて、例へば一つの洋服を洋服と云ふ一般概念から区別して「モーニング」「背広」と云ひ或は「労働服」「制服」等とする如きである。この場合夫々別の語形式を用ゐる場合と、限定修飾語を附加する場合とがある。「鍋」に勤して「土鍋」「アルミ鍋」「セトヒキ鍋」「石鍋」とするのは後者の場合である。

三　重点の移動による把握

我が妻を子供に対して「お母さん」と呼び、或は妻自らを「お母さん」と呼びかけ、或は長男を次男に対して「兄さん」と呼ぶのは、或る事物を自己の立場に於いて把握せず、他の立場に於いて把握したことを意味する。「貰ふ」「やる」と云ふ二つの語によつて表現される事実は、共に物の授受されることを云つたものであるが、物が到達する点に重点を置けば「貰ふ」であるが、物を授ける側に重点を置けば「やる」となる。漢字貰字の原義は、寧ろ物の授受の現象そのものを意味するが為に貸借何れにも通用する。国語に於いて古く「たてまつる」と云ふ語が、奉仕献上の意味にも又奉仕を受けて衣服を著、車に乗る等の意味にも用ゐられるのは一の語が重点の移動によつて使ひ分けられた為である。「往

く」「来る」「帰る」の如き語も、発着の重点の置処によつて種々に使用せられる。重点の移動は語義の変化にも重要な関係を持つのであつて、「情なし」と云ふ語は、元来対象の有する属性を云ひ表したものであるが、次第にこれらの対象より受ける特殊の感情の方に重点が移動され、これらの感情を表現する語となつて来た。現代語の「情ない」はさう云ふ意味を表して居る。「奥ゆかし」はその反対に、「ゆかしく思ふ」と云ふ情意的意味の語より対象への重点移動によつて今日では専ら対象の属性的意味を表す語となつた。又「見ゆ」「聞ゆ」「出来る」等の語は、分析的に見れば見る作用と見らるゝ対象とによつて成立する現象を云ひ表したものであるが、国語に於いては寧ろ分析以前の綜合的事実の表現であつて、我々はかゝる綜合的事実の置所によつて作用の事実の表現としたり、又対象の属性の表現ともする。

（作用）	（属性）
私は見える	山が見える
私は聞える	音が聞える
私は出来る	隙が出来る

これらは形容詞に於いて、「私は水が飲みたい」「子供は犬が怖い」等に於ける「飲みたい」「怖い」と同様な使用法で、作用の主体を主語格とすれば、「山」「音」「隙」「水」「犬」等はこれを対象語格と名付けることが出来ることは嘗て述べた処である。(註)

（註）「語の意味の体系的組織は可能であるか」本論第一、形容詞の主語と対象語（京城帝大文学会論纂第二輯）

四　敬意に基く概念的把握

以上列挙して来た事物の概念的把握は、凡て単純に事物の属性によつて規定されたものであるが、ここに敬意に基く概念的把握とは、語それ自身の表す概念に於いて、やはり一の属性の表現には違ひないが、その概念的把握の過程に於いて、事物の上下尊卑の認識が介在することに重要な相違が存する。「花が咲く」ことを「綻ぶ」「笑ふ」と云つた場合、そこには何等上下尊卑の認識と云ふものは存在せず、只「花が咲く」と云ふ事実を他の概念に移動させたに過ぎない。処が今、「貰ふ」「やる」と云ふ語に対して「いたゞく」「上げる」と云ふ語を対比して考へて見る。この二語は、夫々物が甲より乙に授受されると云ふ点に於いて「貰ふ」「やる」と同じである。異る処は、これらの事実を成立せしめて居る素材的事物即ち誰が誰に授受するか、その誰の間に上下尊卑の区別が考慮され、而もそれによつてこれらの事実が特殊なるありかたのものとして概念され表現されて居ることである。「いたゞく」と云ふ事実は、属性的には「貰ふ」と云ふ事実と異る処はないが、只与へる人と貰ふ人との間に上下尊卑の区別が考へられ、それによつて同一事実のありかたが特殊の規定を受けて居ると考へられる。かくの如き概念的把握はもはや「貰ふ」と云ふ語によつては完全に表現せられない。こゝに「いたゞく」と云ふ語が使用されることになるのである。これを次の如き図形に表して見る。甲は話手、乙は聴手、丙は与へる人、丁は貰ふ人である。若し甲が乙に表現する素材的事実丙丁が、丙と丁との平等関係に於いて行はれたとするならば、この素材的事実丙丁は水平線を以て表されるであらう。その表現は「丙は丁に貰ふ」となる。若し丙が下位であり、丁が上位の場合には、「貰ふ」と云ふ事実のありかたは図の如くなり「丙は丁にいたゞく」とならなければならない。この表現の相違を規定するものは何であらうか。「貰ふ」「いたゞく」は共に物の授受されることを概念内容として居るので仮にこれを内部的条件とすれば、「貰ふ」と「いたゞく」を区別するものは他になければならない。「いたゞく」は「貰ふ」事実の成立に関与する丙及び丁の上下尊卑の識別である。物の授受と云ふ概念内容に比すれば丙丁の関係は全く外部的条件である。敬語は正にかくの如き外部的条件に依つて規定された処の概念の表現であると云へよう。敬語を一応右の如く規定するとして、猶これには考へる余地がある様である。「君」「臣」の如き語は、元来上下尊卑の区別に基いて成立した語であるからこれも敬語と云へるかどうか。事実、白鳥庫吉博士は「神」「君」「姓《カバネ》」等を敬称語と称し（国語に於ける敬称語の原義に就いて、史学雑誌第十七篇）、三矢重松博士は「君」「すめら

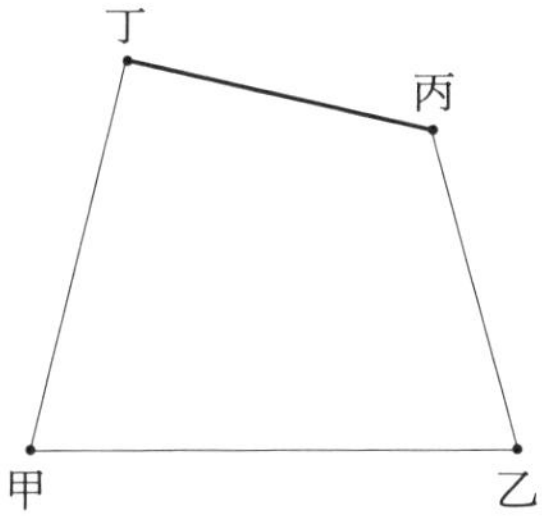

第一図

ぎ」を敬語と認め（高等日本文法四五頁）、宮田和一郎氏も又、「内親王」「后」「行幸」の如きを敬語とされて居る（諸学振興委員会昭和十二年度報告）。併し乍らこの論法を以てするならば「帝王」「先生」「父」の如きは凡て敬語の範疇に入れざるを得なくなる。こゝに於いて再び仔細に上述の用例を点検して見るのに、

　君としてかくあつてはならぬ
　君は如何遊ばされたであらうか

右の二の用法は必しも同じではない。前者の君は勿論臣の概念に対立し、上下尊卑の観念に基いて成立したことは事実であるが、前者の場合に於いては、これらの識別が猶語の属性となつて居る。「私は先生になりたい」も同様である。処が後者の君は、前者の如き上下尊卑の識別をその概念内容として表現しようとするのでなく、換言すれば身分としての君を云ひ表さうとするのでなく、第三人称者彼を表すに、その彼が話手より見て特殊のありかたにあるものであることを君と云ふ概念を借りて表現したのであつて、音形式は同様に「キミ」であるが、前者は身分の概念を表し、後者は第三人称者「彼」を表し、その表現の過程的構造を異にするのである。（註）外部的条件は、概念の移動の過程に於いて表現することが出来るのであつて、後者の場合のみを敬語と云ふことが出来る。「先生は御健在ですか」も同様である。

（註）語の過程的構造については、既に心的過程としての言語本質観（文学、昭和十二年六、七月号）に詳論した。前者の君はこれを意味に還元すれば身分上の君である。処が後者の君はこれを還元すれば第三人称者を意味することになる。これが過程的構造の相違である。後者の過程には、上下尊卑の自覚に基く概念の移行が含まれて居る。

かくの如くして、「仰ぐ」と云ふ語が

　空を仰ぐ　　星を仰ぐ

などと使用される時は、「見る」特殊相を表現したものであつて敬語とは云はれないが、

　英雄として万人に仰がれる

に於ける場合は、「見る」「思ふ」と云ふ事実が、見る者思ふ者と、見られる者思はれる者との上下尊卑の意識によつて特殊のありかたのものとして規定され、かゝる概念を表すに適当なものとして比喩的に概念が「仰ぐ」と移動されたのである。故にこの場合「仰ぐ」は決して「頭を挙げて上を見る」ことを意味しない。これは宛も「花が綻ぶ」の「綻ぶ」と云ふ語に文字通りの綻ぶ意味は表現されて居ないが、かくの如き概念移行によつて、「咲く」を以ては表し切れないものを表さうとするのに等しい。かくの如き敬語の現象を適確に説明することは私にとつて非常に困難なことであるが、私は敬語を定義して「事物のありかたに対する特殊なる把握の表現である」と云つたのはその意味であつたのである（場面と敬辞法との機能的関係について国語と国文学第十五巻第六号七三頁）。

以上の如く、敬語は事物の属性によつて規定されたものでなく、外部的条件による規定の表現であつて、敬語の敬語たる処は、所詮語の過程的構造に表れて来るものと考へなくてはならない。故に「いたゞく」と云ふ語を、最初から敬語であると断定してしまふことは出来ない。「星をいたゞく」「帽子をいたゞく」の如きは敬語ではない。

いたゞく……→貰ふ

右の如き言語過程の還元が可能なる場合に始めて敬語として考へられるのである。かく論じて来る時、次の如き重要なる結論が導き出されるであらう。即ち、敬語は敬語ならざる語との対立に於いて始めて敬語として意識されると云ふことである。「上げる」と云ふ語が敬語と考へられるのは、「やる」と云ふ語に対立して始めて云ひ得られることである。「坂に車を上げる」の「上げる」には対立がない。故に上者尊者に関する語即ち神、宮城、内裏等が必しも敬語と云はれないのはその為である。又「神社を拝す」が敬語でなく、「尊顔を拝す」が敬語となるのも後者は「見る」の敬語的表現であるに対して、前者は特殊な属性を持つた事実そのものの表現であるからである。一般に接頭語「お」「ご」「み」等を附加したものは、これらを削除した語に対立して敬語と考へられる。「写真」に対して「お写真」「綺麗」に対して「お綺麗」の如きである。又語源的には右の如き対立が存したものでも、それが既に別個の属性を持つた事実の表現と考へられるか、或は対立が考へられなくなつた時、それらはもはや敬語としては意識されなくなる。

はち（鉢）……おはち

「おはち」は語源的には「はち」の敬語であつたらうが今日では夫々別個の器物と考へられ、「おはち」は「はち」の敬語ではなくなる。「おはち」は今日「飯櫃」に対立して敬語と考へられて居る様である。その他「御神灯」「おまる」「おまへ」「おやつ」「おなか」「みこし」「みす」の如きは即ちその類である。「おみこし」は、「みこし」が敬語的対立を脱して輿の特殊なものを表す様になつた時、敬語として生まれたものであらう。

ロ　国語の特性として見た敬語　前項に於いて、敬語は事物の特殊なる概念的把握に基くものであり、換言すれば事物の特殊なるありかたの表現が敬語となることを明らかにして来た。そして敬語は敬語ならざる語との対立に於いて始めて敬語として意識されるものであると云ふ結論に到達した。

次に、それならば敬語は如何なる理由によつてこれを国語の特性として考へられるかを明らかにしようと思ふ。一般には敬語は日本民族の尊敬推譲の美風の顕現であると考へられて居る。併し乍らこの事は一方的にのみ考へることは許せない。敬語を若し尊敬推譲の顕現であると考へるならば、敬語と並行して存在する「ぐづ〳〵して居やがる」「くたばつてしまへ」の如き表現の必然的に存在することを忘れてはならない。我々は敬語を根拠として民族精神を云々する前に、敬語の語学的特質なるものをもつと究める必要がある。そしてそれが民族精神と交渉するか否か、交渉がありとすれば如何なる点に於いて交渉があるかは残された一の問題である。国語に於ける敬語を、尊敬推譲の美風に帰することは、国語の敬語を説明することには少しもならない。且つ又推譲の表現は外国語に於いて決して皆無でなく、寧ろ完全なる外国語の習得にはかゝる表現の習得が不可欠である。従つて問題は、国語に於ける敬語の特質は奈辺にあるかと云ふことになつて来るのである。

国語の敬語は既に述べた様に、上下尊卑の識別に基く事物の特殊なるありかたの表現である。故にこゝには事物を把握する特殊なる態度が必要とされるのである。一の「見る」事実を表現するに当つて、それが「精しく見る」行為であるか、「万遍なく見る」行為であるかの「見る」属性の識別、（イ）に述べた処の分析的把握よりも、誰が誰を、又何を、

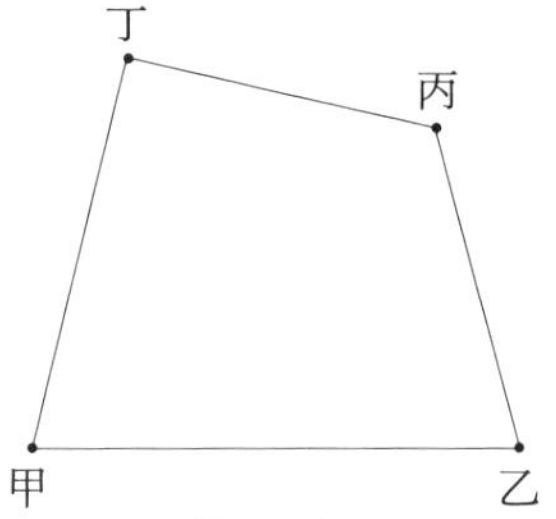

第二図

そして話手より見てその誰、何が如何なる上下尊卑の関係にあるかの識別が必要とされ、それによつて「見る」と云ふ事実の表現を制約しようと云ふのが国語の立前である。これを先の図によつて示すならば、素材的事実丙丁は、この事実に関与した丙或は丁との関係は勿論のこと、丙或は丁に対する話手甲、聴手乙等、これらの相互の位置と云ふものが明瞭に識別されることによつて始めて完全なる丙丁の表現が完成されるのである。国語に於いては、一の表現素材に就いても、それが遊離し孤立されたものとしては決して完全な表現とはなり得ない。同時に表現素材が、外部的条件によつて如何に規定されて居るかを判定することは必しも容易なことではなく、常に上下尊卑自他の関係に対する敏感な識別が要求されることとなる。この様にして成立する敬語は、例へば「見る」に就いて云へば、「見ていたゞく」「見て上げる」「見なさる」「見ていたゞきなさる」等の系列を造る。かくの如き派生語を試みにフランス語の faire（為す）のそれに比較すれば、

contrefaire（真似る）refaire（仕直す）parfaire（仕上げる）malfaire（悪事を為る）satisfaire（満足さす）forfaire（背く）surfaire（誇張する）

右の系列は「為す」の属性的相違に基く語彙の発展であつて、印欧語がこの種の分析的概念把握の表現に豊富であることは人の周く知る処である。これに対して国語に於いては、分析的概念に比して驚くべき敬語表現に富んで居るのであるが、それは事物を常に相互規定に於いて、綜合的見地に於いて把握しようとする結果であると考へられる。この傾向は敬語ばかりでなく一般の語に就いて見られる著しい現象であつて、既に挙げた「怖ろしい」が感情概念であると同時にその対象の属性概念をも同時に表して居るが如きその適例であるが、敬語はその最も著しい場合であらう。故に国語に於いては、「妻」と云ふ一語を以ては表現が充足されない。如何なる身分の人の妻であり、又それが話手と如何なる関係にあるかの上下尊卑の識別によつて、「奥方」「奥さん」「おかみさん」「女房」「家内」「嚊」等の語が必要とされる。

国語の敬語が特殊的であると云ふことは、推譲の美風の顕現と云ふよりも、一事一物の概念的把握に於いて、右述べた様な相互的綜合的認識が働く処にあると見るべきであると思ふ。「趣く」「去る」と云ふ二語は、事実の属性的差別によつて成立した分析的概念であるが、国語に於いてはこれに満足せず、趣く処の尊卑を考へ、去る処の上下を考へて、「趣く」に対して「参る」を、「去る」に対して「まかんづ」を対立させた。宣長が「趣く処を尊み、去る処を尊ぶ意味である」(古事記伝、全集巻一ノ三八四頁)と云つたのは即ちそれである。敬語は尊敬の表現ではなく、尊卑の識別による概念的表現であり、そこに国語の敬語の特質がある。

二　語彙論としての敬語法研究

既に述べた処によつて、敬語が事物の特殊なる概念的把握に基き、且つ敬語は敬語ならざる語との対立の上に意識されるものであり、敬語を右の如く考へることによつて、これが如何なる意味に於いて国語特有の現象として数へることが出来るかを明らかにした。こゝに於いて私が敬語の本質の項に提出した敬語は国語研究上如何なる領域に属する研究事項であるかの問に答へることが出来ることとなつた。事物の概念的把握による語の構成は、語彙論に属する如く、敬語的表現或は敬語的構成は又語彙論に所属しなければならない。派生語の系列が文法上の問題でなく、語彙論上の問題である如く、敬語的系列も亦語彙的系列である。この見解は恐らく文法体系の組織に関聯して重要な結論を導くであらう。「咲かむ」或は「咲くだらう」と云ふ語の連鎖は、これを分析して、用言未然形或は終止形に推量の助動詞の接続したものとしてこれを文法的事実として取扱ふのが普通である。これに対して「赤煉瓦」の如きは、たとへ赤―煉瓦と分析し得ても、結局それは複合して一語を形成するものであるから、複合語論に所属すべきものであつて、用言と助動詞の接続関係とは同一には取扱ひ得ないものである。敬語「散歩なさる」も同様である。その理由は、「咲かむ」「咲くだらう」は如何にしてもこれを一の事実に対する概念的把握とは云ふことが出来ない。「咲か」は一の事実の概念であるが、「む」はこの事実に対する志向的態度の表現であつて、全く異つた心的内容の結合である。こゝに二語としての結合関係が問題になる根拠がある。山田孝雄氏の如く助動詞を複語尾として動詞の中に含ませると云ふ考方は、「赤煉瓦」を二語として考へるか一語として考へるかと云ふ様な簡単な問題でなく、融合することが出来ない二語を一語として取扱つた処に猶充分な批判の余地を残して居ると考へなければならない。用言と助動詞の結合は結局二語であるに反して、「散歩なさる」は複合的ではあるが、結局一の事実の概念である。古い術語をそのまゝ用ゐるならば、それは詞の結合であり、客観界の表現である。これに対して用言と助動詞の結合は詞と辞の結合であつて、主観客観両界の結合を表して居る。(註)

（註）詞辞の区別については私は既に幾度か説明した。この二の区別は言語の過程的構造の相違に基くものであり、更にそれは表現の現象的構造に基くものであり、云はば、表現の次元的相違を示して居るものである。故にそは言語の言語的基準による最初の二大別である。

右の如くして敬語が語彙論的事実であることの理由は一応つくのであるが、次に敬語を文法的事実とする説に就いて吟味して置かうと思ふ。敬語が文法的事実であるとされる一の理由は、従来敬語を構成する「る」「らる」「す」「さす」「しむ」を他の助動詞「ず」「む」「つ」「ぬ」等と同列にこれを崇敬の助動詞と考へた結果、「咲かむ」が文法的事実ならば、「行かる」も文法的事実であるとしたのであらうと思ふ。私は嘗てこれらの崇敬の助動詞は助動詞より除外して接尾語と考へるべきであることを説いた。(註)

（註）文の解釈上より見た助詞助動詞第四項助動詞より除外すべき受身、可能、敬譲、使役の助動詞及び第六項助詞助動詞及び接尾辞の本質的相違（文学昭和十二年三月号）

今それに就いて詳説することを避けるが、右の如き混同は、その及ぼす影響は相当に大きいと見なければならない。「行き給ふ」の給ふ、「咎め聞ゆ」の聞ゆ、「祈り奉る」の奉るの如きについて、これらを用言とすべきか、助動詞とすべきか、接尾語とすべきかに就いて、全くその判断の基準を失はせたことになつた。かくの如き混乱は全く敬語の事実を語彙論的事実として取扱はず、文法的事実として取扱つたところに起因するものであり、遡れば敬語の本質に対する検討の不備に基くものと云はなければならない。猶これに就いては本論第三敬語の構成法にも述べるであらう。

次に文中に於ける敬語は、対照呼応の関係にあるから、敬語は文法的事実に属すると云ふ説がある（山田孝雄氏、敬語法の研究一六、一七、一三五頁）。

御令息は御卒業なされた

右の文中の傍線の語は首尾呼応して居ると云ふのである。併し乍ら右の如き対応関係は、これを所謂係結の呼応関係と同列には論ずることが出来ない。係辞に対する結辞の呼応は、その変化それ自身が語の文法的系列を構成するに反し、敬語と呼ばれる「御卒業なさる」は「卒業す」の文法的変化でなく、この二語は異つた概念内容を持つた別の語である。それは「食ふ」と「いたゞく」の相違に準ずべきものであり、「見る」「見果つ」の相違に比すべきものであり、語彙的系列に属するものである。従つて右の文中の首尾の対応関係は、文法的対応ではなくして論理的対応の事実である。

鶏が餌を啄む　　赤は丸い

右の二例に於いては、「鶏」「餌」「啄む」には論理的対応があるが、「赤」「丸い」には論理的対応がない。これを文法的呼応とは云ひ得ない様に、敬語の対応も亦論理的対応の現象であるに過ぎない。従つて敬語の誤用は文法的錯誤を意味するのでなくして、個々の事物の概念的把握の粗漏不用意を意味する。敬語の首尾対応が文法的事実であるならば、「君にも僕の絵を拝見させてやらうか」の如き表現は文法的錯誤であつて許されない筈であるのに、猶これが皮肉或は諧謔として許されるのは、それが文法的事実でなく論理的事実だからである。山田孝雄氏は、主格と述格との間に敬語の対応が法則的に存在することを左の如く述べられた。

第三人称の第一種即ち主格を尊敬していふものにては第二人称の如く述語に敬称を用ゐ（敬語法の研究一三五頁）

併し乍らこれ亦遽に首肯出来ないことであつて、

父上はよく宮に御仕申された

に於いて、「父上」と云ふ敬称に対応するものは、「お仕申され」であつて、一応は山田氏の説に合致するものの様であるが、「申す」と云ふ語は氏に従へば謙称であつて（同書三六九頁）、従つて「御仕申す」と云ふ謙称は、「父上」と云ふ敬称とは対応することが出来ないものである。「申す」が「申され」となつて居るから、「御仕申す」と云ふ謙称が敬称に変化したのであると説明することは出来るであらうが、謙称に敬称が附加されて敬称になると云ふことは事実に即してそれが何を意味するかが明らかにされねば説明は全く無意義である。かくして主格述格の対応と云ふことは甚だ困難なことであると云はなければならない。山田氏は主格述格の対応を法則的にする為に、敬語に於いて敬称と謙称との別を厳然と規定し、敬称対敬称、謙称対謙称の対応を樹立されようとしたのであるが、これも、敬語を文法的事実として確立せんが為に急いだ処の云はば牽強の説と考へざるを得ない。山田氏は、

従来謙語と敬語との区別をなせるものもその狭義の敬語中に区別すべきを唱へたるもの殆どなく況やそれが文法上の位置を説けるもの全くなし（敬語法の研究一五頁）

と断じ、謙称に就いては、

口語及び候文に於いてはその第一人称の主格が使用する語に限るものなるを明にするを得たり

とし、敬称に就いては、

敬称とは対者又は第三者に関するものをさして尊敬の意をあらはすものにして第二人称又第三人称をいふに用ゐるものなり

とされ、謙称の動詞としては「まうす」「いたす」「いたゞく」「さしあげる」等を、敬称としては「めす」「おぼしめす」「くださる」「おつしやる」等を挙げられた。これらの動詞が文の主語との対応関係を見るに、必しも山田氏の云はるゝ如くではない。謙称の動詞は、「る」「らる」を添加して皆尊敬すべき第二人者或は第三人者の行為を表すに用ゐることが出来る。既に疑を挿んだ様に、謙称と敬称の結合と云ふことは事実上の問題としては不合理なことである。又氏は謙

称に絶対謙称と関係謙称の別を立てられ、「いたゞく」「あがる」等の語は謙称を用ゐる者の尊敬すべきものに対しての行動について云ふのであるから、これを関係謙称と云ふとされた（敬語法の研究三九頁）。こゝまで来れば、実はもはや謙称敬称の名を以て呼ぶには不適当な事実までをも敬謙の概念を以て説明されようとして居られることを知るのである。抑ゝ尊敬とか謙譲とか云ふことは、話手と他者との関係に就いてこそ云はれるであらうが、第二人称者第三人称者の他者に対する敬譲を話手が表すと云ふことは考へられないことである。只素材間のかくの如き上下尊卑の関係を概念的に規定することのみが可能なのである。元来尊敬と謙譲と云ふ二の概念は、夜と昼、黒と白、小と大の如き相対立し、相互に排斥し合ふ処の概念ではない。それは寧ろ因果の概念の如く、謙譲なくして尊敬なく、敬語があれば必ず同時に謙譲がなければならない。故に謙敬の二の概念を以て敬語の二大別の範疇とすることは理論上からも決して妥当なことではない。事実も亦これを証明するのであつて、「奉る」は奉仕を為す側からも云はれるし、奉仕を受ける側にも云はれ、「下さる」は与へる側からも受ける側からも両様に用ゐられ（湯沢氏狂言記の敬譲の動詞と助動詞、国語と国文学第八巻第十号四三一頁）、「賜ふ」に就いても同様である（同書四三八頁）。

以上私は、敬語について尊敬謙譲の類別を設けることの理論上からも実際上からも妥当でないこと、従つて敬謙の二語が文中に於いて首尾対応すると云ふことは決定的には云はれないことであり、又対応が存するとしてもそれは論理的に見て重要なことであらうが、文法的事実でないことを明らかにして来た。従つて敬語は専ら語彙論的事実として研究されねばならないと云ふ結論に到達するのである。

三　敬語の構成法——敬語法——

イ　話手と素材との関係の規定　敬語の語彙論的構成法を考察することは、要するに、敬語に於いて、何ものかに対する敬意の表現即ち敬語の対象を追求することではなくして、或る事実が話手によつて如何に規定され表現されるかを明らかにすることである。かくして考察された事実は、これを裏返せば、直に敬語の実践的段階となるべき性質のものでなければならない。既に述べた如く、言語の表現機構は、（一）話手（二）聴手（三）表現素材の三となる。こゝに話手或は聴手と云はれるものは、所謂第一人称者或は第二人称者と云はれるものと同じでないと云ふことは注意すべきである。第一人称者或は第二人称者とは話手或は聴手の素材化されたものであつて、その点第三人称者と同じである。只異るのは素材としての論理的関係である。

　僕は君にお話しよう

右の僕は話手の素材化されたものの表現であつて、真の話手は、僕と云ふ語を表現する主体それ自身であるから、絶対に素材ではあり得ない。又君は第二人称者即ち対者の素材化されたもので、聴手は、「君に云々」の表現を受ける者であつてこれ亦絶対に素材ではあり得ぬ処の場面的対象である。本稿では厳に話手と第一人称者、聴手と第二人称者の相違を明らかにして置かうと思ふ。いはばそれは同一物の現象的性質の相違である（本稿第一の中表現の機構についての説明参照）。

　今考察しようと思ふ事は、これら第一人称者第二人称者を包含する素材的事物を話手が如何に規定し表現するかと云ふことである。例へば「見る」と云ふ事実でも、第一人称者第二人称者第三人称者の別に従つて、話手との関係は異り、これを表現する形式が異つて来る。これは話手と素材との関係の規定である。次に、「見る」事実はそれを成立せしめる素材間の関係の相違によつても異つた規定を受ける。この素材的要素としては、勿論第一第二第三の各人称を当然そこに含むのである。具体例を以て示すならば、

　甲、乙を見る（無規定の場合）

　甲、乙を見給ふ（話手との関係による甲の動作の規定）

　甲、乙を見奉る（甲乙の関係による甲の動作の規定、話手との関係を含まず）

　甲、乙を見奉り給ふ（甲乙の関係、話手と甲との関係による規定を含む）

今若しこゝに聴手との関係を問題にするならば（第二人称者でなくして場面的対象である聴手の意味である）、一層複

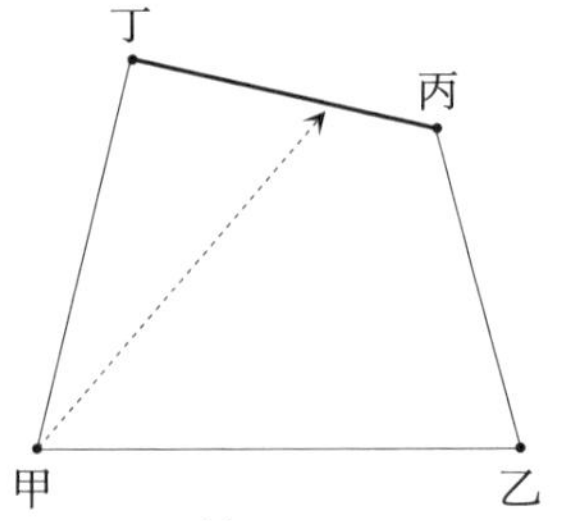

第三図

雑な表現となるのであるが、それは敬辞法に譲り、今は先づ素材と話手との関係の規定が如何なる形をとつて表現されるかを具体的に示さうと思ふ。

甲は話手、乙は聴手、丙—丁は素材的事実、丙及び丁はかゝる事実を成立せしめる者、点線は丙丁に対する話手の規定を表す。上の図は表現機構の関係のみを極めて抽象化したものである。

丙丁なる素材的事実は、甲より乙に向つて、その場面的志向関係に於いて表現されるのであるが、甲乙丙丁が相互に密接な関係に結ばれて居ると云ふことは敬語表現の成立する第一の条件である。今これらの関係の中、甲乙の場面的関係と丙丁の素材間の関係を除き、専ら丙丁と話手甲との関係のみを問題とする。丙丁なる事実が甲の上者尊者に属する場合、この事実は特殊なるありかたのものとして把握され、それを表すに適当した表現が選ばれる。

その一　「る」「らる」の添加

前項に於いて述べた様に、「る」「らる」は、話手の判断情意を表す助詞助動詞と異り、或る種の概念内容を示すものであり、従つて詞或は語と云はるべきものである。只他の用言の様に独立して用ゐられることがないから、これを接尾語と称しても差支へないが、国語の接尾語は印欧語の suffix と異り、機能的に見て独立した体言用言と同様であること、又助詞助動詞とも異るものであることも上に述べた処である。従つて、「る」「らる」の添加したものは、複合語例へば「吹き払ふ」「流れ下る」等の如き概念の重加したものと同様に考へなくてはならない。さてそれならば、「る」「らる」は如何なる概念内容の語であるかと云ふにこの解答は甚だ困難である。「る」「らる」が概念の表現であることは既に山田孝雄氏も云はれて居る処であつて、氏はこれを属性の作用を助ける複語尾とされたが（日本文法論三六七頁）、その概念の内容に至つては未だ詳かにはされて居ない。こゝに想像を加へるならば、「る」「らる」は古く「ゆ」「らゆ」と用ゐられて居つたことを考へ、更に「見ゆ」「聞こゆ」「思ほゆ」「消ゆ」「絶ゆ」等のゆと思ひ合す時、この語は、事物の自然的実現の概念を云つたものではなからうかと思ふ。「見る」「聞く」「消す」「断つ」は能動的意志的作用の概念であるに対し、上に挙げた動詞はそれ自身特定の作用の表現には違ひないが、それは消極的能力で、その能力による或る事実の自然的実現を意味して居る。可能的能力と自然的実現とは同一事実の表裏をなして居る。

私は音が聞える〈 私は聞える（可能的能力） / 音が聞える（自然的実現）

又、「出来る」と云ふ語に就いても同様に、

この子は算術が出来る〈 この子は出来る（可能的能力） / 算術が出来る（自然的実現）

自然的実現とは、「答が出来る」「家が出来る」「溝が出来る」等に於ける「出来る」の意味である。「る」「らる」を若し自然的実現の概念を表すものとすれば、次の文は如何なる意味となるであらうか。

彼は打たれた

右の文はこれを二の場合に分つて考へることが出来る。一は「打つ」動作の主体が彼以外の他者である時、二は彼が動作の主体である時である。第一の場合に就いて右の自然的実現の概念を適用するならば、「打つ」動作が彼に於いて自然に欲すると欲せざるとに関せず実現することを意味するが故に受身とも考へられる。但し、自然的実現と云ふことは、他者の動作が他者に及ぶと云ふ場合ばかりでなく、本来は他の動作が他者の関心に於いて実現することも云ひ得る訳である。例へば、「彼は切られた」「私は倒された」の如きは動作が自己自身に実現することであるが、「親、子に泣かる」「子は親に死なれる」「私は毎日雨に降られた」の如きは、動作が自己の関心に於いて実現することを意味する。故に若し主格に対応する述語格を厳密に求めるならば、親―る、子―れる、私―れと云ふことになるのである。

第二の場合は、「打つ」動作の主体が彼である場合である。彼が「打つ」動作を自然的に実現すると云ふ時、かゝる動作の、実現を蒙る者は他者であつて、彼について云へば彼の可能的能力の表現となる。同時にこの表現は、「打つ」動

作の彼に於ける自然的実現として、「彼が打つ」ことの表現とも考へられるのである。即ち、「彼は打たれる」は彼の可能と同時に「彼が打つ」ことの表現ともなるのである。前者は所謂可能の表現であり、後者は所謂敬語的表現である。それならば後者の場合が何故に敬語的表現となるのであるか。後者は、「彼が打つ」と云ふことを、「打つ」動作が自然に実現すると云ふ表現法に於いて表現したことであり、「打つ」と云ふ端的な表現に比して婉曲であり、婉曲であると云ふことが敬語的表現になる所以である。それは宛も「見よ」と云ふ第二人称者の行為の表現よりも「見ていたゞけませんでせうか」と云ふ話手の事実として表現する方が婉曲であり、又敬語的であるのに等しい。又「歩く」に対して「お歩きなさる」と云ふ表現は、他者の意志を、他者の客観的動作に飜訳することによつて敬語的表現になり得たのである。「仰す」よりも、「仰せあり」が敬語と考へられるのも同じ理由による。「る」「らる」はそれらに敬意が含まれて居るのでなく、かゝる表現法が敬意の所産として結果したものと考へなくてはならない。そしてかゝる婉曲法は、その根底に於いて、或る事実をそれが自然に実現すると云ふ事実のありかたに於いて把握したことが考へられるのであつて、「る」「らる」はかゝるありかたの表現と云ふべきである。「る」「らる」それ自体を敬意の表現と考へるならば、「仰ありて」「お出でなさる」の如きが何故に敬語であるかの説明も出来ないこととなるのである。敬語は実にかくの如きありかたの認識であり、概念の移行に於いて始めて成立するものである。この事は既に敬語の本質に於いて述べたことである。

かくして「る」「らる」はあらゆる動詞に添加して敬意の表現の方法となるが、それは専ら話手と素材との関係の規定である。一般に敬語と云はれる「いたゞく」「参る」「あがる」「差上げる」等も、それだけでは話手との関係は無規定のまゝに残されて居るのであつて、「いたゞかれる」「参られる」「あがられる」「差上げられる」とすることが必要である。「いたゞく」「参る」等は素材間の事実の敬語的表現だからである（本項（ロ）を参照）。

その二　お―になる　お―になられる

「お書きになる」「お書きになられる」等と使用される。これらの表現が敬語となるのは、「る」「らる」の場合と同様、或る事実の直叙を避ける方法に基くのである。「なる」は「白くなる」「暖くなる」の「なる」であつて、他者が或る行為に於いて実現すると云ふ表現を以て、「書く」「読む」等の直叙的表現に替へて敬語となり得るのである。これは次の(三)の場合にも適用出来ることである。

その三　―ある　―ます

共に存在の概念を表す。或る事実が存在すると云ふ表現を以て事実の直叙に代へるのである。「おつしやる」「おいである」「おぢやる」「おりやる」「ござる」等は皆「あり」を含んで敬語となり、「あれます」(生)「いでます」「おでまし」「おはします」等は「ます」を含んで一語の如くなつたものである。「いたゞく」「参る」等は「る」「らる」の添加によつて話手との関係を表すが、右列挙した語はそれ自身話手との関係を含んで居ることは「下さる」「いらつしやる」と同様である。

その四　―す(四段)　―す(下二)　―さす(下二)

「天の浮橋に立たして」「行かせらる」「受けさせ給ふ」等と使用される。四段と下二段の「す」の関係に就いては山田孝雄氏の説がある(平安朝文法史一五八頁)。仮にこれらの「す」を「為《ス》」の変形と考へるならば、これが敬語的表現となるに就いても、「る」「らる」と同様なことが云へると思ふ。即ち「行かす」に於いて「行か」の動作の主体によつて使役ともなり敬語ともなる。敬語となる場合には、それは「行く」が「行きなさる」となつて敬語となる様に、「行かす」が敬語となると考へられる。為《ス》は国語に於いて行為の概念であると同時に、屢〻「在る」と同義に用ゐられる。「ゆかしうする琴の音」「らうたうし給へ」「胸がどき〳〵する」「声がする」「明るい気がする」等はそれである。故に為《ス》の変化である四段下二段のすも「る」「らる」と同様婉曲法による敬語的表現と考へてよいと思ふ。

その五　―給ふ

以上列挙して来た処の敬語法は皆自然的実現或は存在の概念を以てする婉曲法によるものであつた。「給ふ」はこれと異り、上位より下位に或る事実が及ぶと云ふ概念を以て素材と話手との関係を表したものである。「給ふ」は元来素材間に於けるありかたの表現であつて、上位より下位に物を与へる処の概念を持つ。有坂秀世氏は次の如く述べて居られる。「給ふ」は独立動詞としては「与へる」（上の人が下の人に）意であり、補助動詞としては「……して下さる」「……してやる」となり、更に進んで単純な尊敬を表す語となつたと云ふのである（祝詞宣命の訓義に関する考証、国語と国文学第十四巻第五号）。思ふに「給ふ」が「下さる」「やる」の敬語として用ゐられて居る間は独立動詞であれ、補助動詞であれ、それは素材間のありかた即ち上位より下位に或る事実が実現することの表現であつて、未だ話手と素材との関係の規定にはならない。この「給ふ」が、只単に話手に対する素材のありかたの規定を表現するに至つてこゝに云ふ「給ふ」が成立する。それは単純な敬語であると云つても概念的表現を離れたものでは決してない。この概念の抽象化の過程は恐らく次の様にして進んで行くのではなからうか（此のことは前記有坂氏の論文からも知り得るのであるが、氏の論文をその様に解釈することは許されるかどうか私は知らない）。素材間に実現する「与へる」意味の「給ふ」は、それはそれとして存立するのであるが、同時に素材の一方の要素が第一人称者になつた場合、この二の事実は概念内容として次第に分裂する傾向を持つ。「導き給ふ」が第三者相互の関係である場合には「導いてやる」であるが、第三者と第一人称者との間に実現した事実の場合には、「導いてやる」ではなく「導いて下さる」「導いていたゞく」の意となるべき筈である。この場合「与へる」の意味は稀薄になり、只事実が他者或は第一人称者に及ぶと云ふ程の意味になつて来ることは、今日「……して上げる」「……して下さる」等の語の用例からも推測出来ることである。かくして「導いて下さる」「導いていたゞく」の表現は、素材と話手との関係の規定に用ゐられて、「お導きなさる」と同義語になり、こゝに云ふ「給ふ」が成立すると考へられる。此の間の事情を的確明瞭に説明することは今の私には非常に困難である。只こゝに述べる「給ふ」と助動詞との相違は明確に指示することが出来る。助動詞は凡て事実に対する話手の判断情緒欲求等の表現であるが、「給ふ」によつて表される敬意は決して話手の事実に対する志向ではなくして、話手と素材との関係（註）の規定であつて、かゝる規定によつて間接に敬意の表現となり得るのであるが、規定それ自身は何処までも素材の話手に対するありかたであるから助動詞ではなくして詞に属するものと云ふべきである。故に「与へる」意味の「給ふ」と話手との関係を表す「給ふ」とは語としての範疇を異にすることがないから、独立動詞としての「給ふ」と補助動詞としての「給ふ」とには単に概念の濃淡、具体抽象の程度の差が存するに過ぎない。左の例はその何にも解釈されるものである。

たゞ謀られ給へかし（源氏、夕顔）

姫宮をいざ給へかし（源氏、夕霧）

いざ給へかし。内へ、（枕草子、五月の御精進の程の条）

（註）こゝに云ふ素材と話手との関係と云ふことと、素材と第一人称者との関係とは明らかに区別されねばならない。後者の場合の第一人称者は素材の一要素であるから、この関係は素材間の関係である。前者の場合の話手は、決して素材となり得ないものである。この関係は単に話手に対する素材のありかたの表現となる。この両者の区別は、例へば、

袋から一つ出してやりました（与へる）

右のやるは、与へるものと受けるものとの間に実現する事実であるが、

許してやる　歌つてやる

の如きは、受ける者との間の事実でなく、単に事実が他者に及ぶと云ふ素材のありかたのみを表現して居る。右の様な用法に匹敵するであらうか。

猶後にも述べることであるが、「給ふ」を尊敬とし「給ふる」（下二）を謙譲として相対さしめることがあるが、それは妥当ではない。「給ふ」は敬語であるが故に、尊敬を表すならば、同時に謙譲も表すべきである。且又「給ふる」は、素材間の関係概念である「賜ふ」とは相対的に並ぶが、素材と話手との関係の表現には用ゐることが出来ないものである。

ロ　素材と素材との関係の規定　甲は話手、乙は聴手、丙—丁は素材的事実、丙及び丁は、素材的事実の成立に関与する人とする。

今丙丁間に物の受授と云ふ事実が成立し、これを丙—丁を以て表すとする。この場合かゝる事実を話手甲に於いて規定するならば「丁、丙に与へ給ふ」「丙は丁からお受けになる（或はになられる）」と云ふ様な表現が成立すると云ふこ

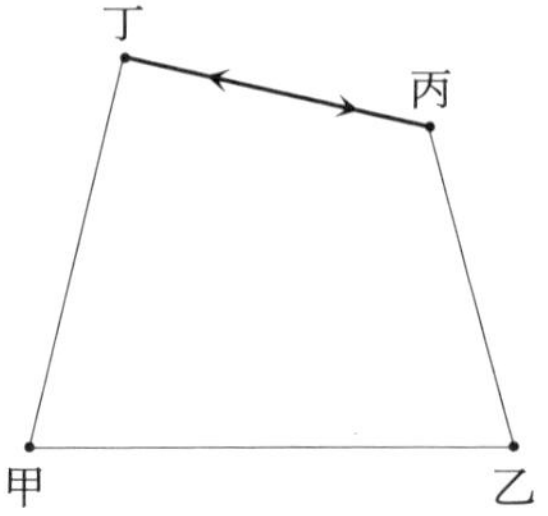

第四図

とは前項で述べた。併し乍らこの「受授」と云ふ事実には、更にこの事実に関与する処の素材的要素即ち丙及び丁の上下尊卑の区別が存在する。暫く丙丁と話手甲との関係を問題外にして見よう。その時、丁と丙が同等であるならば、「丁が丙にやる」であるが、丁が丙より上位の場合は、「丁が丙に下さる」（但し、この語は話手との規定をも含んで居る）となり、丁が丙より下位の場合は、「丁が丙に差上げる」とならなければならない。この「下さる」「差上げる」は「やる」に対して敬語的対応をなして居ると云ふことが出来る。この場合、「下さる」が謙譲であり、「差上げる」が尊敬であるとすることは全く当らぬことである。此の二語の相違は丙丁の相互関係の相違以外の何ものでもないと云ふことは右の図形によつても明白であると思ふ。又この事実は、丙の側に立つて云へば、「丙は丁からいたゞく」であるが、逆の場合或は関係が同等の場合は「丙は丁から受ける（或は貰ふ）」となる。これらの場合、敬語の成立と云ふことは、話手甲が丁或は丙を尊敬するとか、謙譲であるとか云ふ問題ではなく、話手による丙丁の上下尊卑の関係の認識に基くのであつて、かゝる関係を顧慮し適当に表現する処に国語の敬語法の理想が存在すると考へられる。従つて敬語的表現を通して我々の了解し得ることは、話手の尊敬謙譲の美徳の有無と云ふことではなくして、話手がかゝる相互関係を弁別するわきまへの程度如何の問題である。この様に云ふことは、敬語を以て日本人の推譲の美徳の顕現であるかの如き説をなすものに対して殊更に異を立てる様であるが、先づこれらの考を打破しなくては敬語の真の面目は発揮することが出来ないのである。併し乍ら敬語に於いて、それが話手の尊敬謙譲の表現の如く誤られ易い事情の存在することも注意して置かなければならない。それは偶々丙或は丁が第一人称者として話手甲と同一人である場合である。「私はいたゞいた」「私は差上げる」等と云ふ場合であつて、それはかゝる敬語を使用する話手と、かゝる動作の主体「私」が合致した為に起こる錯覚である。この場合にもこれらの語が表す処のものは、第一人称者「私」と丙或は丁との関係であつて、話手と丙或は丁との関係ではない。従つて話手の尊敬謙譲と云ふことは問題ではない。それは次の如き表現を見れば一層明白になるであらうと思ふ。例へば「近う参れ」「早く申せ」の如き表現に於いて、「参る」「申す」は普通敬語と云はれて居るのであるが、右の場合には、他者の話手に対する動作を「参る」「申す」と云ふ処からこれを尊敬とも謙譲とも説明することが出来ない。そこで尊大語と称して敬語の特例と考へることがある（湯沢幸吉郎氏、狂言記の敬譲の動詞と助動詞、国語と国文学第八巻第十号四六八頁四三五頁）。これも「参る」「申す」と云ふ事実が偶〻第一人称者を素材的要素として成立したものであると考へれば、他の敬語と何等異るものでないことを知ることが出来るのである。敬語は実にかくの如き上下尊卑の綜合的認識による事物のありかたの表現である。又屢〻問題にされる処の古代敬語法の特例即ち至尊が御自らの事を述べられる時敬語を用ゐられると云ふことも、（註）話手であられる至尊が第一人称者の御自身の位置を他との関係に於いて認識せられた結果御使用になる処のものであつて、いはば湯沢氏の所謂尊大語に入るべきものであるが、厳密に云へば尊大語でもなく、正しく敬語法の正当な用法と認めて差支へないのである。又「話しくさる」「見て居やがる」等の表現も、尊大語に対しては卑罵語とでも云ふべき範疇を立てなければならないのであるが、既に述べたありかたの表現を敬語とする見地に従へば、これも亦敬語法以外のものではないのである。敬語はかく要素間乃至話手と要素との関係の認識に基くものであるからしてその把握の当否により或は厳粛な表現ともなり、母が子に対して「お母様が読んで上げませう」の如き親愛の表現ともなり、又友人に向つて「御覧にならうかね」と云へば滑稽或は皮肉の表現ともなり得るのである。

（註）参考　山田孝雄氏、敬語法の研究四〇六、四〇七頁
　　　湯沢幸吉郎氏、自己に敬語を用ひた古代歌謡等について（国語と国文学第七巻第五号）
　　　松尾捨治郎氏、自己尊敬（国語法論攷第七章第一節ノ二）

その一　「あげる」「くださる」「いたゞく」

敬語が素材的事実の特殊なる概念的把握の表現であつて、話手の敬意そのものの表現でないと云ふ事は、敬語の構成

法即ち敬語としての表現過程の形式(註)を考察することからも明らかにされることである。

（註）　語の過程的形式については既に度々述べたが主として、「心的過程としての言語本質観第三言語構成観より言語過程観へ」（文学昭和十二年六月号）参照

その一は概念の比喩的移行である。素材的事実に存する上下尊卑の観念を、他の具象的な概念を借りて表すことである。前例の「やる」に対する「上げる」「差上げる」の関係を見るに、「やる」と云ふ語は素材的事実を構成する丙丁の上下尊卑の関係を表すには不充分である。その場合これを下より上への運動を表す「上げる」「さし上げる」に移行し、この語によつて「やる」の特殊なありかたを表現しようとするのである。「下さる」（この語は話手の規定をも含んで居る。理論的には「下す」と云ふ語が考へられる）はその逆である。理解するものは、これらの音形式を通して、下より上へ或は上より下への運動の概念をではなく、「進上」或は「恵与」の意味を理解することによつて敬語として成立するのである。「いたゞく」が、「帽子を戴く」の「いたゞく」でなく、「賜はる」意味となる場合にも同様な過程が見られるのである。かくの如く敬語は事実の綜合関係の認識に基き、事実の特殊なる概念把握の表現であることは右の如き過程的構造によつて明らかにされるであらう。

「あげる」「くださる」「いたゞく」はその代表的なものであるが、これらの語は更に抽象化され、複合語として次の如き敬語的系列を作る。

「あげる」は、見て—、書いて—、読んで—、遊んで—

「くださる」は、見て—、書いて—、読んで—、遊んで—

「いたゞく」は、見て—、書いて—、読んで—、遊んで—

一の事実を、その素材的要素の綜合に於いて把握し、その微細なニュアンスを表現しようとすることは国語敬語法の驚くべき事実であると云はなければならぬ。但しこの表現には、（イ）に述べた話手との関係の規定は「くださる」を除

いては全然考慮されて居ないのであつて、若しこれを加へるならば、

見てあげられる、書いておあげなさる、読んでいたゞかれる、遊んでおいたゞきになる、

等の如き表現を必要とするのである。併し乍ら猶これらの表現には聴手と話手との関係は全く省略されて居るのであつて、それらを考慮する時敬語は正に三段の構へに於いて成立するものと云へよう。聴手との関係は敬辞法に属する故こゝには述べない。

その二　「給ふる」「たてまつる」

次に文章語中より「給ふる」「たてまつる」の二語をとつて論じようと思ふ。「給ふる」はそれに最も近似な形を持つ「給ふ」（四段）と比較するのが便宜である。既に述べた様に、「給ふ」（四）には二種あつて、一は（イ）に所属して素材と話手との関係を規定し、「行き給ふ」「問はせ給ふ」等と用ゐられるものであり、二は「賜ふ」の意味を表し素材間に於いて、「上より下へやる」意味を表し、

局など近く賜はせて侍はせ給ふ（源氏、夕顔）

衣一つ賜はせたるを（枕草子、職の御曹司におはします頃の条）

或は他の動詞に結合して、

教導賜幣止　迎賜波久登宣（延喜式玄蕃寮条）

等と用ゐられ、「教へ導いてやれ」「迎へとらせる由を申し聞かせるぞ」の意味を表す（有坂秀世氏、祝詞の訓義に関する考証）。「給ふる」（下二）が右の何れの「給ふ」（四）に対応するものであるかを考へるに、それは第二の素材間の規定を表す「賜ふ」に対応するものであつて、素材と話手との関係を表すものではない。有坂氏は、「賜ふ」（四）と「給ふる」（下二）との関係は、知る（四、下二）解く（四、下二）の関係と同様で、「給ふる」は本来「賜はる」義であつたらうと推定された（下二段活用の補助動詞たまふの源流について、国語と国文学第十巻第五号）。猶「給ふる」の意味を「まつる」と比較し、「まつる」が本来「……して差上げる」の意であるに対し、「たまふる」は「……させていたゞく」の意を表し、消極的な軽い謙遜

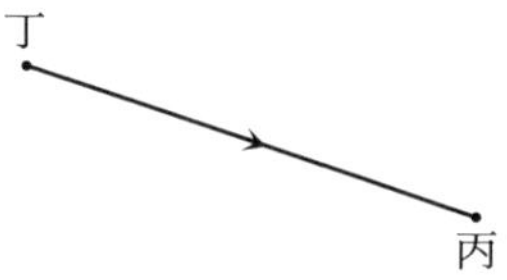

第五図

の気持ちを表すものとなつたと述べられた（同上論文）。「給ふる」の変遷は以上の如くであるとして、この語は併し乍ら決して「給ふ」（四）が素材間の規定より話手との関係の規定に転じた様な分裂はして居ない。何処までも「給ふる」は素材間の関係の表現である。簡単に考へれば、給ふ（四）は尊敬であり、給ふる（下二）は謙譲であるから両者相俟つて表現が完成する様に考へられるが事実はさうでない。既に述べた様に、理論的に見ても尊敬と謙譲は相対立する概念ではないから、「行き給ふ」に対して謙譲の「給ふる」は必要でない。「たまふる」は、「……させていたゞく」の意味を以て、「……してやる」の「賜ふ」に対立し、素材間の上下関係の規定を表現する以上には出ない。故に有坂氏の云はれた軽い謙遜の気持ちを表すと云ふ意味は猶厳密に規定されねばならない。「給ふる」が与へる意味の「給ふ」と対立すると云ふことは如何なる意味に於いてであるかと云へば、これを上の図に就いて説明することが便宜である。

「給ふ」「給ふる」の二語によつて表される事実は、丁→丙の如き下向関係の事実である。相違する処は只重点の相違であつて、丁よりすれば「賜ふ」であるが、丙よりすれば「給ふる」となる。「給ふる」は、即ち或る事実を、下の者が上の者より蒙る処の概念を表す。これは全く素材的関係であつて、話手の謙遜と云はるべきものではない。このことは又最近伊奈恒一氏の研究によつても明らかにされたことである。「給ふる」は一般に第一人称者の動作を表す語にのみ附くと考へられ、従つて「給ふ」（話手の規定を表す）に対応すると考へられたが、氏は「給ふる」が第一人称者のみならず、第三人称者に就いても用ゐられることを左の如き例によつて実証された（平安朝時代の下二段動詞「たまふ」について、国語と国文学第十五巻第三号）。

　これなむ仲忠が見給へぬ琴に侍るなり（宇、吹上、上）

見給へは第三人称者仲忠の述語である。此の文の話手は仲忠の父兼雅である。

　この人思給へむことをなむ思ひ給へはゞかり侍る（源氏、東屋）

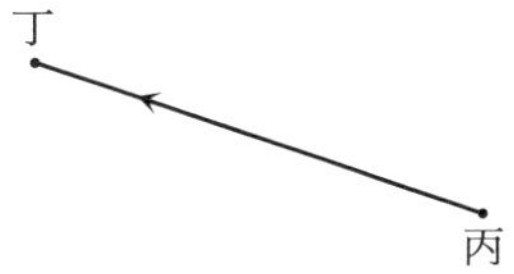

第六図

思給へは、この人即ち常陸守の妻の述語である。これらの事実は、既に「給ふる」が謙遜の表現でなく、素材的関係を表現して居るものであることを示すものである。

「給ふる」とは逆の方向を持つ概念に「たてまつる」がある。図の如く、丙→丁の上向関係を表す。独立動詞としては「献ずる」意であるが、更に他の動詞と結合して「下より上への奉仕」を意味する。

御文を奉る（献上）

賀し奉る（奉仕）　待ち奉る（奉仕）

「賜ふ」と「給ふる」が共に下向関係の概念を表しつゝ、重点の相違によつて二語に分かれる様に、「奉る」に就いても同様な相違が認められる。但しこれは学者によつて意見の相違する処がある。今丙に重点を置けば「献ずる」「奉仕する」意であるが、丁の側より云へば「献上を受納す」「奉仕を受く」と云ふ意となることは理論的にも肯定し得ることである。例へば、

やつれたる狩の御衣を奉り（源氏夕顔、御衣の奉仕を受けるものは源氏の君）

御装束奉りかへて、西の対に渡り給へり（源氏葵、御装束の奉仕を受けるものは源氏の君）

女御殿、対の上は一つに奉りたり（源氏若菜下、車の奉仕を受けるものは女御殿対の上）

右の例は必しも奉仕者の側から見て、「御衣をお着せ申す」「車に乗せ参らす」と解する必要がなく、奉仕を受ける側から見て「召し給ふ」「乗らせ給ふ」の意と解するがよい。第三例の文には、右の叙述を承けて、

次の御車には明石の御方、尼君忍びて乗り給へり。女御の御乳母、心知りにて乗りたり

と云ふ風に、主語の身分に応じて述語を区別して居る処を見れば、「奉り」はやはり奉仕を受ける側に重点を置いて解釈すべきであらうと思ふ。但し「奉る」を直に「着る」「乗る」の敬語と考へてしまふのは、此の語が使用された真意を没却することになるので、それは「御衣の奉仕を受けられ」「御車の奉仕を受けられ」と解すべきである（「奉る」の解釈に

ついては、松尾捨治郎氏国語法論攷八六六頁参照）。

「奉る」は一般に敬称の動詞とされて居るが、若し右の解釈を妥当なものとすれば、「奉る」を敬称とすることが既に不当であり、この語は奉仕するものと奉仕を受けるものとを同時に包含した処の事実の表現であると云ふのが適切である。これは恐らく国語の語構成の根柢を支配する綜合的性質に基くものであらうか。形容詞の或るもの（例へば「をかし」「恐し」「淋し」等）が志向作用の概念と同時に志向対象の概念をも表し、用言が常に主語をその中に包含して居るのも右の理由によるものであらう。

「奉る」と同類のものに「参る」がある。

御菓物ばかりまゐれり（源氏帚木、奉仕者は紀守）

客人にもまゐり給ひて（同末摘花、奉仕者は源氏）

右の如く奉仕する意に用ゐられるが、又奉仕を受ける者の側について、

御湯まゐり、物などをも聞し召せ（源氏柏木、奉仕を受けるものは女三宮）

おほとなぶら近くまゐりて、夜ふくるまでなん読ませ給ひける（枕草子、清涼殿のうしとらの条、奉仕を受けるものは帝）

右は奉仕されて御湯を召し、又奉仕によつて灯火を点される意であつて「奉る」の対応と全く同様である。

その三　所謂敬語の補助動詞について

敬語の構成法を考へるに当つて、所謂敬語の補助動詞に就いて一言する必要がある。この問題は、更に広く動詞助動詞接尾語の性質上の相違にも触れて来ることであり、又敬語の本質の理解にも関係することである。国語の品詞分類に、語が独立して用ゐられるか否かと云ふことが非常に重要な基準と考へられ、補助動詞の範疇も恐らくこの見地から立てられた一品詞であらうと思はれる。併し乍らこの分類基準に就いて私が疑問を持つて居ると云ふことは既に述べた処であるから繰返さない。（註）

（註）文の解釈上より見た助詞助動詞（文学昭和十二年三月号）

語の形式的接続と意味的接続（国語と国文学第十四巻第八号）

独立非独立による分類の結果、助動詞と接尾語の境界、動詞と助動詞の相違等が明瞭でなくなり、ここに補助動詞の名目がその中間に介在することとなつたと考へられるのである。敬語の補助動詞が如何なるものであるかに就いては、山田孝雄博士は次の様に述べられた。

「ます」は極めて汎き用法ある謙称の動詞にして、独立しては用ゐらるゝことなく、必ず動詞又は存在詞の下につきてその陳述を助くる用をなす。この故にこの語はその意義よりいへば敬語といふべきものなれどもその性質及び用法よりいへば補助動詞といふべし（敬語法の研究五三頁）

即ち本来動詞なるものが、独立を失つて陳述を助くる用をなすが故に補助動詞であるとされるのである。又

候文に用ゐる敬語動詞のうちには賓格を伴ふにもあらず、又単独に敬意と共に具体的の意をあらはすにてもなく、全く他の動詞に附属して敬意をのみあらはす場合のものあり。今これらを補助動詞の性を有するものとなづけ、この項に一括して説かむとす（同上書二三七頁）

として、「申す」「奉る」「まゐらす」「上ぐ」「候」の五語を挙げられた。又普通文に於いては、「たまふ」「まします」「まつる」「たてまつる」「まゐらす」の五語を補助動詞とされた（同上書三六二頁）。又木枝増一氏も同様の観点から、動詞本来の意義を失つて、他の語について補助的に用ゐられるものを補助動詞と呼ばれ（高等国文法新講品詞篇一三六頁）、「御感あつて」「御誕生候ふぞ」「還御なる」「おいでなさる」「おいでになる」等の傍線の語を敬語の補助動詞とされた（同上書二四一頁）。補助動詞とは助動詞的用法を持つ動詞のことであつて、国語調査委員会編口語法には、第七章助動詞第二類に敬譲の助動詞として「る」「らる」「ます」「もうす」「いたす」「なさる」「くださる」「つかまつる」等を挙げて居る。これらの諸説によつて、如何に動詞補助動詞助動詞の限界の曖昧であることが知られると思ふ。橋本進吉博士はこれらの分類に対して次の様な説を述べられた。

「下さる」「なさる」「遊ばす」「になる」は、本来の意味を捨てて、たゞ敬意を添へる為に用ひたものです。これ

らの語は、かやうな意味に於ては、単独で述語となる事がありませんので、之を敬譲の助動詞とする人もあります。しかし、これ等は、一方においては、敬譲の動詞として厳存しますから（「になる」だけは別ですが）、本書では、右のやうなのを、動詞（「になる」は助詞と動詞）の一用法として見て、助動詞とは立てません（新文典別記口語篇一三六―一三七頁）

橋本氏は、助動詞とせずして動詞とされたと云ふ所属決定上の相違はあるが、その根拠は前諸説と同様独立か非独立かにかゝつて居ると見ることが出来る。私は以上の様な見解に対して次の様な考を持つて居る。第一に、国語はその文の構造上から又語の組立の上から、語を独立非独立によつて分類することは妥当でない。たとへ動詞が独立せず、「散りあへぬ」「春めく」のあへめくの様になつても、それは飽くまでも動詞であつて、助動詞でも又助動詞的でもない。それは宛も「方法」を意味する「かた」と云ふ語が独立しなくなつて、「やりかた」「しかた」等と用ゐられても名詞であつて助詞でないのと等しい。これらの独立を失つた語を他と区別する必要があるならば、接尾語の名称を用ゐればよろしい。助動詞はそれらの語とは性質も用法も異るのである。（註）

（註）文の解釈上より見た助詞助動詞第四項助動詞より除外すべき受身、可能、敬譲、使役の助動詞及び第六項助詞助動詞及び接尾辞の本質的相違（文学昭和十二年三月）参照

第二に、所謂補助動詞が、独立的用法を失ふと同時に具体的意味をも失ひ単に敬意のみを表す様になると考へるのは誤である。勿論「書いていたゞく」のいたゞくの意味はこの語が独立して用ゐられる時とは異るが、若しこれを「書いてあげる」のあげると比較する時は、やはりこれらの語が敬意のみならず或る概念を表出して居ることを知るのである。「給ふ」と「奉る」の非独立的用法に見ても、明らかに異つた概念の表出である。助動詞は非独立と云ふ点に於いては同様でも、表出するものは客体的概念でなくして、直接的な志向観念である。この様にして、独立しないと云ふ形式的な理由によつて助動詞的なものと考へて居る敬語の補助動詞を、その本質的機能に従つて本来の動詞に還元し（勿論所謂補

助動詞の中にも、「ます」「侍り」の如く助動詞と認むべきものもある）、これを合成語の一要素と考へ、その意味を明らかにすることによつて始めて敬語本来の面目である素材の特殊なる概念表現の事実を理解することが出来るのである。敬語なるが故に敬意の表現を担ふ語がなければならないと考へるのは敬語に対する誤つた先入観であつて、敬語はその様なものでなく、屢〻繰返した如く事実の綜合的把握とその表現が即ち敬語であつて、敬語の構成法は、如実にかゝる概念的把握の過程を示して居るのである。

第二部　敬　辞　法

素材間の関係の規定、素材と話手との関係の規定の二を述べて、私は次に話手と聴手との関係によつて、話手の言語表現が制約されて敬辞の成立する事実に就いて述べるべきであるが、既に私は、言語に於ける場面の制約について（国語と国文学第十五巻第五号）、場面と敬辞法との機能的関係について（同誌第十五巻第六号）の二論文に於いてその根本問題を取扱つたので敬辞法の本質に就いては再説しない。本稿では更に進んで敬辞としての「はべり」「さぶらふ」「ござる」「ございます」「です」「ます」等の成立の沿革及び敬辞と他の語との接続関係を調査する計画であつたが、猶不充分な点もあるのでこれを他日の機会に譲り、次に些か注意すべき事項を指摘して置かうと思ふ。

（一）「はべり」と「あり」「おはす」（おはします）との関係

「はべり」が判断辞の敬辞法的変容であることは前回の小論にも述べた（国語と国文学第十五巻第六号）。例へば

雨降る　　雨降りはべり

右の「はべり」は、「雨降る」に零記号に於いて存する判断辞が、聴手の制約によつて変容したもので、口語の「ます」に相当する。然るにこの「はべり」は一方に「あり」「おはす」（おはします）と共に存在概念を表す語である。

昔男ありけり

御子達などおはします
若き御許のはべるを
存在概念から更に転じて判断辞として用ゐられる。
その事とある時（大事である時の意）
今よりなまめかしう恥かしげにおはすれば（恥かしげだからの意）
童にはべりし時（童だつた時）

右は斉しく話手の判断の表現にも拘はらず、三様の表現があることは注意すべきことである。概念表現としての敬語的対立が、判断辞にも持越され、判断の対象の相違によつて異ると見るべきであらう。右の様な事実が考へられると同時に、「はべり」は、聴手に対する敬譲の表現としても用ゐられたことは明らかであつて、自己に関する判断に「はべり」を用ゐることは主として聴手を前にして敬意を以て語る場合である処から、やがて「はべり」が敬辞法として採用されるに至つたものか。これと同様な現象が「ござる」「ございます」にも認められる。これは「はべり」と異り対者或は第三者の存在及び判断辞として用ゐられたのであるが、それが今日では聴手に対する敬意の表現としても用ゐられる様になつた。以上のことは国語の歴史的研究の問題として猶よく調査すべきことであらう。

（二）　私が敬辞法と名付けるものを一般には丁寧語或は鄭重語と云つて居る。それは対者の尊敬とか自己の卑下とかを表すものでなく只丁寧に云ふ場合に用ゐるものとされた。この考方は正に逆の様に考へられる。敬辞法は明らかに話手の聴手に対する敬譲の表現である。これに反して私の敬語と名付けたものは、話手の敬譲の表現と云はんよりは、素材の上下尊卑の関係の認識であり、話手のわきまへの表現であるから実は敬意そのものの表現と云ふには遠いものである。常識的用語としては何れをも敬語或は丁寧な物云ひと云つて居るが、それは敬譲の対象の上下尊卑を識別する点に於いて両者共通だからである。私の弁別したいことは両者の言語的相違についてである。一は事物のありかたを表し、一は聴手に対する敬譲の表現であることを明らかにしたかつたのである。

敬辞に就いては、猶概念語と辞との関係に関聯して甚だ複雑な問題がある様である。

結　語

以上論じた敬語及び敬辞法を要約する為に本論第三項（イ）に掲げた図に於いてこれを概括することとする。

敬語表現は先づ次の段階に従つて整へる必要がある。最初に、表現機構の要素である話手即ち自己、聴手、素材的事実、及び素材的事実に関与する人々、及びそれら相互の関係を先づ明らかにして置くこと。以上のことを前提として、

（一）先づ表現素材に限定して、これを構成する要素を明らかにする。即ち図の丙丁の関係を考へる。今「見る」と云ふ事実に例をとるならば、誰が誰を又何を見るか、誰と誰との上下尊卑の関係はどうであるか等を明らかにする時、次の様な表現が成立する（敬語の構成法（ロ）参照）。

(1) 丁が丙を見てやる

(2) 丁が丙を見て下さる

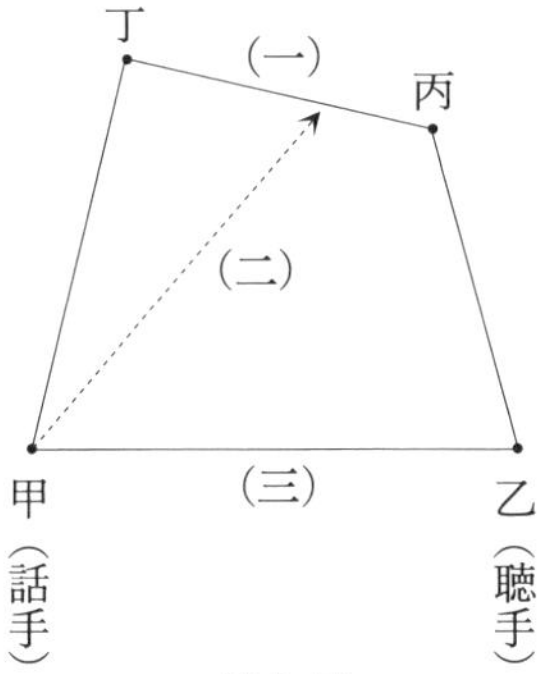

第七図

(3) 丙が丁を見てあげる（見て差し上げる）

(4) 丙が丁に見ていたゞく

（二）次に素材と話手との関係を見る。その結果は（敬語の構成法（イ）参照）、

(1) 丁が丙を見てやりなさる、見ておやりなさる、見ておやりになる、見ておやりになられる、見てやられる

(2) 「下さる」はそれ自身に既に話手との関係の規定を含んで居るが猶次の如き表現が可能である。

丁が丙を御覧になつて下さる、御覧なさつて下さる

(3) 丙が丁を見てあげなさる、見ておあげなさる、見ておあげになる、見ておあげになられる、見てあげられる

(4) 丙が丁に見ていたゞきなさる、見ておいたゞきなさる、見ておいたゞきになる、見ておいたゞきになられる、見ていたゞかれる

(三) 右二段の表現には未だ聴手との関係を含まない。これを考慮に入れるならばその結果は(第二部敬辞法)、

(1) 丁が丙を見てやりなさいます、見ておやりなさいます、見ておやりになります、見ておやりになられます、見てやられます

(2) 丁が丙を見て下さいます(「下さい」には第二段の敬語を含む)、御覧になつて下さいます、御覧なさつて下さいます

(3) 丙が丁を見てあげなさいます、見ておあげなさいます、見ておあげになります、見ておあげになられます、見てあげられます

(4) 丙が丁に見ていたゞきなさいます、見ておいたゞきなさいます、見ておいたゞきになります、見ておいたゞきになられます、見ていたゞかれます

右は僅か一例を示したのみであるが、国語に於ける動詞の敬語的表現は、右の如き三段の構へに対応して始めて完成されると云ふことはほゞ動かぬ事実であらうと思ふ。私は本稿に於いては動詞に就いてのみ敬語を論じて来たのであるが、その理論は他の品詞に就いても適用し得るであらうと云ふことは既に発表した小論にも述べた処である。併し乍ら敬語に就いては猶幾多の考へるべき問題もあり、本稿の所説にも猶是正すべき多くの謬見が存するであらう。

(昭和十三年九月八日)

(※一九三九年発表)

言語に対する二の立場——主体的立場と観察者的立場——

具体的経験としての言語に対して、我々は二の立場の存在を識別することが出来ると思ふ。その一は、言語を思想表現の手段と考へて、実際に表現行為をなす立場であつて、これを聴手の側から云ふならば、言語を専ら話手の思想を理解する媒介としてこれを受入れる立場である。普通の談話文章に於いては、我々は言語をこの様な理解或は表現の立場で受容し又遂行して居るのである。我々が言語の発音行為に習熟し、文字の点劃を吟味し、文法上の法則に従ふのは、かゝる立場に於いてゞあり、又談話文章の相手に応じて語彙を選択し、敬語を使用し、言語の美醜を判別し、標準語と方言との価値を識別して適当にこれを用ひることを考へるのもこの立場に於いてゞある。かゝる立場に於いては、我々は言語に対して行為的主体として臨んで居るのであつて、この様な立場を言語に対する主体的立場と云ふことが出来ると思ふ。そしてかゝる立場に於いて主体によつて意識せられて居る言語の美醜或は価値を、主体的言語意識と名付けることが出来る。かゝる立場に対して、別に言語を研究対象として把握し、これを分析記述する処の立場がある。源始的な語源解釈から始めて、近代の体系的言語研究がこれに入る。この立場に於いては、研究者自らは言語的行為の主体とならず、第三者として客観的に言語的行為を眺めて居る処の観察者としての立場である。これを観察者的立場といふことが出来ると思ふ、これを表によつて示すならば、

言語に対する立場｛一、理解、表現、鑑賞、価値批判——主体的立場
二、研　究——観察者的立場

以上述べた処の主体的立場と観察者的立場との識別は、我々の具体的な言語経験から得る処の最も常識的な又素朴な識別であらうと思ふ。言語に対する一切の事象、即ち日常の言語の実践より始めて、言語の教育、言語の政策及び言語の研究等は、凡てこの二の立場を識別することから始められねばならない。言語の具体的な実践は、主体的表現活動であつて、それ以外のものでないといふことは、極めて重要なことであつて、言語的行為の外に、かゝる表現行為によつて使用せられる材料としての言語（ソシュール学派の所謂ラングの如きもの）が、主体を外にして外在する如く考へることは、比喩的にのみ云ふことが許されることである。具体的な言語経験を出発点とする時、我々はその様な外在的実体を想像することは許されない。言語は何処までも精神物理的過程現象としてのみ行為せられ、又観察の対象となるのである。

次に主体的立場と観察者的立場との識別が、言語の実践に於いても、又言語の研究に於いても極めて重要である所以に就いて少しく述べようと思ふ。それは言語の見解に、屢〻この立場の混同が認められるからである。近代言語学の勃興時代に於いて、過去に於ける文語の過重が批難せられ、口語或は方言こそ真の生きた言語であることが主張せられたが、それは観察者的立場に於いてのみ云はれることである。文字によつてのみ知ることが出来る文語よりも、実際に言語現象のあらゆる部門特に音声及び意味について的確に観察し得る口語方言の方が、観察の対象として価値あることは事実である。併しながら、主体的立場に於いては右のことは必ずしも真理ではない。主体的意識に於いては、屢〻文語に対して、方言よりも高い価値を認めて居ることは明かなことである。この様な立場の識別から、方言研究の必要といふことゝ、方言を矯正して標準語を普及さすといふことゝは、全然別個の問題であるといふことが明かになつて来なければならない筈である。標準語の普及といふことは、言語的主体に於ける価値意識に基くものであり、方言研究といふことは観察者的立場に於ける方法論である。又観察者的立場に於いては、文語と口語とは、これを言語の史的変遷の中に位置付けて考へられるであらうが、主体的立場に於いては、寧ろ表現価値の上から区別せられて居る。例へば、「花を折るべからず」と「花を折つてはいけません」との二の表現は、決して古語的表現、現代語的表現といふ様な識別によつて居るのでないことは明かである。この様な自明の理に対する混乱は、畢竟右の二の立場の混同から生ずることが多い。

又近来音声学上の問題の中心となつて居る音韻（phonème）に就いて見ても同様なことがいひ得る。言語学の領域に属するものは音声でなくして、音韻であり、音声は生理的物理的現象であるが、音韻は純粋に心的なものであると一応は定義しても、元来音響は精神物理両方面を俟つて始めて成立するものであるから、右の定義は音声と音韻との区別を明かにしたものとはいひ得ない。音声学的識別といはれて居る国語〔ン〕の三の相違〔m〕〔n〕〔ŋ〕は、観察者的立場に於いて云ひ得ることであつて、彼自らは国語の主体とならず、専ら客観的に音声を眺め、これを機械にかけて分析するものの立場である。若しこれを主体的意識に即していふならば、国語の〔ン〕に三者を区別するといふことは存在しないことであらう。国語の〔ン〕は凡てに於いて一様であるといふことは、心理的内容としてさういはれるのでもなく、又抽象的、帰納的に於いてさういはれるのでもなく、言語の実践的主体意識に於いてさう云はれるのである。故に主体意識に於いては、表象としての〔ン〕も、それが物理的に実現された〔ン〕も斉しく一様なものである。この様に、観察者的立場と主体的立場とはその結論を異にし、言語に対する二の相容れぬ態度として理解せられるであらう。音声論を音韻論に対立させようとする意見もこの様にして現れて来るのである。併し乍ら若し、言語の実践に於いては〔ン〕は一様であるが、言語の研究に於いては、〔ン〕に三者を識別しなければならないとするならば、研究と実践とは永久に相容れぬ障壁に隔てられてしまはねばならぬ訳である。而も言語に関してはこの様なことに屢〻遭遇するのである。文章論上国語は多くの場合に主語を省略するといふことが云はれる。処が実際の言語に於いて我々は省略と云ふ意識を持たぬことが多い。こゝに於いて我々は再び言語の研究的立場に立返つて反省を加へて見ようと思ふ。若し言語の観察者的立場に於ける対象としての言語を、主体的意識を離れて外在する実体的なものと考へ、これを使用する時に於いてのみ主体との関聯が考へられるとするならば、言語に於いて主体的意識といふものを考へる余地は全然存在しない。それは全く主体を離れた存在である。この様な考方は、宛も個々の人間の外に実体的な人間の概念の存在を考へることに斉しい。併し乍ら観察者的立場に於いて対象とし得るものは、右の様な個人を離れて存在し得る言語ではなくして、又個人によつて使用せられる処の外在的言語ではなくして、個人が行為することによつて生成される処の言語より外には考へ得られない。それは如何なるものかといふならば、思想内容を音声に表現し、文字に記載する行為に外ならない。（註）

（註）ソシュールは、右の如き概念と聴覚映像との聯合過程及びそれに随伴する生理的物理的過程を言語活動《ランガージュ》と考へた（小林英夫氏訳「言語学原論」第三章第二節）

こゝにソシュールは凡てを循行過程として理解したのである。然るにかゝる循行過程に存する聯合の作用から、直に概念と聴覚映像の聯合したものが成立し、存在する如く考へたのは、甚しい誤解であると云はなければならない。我々の考へ得る処のものは、主体的な循行過程以外の何ものでもない。若し言語に社会的な面を求めるならば、右の如き個人個人に存する循行過程そのものの中に求めなければならない。循行過程は社会生活によつて制約せられ、共通性を帯びて来る。言語が理解の媒材となり得るのはその為であつて、決して、概念と音声表象との聯合したものが各人の脳中に存するが為ではない。

右の如き個々別々な言語的行為から出発して、そこに一般的な原理を見出さうとするのが言語研究の真義でなければならない。この様な観察者的立場に於ける対象としての言語は、即ち主体的立場に於いて行為された言語に外ならないのである。これは宛も文学研究に於いて、創作主体を考へ、作品を創作主体の創作活動として考へることゝ相通ずるのである。文学研究といふ観察者的立場は、創作主体の活動といふ主体的活動を考慮することによつて始めて研究の完璧を期することが出来るのである。こゝに言語研究の主体と云つたのは、必しも甲とか乙とかの特定個人を意味するばかりでなく、特定個人の言語を通して主体一般を考へることを意味するのである。故に日本語を考へる場合には、日本語の主体一般を考へることゝなるのである。

以上の様に見て来るならば、観察者的立場と主体的立場との間には次の様な関係が見出されるであらう。

『観察者的立場は、常に主体的立場をその中に包含することによつて始めて可能とされる。』

観察者的立場は常に主体的立場を包含しなければならないといふことは、これを別の方面からも実証される。それは言語の研究に先行する処の解釈作業である。解釈作業といふことは、単に甲の言語を乙が受容したといふことではなくして、甲の言語を乙が跡付けることである。甲が、「花が咲いた」といふ言語を表現した場合、乙がこれを、「桃の花が咲いた」と理解しても、これも一の受容である。解釈作業は、甲の意味した「花」が何であるかを逆推して、甲の体験を追体験することでなければならない。今乙が、甲の言語を観察者的立場に立つて対象とする為には、先づ観察者自らを主体甲の立場に置いてこれを解釈し、主体的な追体験をなし、更にこれを観察者的立場に於いて観察するといふ段階を経なければならない。即ちこの場合、乙は観察者である前に主体的立場に立つことが必要なのである。この様に解釈作業は、主体的言語を観察者の対象として持来らす為に必要な段階であるといふことが出来る。実例を以て云ふならば、文の文章法的分解は、乙が先づ甲の文を解釈することなくしては不可能である。(註)

（註）嘗て私の発表した　文の解釈上より見た助詞助動詞（「文学」第五巻第三号）は、助詞助動詞と他の語との相違を、主体的立場に立つて、その表現性の相違によつて、区別したものである。

多くの観察者は、自らは客観的に言語を観察して居る積りで居つても、無意識に主体的立場を前提として居ることが多いのであるが、これが方法論として確認されて居ない為に思はぬ誤解に導かれることが多い。本居宣長が、源氏物語を解釈するには、物語中に用ゐられた語の意味を以てすべきであることを主張したのは（玉小櫛）、前代の主体的立場を無視した観察者的立場に対して、主体的立場を強調したことに外ならない。我々は今言語研究に於いて、方法論的に主体的立場を前提とすることの必要であることを確認しなければならないと思ふ。そこから多くの言語学上の問題の混乱を救ふことが出来ると思ふのである。

既に述べた処の音韻（phonème）の論に就いて見ても、観察者的立場は、当然主体的立場を前提としなければならないとするならば、言語の音声研究の対象は、観察者に直接に与へられる音声表象或はその物理的生理的特性ではなくして、主体的意識に於ける音声を対象とすることでなければならない。言語の音声を他の音響と区別し得る根拠はその音響的性質に存するのでなくして、実に主体的であるか否かに存するのであつて、主体的立場を無視した言語の音声研究といふことは、そのこと自身が既に矛盾を含んで居る。勿論主体的意識としての音声の根拠としてその生理的物理的条件を考へることは必要なことであつて、音声の種々なる現象を研究する為にはそれらの研究を欠くことは出来ないが、その為に特に音声論と音韻論を研究対象の相違として対立させる必要はない。従来の音声研究には屢〻この立場の混同があつた。音韻《フォネーム》を音の一族であるとする考方や、抽象音声であると見る見方は、観察者的見解であり、音の理念とする考方や、言語音を区別する示差的性質のものとする見方は寧ろ主体的立場であるといへるであらう。しかもこれらの所説には未だ明かに立場の相違に就いての弁別が存在して居なかつた。真の観察者的立場は、主体的立場に基かなければならないことを明かにすることによつて右の見解の是非を決定することが出来ると思ふ。

主体的立場と観察者的立場との峻別は、又言語に於ける価値の概念にも適用出来ることである。ソシュール言語学に於ける価値の概念は（小林英夫氏訳ソシュール言語学原論第二篇第四章）、専ら語の対立関係について云はれて居る。例へば、英語の羊を意味する sheep は、仏語の mouton とは価値が相違するといはれ「恐がる」は「びくつく」と価値が異るといはれるのは、語と語との対立関係を云つたものであり、その立場は、各語を主体的立場を離れて比較計量する処の観察者的立場である。併しながら価値といふことが、主体の目的意識に無関係に存在し得るかと云ふことは甚だ疑問である。単に個体との間に対立関係が存在すると云ふことによつては、価値は発生しない。観察者的立場の対象としての各語は、宛も水晶と金剛石とが自然物として対立して居る様なもので、個体としての認識はそれによつて成立しても、そこに価値関係は成立し得ない。価値関係が生ずるのは、これを利用しようとする主体的立場でなければならない。元来ソシュール学の対象とする処の言語《ラング》なるものは、心的なものであると云はれて居るが、それは主体的作用の外に置かれて居るものであつて、言語主体がこれを用ひる時にはそこに関係が生ずるが、それが無い限り極めて客体的な性質を持つたものであつて、これに就いて価値を云ふことが既に矛盾して居る。併し乍ら猶よくその立場を吟味して見るのに、ソシュール学に於ける価値の概念は、経済学的交換価値の概念の言語への適用と考へられるのであつて、例へば十円が何弗と交換され、米一石が何円と交換されるかによつて価値が決定されると同様に考へられて居る。成程こゝには、円と弗、米と円との対立関係と同時に、価値が客観的に存在して居る様に考へられるかも知れない。又それ故に、この考が言語に適用されたのであらうが、右の経済的交換価値は、客観的な貨幣或は物質それ自体が価値を持つて居ると認めるべきでなく、必ずこれらの価値を決定すべき経済的主体を考へずしては説明が出来ない。同様に言語の場合に於いても、価値は専ら言語の主体的意識として存在すべきものであつて、観察者的立場に於いて存在すべきものではない。観察者的立場に於ける価値は、只、対象が観察に有効適切であるか否かによつて生ずるのみである。既に述べた様に、口語が文語よりも価値があると云はれるのは、その様な立場に於いてゞある。ソシュールが音韻の示差的性質に価値の概念を適用する時、それは主体的立場に於いて云はるべきことであつて、それらを考へ合せるならば、ソシュールの価値の概念には、明かに主体的立場と観察者的立場との混同が認められるのである。私が言語に於いて価値といふことを云ふ場合は、それは、言語的行為が表現目的を満足さすか否かの主体的立場に基いて居るのである（「国語と国文学」第十七巻第二号「国語学と国語の価値及び技術論」）。敬語の選択、標準語の使用、言語の美的表現等に於いて主体的価値意識を認め得る。そこに言語の実践上の規範があるのである。

　主体的立場と観察者的立場との峻別及び聯関に就いての認識は、又単語に於いて、単純語と複合語とを規定する場合にも適用出来ることである。主体的立場を含まぬ観察者的立場に於いては、客観的に分析し得る語は皆複合語とならなければならない。単語を以て語の分解の極度に達したものと考へるのは右の観察者的立場である。しかもかゝる分解が我々の単語に対する常識的語感を満足さすことが出来ない処から、従来極めて複雑な説明がこの上に試みられて来た。山田孝雄博士は、語に就いて第一次的要素、総合的見地といふ様な考を以て説明されようとしたが、元来二の立場の混同せられたものを救ふことが出来なかつた。一方に客観的に語を分解しつゝ他方主体的意識に於いて単語と考へられて居るものを説明しようとするのであるから無理が伴ふのは当然である。今日その成立起源が忘れられて単語と考へられて居るもの、例へば「なべ」（魚《ナ》と瓮《ベ》の結合）、「をけ」（麻《ヲ》と笥の結合）の如きが、複合語でなく単純語として認められる根拠は、主体的意識に存する。「うさぎうま」が、単純語でなく、複合語であるといふのは、主体的意識に於いて一の単位的語であると認められながらその中に二語を包含して居ると認められるからである。「ひのき」（檜）は今日の主体的意識に於いては、単位的語であると同時に、又単純な単語と考へられて居る。若し客観的立場に即するならば、「なべ」「をけ」「うさぎうま」「ひのき」の如きは皆複合語と云はれなければならない。山田博士が、文法上の単位的語を定義するのに、文章の直接の材料となるもの、或は文章の第一次の分解によりて生じたる要素、或は総合的見地によるものなどと云はれたことには言語の主体的意識に基いて単位的語の認定をされようとしたことが推察されるのであるが、しかも観察者的立場を脱し切れなかつた処に猶不明瞭な点を残したのではないかと考へられる。以上の様に、単語決定の根拠を言語の主体的意識に求めるといふことになれば、或る語を主体を離れて単純な単語であるか、複合的単語であるかを決定することは不可能なことであつて、「なべ」「をけ」は、古代人にあつては複合語であつたものが、現代語では単純語として考へられて居ると云はれなければならない。同様に「ひのき」は、古くは複合語であつて今日に於いては単純語となつたので、その点、「まつのき」が今日に於いても複合語であるのと異る。か様に見て来れば、文の単位を意味する単語は、主体的意識に基くものであると同時に、それは文の中の要素として意識されたものであり、複合語は、単語内部の構成に就いての意識に基くものである。故に複合語に対立するものは、単純語であつて、複合語と単純語とを包括して単語といふ意識が成立するのである。従来の単語論は専ら客観的分解によつて単語を定義しようとした為に、単位語と単純語の区別が困難になり、同時に複合語を認める立場を失つてしまつたのである。因に単純語と複合語との主体的認識は、その時代に於いてはほゞ共通的なものであることは、言語の社会性の上から云ひ得ることである

（以上、単語と複合語に関しては、「文学」第七巻第三号、言語に於ける単位と単語について、を参照せられたし。）

言語に対する主体的立場と観察者的立場の識別は、又言語の美学的考察に就いても適用出来ることである。言語美学は、言語主体によつて意識された美的感情を対象とするものであつて、言語の美的感情は、言語的表現行為に随伴する主体的感情であるから、一語の使用の上にも、文の構成の上にも、音の排列の上にも現れる処のものである。観察者的立場は、よくこれらの主体的感情を追体験することによつて、こゝに言語美学の体系を立てることが出来るのである。

それらに就いては次の小論を参考せられたい。

言語過程に於ける美的形式（文学第五巻第十一号同第六巻第一号）

国語のリズム研究上の諸問題（国語・国文第八巻第十号）

懸詞の語学的考察とその表現美（安藤教授還暦祝賀記念論文集の中）

以上述べた処の言語に対する主体的立場と観察者的立場とは、前者は一般の言語の実践に関することであつて、狭義に於ける言語教育及び言語政策の立場であり、後者は言語の研究に対する立場である。言語の研究とその実践（教育及び政策を含めて）に関する諸問題及びその聯関について考へる為には、先づこの根本的な立場の問題を考慮して置かなければならないと考へた。言語に関する一切の思索は、こゝから出発しなければならない。少くも私にはさう考へられる。岩波日本文学講座中の国語学史、昭和十二年以来発表した国語の体系に関する諸論より、本年二月国語と国文学誌上に掲載された小稿（国語学と国語の価値及び技術論）に至るまで、私は終始一貫した態度を以て進んで来たのであるが、その根柢をなす態度を、主体的立場と観察者的立場との識別及びその聯関といふことによつて、私自身未だ明確に捉へ得なかつたものを、漸く具体化して示すことが出来たものの様である。

（昭和十五年六月一日）

（※一九四〇年発表）

言語の存在条件――主体、場面、素材――

一　言語研究の方法論の反省

言語は、自然科学の対象と異つて、その対象を如実の姿に於いて把握することが、必しも容易なことではない。そこに言語研究の方法論の一の重要な問題が横つてゐる。具体的経験としての言語が、精神、生理、物理の諸領域に跨つて、混質的であるといふ理由から、その奥に純粋に心的な言語的実体を把握しようとするソシュール学の理論には、具体的経験に於いて対象を把握しようとしない、一の大きな危険が存するであらうといふことは、嘗て屢々私の繰返し述べた処である。物を言ふ行為は我々の具体的に経験する事実であるが、言ふことが成立する為には、その前提として、言はれる「言語《ラング》」が存在しなければならないといふことは、如何なる点からも実証することが出来ないことである。音声に意味が結合するといふことは、我々の具体的にして、否定することの出来ない経験であるにしても、それだからとて、音声と意味との結合した「言語《ラング》」といふ構成体を考へることは、既に具体的な経験からは離れることとなる。言語の研究は何よりも先づ我々の具体的な経験に基礎を置き、そこから出発しなければならないのである。右の様な見地から、私は先づ言語の具体的な姿を、精神、生理、物理に亙る処の心的過程としての人間の行為として把握することから出発した（心的過程としての言語本質観、文学第五巻第六、七号）。そこでは、言語は客体的な思想内容を音声に結合し、文字に記載する主体的な心的作用として、又音声より思想内容を理解し、或は文字より音声及び思想内容を理解する心的作用として把握されてゐるのである。換言すれば、言語は精神的実体でなくして、人間行為の一形式として見られてゐるのである。これが言語を具体的に把握する第一歩であると私は考へる。次に私は言語の具体性の把握を、二の立場の識別によつて更に確実な地盤の上に置かうとした。二の立場とは即ち主体的立場と観察者的立場との識別である（言語に対する二の立場――主体的立場と観察者的立場　コトバ第二巻第七号）。具体的な言語の観察に於いて、観察者の外に在る処のものを、そのままに対象として把握するといふことの事実上不可能なことであることは、実際に言語を観察する事実を見れば明かなことであつて、対象として把握される言語は、必ず観察者の主体的活動として経験されたもの以外のものではないのである。古語を対象とする場合でも、それが一旦観察者の主体的活動として経験されて始めて科学的操作の対象となるのであつて、それ以外に古語を研究対象として持来す方法はない訳である。以上のやうな見地から、私は次のやうな結論に到達したのである。即ち「観察者的立場は、主体的立場を前提としなければならない」といふことである。この二の立場に対する識別の欠如から起る言語研究上の混乱については、二三の例を以て右の小論の中にこれを明かにして来た。これは具体的言語の把握への第二の段階である。更に進んで、私は本稿に於いて、言語の存在条件を考へることによつて、言語対象の把握を更に具体化しようと思ふのである。凡て以上の如き言語研究の方法論への反省は、最初から言語が他の何物からも切離されて、独自の対象を構成してゐる様に考へる自然科学的考方から脱却して、具体的経験の中から言語の問題を取出し、言語の本質を究めようとする意図に基いたものである。言語を以て音声と意味との結合であるとする考方には、既に具体的にして相関性を持つた対象に対する抽象が行はれてゐるのである。言語研究の究極の目的が、言語対象の本質とその独自の領域を限定して行くことにあるにしても、我々はかくの如き抽象をなす前に、具体的な言語経験が如何なる条件の下に存在するかを観察し、そこから言語の本質とその領域を決定して行くといふ手続を忘れてはならないと思ふ。かかる態度が、単に言語の周辺を模索することに終ることにはならないのであつて、私は思ふに、却つて、そこに言語の本質を把握する道が開けないとも限らないのである。一冊の書籍も、それが存在する条件を考へずしては、書籍の本質は遂にこれを明かにすることは出来ないのである。

二　言語の存在条件といふこと

言語を観察するのに、これを言語自体に限定して、これを構成する要素に分析することは、従来一般に試みられて来た方法であつて、言語を音声と概念との結合であるとするが如きはそれである。しかしながら、我々はかくの如き言語自体の分析をなす前に、更に重要なる観察を忘れてはならない。それは言語の存在条件が如何なるものであるかを知ることである。存在条件といふことが、いかなることであるかは、これを譬へていへば、家屋を観察する時、これを玄関とか、客間とか、居間とかに分析して、家屋の構造を明かにするのは、言語を音声と概念とに分つ処の方法に類する。しかしながら家屋の本質を明かにする為には、右の様な要素の分析と同時に、家屋を成立さす処の条件の存在を考慮に入れることが必要である。家屋が成立する為には、第一に地盤が必要である。地盤は家屋の構成要素とはいひ得ないが、地盤無くして家屋は存在することが出来ない。しかも家屋の構成は殆ど地盤によつて規定されるのである。次に家屋はこれを作る者が無くては存在し得ない。作る者には設計者もあり、大工もあり、資本主もある。家屋の構造は亦これら作る者によつて規定される。次に家屋には、これを利用しようとする居住者が必要である。居住者の目的に応じて、家屋は殆ど大部分が制約されるのである。地盤なり、設計者なり、居住者なりは、皆家屋の構成要素とはいひ難いものであるにも拘はらず、家屋の本質はそれによつて成立し、その構造はそれによつて本質的な規定を受けてゐると考へなければならない。それらのものを、今家屋の存在条件と名付けるならば、物を観察するのに、その構成要素を明かにすると同時に、或はそれ以上に存在条件を考慮するといふことは重要なことである。然らば言語の存在条件とは如何なるものであるかといふに、第一主体（話手）、第二場面（聴手及びその他）、第三素材（事物）の三者を挙げることが出来ると思ふ。これは言葉を換へていふならば、言語は、誰か（主体）が、誰か（場面）に、何物（素材）かについて語ることによつて成立するものであることを意味する。この中の一を除いても言語は成立し得ないし、又言語はこの三者の制約の下に成立するといふ意味でこれを言語の存在条件といふことが出来るのである。

三　主体

言語が個人を外にした処の精神的実体であると考へる限り、主体は言語の存在条件とはなり得ない。しかしながら、言語の本質を心的過程であるとする時、主体は言語成立の第一条件とならざるを得ない。主体は言語的表現行為の行為者であり、即ち言語の話手である。言語現象のあらゆるものは主体に源を発するのである。言語の観察に主体的立場が前提となるといつたのは、主体的行為として以外に具体的な言語は存在しないことを意味するのである。主体を言語の存在条件と考へることによつて、言語はそれ自体主体の価値意識の対象であり、主体の技術的行為の所産であるといふことになり、これら価値や技術の観念を除外して言語を考へることが出来ないといふ結論になるのである。従来の言語研究に於いては、言語が主体によつて使用された時に於いてのみ、価値付けられ、技術の対象となると考へられたのであつて、言語自体はかかる価値や技術とは無関係な存在と考へられてゐる。今の私の考に従へば、凡そ如何なる言語も、言語それ自身の中に価値意識を含むものであり、主体の技術的所産であるといふことになるのである。主体の概念の導入は、言語の純学術的研究に於いて重要であるばかりでなく、言語の実践的技術論即ち言語政策或は言語教育の基礎としても亦重要である。例へば敬語の指導の如き、言語行為者としての主体を抽象しては、敬語の真髄に一歩をも踏み込むことは出来ない。主体より遊離した敬語の系列があつて、これが主体によつて使用されることによつて敬語的表現が成立するのでなく、主体的な崇敬の意識によつて表現せられる言語が敬語の一系列を形造るのである。敬語は実に主体的表現行為の一形式としてのみ本質を把握することが出来るのである。敬語ばかりではない。古来国語に於いて認められた詞と辞の差別即ち現行文法書にある名詞動詞形容詞の如きものと、助詞助動詞の本質的差別の如きものも、語を主体と無関係な存在として取扱ふ限り、それの本質的差別を見出すことは困難であつて、現行文法書の行詰りを打開する唯一の道は、これに主体の概念を導き入れることである。即ち名詞動詞形容詞の如きは、客体的素材の表現に関する語であり、助詞助動詞の如きは主体の表現であることを識別することによつて、現行の平面的な文法組織を言語の本来の姿である処の人間精神の活動の姿に引戻すことが出来ると思ふのである。

　言語の主体について、猶予想されるべき誤解の為に一言を加へて置きたい。主体は何処までも言語を成立さす処の主体であるから、言語自体の中に客観的にそれ自らを表現することはあり得ない。文法上の第一人称が屢ゝ言語の主体であるかの様に考へられることがある。第一人称と主体とは、これを客観的に見れば同一物であるかも知れない。しかしながら、これを具体的な言語表現に即して、即ち主体的立場に於いて見るならば、第一人称は、主体の客体的に表現せられたものであつて、決して主体それ自身ではない。主体はこの場合、第一人称的表現をなす表現者として猶別に存する訳である。私は嘗てこの区別を、自画像を描く画家（主体）と、描かれた自画像（第一人称）とに比したことがある。描かれた自画像は、それが客体化され素材化されたといふ点に於いて、他の第三者と全く同列である。第一人称は寧ろ第二、第三人称と全く同列であつて、言語の主体とは全く別ものであるといふことは重要な点である。右の理論を文法的操作の上に応用すれば、

　　我は行かむ。

といふ表現に於て、「む」は主体的想像を表す。しかしながら、それは第一人称「我」に対応するものではない。「我」に対応するものは「行か」である。即ち「我」といふ主語に対して「行か」といふ述語が考へられるのである。従つて右の文は、

　　主語　述語
　　我は行かむ。

となり、主体は何を想像するかといへば、「我は行く」といふ事実を想像の対象としてゐることとなるのである。「行か

む」を「我」に対応する述語と考へても、右の文に於いては、さしたる不合理は認められないにしても、

花咲かむ。

といふ文に於いて、想像「む」に対応するものを花に求めることは甚しく不合理であることが明かになる。「花」は決して自ら想像する主体とはなり得ないからである。従つて右の文は、

主語 述語
花　咲かむ。

となり、前例と同形式に取扱ひ得ることとなる。

四　場面

場面の意味については、嘗て述べたことであるから、今ここに詳説することを避ける（言語に於ける場面の制約について、場面と敬辞法との機能的関係について、国語と国文学　第十五巻、第五、六号参照）。場面の中心は勿論聴手であるが、単に聴手のみならず、広く表現の行はれる場所を総括してこれを場面といつたのである。これを場所といはずに場面といつたのは、場面の概念は、これに対する主体を予想するからである。場面は即ち主体の持つ場面の意味である。場所といふ語は、話手と聴手とを含めて、観察者が客観的に主体の立場を除外して認める処の概念である。例へば、観客ならざる第三者が、俳優が行動する場所としての舞台を考へる様なものである。これに反して、場面は必ずこれに向ふ者即ち観客に於いていはれることであつて、言語の場面は言語主体の対する場面であつて、場面の概念には必ず主体が予想されてゐるのである。さういふ意味で、私のいふ場面は、小林英夫氏のいはれる現場とは全く相違したものである（言語学通論、第一事実篇第四項参照）。小林氏のいふ現場とは、言語が表現される場所を、第三者である観察者が客観的に眺めていつたものであつて、文脈が現場の一種であるといふのも、文脈によつて観察者は、言語的表現の行はれる状況を明かにすることが出

来るからである。現場の理解といふことは、言語観察の有効な補助的の役目を果すであらうが、現場そのものは必しも言語の存在条件といふことは出来ないのである。これに反して場面は、言語表現の対者であつて、観察者の側からいはれることでなく、主体の側からいはれることであり、従つて表現の対者の無い言語といふものは考へることが出来ない。独言の場合でも、反射的な叫声でない限り、対者が実在的であれ、観念的であれ、考へられてゐるのである。時には、主体が同時に場面となつて自己自身に表現することも考へられるのである。主体は常に場面的意識に於いて具体的存在となるのであつて、我々は常に場面的対象の制約を受けてゐるのであるから、言語も亦場面によつて制約を受けるのは当然である。その著しい例を敬語的表現に於いて認めることが出来るといふことは嘗て述べたことである。例へば、

あの方はおいでになる。
あの方はおいでになられます。

の如き例に於いて、「なられ」と「ます」を斉しく「なる」に対立した敬語の助動詞として取扱ふ結果、「ます」の附いたものは、附かない場合よりも崇敬の念が倍加されたものに過ぎない様に理解されることがあるが、これを若し言語の交換される実際に即して観察するならば、「ます」の附いたものと附かないものとは、主体の場面に対する立場が相違するといへるのである。即ち「誰に」対していふかの相違に基くものであることが知られるのである。言語の実践に於いて、「誰にいふか」といふことを考へることは、「誰がいふか」を考へると同様に重要なことであつて、標準語と方言、文語と口語との差別の如き、或は各種の文体の差異も場面の相違に基くことが多い。言語の完全な表現は、屢〻思想内容の余すことなき描写、或は的確な表出の様に考へられてゐるが、それ以上に重要なことは場面との調和を考慮することである。聴手の身分教養親疎に従つて制約された表現こそ価値ある表現である。小児には小児に対する表現があり、上官には上官に対する表現があり、目下には目下に対する表現があり、言語にはそれらに応ずる種々なる表現体或は文体が存する。言語表現が芸術的表現と異る点がそこに認められるのであつて、言語の社会性といふこともそこに存する。言語教育の体系は、先づ主体のこれら場面に対する志向関係の相違を明かにすることが重要である。

場面と主体との関係は相互的であつて、場面が主体の言語表現を制約すると同時に、主体の表現態度は逆に場面を変化させる。堅苦しい聴手に対して、親しみ深い言葉遣を投げかけることによつて、聴手が親しみ深いものとして主体の場面的対象となるといふことは屢〻経験する処である。

五　素　材

素材は言語に於いて一般に音声形式に対応するものとして考へられてゐる事物、表象、概念であつて、意味の名称によつて普通には音声と共に言語の要素として考へられてゐる。しかしながら、言語を主体の表現行為であると見る立場に於いては、事物にしろ、表象にしろ、概念にしろ、それらは凡て主体によつて、ついて語られる客体であり、素材であるといふ点に於いて共通したものであり、言語の内部的な構成要素と見ることは出来ない。しかしながら、言語が成立する為には、それについて語られる処の素材が絶対に必要であつて、語られる素材の無い言語の無意味であることは、搬ばれる貨物や旅客の予想されない鉄道の様なものである。従つて素材も亦言語の存在条件であるといふことが出来る。右の様に素材を言語の内部から除外して、これを存在条件と見る見方は、従来の言語学説と著しく相違してゐる様に考へられるかも知れない。しかしこれは、言語を主体的な表現行為とする説の重要な結論である。これを譬へていへば、言語は、一方の岸より他方の岸へ、人を搬ぶ機能を有する橋の様なものである。渡る人があつて始めて橋の存在といふことがあり得るのであるが、さりとて橋を渡る人そのものは、橋の構成要素ではあり得ない。橋の構成要素は、欄干、橋桁、橋脚の様なものであつて、人は橋の存在条件である。しかし、橋は渡る人に制約され、又如何にこれを渡すかによつて構造が規定されるのである。言語と橋との相違は、橋は人をそのままに対岸に搬ぶことが出来るが、言語は、素材をそのままの形で搬んで、他人にこれを受渡す様なものではない。思想の伝達といふことが、屢〻物の受渡に譬へられて、又その様に考へられてしまふことがある。言語によつて素材を伝達しようとする時は、主体は素材を変形しなければならない。丁度、為替による金銭の受渡の様なもので、甲の支払ふ金銭は、そのままの形で乙の手に渡るのでなく、金銭は一旦伝票なり証書なりの形に変形して乙の手に渡るのである。この形式は又言語表現に於いて適用される重要な過程である。然るに屢〻音声形式の対応物である素材自体が音声と結合して、甲の口から乙の耳に受渡される様に考へることがあるが、これは素材を言語の構成要素と見る誤つた考方に基くのである。素材が如何にして主体によつて把握され、変形されて聴手に伝へられるかは、言語研究の重要な課題であるばかりでなく、言語の実践の基礎となる事柄である。音声の対応物が事物そのものである時は、これを言語の要素であると考へることはないが、抽象的概念或は単なる表象である場合には、屢〻それが言語の内部的なものであると誤認され、これが言語の意味と呼ばれることがあるが、表象や概念が心的内容であるからとて、言語の内部的要素とは見ることが出来ないのであつて、それらは言語主体から見れば、やはり客体的なものであり、外のものと考へなくてはならない。以上の様なことは、文学についても同様にいはれることであつて、文学の表現する思想や事件は、文学それ自体から見れば、外部的なものであり、創作者にとつては素材であり、従つて文学作品を通して思想や事件のみを理解したのでは、橋を渡つて対岸に到着し、汽車に乗つて目的地に着いた様なものであつて、橋そのもの、汽車そのものの対象的把握にはならない。文学そのものの把握は、作者が素材を如何に捉へ、如何にこれを表現してゐるかを理解し鑑賞することになければならない。

以上の様に考へて来ると、言語は宛も思想を導く水道管の様に考へられ、全く無内容な形式のみのものと理解されるであらうが、そこにこそ言語の本質があり、言語過程説の根拠があるのである。素材の意味を明かにする前に、素材を言語の外に置いた時、言語自体としては何が残るかを検討して見ようと思ふ。列車の例によつてこれを考へて見るに、乗客は、列車の構成的要素でなく、列車の存在条件であることは既に述べた。しかしながら、列車が乗客を収容する設備は、列車の本質的機能の現れとして、列車の構成要素と考へなくてはならない。この場合乗客の座席といふものは、列車が乗客を収容する機能と見なければならないのである。言語に於いて、事物表象概念は、言語の内部に属するものではないが、事物を認識する主体的な作用或は概念し表象する主体的作用は、言語の表現過程の第一階梯と考へなくてはならない。所謂意味といふことは、主体が言語表現に於いて素材を把握する把握の仕方と考へるのが意味の正しい概念であると思ふのである。勿論意味する作用には、意味される概念や表象があり、一般に意味といふ時、かく概念されたもの、表象されたものを考へてゐる。しかしこの考方は以上の様に訂正されねばならないのである。列車に於ける座席は必ず乗客を予想する。それは列車によつて把握されたものではあるが、列車の把握作用そのものではない。座席は列車の乗客を把握する仕方の具体的表現である。言語の意味を考へる時、列車に於ける乗客をでなく、座席を考へなくてはならない。意味をこの様に考へる時、意味は言語に於ける真に内部的なものであり、言語は実にこの意味作用を表現してゐることとなるのである。言語は素材をそのままの姿に於いてでなく、素材に対する意味作用を表現してゐるのである。素材はこの様な意味作用によつて把握される客体といふことが出来るのである。

言語に於いて真に内部的なものとして重要なのは、素材でなく、素材の把握の仕方としての意味作用であるといふことは、言語自体がこれを示すと同時に、又そのことが言語教育の眼目となるのである。嘗て音義学説は、言語の音声が、言語の素材の模写である様に考へて、その方面から語を音声に分析し、各音の持つ表象を検討した。しかしながら、言語は事物の模写でなく、言語主体の素材に対する意味作用の表現でなければならない。それは例へば、「あふぎ」（扇）といふ語と、「すゑひろ」（末広）といふ語とを比較して見ても明かである。この二語は共に素材的には同一物をいつてゐるのであるが、「あふぎ」といふ時と、「すゑひろ」といふ時とは、素材に対する言語主体の意味的把握の仕方を異にし、一方は「あふぐもの」として把握し、他方は「末広がりなるもの」として把握したことを表現し、それによつて夫々同一素材を理解させようとするのである。言語の素材は千差万別で、一として同一なものがないのであるが、言語主体は、種々なる意味把握の仕方に於いて同類のものを規定するのである。概念とはかく規定された客体についていふのであるが、その根柢には、素材に対するかくの如き同類異化の作用である意味作用を認めなければならない。そして言語はかくの如き規定された概念をでなく、規定する仕方を表現してゐるのである。榊といふ本邦製作の文字について見ても、それは異つた素材のものを、「神事に用ゐる木」といふ把握の仕方で規定し、その規定をそのまま表現してゐるのである。言語に於ける意味の理解とは以上の如き把握の仕方を理解することであり、素材の理解は、右の様な意味の理解を通して始めて可能となるのである。言語が素材そのものの模写でなく、意味の表現であるといふことは、言語経済にとつては好都合なことであつて、さもなければ、言語は森羅万象の個々に応ずる表現を用意しなければならなかつたであらうと思ふのである。

言語に表現される素材が言語の外部に存する言語の存在条件であつて、意味作用が言語の構成要素であり、必要な段階であるといふことは、言語教育の理論としても亦重要なことである。言語教育が只言語を通して素材を理解させるだけのものであるならば、言語を教育することにはならないのであつて、言語は只物を理解する手段に外ならない。しかしながら、素材の理解は、言語の意味を通してのみ可能であることを考へるならば、言語教育は勿論、言語を手段として素材を理解する場合でも、意味の表現としての言語の教育が中心とならなければならないことが分る。意味作用とその表現の相違といふことは、素材の相違以上に言語にとつて重要なことである。最も著しい例は、忌詞或は比喩といはれるものである。同一素材を「すりばち」といひ、「あたりばち」といふ忌詞の本質は、同一素材に対して、主体が異つた意味的把握をしたことにあるのである。そこに、素材を理解させる以上の言語の重要な機能があるのである。即ち右の様な意味的把握の表現によつて、主体は素材と同時に主体自身をも表現してゐるのである。従つて聴手は素材である物自体を理解するばかりでなく、話手の人間的行為即ち人格に触れることとなるのである。その点からも、言語が単に思想伝達の道具でなく、人間の表現行為の一形式であるといふことがいへるのである。

以上述べた主体、場面、素材の三の言語の存在条件は、いはば次の如き三角形の頂点を以て象徴し得ると思ふ。

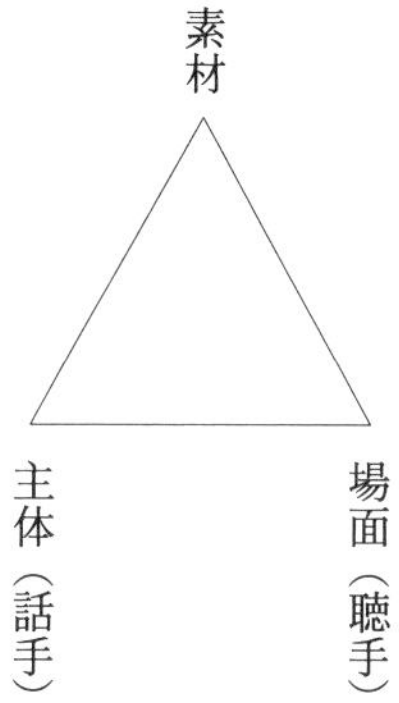

三者は互に堅き聯繫を保つてその中に言語表現を成立させてゐる。この様な支柱なくしては言語は成立し得ないばかりでなく、この三者は互に相関関係を保ち言語表現を制約してゐるのである。主体と場面について嘗て具体的に論じたのであるが、今素材の問題を論ずるに当つて、この三者を一括して言語の存在条件として、私の国語研究の一の方法論を明かにしたのである。

（昭和十五年十二月二日）

（※一九四一年発表）

国語の特質

一　言語の本質と国語の特質

国語の特質といふことを考へる場合、従来一般に次の様な考方が行はれて来た。それは西洋の言語（主として印欧語）から帰納された理論や体系を基準にして、国語に存して彼に無い様な現象、彼に存して国語に無い様な現象を摘出することによつて国語の特質を理解しようとする態度である。丁度菱形と正方形とを重ね合せて、その出入を検することによつて、夫々の特質を見ようとする様なものである。この様にして、国語のアクセントは、近代印欧語の強弱アクセントに対して高低アクセントの特質を持つといはれ、或は前者が文に於いて主語を欠くことが出来ないのに対して、後者が屢〻これを省略するといふ風にいはれて来たのである。以上の様な見方によつても一応は国語の特異性といふものが理解せられることは事実であるが、この様な態度に於いては、やゝもすれば比較の対象が皮相な現象にのみ限られて、国語の真相に徹することの出来ない慊がある。それは、国語の特質を計量する基準になる印欧語が必ずしも言語の標準形態を示してゐるといふことが出来ないからである。それは物理学上万国共通に認定されたメートル法が物質の計量の基準になるのとは同一に考へることは出来ない。印欧語も亦言語の一の特殊形態であるに過ぎないといふことを忘れてはならないのである。特殊なものと特殊なものとは、只それのみを比較することは無意味であつて、これが比較の可能なためには、両者を媒介する普遍的なものが必要である。猿と魚とは、動物といふ普遍的な概念に基いて始めて比較が可能なのであつて、猿を基準にして魚を観察することは意味をなさない。且つ又基準とせられるものが異れば、魚の特質も亦異つて来るのであつて、国語の特質も、若しこれを支那語或はマレイ語などと比較するならば、自ら異つた結論に到達するのは明かである。そこで国語の特質を明かにする為には、先づ、多くの特殊言語を貫く言語の普遍相即ち言語の本質を明かにすることに俟たねばならない。既に述べた様に世界に存するあらゆる言語は、皆夫々に言語の特殊的なものであつて、何れをとつても国語の特質を明かにすることの出来る様な基準形態を具備してゐる標準的な言語ではない訳である。ただしかし、何れの言語といへどもそれが言語であるといはれる以上、言語の普遍相即ち本質をそれ自身に具備してゐるといふことは明かな事実として認めなければならないことである。即ち普遍は特殊の外に別に存在してゐるものではないのである。このことは国語の特質を考へる場合に先づ牢記しなければならない重要な事柄である。猿と魚との特質はこれを動物としての本質に徹することによつて明かになるのであつて、動物としての本質は、猿に於いても魚に於いても斉しく存することなのである。この様にして、国語の特質の観察は、他の何らかの特殊言語を基準にして、それを尺度として国語との出入を検することではなくして、根本的には、国語の根柢をなす言語の本質に徹することによつて、国語がこの本質を如何に顕現してゐるかといふ点を明かにすることによつて国語の特質を把握すべきである。従つて国語の特質の研究は、国語の科学的研究を掘下げること以外のものでないことを知るのである。そこで先づ国語を通して言語の本質が如何なるものであるかを最初に明かにしようと思ふ。

言語の本質が如何なるものであるかは、従来学者によつて色々に述べられたことであるが、その代表的なものとして、フエルデイナン・ド・ソシユールの学説について見るならば（小林英夫氏訳ソシユール言語学原論）、言語には先づ概念と聴覚映像との結合によつて構成された単位的なものが存在し、これを「ラング」langue といひ、一方この「ラング」を運用する働を「ランガージユ」langage といひ、言語研究は、この「ラング」と「ランガージユ」を対象とする処に成立する。そして言語研究は、主として「ラング」とその結合の法則とを研究するものとしたのである。若し右の様な言語本質観に立つならば、各言語の特質は、「ラング」の構成要素である概念と聴覚映像との特異性と、「ラング」の結合様式の特異性とに依存しなければならないのである。ソシュールの言語観は、いはばヨーロッパ的言語構成観の一つの展開であつて、明治以後、ヨーロッパの学説に依拠する処多かつた我が国語学界は、概ね右の様な観点に立つて国語を観察し、又国語の特質を理解しようとして来た。右の如き構成的言語観に対して、私は言語を、言語主体が素材的事物或は素材的観念を外部に表白する過程と見る処の言語過程観をとるものであることは従来も種々なる機会にこれを発表して来た。今、言語構成観に対して言語過程観を主張する理的根拠についてはこれを再説することを避けて、今は直に右の過程観に立つて如何に国語を観察し又その特異性を理解すべきであるかに進まうと思ふ。

言語過程観は、言語が言語として存在するための存在形式を主体的表現過程と観る言語観であつて、言語を、概念と音声との結合体としてではなくして、表現素材である事物或は観念を、概念化し更にこれを音声によつて表白する主体的表現行為の一形式と観ずるのである。一切の言語は、かかる言語的本質を夫々特殊なる相に於いて顕現してゐると見ることが出来る。この言語過程観の当然の帰結として、言語に対する主体的立場——即ち実際に言語的表現を為す主体の立場——と、かかる主体的所産としての言語を、客観的に観察する観察的立場とが区別せられ、更に進んで右の如き主体的言語表現が成立する為には、主体（話手）と、場面（話手の相手である聴手）と、素材（表現せられる事物或は観念）との三者の存在条件が必要であることも嘗て述べた処である。これを簡単にいへば、言語的表現行為が成立する為には、事物について語る主体である話手と、誰に向つて語るか、語る相手である聴手と、それについて語る処の素材的事物とが存在せずしては、言語は存在し得ないといふことである。話手無くしてしかも言語が存在すると考へるのは、具体的言語を抽象し遊離させた考方であるに過ぎない。言語の本質が心的過程であり、かかる過程的構造を持つた言語が存在するためには、主体、場面、素材の三者の存在条件が不可欠であるとはいつても、これら相互の聯関そのものは、言語によつて夫々相違し、一様にこれを律することは出来ない。そこに又言語の特質が現れる訳である。一例をいへば、一事物を概念的に把握する言語過程の一段階をとつて見ても、その把握の仕方は夫々の言語の主体的立場によつて相違し、西洋語には西洋語に於ける伝統があり、国語には国語特有の把握の仕方がある。それらは言語主体の立場によつて規定されるものであり、かかる言語主体の立場は又これら主体の性格即ち民族性や歴史によつて規定されるのであるから、これを源本的に溯れば、国語の特質は国語の話手である日本民族の民族精神に由来するものであるといふことが出来る。歴史的思想的大変革があつた場合、国語が異民族によつて語られる等の場合に、国語に変動を来たすことがあるのは、話手の性格や教養や伝統が相違するからであつて、若し国語の伝統を保持しようとするならば、言語主体である話手そのものの言語表現に対する態度についてこれを匡正し、指導する必要があるのであつて、只某々の語について採否を決定したり、使用を拒否したりすることによつてよくし得るものではないのである。これを譬へれば、礼儀作法の根本が、その形式にあるのではなくして、対人的な尊敬の心構へにあるに斉しい。凡て右の如き言語の観察は、言語を言語主体の表現過程と考へる言語過程観に立つて始めて可能なのである。

二　国語の主体的態度に現れた特質

言語の本質が主体的表現行為にあると考へるならば、国語の特質が何よりもその主体である日本民族の性格に規定されるものであることは見易い道理であり、如何なる点にその特質が顕現してゐるかを先づ見なければならない。この様な主体的態度の一を、古く言霊《ことだま》といふ語によつて表された信仰の中に見出すことが出来る。言霊といふ語は、言霊の幸はふ国といふ風に万葉集にも使はれてゐるが、要するに我々の言語には、木の精、水の精といふ様なものに相当する霊が籠つてゐて、我々が言語を発すれば、その霊の力によつて言語によつて意味された事柄が事実となつて実現するといふ信仰であつて、例へば若し私が「雨が降る」といへば、この言語の霊力によつて「雨が降る」といふ事が、事実となつて実現すると考へられたのである。従つて言霊の信仰は、神に対して「雨を降らしめ給へ」と祈願することによつて事が実現することではなくして、言霊の力そのものによる事実の実現なのである。この様な言霊の威力の発動を意識して行ふ言語表現が言挙《ことあげ》である。この言霊の信仰には、同時に言挙によつて言霊の力が発動し、それによつて言語の事実が実現しても、かくすることによつて必ずそれに凶事《まがごと》が伴ふものであるといふ信仰を伴ふ。従つて妄に言挙をしない。これを慎むといふことになる。貴重なものは、貴重なるが故に妄にこれを用ゐず、これを禁忌するといふ考は、かなり原始民族に普遍的なものであるが、我が言霊信仰に於ける言語の慎みは、言霊の信仰によつて、かかる慎みの観念が生まれたものであるのか、或は言語を慎むといふ民族性から言霊の信仰が生まれたものであるのかこれを明かにすることは出来ないにしても、我が日本民族の言語に対する態度から判断すれば、恐らく後者の見解の方が真に近いのではないかと思はれる。

この言霊の思想は、万葉時代には既に伝説化して来て、只我が国語の霊妙なることを讃歎する言葉となつてしまつたが、左の如き歌には猶その根柢に言霊信仰の動いてゐるのを見ることが出来る。

沖つ浪辺つ浪立つともわがせこが御船の泊浪立ためやも（二四七）

天の原振さけ見れば大君の御寿《いのち》は長く天たらしたり（一四七）

前者は「浪立たず」といふ言を述べて海路の平安であるべきことの実現を希望し、後者は聖寿の万歳なるべきことを述べて御病の御平癒を期したのである。言霊といふ語それ自体は万葉に於いて既に形式的に使用される様になつたが、言語が事実と密接に聯関するといふ思想は、後の世にも流れて、忌詞《いみことば》として、或は縁起の言葉として今日に於いても決して消え失せてはゐない。言霊の信仰に見られる様な言語の神格化は、言語に対する主体的態度の客体的投影と見ることが出来るのであつて、宛も狐を怖れることからこれを神として畏れ敬ふのと同様で、日本民族が言語表現そのものを慎み懼れたことによつて成立したものと考へられるのである。巧言に誠意が少いことを認めたり、不言実行を尊んだりすることは日本民族の言語に対する特殊な態度と見るべきであつて、これらの態度が又国語の具体的な形となつても現れてゐると見ることが出来るのである。

次に著しい主体的態度は、又表現の素材に対する概念的把握の仕方にも認めることが出来る。素材に対する概念的把

握のうち敬語的表現はその著しいものであつて、例へば客に向つて座蒲団をすすめる場合、或は長上に対して電話をかける場合に、

どうぞお蒲団を

こちらからお電話致します

といふ時、「蒲団」や「電話」は只それ自身の概念的内容によつて規定されるばかりでなく、その蒲団或は電話は、既に客或は長上との関係によつて綜合的に規定を受けてゐると見ることが出来る。これが国語に著しい敬語的表現である。自分に所属してゐる「蒲団」や「電話」に「お」を附するのはをかしいといはれることがあるが、それは当らないのであつて、国語に於ける言語主体は、蒲団や電話をそれ自身に限定され遊離したものとして把握するのでなく、客と関係あるものとして綜合的に把握し表現するのである。その時自己所属のものは、同時に他人に所属し関係したものとして考へられるのである。一般には敬語を敬意を表す語として考へるのであるが、敬語の本質は実は単なる敬意の表現ではなく、言語主体が、その表現しようとする素材的事物について、それに関与する人々の上下長幼尊卑等を考慮してそれによつて事実を綜合的に把握し、表現しようとする処に成立するのである。故に敬語はその根本を言語主体の表現態度に帰することが出来ると思ふのである。

国語に於ける言語主体の事物に対する綜合的把握の傾向は、猶次の如き例に於いても見られる。

鐘が聞える。

に於ける「聞える」は、鐘の属性として客観的事象の表現であると同時に、これを聞く処の主観的知覚の表現でもある。寧ろこの場合は、客観と主観とを綜合した表現と考へられるのである。従つて、「鐘」は、客観的意味からいへば、「聞える」の主格といひ得るであらうが、主観的意味に即していへば、主格といふのは妥当でなく、私は右の様な場合には、「鐘」は主観的知覚の機縁となり、知覚の対象となるといふ意味でこれを対象格と名付けるのである。「お客が見える」

の「見える」も同様である。「かがやく」といふ語は、今日一般には客観的事象の表現に用ゐられてゐるが、古く「恥ぢかがやく」「かがやき隠る」などといふ様に用ゐられる時は、「かがやく」といふ事象に対応する主観的情意の表現であつて、「まばゆく思ふ」「てれる」といふ様な意味である。勿論これらの語が、客観的意味或は主観的意味の何れかに限定して用ゐられることはあるが、右の如く同時に主観客観を一語によつて表し得る処に国語の特質を見出すことが出来ると思ふ。形容詞の例としては、「あやし」が、有様の異様なことと同時に、かかる物に対する「あやしむ」主観的感情をも含めることが出来る。「あらまほし」「たふとし」「ゆかし」「淋し」等も同様に考へることが出来る。これらは、「赤し」や「高し」が客観的属性のみを表し、「恋し」「ねむたし」が主観的情意のみを表す場合と比較すれば自ら明かになることとである。

かかる意味的把握の傾向は、国語に於ける語義の理解を甚だ不明瞭ならしめ、曖昧にさせるものであるが、国語が、直観的表現の語として、文学的言語として、余韻と余情のある言語といはれる所以である。右の如き傾向は、又一般に主語の省略といはれてゐる文構成法にも関することであるがそれは次の項に改めて説くこととする。

三　国語の文法体系に現れた特質

先づ国語の統一的思想の表現は如何なる形式に於いて表現されるかを見る。西洋語に於いては、思想の統一は繋辞copula によつて表され、それは繋辞によつて繋がれる主語と賓語との中間に位し、物と物とを天秤にて結合した様な形によつて統一されるのである。形式論理学はこれを、A is B 或は A–B によつて表してゐる。西洋文法の知識が輸入された当初に於いては、国語に於ける統一表現も西洋語と同様に、主格と賓格との中間にあるものの様に考へ、

甲は乙だ。

に於ける「は」を繋辞に相当するものと考へた。しかしながら、文意の理解から考へるならば、国語に於ける統一は、

寧ろ「だ」にあると考へなくてはならない。従つて「だ」は、西洋語の様に主格と賓格とを繋ぐ形式に於いて統一を表現してゐるのではなくして、主語賓語を括める形に於いて統一を表現してゐる。繋辞による統一表現を天秤型と名付けるならば、国語に於けるそれは、風呂敷型と名付けることが出来るであらう。宛も風呂敷が物をその中に包摂する様な統一の仕方である。私はこの関係を次の如く表してゐる。

甲は乙 だ　或は　甲は乙だ

統一といふことを、常に二物の聯結として考へてゐた眼から見れば、右の如き統一形式は或は甚だ奇異に感ぜられるかも知れないのであるが、国語に於ける統一形式を、その具体的経験より求めるならば、右の如く解するより外に方法はないと思ふ。西洋語に於ける思想の統一表現が、主語賓語の聯結にあるが故に、西洋語に於いては、主語は、文に於いて常に不可欠のものとされたが、包摂形式をとる国語に於いては、主語は必しも不可欠のものではない。宛も二冊の書籍を風呂敷に包んだ場合に統一が成立するならば、一冊の書籍のみを包んだ場合にも同様に統一が成立すると考へられるに均しい。これは国語の主語を考へる場合に重要なこととなるのである。

　繋辞による統一表現の形式は、繋辞が賓語に融合されて述語によつて表現される場合にも適用されることで、he runs は、

he is in the state of running, he—in the state of running,

の如き形に於いて理解される様に、零記号の繋辞は、やはり主語と述語の中間に位するものとして考へるのが普通である。国語に於いては、前述の基本構造から推して行くならば、これを統一する括《くるめ》る辞は、

甲は走る ▨　或は　甲は走る▨。

の如く、述語の外に零記号の形に於いて存在すると見るのが至当である。繋辞は表現の素材に対する主体の判断の陳述

であつて、素材が客体界を表現するに対して、後者は主体そのものの表現といふべきであつて、この主体客体両者の合体によつて全き思想即ち文の表現が完成されるのである。国語に於いて右の主体の表現に属する語――国語に於いては古くよりこれを辞《てにをは》と称してきた――は、前例の「だ」及び零記号の表現以外に、否定、疑問、推量、感動等を数へることが出来るのであるが、これらは凡て文の最後に来て、全体を総括するのである。

甲は走らず。

甲は走るか。

甲は走らむ。

甲は走るよ。

文意の上から云つても、右の主体に属する否定以下のものは、単に「走る」といふ語のみに関はるのでなく、客体的事実である「甲は走る」といふこと全体に断する主体の否定を表現したものであり、疑問、推量を表現したものである。

右の如き統一表現の形式並に客体と主体との関係は、更に細部にまで規律正しく行はれてゐるのであつて、完結した文を構成するに至らない様な句に於いても同様である。

甲の走るは、（早し）。

甲の走るも、（早し）。

右の「は」「も」は、夫々に「甲の走る」を総括し、部分的に統一を与へて、文の要素たらしめてゐるのである。そしてこれらの部分的統一は、究極に於いて、「早し」といふ語の下にあるべき零記号の陳述によつて全体的統一にまで到達するのである。この関係を図示すれば、

甲の走る　は　早し　▨　或は　甲の走るは。早し▨。

の如くすることが出来る。右の如き国語の文の構造は、単体が順次に結合して全体的統一を構成する原子的排列形式と

は異り、単体が一の単体に包摂され、更に他の単体に包摂され、終に全体的統一にまで到達するといふ構造を持つのであつて、私はこれを入子型構造形式と呼んでゐる。入子型構造形式に於いては、全体は一であると同時に、そこに包摂されたものについていへば多であるといふことが出来るし、又そこに包摂されてゐる各分子は、夫々に対等の関係で相対立してゐるのではなくして、相互に包み、包まれるといふ関係に立つてゐるのである。この関係は前項に述べた言語主体の綜合的表現態度と合体し、国語に於いては、述語は屢〻主語や客語をその中に包摂して表現する形式をとる。これが従来、国語に於いては主語を省略することがあるといはれた事実であつて、西洋語の理論からいへば、主語は繋辞によつて結合せられる述語の対者として不可欠な要素であり、従つてそれを省略するといふことは、言語の甚しい特例的表現の様に考へられるのであるが、国語に於ける右の事実は実は主語を省略してゐるのでなく、述語が主語を包摂した形なのである。述語の中に既に主語が含まれてゐると見るのが正しいのである。このことは、例へば敬語の表現を見れば明かで、

お読みなされた。

述語全体が、主語を考慮に入れて表現してゐるのである。必要があつて主語を特に表現した場合でも、それは、述語に対立したものとして表現されてゐるのでなく、飽くまでも、述語から抽き出したといふ形に於いて表現されてゐると見るのが至当である。宛も子が親の胎内から分立しても、相互に対等な関係に於いて対立するのでなく、親子の関係は依然として存続してゐるのに均しい。故にこれを図解すれば、

高し。

右の述語より、必要があつて主語「山」を分立させれば、

山高し。

となる。山と高しの関係は、独立的であると同時に包摂関係が成立してゐるのである。国語の右の如き構造は、猶次の様な文の存在することによつて一層明かにされるのである。

心細い。　鼻が高い。

芽生える。　腹立つ。

右の文は夫々に単一の述語「心細い」「鼻が高い」等から成立してゐると見ることが出来るが、同時にそれは、「心」「鼻」「芽」「腹」等を主語とし、述語「細い」「高い」「生える」「立つ」等を述語とし、主語が述語より抽出されたものとも見ることが出来る。即ち一の述語とも考へられ、又主語述語の包摂関係とも考へられるのである。これらが一の語より成る文であるか、二の語より成る文であるかは、客観的には決定出来ないことであつて、言語の主体的意識によつて決定されるのである。現代語に於いて、「目立つ。」は一語よりなる述語と考へられても、古く、「目・立つ」と主語が分立してゐたとも考へられるのである。主語が述語より分立し、或は包摂されると同様に客語補語の如きも又述語より分立し、或は述語に包摂せられる。「たがへす」（田返へす）が主語「田」を包摂して一の述語となる時、必要によつては更に、「田をたがへす」「田をたがやす」といふ様な表現が現れて来るのである。

右の如き構造上から、国語に於ける単語の分析が、西洋語のそれとは著しく異つた結論に到達するであらうといふことは見易い道理であるが、又一方国語に於いては、主体的表現に属する辞が、語の統一に重要な役割を持つ関係上、客体的表現に属する語と分離する傾向が強い。例へば、「は」「が」等について見ても、

山は、　川を渡るは、　花が、　鳥の鳴くが、

右の如く、体言と結合して一語に固定せず、寧ろそれが附く処の「川を渡る」「鳥の鳴く」等の句を体言化する作用を持つ。このことが、国語に於ける主体的辞を、西洋語の格変化と同一視し得ない理由となるのであつて、国語に於いては、客体的表現に属する語――古くこれを詞と称した――は、主体的規定の表現である辞とは別個に単語の系列を作り得ることとなるのである。前例の「山」「花」等は、それのみでは主語とも客語とも規定されてゐない語である。動詞形

容詞の活用形でも同様で、それは決して条件格とか、修飾格とかいふ規定を表したものでなく、単なる接続による語形変化の体系であるに過ぎない。西洋語の品詞分類が論理的範疇に近く、国語の古来の分類が、体言用言、或は動詞形容詞等の如く、何等論理性や意味性を持たず、単に語の形式に基礎を置いてゐることも、国語の表現の構造から必然的に導かれたものと見ることが出来る。国語の品詞分類に論理性がないといふことが、文法体系としては寧ろ論理的であるといふことが出来る。

四　国語の歴史に現れた特質

国語の現在及び将来を決定するものは、半ば過去に於ける国語の歴史的事実である。明治以後、西洋言語学が輸入されて、国語の歴史的研究が盛になつて来たが、その主たる目標は、国語自身の自律的展開の迹を辿ることであつた。国語系統論も同様に、国語の先史時代を究明することであつて、或はこれをウラルアルタイ系に求め、或はこれをマレオポリネシヤ系に求めたのである。しかしながら、国語の歴史時代を特色づける最も重大な事実は、右の如き国語の自律的展開即ち純正な大和言葉としての変遷ではなくして、寧ろ大和言葉といふことを国語の局部的な概念にまで追ひやつてしまつた支那言語の流入に基く国語の変遷であることは、誰しも気の付くことである。その点アリヤン祖語より分派し、全く近親関係によつて成立した印欧語史とは事情を異にしたものであるといふことが出来る。西洋語に於いては、ゲルマン系統の言語と、ラテン系統の言語が、相互に交流しても、それは同系統の言語の中に生じた現象として、言語の混淆としては取り立てていふべき程重要な事実ではなかつた。西洋の言語史学が専ら一言語の展開を辿つてそこに系譜を作ることに主力が注がれたことも尤なことである。しかるに国語に於ける支那語の流入は、全く意味を異にしてゐるといはなければならない。国語と支那語とは、決して方言関係には立ちえない、全く系統の異つた言語である。国語と朝鮮語との間には一脈の近親関係が存在するとしても、この事実は、有史以来の国語の歴史的事実としては、支那語の流入に比して全く問題にならない。そしてこの支那語の流入といふことは、現在の国語の運命を決定したものであつて、国語の歴史的研究は、当にこの点に重点が置かれなければならないのである。国語の歴史は、いはば、支那語の如き異種言語の流入によつて、これをいかに国語に調和さすべきかの努力の歴史である。今日見る処の国語の混乱、複雑といふことは、その大部分は支那語の混入に基くものであるといへるのであるが、これを只混乱とのみ云ひ切り、又さう考へてしまふのは、一つには国語に於ける右の如き歴史的事実に考へ及ばないからである。一見紛乱と見える事実でも、その原理を知つて見れば、案外にそこに秩序を見出すことが出来るのである。これは国語学の将来の問題であつて、この様な方面に対する考察が従来欠けてゐた様に思はれるのである。これを譬へれば、今日我々の衣服生活は甚だしく混乱して、洋式あり、和式あり、しかもそれが二重三重に複雑になつてゐるかに見えるが、それは只訳もなく混乱紛糾してゐるのではなく、皆夫々の生活に従つて、或る場合には和服を、或る場合には背広を、又モーニング、羽織袴をといふ風に一定の秩序が存するのである。この秩序をこのままに放置してよいかといふことは別問題であつて、混乱の中に猶これを支配する秩序を見出すことは難くないのである。国語についていへば、表記法に例をとるならば、我が国には仮名あり、漢字あり、これらは性質の全く異つた文字でありながら、これを混用してゐることは甚しく無規律の様に見えるが、漢字と仮名との使別は、漢字が主として客体的素材の表現である詞《ことば》の表記に、又仮名が主体的立場の表現である辞《てにをは》の表記に夫々用ゐられて、それが詞辞の結合である文節の分割を或る程度まで劃然とさせて来たことは、我が国民の長年月の努力の結果である。例へば、

　　詞辞詞辞
　ツキガデタ。月が出た。

の如き体裁であつて、この形式は万葉時代には未だ統一されず、それより後次第に今日の体裁を工夫するに至つたのである。この記載法は文字の別を利用して、文節の分割が自ら出来た為に、西洋語に見られる様な分別書法といふものが我が国語には考へられる必要がなかつた。

又和漢混淆文の如きは、和文脈と漢文脈との混合であるが、これも一方より見れば、純大和言葉に存する単純な音節組織と、漢語の音読に存する支那的音節組織とを巧に織交ぜて、そこに多様の統一を見出さうとした美学的解決に成つたものと考へることが出来る。そこにも亦支那的要素を採入れた国語の混乱に対する秩序の発見を認めることが出来るのである。

右の如く或る程度の解決を見出し、そこに国語の完成に成功した様な現象もあるが、今日猶未解決に残されてゐる現象も決して少くはない。例へば、語彙体系に見られる混乱である。純粋大和言葉の場合ならば、その語彙体系は概ね明快な体系を保ち、例へば、用言はその活用形の変化によつて、修飾語ともなれば、述語ともなり、主語にもなり得る。処がこの体系の一部に漢語彙が侵入して来ると体系は著しく混乱して来る。例へば、「全し」といふ語は、

全く　全し　全き　全けれ

といふ体系を持つのに、現代口語に於いては、副詞格に「全く」といふ語が使用されるにも拘はらず、「全い」といふ修飾格や述語格は使用されず、「完全な」「完全だ」「全部の」「全部だ」といふ漢語がこれに置き換へられなければならない。はたして、これらの漢語が、「全く」と共に一の体系を形造るや否やといふことすらも明かに意識されてゐない。ここに国語に対する著しい不安が生ずるのである。又、「また」といふ語について見ても、「また」「またの名」「またも」「または」などと体系を存してゐたのに対して、「また」「別に」「別の」といふ漢語による置換へが行はれる様になつて来た。これらの混乱は、国語を単に純粋大和言葉の上についてのみ整理してゐたのでは解決し得られないことであつて、現代の国語の状態を一応そのままに肯定し、これをそのありのままの姿に於いて体系付けることが試みられねばならないのである。そしてその根柢に於いて先づ明かに認識して置かなければならないことは、既に述べて来た処の国語の歴史に現れた重要な事実としての支那語的要素の混入といふことである。

（※一九四一年発表）

言語学と言語史学との関係

一　言語の二面性に基く共時言語学と通時言語学との区分

フェルディナン・ド・ソシュールは、言語学の対象である言語《ラング》の本質に於いて、観点上の相違から、静態と動態との二面の性質を認め、そこから言語学を共時言語学 linguistique synchronique と通時言語学 l. diachronique との二つの領域に分つた（ソシュール言語学原論改訂版一〇六頁）。この二つの言語学は、対象の相違に基くものではなくして、同一対象の二部面に応ずるに過ぎないものであり、言語認識の方法或は観点上の相違に基くものとされてゐる（小林英夫氏言語学通論一一二頁）。このやうに、言語に於いて異つた二部面を認めたことは、一見二つの異つた対象を認めたやうに判断せられるけれども、ソシュールに於いては、何処までも同一対象に対する二つの異つた観点であつて、異つた対象ではないとされてゐる。ワルトブルグが、「相違は対象自体にはなくて、考察者の観点にある」（小林英夫氏言語研究態度篇一四九頁）といつてゐるのは、ソシュールの真意を明かにしたものといふことが出来る。

私は従来私独自の立場に従つて、専ら言語の本質と国語学の体系について考究を重ねて来たのであるが、それら言語の本質観及び体系的研究が、言語史学と如何に交渉するかの点についても多少の考察を怠らない積であつた。今こゝに言語学と言語史学との交渉に関する種々なる問題を論ずるに当り、先づこのソシュール言語学の二つの部門の対立に関する見解から検討して見ることとする。

凡そ学問に於ける研究対象と研究の観点或は方法とは如何なる関係にあるか。一般に観点或は方法は、対象を離れて別に予め用意せられたところの、対象を見る色眼鏡の如きものであつてはならない筈である。然るにソシュール学に於いては、対象に先んじて観点或は方法の優位を主張することが強い。即ち同一対象に対して種々なる観点や方法を以て考察することによつて言語の綜合的認識に到達しようとする。言語《ラング》と言《パロル》の相違の如きも同一対象に対する観点の相違に基くものと考へられてゐる。言語《ラング》の言語学と言《パロル》の言語学とは、全く観点或は方法上の相違に基く言語学の分野であり、同様にして共時言語学と通時言語学との対立も、言語《ラング》に対する観点或は方法上の相違に基く言語学の二つの分野である。しかしながら、ソシュールに従へば、言語《ラング》に於いて共時態と通時態との二面性を認めるのは、言語《ラング》の内的必然性に基くものとされてゐることは注意すべきことである。

之に反して、我々の語る二面性は、既に経済科学にあつては、絶対にさけることのできぬものである。これにあつては、先の場合とは反対に、経済学と経済史とは、同一科学の内部において、明確に分れた二学科を構成する。さて我々をして言語学をば、それぞれ固有の原理を有する二部門に、分たざるを得なくするところのものは、これによく似た必然である（ソシュール言語学原論一〇六頁）。

これを以て見るならば、観点の相違は必しも対象の相違を意味しない。しかし観点の相違は対象の内的必然性に由来する二面性に基くといふことになるのである。このソシュールの見地は、畢竟するにソシュールの言語本質観に由来するものと私は考へるのである。私は今こゝで対象と方法或は観点との関係をこれ以上抽象的に論ずることを止めて、ソシュール的見地を導き出した根本に溯つて彼の言語本質観を吟味して見ようと思ふのである。

ソシュールは、先づ言語《ラング》を概念と聴覚映像との結合より成る構成体と考へた（原論九〇頁）。それと同時に、前掲引用文によつても明かなやうに、言語《ラング》はそれ自身の中に変化といふ事実を含んでゐると考へるのである。体系を構成しながら変化する。かゝる対象が即ち言語《ラング》である。この考方を最も明瞭に示すものは、彼が言語《ラング》に於ける共時態と通時態とを、樹木の幹の横の切断面と縦の切断面との関係に比してゐることである（原論一一七頁）。全体として見れば、幹といふ一個のものであるが、横の観点をとればそこに見られるものは繊維の群即ち年輪であり、これに対して縦の観点をとればそこに見られるものは各繊維の変化発達の相である。この両者を綜合することによつて始めて幹の観察が完成せられる。以上は勿論比喩としてとられたまでのことであるが、我々が特にこの比喩に於いて注目すべきことは、同一物が観点の相違によつて全く異つた相を呈するといふことと、かくの如き異つた相の綜合によつて始めて対象の完全な認識に到達するといふ点である。言語《ラング》はソシュールに従へば、人間精神の関与によつて発達変化するけれども、言語《ラング》の存在形式は、各個人の外に在り、各個人の脳裏に貯蔵された印象の総和の形式に於いて集団の中に存在するものである（原論三一頁）。従つて各個人が特定時に於いて行使する言《パロル》とは全然別個のものであるから、言語《ラング》の本質を右の如く樹木の幹に譬へて、その内部性質として共時態と通時態との二相を認めようとするのも当然であると考へられるのである。このやうな本質のものとして把握された言語《ラング》が、言語過程観に基く言語の本質と如何に相違するかについては、その一半は拙著国語学原論に述べたことであるが、言語《ラング》の性質は、それが人間精神の所産であるといふ一点を除外視すれば、それは全く自然科学的対象である「もの」の性質と異るところはない。その点に於いてソシュール的言語《ラング》の観念は、十九世紀以来の欧羅巴に於ける言語観念と大差を認めることが出来ないのである。異なる処は、旧言語学に於いては、言語の横断面よりも縦断面を重要視したといふ点である。試みに明治年代に我が国に紹介された泰西言語学の教へるところを見るに、

　音声変化の現象は其外面に現はれたるがため先づ人の注意を促し、徐々として休まざる言語の変遷は全くこれがためなるべしとばかりに思はれぬ。束の間も絶ゆることなき語形及び意義の異動は恰かも岩石が風露に曝されていつしか磨滅し、さては長き歳月の内に新しき山をも積み、谷をも穿つ様に似たるが上云々（金沢庄三郎氏訳セイス言語学二四二頁）。

　言語の発生発達衰凋及び消滅等の諸現象と、有機物と種との間に存する現象とには、甚深の類似を有するを見る（保科孝一氏訳ホィットニー言語発達論三二頁）。

等によつて知られるやうに、言語はそれ自体に体系と変化の二面を含みつゝ、それ自体が変化し発達するものであると考へられたのである。しかしながら、右の如き自然物或は有機体への言語の類推は、旧派言語学の考へ方として、パウル以下の近代言語学者の排斥するところとはなつたが、ソシュールの云ふところの聴覚映像と概念の結合である純心理的実体としての言語《ラング》といへども、体系と変化の二面を含むものであるとする言語本質観に於いては旧派言語学の対象と何等異なるものではない。只ソシュールに於いては、言語《ラング》に於ける体系的な面を、変化の面に劣らず或はそれ以上に学的観点として重視して共時言語学を強調したことと、言語《ラング》に対する人間精神の関与する部分を言《パロル》或は言語活動《ランガージュ》として説いたこととは、言語を専ら自然物或は有機体と同一視して満足してゐた旧学派と異なるところである。

さて言語の変遷を、以上の如く「もの」がその構成要素を変ずることによつてその外貌を変ずるところの変化と同一に考へることが可能であらうか。若し体系と変化とを、対象に備はる二面と見るならば、言語の学は、体系的な共時言語学と、変化を取扱ふ通時言語学との綜合によつてのみ完成せられるであらう。しかし言語学と言語史学との関係は、果して以上の如く考へることが可能であらうか。

ソシュールの言語本質観については以上の如く検討の余地を残してゐるのであるが、彼の云ふところの共時通時の区分は、単なる観点或は方法上の相違に基くものではなくして、拠つて来たるところは、やはりその対象とする言語《ラング》の性質に基くものであることが明かになつた。従つて共時通時の区分に対して若し疑を挿むといふことになれば、それは彼の言語本質観と言語史観の上にこれを求めなければならないといふ結論に到達するのである。

二　歴史的変遷と自然に於ける変化

私はこゝにソシュール並にその流派の言語本質観及び言語史観に対する批判を止めて、端的に私の言語史観を述べることとする（私の言語本質観は拙著国語学原論に詳述した）。最初に、常識的に考へ得られる歴史的変遷の一二の実例をとつて言語の史的変遷について考へるよすがとしようと思ふ。

例へば、文学作品の変遷の場合を考へて見るに、万葉集より古今集への歴史的変遷とは如何なることを意味するのであるか。古今集の成立は、決して万葉集といふ一文学作品が、次第にその形式や内容を変じて遂に古今集といふものに変化したものでないことは明かである。万葉集といふ作品は、その伝来による形式内容の変化は別として、奈良朝の或る時期に完結し統一された一作品であり、古今集も亦同様に平安朝の一時期に特定の編纂者によつて完結し統一された一作品である。我々は決して文字通りに万葉集或は古今集の崩壊成立といふことは考へ得られない。それらは個々別々の独立した作品である。たとへ万葉と古今とを繋ぐ時代の間に幾多の記録されない消滅した和歌があつたとしても、それらも亦個々独立し完結したところの作品である。しかも万葉と古今の間に歴史的変遷といふことが認められるのは、古今集の成立に万葉集の制約といふことが認められるからである。それは創作主体或は編纂主体を通しての両者の聯繫であつて、決して万葉集より古今集への漸次的変化転成といふことではない。私は余りに自明の理をことごとしく論じたかも知れない。しかし私はこの事実を以て歴史的変遷を考へる重要な根拠としたいと思ふのである。

又例へば、飛鳥朝時代の彫刻より天平時代への彫刻の変遷といふことも、決して飛鳥期の仏像が、次第に磨滅したり剥脱したりして天平期のそれに到達したものでないことは明かである。勿論今日見る飛鳥仏像は、或はその色彩が剥脱したり、形が磨滅したりして変化してゐるであらうが、仏像の歴史的変遷といふことは、決して仏像そのものの変化することを意味してはゐない。

又或る場合には次のやうな変化も考へ得られる。或る時代の或る仏像、或は庭園等を後代に至つて或る仏師庭師等が手を加へて別個の仏像庭園に仕上げるやうな場合である。この場合に於いても、若しそこに歴史的変遷といふことを考へる場合には、甲の仏像庭園が、乙の仏像庭園に成り変つたところに歴史的変遷が認められるのでなく、乙とその原形である甲とを全く独立した別個の完結体として対立させることによつて歴史的変遷を認めることが出来るのである。平家物語の如き、原形から次第に発達して流布本に到達したと考へられる作品に於いても、その間に成立した幾多の異本は、皆個々独立し完結した作品と考へなければならないのであつて、決してそれは雪の玉を転がすことによつて大雪玉になるやうな事実に比較することは出来ないのである。

以上は極めて常識的な、又幼稚な歴史観であるかも知れない。しかしながら、私は言語の歴史的変遷を考へる場合にも恐らく右の如き歴史観が妥当するものであることを確信する。即ち歴史的認識を構成する基礎となるところの人間的事実は、それ自身個々独立し完結し或は瞬間に消滅するやうな事実であつて、それ自らが変化して他のものに成るといふやうな事実ではないといふことである。

言語に於いて、生理・心理的活動の所産である音声は、日々繰返されてはゐるが、それは個々独立し完結しそして消滅するものであるから、音声には歴史的変遷がないといふことが屢ゝいはれてゐる。変遷があるためには、変遷を担ふところの常住体がなければならないといふ考方から、音声に対して音韻なるものを考へ、音韻こそ歴史的変遷の担ひ手であると考へるのである。私をして云はしめるならば、歴史的変遷は個々独立し完結するところの発音行為にこそ認められるのであつて、このやうに考へてのみ音声の変遷を他の歴史的変遷の事実と同列に考へることが出来ると思ふのである。変遷といふことを、変遷を受ける実体なくしては考へられないとするのは、歴史的変遷を自然に於ける「もの」の変化と同一視する謬見に基くものである。既に挙げた歴史的変遷の事例によつても知られるやうに、歴史的事実は、文学に於いても美術に於いても音楽に於いても皆瞬時にして消え失せるべき性質のものである。文字や色彩や音符は、只それを介して歴史的事実をその都度再現させることの出来る媒介であり手懸りであるに過ぎない。かくして再現された歴史的事実によつて歴史的認識が可能とされるのであつて、決して変化の主体であり変化の担ひ手である常住体の存在によつて歴史的認識が可能である訳ではない。我々が若し文字その他によつて、時代的に又個人的に個々独立した音声行為を再現することが出来るならば、我々はそれだけで言語音の歴史的変遷を把握することが出来るであらう。

言語《ラング》を個人の具体的な表現行為以上のものとして認めようとするソシュール的考方に従ふならば、言語を、文学美術音楽の如き文化的事実と同列に取扱ふことには異論があり得るであらう（小林英夫氏言語学通論五六頁）。それは言語本質観の相違に帰着する問題であるが、私をして云はしめれば、言語は、その主体的表現行為である点に於いて文学以下の芸術と全く同類の文化的事実に属し、只その表現形式に於いて他と異なる独得の形式を持つものである。社会的制約を受ける点と、個人的創造の許される点に於いても両者互に類似して、これを以て本質的相違とすることは出来ない。詩歌的表現に於ける言語が、社会的制約を脱して個人的創作である場合があり得ると同時に、文学美術音楽等に於いても、時として社会的制約によつて殆ど個人の創作的活動の余地のないやうな場合があり得るのである。たゞ言語は、多くの場合他の芸術と異なり、一般的な理解を目標とする表現行為であるが故に、社会的制約並に社会への順応が強く意識され、従つて個人差は次第に減少し、その結果、同一言語団体には個人を離れた社会共通の実体的なものが存在するかのやうに考へられるのである。ソシュールの言語《ラング》の観念はかくして生まれて来るのである。言語を出来るだけ同一にしようとする我々の言語行為に於ける意識の一面のみを捉へて、そこから具体的な言語が個人の外にあるやうに考へるのは誤である。具体的な言語は寧ろ特定個人の特定表現に於いて把握すべきであり、そこに働く主体的意識としての社会的意識或は社会的制約に於いて言語の社会性を見るべきである。同時に我我は言語に於ける個人的創造的活動の面も見失つてはならない。社会的意識と創造的意識とは、言語表現に於いて絶えず働く二つの相反した方向であると同時に、それは同一物の表裏として考へなければならない。「花が咲いた」といふ場合の「花」といふ語をとつて見ても、それが特定の花を意味するといふ見地からいへば全く創造的であるといひ得ると同時に、それが一般に理解されるといふ見地からすれば社会的であるといひ得る。即ち創造的表現といへども必ず社会的地盤に於いてのみ可能なのである。ソシュール的見地は、言語に於ける創造的なものと社会的なものとを言《パロル》と言語《ラング》に分つて、これを全然別個の言語学に所属せしめたのであるが、そこに言語の具体性から遠ざかつた対象の把握があつたのである。

以上私は言語が他の芸術的表現活動と本質を同じくするものであり、そして言語の歴史的変遷の認識は、独立し完結した個々の言語的事実を基礎として成立するものであることを述べて来た。これに対して個々のもの自体が変化を担ふ場合、これを変化と名付けて変遷の事実と、区別しようと思ふ。仏像甲の色彩が剥脱するのは変化であり、仏像甲に基いてその制約によつて新らしい仏像乙が出来るのは歴史的変遷である。歴史的事実はそれ自身決して変化の事実を担ふことがない。変化は専ら自然に於ける「もの」の現象である。ハ（fa）よりハ（ha）への変遷といふことは、独立した軽唇音的発音行為より更に別個な喉音的発音行為への推移をいふのであつて、fa といふ音声表象が ha といふ音声表象に変化したと考へることは出来ない。それは表象といふ心的なものであつて自然物ではないが、人はやゝもすれば、赤色が褪せて褐色に変化するやうな自然現象と同一に考へ易い。歴史的変遷について音韻を考へる学者は、或は言語音の変遷を右のやうな自然的変化と同一に考へてゐるのではないかと私は虞れるのである。

三　言語に於ける本体的表現とその変化（顕現）の現象

私は前項に於いて、言語に於ける歴史的変遷の意味を説いてそれが自然に於ける変化と異なるものであることを明かにした。自然に於いては、ものそれ自体が変化を担ふ。従つて変化は自然の持つ性質として、その対象の中から分析することが出来る。これに反して言語は、瞬間瞬間に完結されるものであるから、それ自体に於いては変化を認めることが出来ない。言語の変遷といふことは、個々独立し完結する言語を基礎として、その上に新らしく構成せられる観察的認識である。一般に言語に於ける体系的認識の基礎は言語の主体的意識に基いてゐる（観察的主体的といふことについては国語学原論総論第四項参照）。例へば、文法的認識は言語の主体的立場に基礎があり、音声体系は主体的音声意識に基礎があるやうなものである。これに反して言語の歴史的事実は言語の主体的意識に基かない別個の事実であつて、こゝに言語に於ける体系と歴史を言語の二面と見るソシュール学説に対する批判の根拠が生ずる訳であるが、それらについては後章に論ずることとして、こゝには変遷と変化の問題に関聯して、言語に於いても猶変化と称することの出来る現象のあることを注意しようと思ふ。

言語に於ける変化は、又これを言語に於ける顕現の現象ともいふことが出来る。顕現の現象といふのは、言語の或る事実を本体的姿の仮装的顕れとして説明し、又かく説明することの出来るやうな事実をいふのである。例へば、私が礼服を着用したり、浴衣に寛いだりするのは、私といふ本体の顕現とも見ることが出来る。この現象は、嘗ては和服のみ用ひてゐたが、今日では専ら洋服のみ着用してゐるといふやうな事実とは別個に考へねばならない事実である。言語の現象をこのやうな見地に立つて説明したことは、我が国語学史上ではかなり古いことであつて、寧ろ歴史的変遷の現象をも顕現の現象として説明するといふ傾向があつた(古典註釈に現れた語学的方法第二部ロ、国語学史第一期ロ)。例へば、「ヌバタマ」「ウバタマ」「ムバタマ」の三語について、仙覚は「ウバタマ」を本体とし、「ヌバタマ」「ムバタマ」をその顕現と考へた。これら三語の関係は、元来顕現の現象としては説明出来ないことであるにも拘はらず、これをも猶右のやうに説明したのである。右の例は誤つた説明であるが、顕現の現象即ち本体の変化として認むべき事実とは如何なるものであるか。例へば、「ワタシワ」(私は)といふべきところを「ワタシャ」と云つたり、「ダイコン」(大根)を「ダイコ」と云つたりするのは、一より他への変遷の事実として認めるべきことでなく、本体的表現の一の顕現としてのみ説明することが出来るのである。近代の国語学に於いては、歴史的見地の偏重から、このやうな顕現の事実をも歴史的変遷として説明し去る傾向があるが、右の例の如きは明かに変遷の事実とは別である。「これは」に対して「コリャ」、「おべんとう」に対して「オベント」、「せんせい」(先生)に対して「センセ」皆同様である。これらは宛も水が加熱されることにより水蒸気となつたり、冷却することによつて氷となると同様な現象であつて、これを変化といふのは古語にいふ「ヘンゲ」と通ずる現象だからである。歴史的変遷が主体的意識を離れた事実であるのに対して、変化は主体的意識に基いた事実である。我々は、「ワタシャ」といふ表現を必要に応じていつでも「ワタシワ」に置替へることが出来る。変化は実に言語の体系に存する事実である。変化は音声の上ばかりでなく意味の上にもある。「げじげじ」が虫の名として用ひられる時と、人を呼ぶ場合に比喩的に用ひられる時との間にはやはり本体と変化の関係が認められる。これに対して、「檀那」が今日施主の意味に用ひられず、専ら主人、顧客を意味するやうになつたのは変遷であつて変化ではない。

変遷は言語主体の意識を離れた現象であるから、例へば音声の場合に於いて、「延べる」とか「約める」とか「略く」とかいふ意識的な事実として説明することは適切ではない。これも古くは一般に意識的な現象として説明して来た。例へば、「ひがし」(東)は「ひんがし」の「ん」を「略いた」ものであると説明するのである。これは「略いた」のではなくして「落ちた」のである。これに反して変化の場合は多少とも意識的である。正しく発音しようとする意識、簡略に発音しようとする意識に基いて二様の語形が生ずる。その場合は「延びる」のではなく「延べる」のであり、「落ちる」のではなく「略く」のである。聴手の如何によつて、「駄目だ」と云つたのを「駄目です」「駄目でございます」と云ひ改めるやうな場合も、同様に意識的な変化である。私は嘗てこのやうな現象を言語の場面的変容と名付けた(国語学原論四九三頁)。やはり一種の変化の現象である。

言語に於いて、変遷と変化即ち顕現の現象とを区別することは、又文法研究に於いても重要なことである。例へば、「読んで」といふ動詞活用形と助詞との接続は、一般に次のやうに説明する。即ち、マ行四段の連用形「読み」に助詞「て」が接続したもので、その際「み」が撥音便となり、「て」が連濁となる。この説明に対して批判を下すものは、右は体系的文法を歴史的変遷によつて説明したのであるから正しくない。体系は言語の与へられたまゝの姿に於いて説明しなければならないとするのである。「読みて」といふ形は或る時代には存在してゐたであらうが、現在に於いては、「読んで」といふ形以外には存在しないからであるといふのである。近代の文法研究の傾向は総じて従来の体系的見地と歴史的見地との混線した方法に対して体系のありのまゝの姿を重視する(橋本進吉博士新文典別記口語篇九一頁)。勿論この主張は正しいのであつて、何等異論を挿む余地はない。しかしながら、前例の「読んで」の場合には猶別の見地が考へられるのである。「読んで」を「読み」と「て」に分解した場合、「読み」を文語に存する古形と考へるならば、確かにそれは歴史的見地の混入であるから、若し現実の形に執するならば、どうしても「読ん」といふ活用形を新らしく設けなければならない筈である。しかし、こゝに考へるべきことは、「読んで」から分析された「読み」は、はたして「読ん」の溯源的な形と見るべきであらうかといふことである。一般に動詞に「て」が接続する場合は、他の活用の種類に於いては連用形に附くのが原則である。四段活用に於いてもサ行動詞は連用形「し」から続く。又一般に「て」と同様に連用形に附く助動詞「ます」、助詞「ながら」の如きは、例外なく連用形に附いて、「貸して」「貸します」「貸しながら」となるから、四段活用の場合でも「て」は原則的には連用形に附くが、例外的にそれら連用形の語尾が「イ」「ウ」「ン」「ッ」に変化することがあると説くことが可能である。その場合変化しない本の形の連用形を考へることは、歴史的な形を考へることではなくして、変化の形に対する本体の形を考へることになる。音便とはこのやうに本体の形に対する変化の形を意味すると考へるのが最も適切である。若し、現実に与へられた形にのみ執するならば、「読ん」を音便形といふことすら矛盾である。現に形容詞の連体形「正しい」のいはこれを音便とは云はない。何となれば、それには本体的形を考へる必要がないからである。音便といふ術語は本来このやうな変化の現象を説明するために設けられたものであつて、将来といへどもこの意味は恐らく変らないであらう。音便は即ち便宜的一時的発音法の意味であつて、音便には必ずそれに対する正則な発音法が考へられてゐる訳である。一二の用語例を示すならば、

女は紡績をわざとすれば、麻績女てふを略きて「をみな」といふなり。そを「をんな」といふは唱への音便なれば、古書には「をみな」と書きつ。今も「をみな」と書きて、となふるには「をんな」といふべし（真淵続万葉論序）。

連声の外に訓に読むとき、音便といふことあり。何ぞ――なんぞ、何人――なん人、焉ぞ――いづくんぞ、（下略）の類上より読つゞきのよい様にすることとなり（日尾荊山訓点復古上巻四〇）。

音便現象が起こつて、やがて本体の形が忘れられ、音便の形のみが行はれて言語が変遷して行くところから、今日では屢〻歴史的変遷の説明にも音便といふことをいふけれども、現代語の「かうし」（格子）が「かくし」の音便であるといふのと、「読んで」が「読みて」の音便であるといふのとは、現象としては全く別のものであつて、前者は変遷の事実であり、後者は変化の事実として区別しなければならない。

更に別の例について見るに、「暑かつた」「寒からう」に於ける「暑かつ」「寒から」は既に熟合したものであるから、これを「暑く―あつ」「寒く―あら」と分析するのは歴史的成立を以て現在の形を説明するのであるから、これも亦二つ

の見地の混線であるとし、一般にこの熟合した形を一の単位として形容動詞といふ品詞を立てるのである。しかしながら、この場合に於いても、「暑く」「寒く」を分析するのは、必しも歴史的見地に立つとばかりは断ずることは出来ないのであつて、「暑かつた」に対して、「暑くもあつた」、「寒からう」に対して「寒くはあらう」等の表現を考へるならば、「暑か」「寒か」等の形は、やはり本体的形が他の語との接続の関係上便宜的に融合した形をとつて顕現したものと考へて一向差支へないのである。文法的操作に於いては、勿論歴史的見地の混入といふことは厳に警戒しなければならないことがあるが、変化と本体との関係を考へずしては、文法的操作は殆ど不可能に近い。語の認識に於いても同様であつて、「ハナガミ」(鼻紙)、「チリガミ」(塵紙)、「ミノガミ」(美濃紙)等に於ける「ガミ」を「カミ」(紙)と同じ語と考へる根拠は、やはり「ガミ」を「カミ」の変化即ち連濁と考へるからであつて、若し現実の形にのみ執着するならば「ガミ」が「カミ」と同一であるといふことはどうしても云へない訳である。連濁といふ事実が示すやうに、国語に於いては清音と濁音との間にも本体と変化の関係が存するのであつて、国語の音声体系及び文字体系を考へる場合にも忘れてならないことであらうと思ふ。

仮名遣の根拠としては普通に歴史的と表音的とが考へられてゐるが、歴史的仮名遣といはれるものの中には、必しも歴史的見地ばかりでなく、本体と変化との関係が無意識の中に考慮されてゐることも考へなくてはならない。「鼻血」を「はなぢ」と記載するのは、「血」といふ語を出来るだけ本体の形で保存しようとするのであつて、さうすることによつて表音的には不完全であつても語としての運用を簡略にしようとする意図に基くのである。同じ「血」といふ語が「ち」となつたり「ぢ」となつたりすることは、語に対する体系意識からすれば煩雑であることを免れない。推量の助動詞「う」「よう」が動詞の未然形に附くといふことも、音声的見地からのみすれば甚だ不合理であるに違ひない。音声的見地の不合理を犠牲にしても歴史的仮名遣に附かうとする一つの理由は、それによつて語の体系を保存し、音声は単なる顕現の現象と見てこれを文字には表さないとする見地が働いてゐるのである。文字が純粋に表音のものでなければならないとする主張は、只言語の変化の相のみに執着する立場であつて、言語の体系を無視した立場である。これを字音の場合にとつて考へても同じである。「学校」「学界」を「ガッコウ」「ガッカイ」とし、「学者」「学問」を「ガクシャ」「ガクモン」とするならば、それは音声的には忠実に写し得ても、「学」に「ガッ」「ガク」の二つの表記法があり得ることになる。しかし語の体系からいへば、「ガッ」は「ガク」と同列のものではなく「ガッ」は「ガク」の連音上の変化の相にしか過ぎないのである。表音仮名遣、歴史的仮名遣の外に本体と変化との関係に基く仮名遣が考へられて然るべきである。

言語教育の場合でも同様であつて、変化の相即ち現実に与へられた形のみに拘はるならば、徒に千変万化の現象に眩惑せられて、遂に変化それ自体をも明かにすることが出来なくなるであらう。言語に於ける本体的表現を把握することは、言語に於ける型を把握することであり、変化はその型の用として、そこから第二次的に成就せられるものである。このことは単に外国語教育にのみ適用されることでなく、母語の文法教授の如きも、雑多な国語上の経験を、一旦本体的な体系に引戻し、そこから運用を求めようとするところに一つの大きな意味があると思ふのである。

四　言語学と言語史学との関係

共時言語学と通時言語学とは、ソシュールに於いては観点の相違に基く言語の二面性を対象とするものであるから、この二つの区分はともに言語学の下位部分であり、両者合して言語学を構成するといふ理論が成立つ訳である。そしてかゝる考方は、言語の本質を以て、体系と変化との二面を含むものとする言語本質観に基いてゐるものであることは既に第一項に述べた通りである。

しかしながら、言語の本質をその具体的な姿に於いて把握しようとするならば、言語は必ず特定個人の特定表現として把握しなければならないといふことも既に明かにしたところである。特定表現としての言語と、言語の変遷との関係を更に具体的に示して見るならば、これを上の図の如きものに表すことが出来るであらう。図に認められる波状型の起伏は一本の棒が伸縮して生ずるのではなく、長短様々の棒が並んだために生じた起伏である。個々の棒それ自体は決して伸縮し起伏しない不動の完結体であり統一体である。只一本の棒が夫々その前後のものと長さを異にして並列してゐるに過ぎないのである。言語史は、かゝる波の起伏と同様に、個々の言語の上に構成せられる歴史的変遷の波である。一般に歴史的変遷の事実を対象とするものを歴史学と称するならば、言語史学は歴史学の一部であるといはなければならない。美術史・文学史等も同様で、歴史学に所属すべきものである。従つて各時代時代の作品を解題し記述するだけでは美術史文学史が成立しないやうに、言語史は決して各時代の言語の体系的記述の総和によつて成立するものでないことは明かである。只言語史学は言語に現れた歴史的変遷の事実を対象とするところから、言語学と密接な関係にあるといふことは出来ても、言語そのものを対象とするのではないから言語学の一部であるといふことは出来ない。言語学は飽くまで言語それ自体を対象とするものでなければならない。

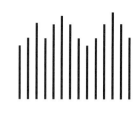

こゝに至つてソシュール言語学に対する私の立場の相違は極めて明瞭にせられたと思ふ。ソシュールは、言語史を言語《ラング》の一面と見たのに対して、私は言語史を言語自体の含む面とは考へない。ソシュールは共時態と通時態との両面の研究を俟つて始めて言語《ラング》の全貌が明かにせられるといふのであるが、私は言語学を以て専ら言語の体系を明かにする学と考へて、言語史学を歴史学に追入れようとするのである。

それならば、言語史学は言語学にとつて全く縁なき衆生であるのか。十九世紀以来重視された言語学に於ける言語史学の立場は全く意味のないことであつたのであらうか。問題はこゝに至つて言語学と言語史学との交渉如何といふことになつて来る。ソシュール的見地は、言語史学に言語《ラング》の通時面を背負はせて言語学の領域の半をこれに与へた。私の立場からするならば、言語史的事実の根本は、言語の体系自体の中に潜んでゐると考へる。故に言語の体系的研究を完全にするためには、その一半を言語の史的事実の研究に求めねばならない。言語史学はこれを言語学の立場からいふならば、言語学の補助学科であるといふことが出来るのである。この両者の関係は決して同一対象の二面を受持つ領域としての関係でなく、言語学を培ふ培養土としての関係である。一時代の言語の研究に終始するならば、殆ど注意されないやうな体系的事実が、言語史的事実から注意されるやうになることも可能である。例へば、「言ひて」「言つて」の如き音声上の変遷から体系的な音便現象といふものを明かにすることが出来るやうなものである。しかしながら、このやうな考方が効力を発揮するためには、言語学の対象である言語に対する観念が、ソシュール的な聴覚映像と概念との結合であり、言語活動の道具として使用せられる言語《ラング》の如きものであつてはならない。ソシュール的見地に従へば、歴史的変遷を引き起こす如何なる力をも言語《ラング》には求めることが出来ないのである。言語《ラング》の変遷はその基礎を言《パロル》の中に求めなければならない。私のいふ言語に於ける体系的事実とは、単に概念、音声或は文法的事実のみでなく、凡そ個々の具体的な言語表現の成立に関与する一切の事実をいふのであつて、例へば、意味作用、発音行為、文字的記載、聴手に対する意識（場面的意識）、表現に対する価値判断の如き一切のものを含んでゐる（国語学原論総論第八項参照）。言語史的事実は要するにこのやうな個々の表現に備はる体系的事実に起因するのである。言語史学は、学としてはその原理を歴史学に仰ぎ、又歴史学に所属するが、史的事実そのものは、言語の体系にその基礎を置いてゐるところに言語学と言語史学の密接な関係が生ずるのである。

　言語《ラング》の通時態の横断面に於いて共時態を認めたソシュールに於いては、共時態は要するに通時態に於ける一点にしか過ぎないのであつて、この考方に於いては、共時態といへども時間の観念を超越することは出来ない。しかし事実上通時態の一点を切取るといふことは不可能であるから、その前後の或る期間を切取つて、微細な変化を切捨てる。これがソシュールのいふところの共時態である（ソシュール言語学原論改訂版一三六頁）。この考方はとりもなほさず共時態の集積に於いて通時態を見ようとする言語本質観の結論である。これに対して若し言語を個々人の具体的表現であるとするならば、かゝる表現はそれぞれに完結し、かゝる表現の体系的事実は時間とは何の関係もない事実である。たとへ一世紀間の言語を対象としてもそこには体系的事実以外何ものもない訳である。推量の助動詞「む」が動詞の未然形に附くといふ事実は、それが或る一定期間に行はれた事実であるがために共時的事実であるといはれるのでなく、言語構造の法則であるがために共時的であるといはれなければならない。逆に通時態は、同一時代の甲と乙との言語の間にも、又甲の昨日の言語と今日の言語との間にも認められなければならない。

このやうに見て来るならば、共時言語学といふ名称すら、時間の観念を伴ふが故に不適当といふべきで、寧ろ体系的言語学といふべく、更に言語学とのみいふべきである。言語はそれ自身体系であること以外に別に通時態なる面を持つことが出来ないからである。そしてソシュールの所謂通時言語学は、実は言語学でなく、歴史学に所属する言語史の学でなければならないのである。歴史学に所属する言語史学が言語学に重要であることは、思想史に所属する言語学史が言語学にとつて重要であることと似てゐる。それは決して言語学史が言語学の一部であるがために密接な関係が生ずるのではない。

（昭和十七年八月三十一日）

（※一九四四年発表）

国語問題に対する国語学の立場

まへがき

この一篇は、国語学徒は国語問題をどのやうに見、又どのやうに取扱はねばならないか、即ち国語学徒の国語問題に対する態度はどうあらねばならないかといふ質問に対する私の考へを述べたものである。ここに国語学徒の態度といふのは、必ずしも専門の国語研究者だけについていふのではなく、凡そ国語の将来の運命に深い関心を持ち、よりよい国語を求めようとするものが、一歩退いて、冷静に、客観的に、そして科学的に国語問題の正しい解決の道を求めようとする際に、先づとらねばならない態度、心構へを意味するのである。国語学と国語問題とのつながりは、国語学の学問的知識が国語問題の解決に必要であるといふ点に於いてよりも寧ろ国語学的態度、心構へが国語問題にとつて重要であるといふ点にあると考へられる。さういふ意味で、私はこの一篇を世の国語の将来に関心を持ち、国語の改善に努めようとされる一般の人々に捧げようとすると同時に、これを以て国語問題に対する私自身の反省の機ともしたいと考へるのである。

国語問題は、今の日本のさし迫つた問題の一つである。私が今このやうな問題を取上げようとするならば、恐らくは、「今はそのやうな迂遠なことを考へてゐる時期ではない。」「議論はすべて尽された。今はたゞ実行の決意だけが残されてゐる。」といはれるであらう。事を時の勢に乗つて解決しようとすることは、熱した鉄を鍛へる時ばかりでなく、何事についても大切なことであるに違ひない。しかしさういふ事に処する性急な態度が国をあやまり、文化を破滅に導いたことは、我々が現に昨日まで目にし、耳にしたことである。そして今日でもやはり同じことが繰返されようとしてゐる。さし迫つた問題に対してこそ、冷静な客観的な態度が必要とされるのである。

国語の諸問題の解決は、確かに容易ならぬ、困難な仕事である。この問題については、今こそ時代の要求に従つて、花々しい論議が繰りひろげられてゐるであらうが、やがては潮の引くやうに、焚火の炎が衰へて行くやうに、世の中から忘れられてしまふであらうといふことは、今までの国語問題の歴史が明かにこれを示してゐる。これは最も警戒しなければならないことである。国語の問題は、たゞ一度の実行の決意だけがこれを解決させるやうな生やさしい問題ではないのである。国語は常に問題的存在であり、我々は不断に国語の改善を目指してゐなければならないことを知る必要がある。世の風潮に動ぜず、国語の将来の運命に絶えず深い熱情を持ち続けるものによつて始めて解決されることである。国語学的態度とは、常に冷静であり、客観的であると同時に、又常に国語に対して深い熱情を持ち続けることを意味するのである。

本稿では或は自明のことと思はれる幾つかの項目をも取扱つてゐる。それは内容的に見て重要であるといふ意味でなく考へ方の段階、道順を示さうとしたからである。

一　国語学にとつて国語問題は何であるか

国語問題に対して、国語学者がどういふ態度をとり、又どういふ研究に従事することが、この当面の問題の解決に寄与することになるかといふことは、従来あまり深く反省もされなかつたし、又両者の関係について理論的に考察もされなかつたのではないかと思ふ。実際問題は実際問題、研究は研究として、全く別の世界のものとして、我関せずの態度をとるといふことも、国語学者の国語問題に処する一つの道にはちがひないであらう。それならばそれとして、なぜそのやうな態度をとらねばならないかについての理論的根拠が示されねばならない筈である。単に自己の好尚から、国語の将来のことは、自分の問題外であるといふ風に考へることは、学問的厳密性の上からは許されないことである。何となれば、国語学と国語問題との間には、同じく国語を取扱ひ、これを問題にするといふ点で、両者の間には、切離すことの出来ない密接な関係があると見なければならないからである。次に又、この両者の間に密接な関係があるからとて、国語学者が、国語の将来についての方策や意見を吐露することが国語問題に対する国語学者の義務であり、寄与であるといふ風に考へることも、必ずしも正しいとは考へられない。何となれば、国語学の役割と、国語問題の目的とすることとは、同じく国語を問題としながらも、その間には全く異つた立場があると考へられるからである。それならば、国語学者の立場とは一体どういふものであるのか。いふまでもなくそれは学問一般の精神の上に立つものであるが、その対象とする国語に存する一切の法則的なものを求め、これを体系化することによつて国語の正しい認識に到達することである。これに反して国語問題の立場は、そのやうな国語に対する科学的考察を任務とするものでなく、国語に存する欠陥の自覚に出発し、将来の理想的形態を目標として、これに現在の国語を近づけようとする手段方法を講ずるものであつて、ことは国語の実践に関することであり、言語の主体的立場に関することである。一は認識に関することであり、他は実践に関することであつて、そこに両者の全く異つた立場が存するのである。それならば両者は全く無縁のものであるかといふのに、国語学の対象とする国語、一般的に云つて言語は、言語主体即ち話手の実践的表現行為以外の何ものでもないことは明らかである。国語問題が、言語的実践に関する議論であるとするならば、それは他の一切の言語現象と共に、それ自体が国語学の考察の対象とならなければならないことゝなるのである。国語問題が、その本質に於いて国語学の対象と同列に於いて対象となるべき性質のものであるといふこの結論は、恐らく多くの読者の国語学的常識に反することであらうと想像されるので、二三の点について補足的な説明を加へて置かうと思ふ。第一に、国語学或は言語学の研究対象が、各個人個人の実践的表現行為そのものであるといふことについてである。一般には、個人個人の言語的表現を支へ、その奥に潜むところの、或は社会全体が共有する文化財としての言語こそ、その研究対象となるべきものであつて、このやうな資材としての言語を実際に運用する具体的な個々の活動或は言語行為と云はるべきものは、その研究対象とはなり得ないものと考へられてゐる。この通念に反して、こゝでは、言語はその本質に於いて話手の表現行為以外の何ものでもなく、又このやうな表現行為の前提となり、その資材として、個人を離れて社会に共有されてゐるやうな言語の存在をも認めないのである。凡そ言語とは如何なるものであり、言語学国語学は、何を対象として研究すべきかといふことは、猶多くの論証を必要とすることであらうが、それらはすべて私の著書国語学原論に譲ることとし、ここではただ言語学、国語学の研究対象が、個々の具体的な実践的表現行為であり、読み、書き、聴き、話すことにあるといふだけに止めて置かうと思ふ。

第二に、言語学、国語学の研究対象が右のやうであるとしても国語の改革論や将来の方策についての論議が、国語的実践行為と同じ性質のものであり、従つてそれが国語学の研究対象となるものであるといふことは考へられないとするであらう。事実、明治以来の国語問題の種々な論議を、国語研究の一領域として、他の音声論や文法論と同列に位置付けて取扱つたものもあり、或るものはこれを実際的研究と呼び、或るものは純粋国語学上の知識の応用部面として、国語学の延長の如くに取扱つてゐる。勿論国語問題の論議には、常に国語に対する反省考察を伴ふものであるから、国語問題の論議を学の一部として取扱つて差支へないやうであるが、それらの論議の目標は、決して国語を観察することに止まるものではなくして、寧ろそのやうな観察的立場を離れて、主体的立場に於いて国語の実践を指導し、これを推進するものであることは明かである。その点国語問題の論議は、文学に於ける文学論、歌論等に酷似してゐる。文学論や歌論は、文学や和歌の科学的観察、体系化を目的とするものでなくして、創作指導に関する論議である。従つて例へば、和歌とはかくかくのものであるといふことが、述べられてゐる場合でも、それは和歌の本質を明かにし、これに定義を下すことが主なる目的ではなくして和歌はかくの如きものであるが故に、かく作られねばならないといふことが述べられる前提となつてゐるのである。従つて歌論の本質は、和歌の学問的研究ではなくして、和歌の創作に連るものであり創作主体に関するものとして、歌論それ自体が和歌研究の対象となるべきものである。歌論は和歌の理念に関する叙述であるが、それは和歌の創作として具体化することが出来る可能態である。歌論に於いて我々は和歌の可能的形態を認めることが出来るのである。国語問題の場合も全く同じである。例へば、国語の文字は音表文字でなければならないといふ議論は、その前提として文字変遷の科学的考察を含むとしても、この結論は、国語ローマ字化或は仮名文字化の実践運動に直に連るところのものであつて、その性格は、学問的認識といふよりも、国語の実践の可能態と考へるのが適切である。以上は国語問題の側から、これがその本質に於いて一般国語的表現行為と何等択ぶところのないものであることを明かにして来たのであるが、他方又、我々の日常の言語的表現に於いても、場合によつては、問題性が濃厚に現れることが屢々ある。表現に不満が感ぜられたり、語彙の選択に迷はされたり表現の技術について苦心したりする場合は、いはゞ小規模な国語問題であり、又その解決である。これらの問題は、これを大にして云へば一国言語の得失、将来の運命に関する論議ともなるのである。

以上のやうに、国語問題は国語学の一領域をなすものではなくして、国語学の研究対象とされなければならない。それは国語に於ける音声や文字や文法が国語学の対象となると同じ意味に於いて、国語の主体的意識の問題として考察の対象となるのである。

しかしながらこの結論を導くためには、そして国語学が真に国語問題の基礎理論となるためには、従来の国語乃至言語の通念を以てしては不可能なことであつて、ここに先づ国語学自体の反省が要求されなければならない。

二　国語学に対する反省

国語問題に対する国語学の関係は、一般には前項に結論したやうに、対象と学との関係に於いて考へられてゐる訳ではない。国語問題処理の側から、屢々国語学者に国語学的知識を提供することが求められ、国語学者も亦その知識を提供することが国語問題の解決に貢献する所以であると考へ、さういふ関係に於いて両者の関聯が一般には認められて来たのである。勿論この関係は表面的に見れば当然の理であつて、何の誤もないのであるが、仔細に点検して見るならば、この両者の間に次のやうな矛盾が見出されるのである。国語問題に於いて取扱はれる事実と、国語学に於いて対象として考察される事実とは、いはゞ別個のものであつたのである。即ち甲の事実から帰納した理論を以て、甲とは全く異つた乙といふ事実に適用しようといふのであるから、その間に無理や混乱が生ずるのは当然である。しかも甲が乙に対する基礎知識であるかのやうに信ぜられた処に、乙の側に迷惑が生ずると同時に、甲も亦乙に対して無力であるといふ結果を生じたのである。従来国語学者の国語問題に対する見解が無力であり、屢々それが学問的判断であるよりも人生観的批判であり、自然、国語問題の解決に学者の見解を敬遠するやうになつたのも一面無理からぬことであつたといふことが出来る。これは寧ろ進んで国語学者の側から反省をなすべきものと考へるのである。国語問題に対して国語学が右のやうな事情に置かれるに至つたについては、一般に言語について次のやうな考方が存在してゐることを知る必要がある。即ち具体的な言語表現行為には、それに先立つて、それに使用される資材としての言語の存在が必要であるとされた。この資材としての言語は、我々がこれを使用するとしないとに関せず、社会の共有物として個々の言語主体とは無関係に、音声と意味との結合体として存在してゐる。言語学、国語学の研究対象と考へられたものは、このやうな資材としての言語であつて、資材としての言語を運用する個々の表現行為はこれを問題としない。処が、国語問題は、実はこのやうな資材としての言語について問題が発生するのではなくして、個々の具体的な表現行為に於いて発生する問題なのである。従つて国語問題がその解決のために国語学的知識を求めたとしても、国語問題の解決に多く期待出来ないのは当然である。それは宛も瀕死の病人が、基礎医学の知識によつて生命を食ひ止めようとするにひとしいことである。罪は国語学の側にあるとしても、同等の罪はやはり国語問題の側にも考へられる。国語問題が、それ自身の性格をはつきりさせずに、資材としての言語を処理することによつてその主体的運用である国語問題が解決されるものと考へ、国語問題の本質を深く考へなかつたことは、二重の混乱を生じさせることとなつたのである。説明を具体的にするために漢字制限に例をとつて見よう。資材としての漢字を整理して、一定数を枠に入れて見ても、それが我々の日常の言語行為を規定するどれだけの拘束力となるかは疑問である。国語問題の解決は、表現行為を規定し制約する方法をとることによつて始めて成就するのであつて、そこに国語教育或は国語学習といふ実践技術と密接なつながりが生ずるのである。

国語学の国語問題への弱点として、更に次のやうなことが挙げられる。明治以来、国語問題の解決といふことは、国語学のかなり重要な目標であつて、国語学者は専心国語の研究に従事してさへ居れば、自ら国語問題の解決策を見出すことが出来ると信じてゐた。そこに国語学——特にヨーロッパの近代言語学に基礎を置く——の大きな錯誤があつた。国語学が、近代言語学の与へた史的研究といふ課題に従つて研究を進めた結果到達し得たことは、それは国語が時代の推移につれて変遷して来たことの確認であつた。この変遷といふ一大事実は、人為によつて食ひ止めることも又促進させることも出来ない。言語はただ伝統に従ふことだけが許され、又それが正しい国語政策であると考へられたことである。この無目的論的言語史観に立脚する国語学者の国語政策論が世の所謂国語改革論と抵触するのは当然であり、世の一部に於いては国語学者は国語問題について常に保守的立場をとるもののやうに解せられたのも無理からぬことである。従来の史的研究は、その史的変遷を支配する言語主体の表現心理を全く度外視して、資材である言語を変遷のになひてとして、これを点綴するに過ぎないものであつて、それが如何に精密に調査せられようとも、そこからは上に述べた結論以外には、国語の将来に対して示唆する何等の見解も求めることが出来ない訳である。

国語問題に対して国語学は無力であつてはならない。国語学は国語問題を批判する義務と責任がある。しかしながらこの義務と責任を果すためには、国語学は反省され再建されねばならない。建築学の原理が絵画を批判することが出来ないやうに、資材としての国語を研究対象とする国語学は、実践的表現行為に於ける国語問題の基礎理論となることは出来ない。国語学が国語問題を対象とすることによつてのみこのことが可能である。しかも国語学の真の対象は、国語問題を含めての一切の実践的表現行為であつて音声と意味との結合体としての言語の如きは、実は考へることが出来ないものなのである。

三　国語問題はなぜ起るか

国語が問題とされるのは、国語を実践する主体的立場に於いてである。国語生活が円滑に遂行され、そこに何等の抵抗も障碍も感ぜられない場合には、国語問題は発生し得ない。国語生活が円滑に遂行されてゐるといふことは、我々が国語を語り、書き、読み、聴くことに於いて、自己の思想が満足に表現出来、他人の思想が困難なく理解せられてゐることを意味する。故に若し国語が、客観的には不完全に見える場合でも、言語主体がそれで満足してゐる限りは、国語問題は発生し得ない。例へば、難解な文章を、自己の理解力の不足に帰したり、又は難解なことを文章の優れてゐる所以に帰してゐる間は、それに問題を感ずることはあり得ない。文章道といふことが、類型的な模範文例に従つて書かれるものと考へられてゐる間は、如何にそれが自己の思想感情を如実に表現するに不適当であるにしても、問題とされることはない。このやうに、国語問題発生の根拠は、客観的には国語自体に存すると同時に、主観的には国語の主体である話手の意識に存することである。従つて話手の表現及び理解に対する自覚が深まるにつれて、国語問題は常に進展し、新しい問題が提供されて来るのである。国語問題をたゞ消極的に与へられたものとして取上げて行くと同時に、言語主体の言語意識を刺戟して常に新しい国語上の問題を探索して行く積極的な態度も必要である。これを国語問題の解決策から見ても、客観的に国語を改めて行くことも必要であるが、又主観的に国語に対する主体的態度を改め、国語の学習方法を反省することによつてこれを克服して行くことも必要である。国語問題の発生の根拠を、ただ客観的な面にのみ帰するといふことは甚だ危険である。国語問題発生の根拠が、国語教育或は国語学習の方法上の欠陥に存する場合のあることは、屢々忘れ勝ちである。国語であるが故に、教育も学習も経ずして、凡てが容易に表現も出来、理解も出来るのが当然であるといふ風に考へることは、非常に誤つた又危険な考方である。国語問題発生の根拠を適当に位置付けて行くことは大切なことである。

国語問題発生の根拠は、理論的には右述べたやうに、客観主観の両面にあるのであるが、今この両者の関係を明かにするために一応専ら客観面のみからこれを取上げて見ようと思ふ。

その一は、文字の難易である。文字の難易といふことは、字形的に見て画の多少といふ点からも云はれるが、又文字と音声、或は意味との関係からも云はれる。宛字の如きはそれである。文字は直接に表現理解の難易に関係するところから、早くから国語問題は国字問題として取上げられて来た。

その二は、異語同音の現象である。云ふまでもなく漢語に屢々見られる同音異義語であるが、固有国語にも、又近代の外来語にもあつて、誤解の原因となる。

その三は伝統の遮断である。社会的変動或は新文化の急激な流入のために、同時代に生存する二つの世代の間に言語が通じなくなる。幕末から明治時代にかけてさうであつたが、同様なことは平安末期、室町末期に於いても起つたであらう。かういふ時代に於いては、国語生活の抵抗障碍といふことが、主として伝統が遮断されて、基準を失つた国語の混乱といふ形で意識せられる。これを客観面に即して分析して見れば、新造語や外来語の氾濫、国語の不安定といふことが認められる。

その四は言語圏の分裂である。第三の混乱が縦のものであるならば、これは横の関係の遮断である。これは地域的、職域的、階級的に生ずることである。明治の中央集権的国家の成立を契機として、今まで全く自覚せられなかつた言語圏の分裂が一つの大きな国語問題として意識せられるやうになつた。この新しい国語問題は、統一的国家活動といふ新しい生活によつて刺戟せられたものである。方言に対する関心と、それを基礎とする標準語制定の必要といふことが、この問題の解決策として考へられた。

以上極めて概観しただけでも、国語問題発生の根拠は、単純でなく、種々なものがあることが認められる。これらの根拠を正しくつきとめることは、即ち国語の病根を明かにすることであつて、ここに始めて、国語問題の対策が立てられることとなるのである。国語問題の解決策が、更に新しい国語問題発生の原因になるやうな危険を防ぐ上からもこのことは大切なことであつて、従来殆ど閑却されたことであつた。

四　国語批判の基準

国語問題発生の根拠は、客観的には国語そのものにあるとしても、これを問題として取上げるのは、国語の主体的意識にあることであつて、そこに国語のあるものを「よい」とし、あるものを「わるい」とする価値の意識が動く。この価値の意識は、文学的創作に於いてばかりでなく、科学的論文を書く時でも、日常の儀礼的会話の場合でも、凡そ如何なる場合にでも、国語の実践に伴ふものであつて、これ亦当然国語学的考察の対象にならなければならない。国語に対する価値判断が、当を得てゐるかゐないかといふことは、国語問題の解決の当否を決定するものであつて、誤つた価値判断に基いてなされた国語革新案は、国語を正しい方向に導くことは出来ない。国語に対する価値判断は、極めて主観的である場合が多く、何に基いて価値を判定して行くべきかといふことは、日常の言語行為に於いて大切であるばかりでなく、国語の将来の方策を立てる上からも大切なことである。それには先づ一般の国語に対する価値判断が何を基準にしてなされてゐるかといふことと、何を基準にするのが正しい価値判断であるかを考へて見る必要があると思ふ。

従来、国語に対する価値判断の基準即ち国語批判の基準とされたものは、屢々言語主体の人生観であつた。ここに人生観といふのは、その人の趣味好尚気分等をも含めていふのである。人生観を基準にして価値を云々するといふことは、最も容易な方法であつて、例へば、宗教家が宗教画を見て価値があるものと考へ、裸体画を俗悪であると判断するやうなものである。国語の場合について見るのに、例へば、外来語の氾濫といふことが問題になつたとする。日本主義的立場から、外来語のやうな異分子は駆逐しなければならないとする判断が成立つ。これに対して国際主義的立場から、無条件にこれを受入れるのがよいとする判断も出て来る。合理主義簡便主義の立場から、曖昧な、婉曲な語は避けるべきであると主張し、自由主義的見地から敬語は封建制の遺物としてこれを排斥しようとする。漢字や漢語は専制政治の武器であり、仮名やローマ字は自由主義の象徴であるかの如き説が今日でも宛も公理のやうに唱へられてゐる。明治以来の国語問題の論議は、多くこのやうな人生観的立場、或は時代の主義思潮に基いてなされて来たと云つても過言ではないのである。国語に対する批判は、実は極めて困難なことであるにも拘はらず、世の多くの人がこれに参加し、一家言を述べることが出来るのは、このやうな人生観的批判が国語問題の論議として一般に通用してゐたからである。これは国語や言語の専門学者といはれる人にすら屢々見受けられたことである。しかしながらこのやうな批判の態度がはたして正しいのであらうか。人生観とか時代思潮といふものが、国語の価値判定の基準になり得るであらうか。この問題を明かにするためにここに一つの譬をとつて説明しよう。今ここに一軒の家があるとする。これを買ひ求めようとするものは、如何なる基準でその価値を判定するかといふのに、商人であるならば、商店風の家を価値ありとするであらうし、住宅を求めるものは住宅向きの家を価値ありとするであらう。皆この家の家としての利用価値を考慮して判断するであらう。この点を度外視してたゞ趣味的見地からのみこれを判断することはありえない。あつたとしてもそれは第二義的基準としてである。言語の場合でも正にそれと同様であつて、これが「よし」「あし」の基準は、その言語が、その言語を必要とする生活目的を充分に満足さすことが出来るか否かによつて決定されなければならない。例へば、一杯の水を人に懇願して求めようとする時、「水を呉れ」といふ表現しかなかつたとする。人はこの表現によつてはこちらの切なる願を理解することが出来ないとするならば、この表現は「よい」表現とはいひ得ない。若し国語にこのやうな懇望を表す表現が無いとするならば、ここに国語の不完全さが意識せられることとなるのである。若しこの場合「水を呉れ」といふ表現は、簡便であり合理的であり、能率的であるといふ見地から、一切の国語表現をこのやうに改めねばならないと主張するならば、それは人生観的批判ではあるが、言語そのものを基準とする批判ではないのである。言語の本質が何であるかといふことは、容易に決定し難い問題であるにしても、言語は、それによつて我々が思想感情を他人に伝へるものであることは間違ひないことである。もつと委しくいふならば、単に思想を伝達するだけでなく、それによつて他人が或る信念を獲得し、或はこちらの要求するやうな行動を起して呉れることが必要である。そのやうな結果を期待して表現せられるのである。そこに言語の技術が重要になつて来る。「水を呉れ」といふ表現によつて、人はこちらの要求するところのものを理解はするであらうが、果して他人が水を恵んで呉れる行動に出るとは限らない。「水を一杯いただけませんでせうか」と云つた時、人が喜んで水を恵んで呉れたとするならば、この表現はこの場合他の表現よりも価値があると云はなければならない。言語の目的が生活達成の手段であることに存するとするならば、国語の「よし」「あし」の基準は、何よりもその生活との関聯に於いて求められなければならない。「水を一杯いただけませんでせうか」といふ表現も、場合によつては糞丁寧な人を馬鹿にした表現として受取られることがあるのは、前者の場合とは既に生活が相違するからである。国語の躾といふことは、よい国語を身につけることであるが、それにはただいつでも丁寧な美しい国語を使はせることを意味するのでなく、場合場合に於ける生活に応じてそれに相応しい表現行為を択ぶことである。国語は我々の生活の種々相に対応して複雑に分岐して今日の国語問題の原因をなしてゐる。これを或る尺度に従つて整理統一することをはかる前に、冷静にその存在価値について検討して見ることが必要である。

五　国語の審議調査とその機関

我々が国語問題の解決について考へる時、まづ思ひ浮べられるものは、その重要な役割を負うてゐると考へられる国語の審議調査の機関であつて、現在でいへば国語審議会であり、その前身である臨時国語調査会及び更にその前身である国語調査委員会である。これらの機関とその事業との国語問題に於ける意義及び位置といふものを考へることは、現代の国語問題を考へる上に是非とも必要なことである。今日の国語審議会の実際の性格がどういふものか私はこれを詳に知つてゐる訳ではないが、本来それは国語の主体的立場の機関的顕現であるべきであらう。主体的立場の機関的顕現といふことは、それは一個の機関ではあるが、国語について問題をとらへ、国語の将来向ふべき目標を考へ、それに対する方策を立てるといふことで、一個の国語実践者の立場と全く同じであると考へられる。たゞそれが国家の機関として、国語に於ける言語主体一般を代表してゐるか否かについては充分批判せられねばならない点である。

国語は常に問題的存在である。しかしその問題は、常に必ずしも意識的であるとは限らない。又国語は常に特定の社会圏を前提とするものであるが、国語問題が常に社会的に国家的に取上げられて来たとは限らない。国語が意識的に問題とされ、又国家的社会的に問題とされるやうになつたのは、主として明治以後である。それは我々の生活が国家的に社会的になつて来たことに即応するものである。このやうにして、国語の実情を調査し将来の方策を決定しようとする機関が国家に於いて設立されるやうになつた。それが即ち国語調査委員会以下の機関である。さてそれならば、これらの機関は如何に国語問題をとり上げ、又如何に国語問題に対処して行つたであらうか。これらの機関の目的は、国語調査委員会官制第一条に示されてゐるやうに「国語ニ関スル事項ヲ調査ス」となつてゐる。調査といふことは、単に事実を記録することでなく、国語の理想的形態即ちよい国語、あるべき国語を目標として、それに対する現在の国語の得失を調査することを意味してゐる。調査委員会調査方針第四に「方言ヲ調査シテ標準語ヲ選定スルコト」とあるのは、現実の国語の調査を基礎にしてそこからあるべき標準語を制定しようとしたのである。ところが右調査方針の第一条には「文字ハ音韻文字(フォノグラム)ヲ採用スル事トシ仮名羅馬字等ノ得失ヲ調査スルコト」とあつて、ここに調査といふのは、現実態の調査ではなくして、全く将来のことについてこれを調査することを方針としてゐる。明治の国語問題が国語の現実態に愛想をつかした余りに、国語の実態調査を軽んじ、現実の国語から新しい国語を産み出して行く努力を忘れて、直に理想的形態を仮想して、その取捨選択に力を注ぐやうになる傾向は、既に右の調査方針に見られるのである。種々な改革論の上に立つて、これと国語の実態とをにらみ合せて、常に冷静な監視的立場をとるべき調査機関が、先づ最初に傾向的色彩を濃厚に示したことは、当時の社会情勢から云つて無理からぬことであつたとはいへ、以後の国語問題の紛糾の因をなしたことは争へないことである。調査機関であるよりも改革機関であるといふ傾向は次第に助長せられて、国家的な国語の審議調査機関は、次第に一種の国語運動者的色彩を濃厚にするやうになつて来た。本来ならば、国語の種々な傾向、種々な改革論の上にあり、背後にあつて、静かにこれを眺めながら、適切な忠告や、制御や、指導を与へねばならないこれらの機関が、世の甲乙丙等の国語改革運動者と並んで、国家の権力を以てその主張を貫徹し、実行しようとするやうに進んで来たことは、その出発点に於いて与へられた方向を、真直に歩んで来たものとはいへ、国語調査機関の本来の使命の忘却であると同時に、国語の将来にとつても亦悲しむべきことであつたといはなければならない。世の国語改革運動者はいかにそれが狂信的であつてもかまはない。又それが好ましいことであるかも知れない。しかし若し国語審議会がこれに伍して強烈な国語運動者になつたとしたならば、誰が国語のために冷静な忠告者になるであらうか。それは国語にとつて一大不幸といふべきである。

六　国語問題解決の方法

ここで私は国語問題解決の私案を示さうとするのではなく、凡そ国語問題解決の方法といふものが如何にあるべきかを考へようとするのである。それには先づ国語問題といふことが如何なることであり、その解決といふことが如何なることを意味するかを明かにしなければならない。既に述べたやうに、国語問題は、国語の表現行為及び理解行為即ち言語としての国語に於いて、その表現及び理解の際に、何等かの抵抗障碍が感ぜられるところに発生し、この抵抗障碍を除いて国語生活が円滑に遂行せられるやうになつて解決せられるのである。従つて国語問題の解決といふことには、必ず表現理解の主体である話手及び聴手と、表現及理解の過程といふことが考慮されねばならない。国語の改善といふことは、要するに国語の主体の改善であり、言語行為の改善である。なぜこのやうな自明の事実と思はれることを、特にここに取立てて論ずるかといふならば、やゝもすれば国語問題の解決に於いて話手聴手である言語主体のことが無視され、主体を離れた言語についてのみ問題の解決が考へられてゐること、しかもその言語は表現理解の行為としてでなく、音声と意味との結合した社会共有の文化財として、主体の行為の外に、既に出来上つたものとして考へられてゐるからである。第一に言語主体について見るのに、何よりも先づ国語問題の解決は、国語を実践する個人個人の心構へに帰着させて考へて行かなければならないこと、かつ個人個人が国語をよりよい方向に実践することが出来るやうな方法に於いて考慮されなければならないことである。国語問題の解決といふことは、言語主体を正しい心構へに導いて行く不断の精神開発運動と見るべきである。正しい心構へとは、国語に対する正しい批判をなすことである。何が正しい批判であるかは既に述べたからここでは再び述べないが、この主体の問題を無視するならば、一切の国語改革運動は空にひとしい。外来語の問題にしても、形成された外来語そのものに問題があるといふよりも、外来語を使用する言語主体の心構へに問題があると見なければならない。生活上必要なものとして使用せられるか、或は単なる流行として、衒学的趣味として、軽薄な気持ちで使用せられるかが、話手によつて絶えず反省されることが必要なのであつて、一切の外来語を並べてそれが輸入せられた経路や時期を問ふことは何の意味もないことである。国語問題を、ただ言語上の問題としてのみ考へ、言語主体のこれを克服する努力について考へないならば、如何なる合理的解決を施しても、問題は永久に残るであらう。あたかも、病人の消化能力を高めることを考へないで、食物の栄養量や調理法のみを考へるやうなものである。国語の今日見るやうな複雑性は、半ば日本文化の成立の歴史的必然性の結果であると云つてよいであらう。我々は一方に於いて、このやうな国語の複雑性を合理化し、簡易化すると同時に、他方これを敢然として克服する勇気を持つことが必要である。ここに於いて国語問題の解決は、国語教育及び国語学習と切離して考へることは出来ないのである。

次に国語問題の解決は、国語の実践に於いて始めて成就せられるのであるから、そのやうな線に添うて解決の道を求めなければならないといふことは、例へば、漢字制限の取扱法についてこれを考へて見る。漢字の一定数を枠の中に入れて、常用の範囲を示すといふ方法は、漢字制限の方法として初めから試みられた方法であつて、今回の当用漢字表の場合でも、それが殆ど無批判に無反省に踏襲されて来てゐるのであるが、このやうな方法が漢字制限にどれだけ効果があるかといふことが殆ど問題とされずに、ただ或る文字を枠に入れるか入れないかといふ点にのみ精力が集注されて来た。実のところ、一三〇〇字が二〇〇〇字にならうと、一〇〇〇字にならうと、それはさまで問題とすべきことではないのである。いはばどうでもよいことなのである。批判されねばならないことは、このやうな漢字表によつて、漢字制限問題が一応の解決を得たかのやうに考へ、又人にそのやうに信じさせることの危険についてである。漢字制限は結局日常の記載行為に関することであり、又それによつて成就することを考へるならば、このやうな一片の表が、我々の日常の言語行為を拘束する何等の力をも、又方法をも示してゐないことを知ることが必要である。或はこの原案の提出者は、我々が日常の記載行為に於いて絶えずこの表によつてその文字の有無を検索すること或は我々がこれらの文字をことごとく記憶することを要求してゐるのであるかも知れないけれども、そのやうな不自然な不合理な言語行為は、結局漢字制限を実行不可能にすること以外の何ものでもないことを知らなければならない。制限漢字を記憶して、その制限範囲内で巧に表現をなし得るやうな代書人でも出来ないかぎり不可能なことである。なぜこのやうな結果が予想されるかといふならば、漢字制限表なるものは、表現行為とは何等の関係もなく、あたかも財産を封鎖するやうな方法で処理されたからである。私は、このやうな表に代るものとして、或はそれ以上に重要なものとして、制限漢字を基礎とする辞書の編纂を当事者に勧めたのである。辞書は、一般に誤解せられてゐるやうに、決して文字や語彙を格納して置く蔵のやうなものではない。我々が英語を学習する時に、英和辞書や和英辞書を使用することに見ても明かなやうに、それは言語を成立させる媒介者としての役目を持つてゐるものである。若し漢字制限を目的とするこのやうな辞書が出来たならば、例へば、「ヘイガイ」といふ語の文字を記憶しない場合、群書は「弊害」といふ文字を教へる。若し弊といふ文字を使はせたくないならば、これに「へい害」と書くことを教へる。仮名と漢字の混合が避けたいならば、別にこれに代る他の語を示すこととする。かくしてこのやうな辞書は、漢字制限と同時に、新しい語の使用をも規定することが出来るのである。若しこのやうな表現行為を助長さす方法の裏附のない漢字制限表は、何等意味のないものとなるか、若しこれが強行されたとしたならば、漢字制限といふことそれ自体が、国語生活の障碍混乱の因となつて、新しい国語問題を発生させるといふ甚だ滑稽なことに立至るのである。

国語問題の処理に対する右述べたやうな方法は、要するに、国語問題は、国語の言語としての本質に即し、それに添ふて行はれねばならないことを意味するのである。従つてそれは言語の本質についての考方に基礎を置いてゐるのであつて、今の場合それは私の抱く言語は言語主体の表現行為であるといふ考方に導かれてゐるのである。国語問題解決の方法が、単に解決の方法として単独に考へられてゐるのではないことを特にここに注意して置きたい。この論拠を推し進めて行く時、更に考へられる一の方法は、歴史的解決法とでもいふべきものである。言語が歴史的事実であり、常に伝統の上に立つて発展して行くものである以上、この歴史性と伝統性とを無視した解決法といふものはあり得ない筈である。例へば国語を明日から全然新しい伝統に立つて英語に切替へるとか、フランス語を使用するとかいふことは、言語の本質から見て不可能である。国語の変改といふやうな著しい事実については、その不可能なことが一般に認められながら、その他の改革の場合には、屢々忘れ去られてしまふといふことは注意しなければならないことである。歴史的解決法とは、語の用法についてこれをいへば、例へば「断然」といふ語は、本来二者の中、一を意志的に選択することを云ふのであらう。「断然拒絶した」「断然行くことにした」等のやうに。更にこの語は、或る事が他に比して特立するやうな場合に、「この花は断然綺麗だ」「断然うまい」等のやうに、更に進んでは、ただことの程度の甚しいことを表はして「断然眠い」「断然くたびれた」といふやうに用ゐられたとする。これらの用法を、ただ事実として認めるならば、そこに何等の規範も見出すことが出来ない。これに規範性を与へるものは、歴史的事実である。そこに正誤を、又は正誤の段階を決定する規準が与へられることになるのである。又例へば「新しうございます」の「しう」と、「シューベルト」の「シュー」と音声上何等の区別を見出すことが出来ないからといふ理由で、これを同じ記号を以て記載することは許されない。「新しう」は、「新しく」の変化の形であり、原形に還元し得る形として考へて行かなければならない。ここに如何なる仮名を用ゐるべきかの基準があるのである。以上のやうに、歴史的解決法とは、言語の根本的性格である歴史的連続性といふ最も具体的な事実に即して問題を解決して行かうとする方法である。

以上数項目に亙つて述べたことは、勿論国語問題を対象として国語学上捉へ得る問題を網羅したわけではない。ただ国語問題に対し国語学のとり得る態度の如何なるものであるかを試みに述べたに過ぎない。（昭和二十一年十二月十四日）

（※一九四七年発表）

国語規範論の構想

はしがき

大正十二年九月関東大震災の直後、私はオットー・イェスペルセン氏の著 Language, its Nature, Development and Origin, London 1922 を手にすることが出来て、筧五百里さんと共に輪読し、特にその第一篇の言語学の歴史の中、言語の規範に関する氏の説を感銘深く読んだ。次の抄訳は私の手許に控へて置いた第一篇第一章第四節イェーニシュの一部である。

「十九世紀の言語学者は、彼の扱つた問題とは全く別の問題に没頭して居る。従つて彼の著書は殆ど読まれなかつた。彼等はかゝる問題を扱ふことは無益なことのやうに考へてゐる。しかし我々が言語の優劣論をするのは一体何処に根拠があるのであらうか。此の見方に対して科学的根拠を与へることも必要なことであらうと考へる。」（全訳は市河三喜神保格両氏共訳「言語」二七頁参照）

この一節は、左の第一篇の最後の項と相呼応するものであつて、次に同様私の抄訳を掲げることとする。

「現代の言語学者はいさゝか眼界が狭い様な感がする。この欠陥は私に云はせるならば、彼等が言語の価値批判の問題から遠ざかつた為ではないかと思ふ。如何なる標準に従つて或る語を正しいとし、又正しくないとするかといふ問題は、現代の学者は恐らくこれを避けようとするであらう。その他現在行はれつゝある言語変化は喜ぶべきであるか否か。又国際語なるものが作られ得るか否か。私は思ふ。これらの問題も亦科学的研究を経べき価値あるものである。」（全訳は同上書一六三―四頁）

その後、私は全く別の方向から、言語の本質の問題を考へるやうになり、遂に、言語は言語主体が自己の心を外部に発動さす表現形式の一であるとする言語本質観に到達し、その概略を拙著国語学原論に纏めてこれを公にした。ここに於いて私は必然的に言語主体の規範的意識の問題に直面し、再びイェスペルセン氏の右の説を顧みる機会が与へられた。私は明治以来国語学の伝統的な問題である国語の歴史的研究の基礎としても、先づ規範的意識の考察が必要であり、それが先決問題であることが痛感せられた。他方国語政策、国語教育の諸問題も私の立場に於いては、これを国語学の体系中に包摂する可能性を見出すことが出来ると信ずるやうになつた。このやうに考へてゐる時、たま〳〵新村博士の次のやうな見解に接することが出来たことは私の大きな喜びであつた。

「若し人々にさういふ態度と技能、言ひかへれば言葉の嗜みを、吾々の言語学、国語学が授け得るならば、実践的には此の位よい貢献はあるまいと思ふのであります。何れにせよ、日本の言語学、国語学の中には、何等かの形式で体系づけられてからした部面が相当な位置を占めるに至るべきだと思ひます。」（国語の規準五、言葉の躾と言葉の嗜み、一七七頁）

私は私の国語学の体系が、或は博士の期待の一端に触れるものではなからうかとおほけなくも考へるやうになり、東京転住の最初の講義に於いて国語規範の問題を正面に取り出すこととしたのである。本稿は、右のやうな経過を経て、試みるに至つた講義案に基くものであり、研究室の研究消息の意味を含めて、規範論の構築のために学界の批判と援助とを冀ふこととしたのである。

一　国語規範論の対象

現代国語学が到達した諸領域諸問題については、私がこゝに改めて述べるまでもなく、大抵の概論書によつて説かれてゐることであつて、言語の構成要素に従ひ、或は研究の態度方法に従つて、音声論、文字論、意義論、文法論、或は歴史的研究、方言研究等の部門が成立すると考へられてゐる。猶諸〻の体系的見地から、国語学の諸部門の成立に対する考方も将来考究すべき多くの問題を蔵してゐるであらうが、これら国語学の諸部門に対して、今こゝに新しく国語規範論なるものの成立の可能であること、又それの重要性を主張したいと思ふのである。もとよりこゝにいふ国語規範論は、既に完成した学問であるといふよりも、将来開拓すべき新しい分野であつて、従つて私がこゝに述べることの出来ることも、本論の構想に過ぎないものであることを予め了解せられたいのである。

先づ本論（以下国語規範論を略して本論といふ）は如何なる事実を対象とするものであるかといへば、「国語に於ける言語主体の規範的意識及びそれの国語に於ける具現の方法」を対象とする学問であると定義することが出来る。言語主体の規範的意識とは如何なるものであるかといふに、これは言語に於いて極めて平凡にして又一般的なものであつて、我々が日常の会話或は文章の表現に於いて、聴手に対してどうしたならば自己の思想を的確に伝へることが出来るであらうかと考へたり、聴手に不愉快な感を与へないやうにするには如何にしたならばよいかを考へたり、その反対に自己の思想を曖昧にしたり、相手を苛立たせるには如何にしたならばよいかを考へることは、それが意識的にせよ無意識的にせよこれを言語主体の規範的意識と見ることが出来る。かゝる意識に基いて、言語主体はそれに適当した表現を選択することによつてこゝに言語表現が成立するのである。このやうな主体的意識は、言語的表現の如何なる場合にも随伴するものであり、恐らく人間に言語の成立した当初から存在したものと考へることが出来るのである。本論の対象とする言語主体の規範的意識なるものは、国語の内部に存する体系的事実の一つであつて、従つて国語規範論は音声論、文字論と同様国語学の体系中の一分野と認むべきであるが、音声論、文字論が国語の内部的構成要素を対象とするものであると考へられてゐるのに対して、本論は国語に於ける言語主体の意識的事実を対象とするといふ点で著しく対象の性質を異にしてゐる。問題の所在を明かにするために、こゝに国語の内部といふことに対して国語の外部的事実とは如何なるものであるかを明かにして置きたいと思ふ。若し譬を以て云ふならば、「桜」について、花弁とか蕊とか葉或は根とかを問題にするならば、それは「桜」の内部的事実を取扱つたのであるが、これに対して、「桜」に八重桜、一重桜、山桜、吉野桜の如き品種別のあることを問題にするならば、それは「桜」の外部的事実を問題にしたことになるのである。この関係は、いはば論理学に於ける概念の内包と外延の別に比することが出来る。今こゝで特に内包外延の用語を避けようとする理由は、我々の学問は、概念を対象とするものでなく、飽くまで言語或は国語に於ける事実そのものを対象とするからである。言語に於ける外部的事実とは、例へば、言語の歴史的変遷の現象とか、方言分裂、標準語統一の如きものであつて、これらは言語の内部的事実を明かにし、言語の体系を認識する上に必要なことではあるが、これらの現象それ自体は厳密な意味に於ける言語学の体系的事実とすることは出来ない。従つて言語の歴史的研究を、史的言語学といふべきか、言語史学といふべきかは、実は軽々しくすべき問題ではないのである。若し言語に於ける歴史的変遷の現象を、言語の外部的事実とするならば、それの研究は寧ろ言語史学の名称を採るべきで、それは史学全体に於ける一領域を占め、その原理は一般史学の原理に従はなければならないのである。このやうに云ふことは、甚しく詭弁を弄するやうに考へられるかも知れないのであるが、実は極めて重要な言語の本質に対する見解の相違を含んでゐるのである。フェルディナン・ド・ソシュールの如きは、歴史的研究を通時言語学（linguistique diachronique）と称して体系的な共時言語学（ling. synchronique）に対立させてゐる。（小林英夫氏訳言語学原論第一篇第三章）これは明かに言語学内部のものとして歴史的研究を見てゐるのであるが、それは言語の内部に通時態と共時態の二面の存在を認めようとする言語本質観に基いてゐるからである。それらについては別に詳論したので（言語学と言語史学との関係、橋本進吉博士還暦記念国語学論集）、こゝでは省略することにするが、本稿に述べようとする主題の基礎となつてゐる言語本質観については、拙著国語学原論についてこれを詳かにしていたゞきたい。こゝでは簡単に言語の歴史的現象の如きものは、桜の品種的差異と同様に、言語の体系外のものであるといふに止めて置かうと思ふ。

ソシュールは、言語の歴史的現象を、言語に備はる一の態と考へる反面に於いて、言語に於ける話手である言語主体を、言語の体系的事実の外に追ひやつてしまつた。従つてソシュール的見地に於いては、言語主体に所属する規範的意識の如きは言語学の当面の課題の外に置かれなければならなくなつた。それは、言語は言語表現以前に存在する実体として、言語表現の資材或は道具と考へられてゐるがためである。換言すれば、我々の言語的表現は、我々話手が言語といふ資材を運用する処に成立すると考へるからである。規範的意識の如きは、言語資材の運用に於いては問題にされようとも、言語を対象とする言語学の関り知らぬことであるといふことになるのである。このやうな考方に対して、言語を端的に表現行為自体であるとする考方に従ふならば、規範的意識は、言語といふ資材に対する言語主体の意識ではなくして、表現行為自体である言語に於ける意識となり、それは言語成立の根元と考へられねばならないのである。極言するならば、言語主体なくして、或はその規範的意識なくして言語は成立し得ないといふことになるのである。これを譬へていふならば、言語と言語主体との関係は、船と船長との関係に比することが出来る。船長を船の外部のものと考へ、これを使ふ者と使はれる物との対立関係に於いて見ようとするのは、ソシュール的考方である。これに対して、船長を船の内部のものと考へ、船長を考へることによつて始めて船としての本質が成立すると考へるのが本論の立場である。船の本質は、単に鉄板や木片や機関部の構成の上に成立するのでなく、人や物を乗せて運航するところにあるのであるから、船の構造から始めて、あらゆる機関は総て船のこのやうな本質達成の目的に従つて構成されてゐる訳であつて、船長も亦これを運航させる主体として、船の本質上不可欠のものである。船長を考へない船は、同時にこれを船といふことすら出来ないのである。言語主体及びその規範的意識を言語の内部のものと考へ、言語に対するものとしてではなく、言語に於けると規定したのも右の理由に基くのである。このやうにして、本論は、言語の実践部面特に実践部面を指導する中枢機能を対象とするものである。言語を言語たらしめる根元を対象とするものであつて、音声論や文字論が言語の部分的要素的事実を取扱ふのに対して、本論の国語学に於ける重要性が存する所以である。

二　国語の実践と国語論

本論の対象は、既に述べて来たところによつて明かなやうに、これを国語の内部に求めなければならない。といふことは、これを国語の実践に於いて求めなければならないことを意味するのである。実は対象としての国語は、実践に於ける国語以外にこれを求めることが出来ない訳であるから、右のやうな説明は云はば冗語でもあるのであるが、言語の本質を明かにするために、煩を厭はず右のやうな説明を敢へてしたのである。国語とその規範的意識との関係を文学研究の場合に対比して考へて見るのに、創作主体の規範的意識とその作品への実現は、本論の対象に匹敵するものであつて、文学研究に於いても、これを作品自体の中に求めなければならないことは、国語の場合と同様である。創作主体に関する事柄は同様に文学作品内部のことに属して、決して作品と創作主体とは対立すべき関係のものではない。然るにこゝに文学の創作主体の規範的意識とその実現の技法を述べた文学論即ち歌論、俳論、小説論の如きものが、実際の作品の制作の根元となる規範的意識並にその技法と如何なる関係にあるかといふことが問題になつて来る。和歌はかくあるべしといふ論は、これを実践に移せば直に創作活動に於ける規範的意識とその技法とになる訳であるが、事実はその間に屢〻逕庭の存する場合があり得るのである。宛も教育理念と教育事実との間に隔りの存すると同様であるが、理想としてはこの両者は合致しなければならない筈である。只教育理念にせよ、文学論にせよ、それは教育乃至文学に対する反省の上に成立したものであつて、それは実践的指導理念であると同時に、半ば教育乃至文学の学問と相関聯するものであつて、純粋の教育的活動乃至文学的活動に於ける規範的意識とは自ら異らざるを得ない。併し乍ら一方教育的事実乃至文学的活動といへども、それが全然教育乃至文学に対する反省なしに成立するといふことも考へられない場合が多いことを思へば、教育論や文学論に於ける規範的意識が、実際の教育的事実或は文学的制作に於ける規範的意識よりも不純であるとは速断することが出来ない。こゝに学と術とを截然と区別することの出来ない理由も存し、文学の研究に於いて、文学論が作品そのものの研究の有力な支柱と考へられる根拠が生ずることになる。源氏物語の研究に於いては、源氏物語自体が直接の対象となるは勿論であるが、これを裏附けるものとして源氏物語中の蛍巻の文学論が屢〻引合に出され、坪内逍遥の当世書生気質の研究に、小説神髄が傍証される訳である。

文学論と文学制作活動との関係が以上のやうなものであるとするならば、同様な関係は、言語の場合にも認めることが出来る。言語に於ける規範的意識とその技法とを論じた凡てのものを一括してこゝに国語論と称するならば、それと国語そのものとの間にも右の如き関係が存在し、この両者を本論の対象として見る時、その間に截然たる区劃を設けることが出来ない。こゝに国語論といふのは、国語の将来を論ずる国語問題国語政策に現れた規範的意識より始めて、国語教育国語の躾に関する所論、文学的資材としての言語の技法に至る一切の所論を含めて云ふのであるが、これらの所論が、往々にして国語に対するさかしらな反省考察から出発して立論されてゐることがあると同時に、我々が無意識にして自然であると考へてゐる国語の実践そのものの中に於いても亦同様なことが絶無とはいへない。所謂民間語源説に類する通俗的な言語意識が、不知不識の間に国語の最も妥当な発達を歪めてゐないとは限らない。その反対に、適切な国語論によつて国語の将来を正しい方向に向はせる可能性も充分考へられることなのである。

以上、本論の研究対象が、実践的な国語そのものにあると同時に、国語論に現れた所論をもこれを対象とすべきであることを明かにした。要するに我々の研究の目的は、かゝる規範的意識を探索することによつて、従来国語の認識より除外された言語主体の問題を、研究の焦点に置くことによつて、完全な対象の認識を獲得すると同時に、国語の実践に当つて我々が如何なる態度心構へを持つべきかを明かにすることにあるのである。

三　国語規範論の研究方法

国語規範論の研究対象は、前項に述べたやうに、

（一）国語そのものに現れた規範的意識とその技法

（二）国語論として述べられた規範的意識とその技法

とに分つことが出来る。この両者は対象の性質として全然同一に取扱ふことは出来ないにしても、研究の難易の点より見て、先づ第二項を第一とし、次に第一項に移るのが順序であらう。それと同時に、規範論について予め総括的に考へて置かねばならない問題がある筈であつて、これを一括して本稿第四に国語規範論の諸問題として論ずることとしたので、彼此対照して研究を進めるべきである。

（一）国語論として述べられた規範的意識とその技法とに関する資料

我が国の文献中から、国語論に関する資料を蒐集しこれを整理することは、一朝一夕にはなし難いことであるが、既に学者によつて注意せられ、一般に知られたものについて、これを適当に処理し、そこに現れた問題を摘出することだけでも意義あることである。私としても現在のところそれ以上のことが為し得られるとも考へないし又用意もないのである。左に掲げるものは、私が書き留めて置いたものを秩序もなく羅列したに過ぎないのである。

イ　古事記上表文中の用字法に関する所論

ロ　枕草子、源氏物語に現れた用語に関する所論

例へば、枕草子の「文ことばなめき人こそ」「わろきものは」の段等、又源氏物語帚木巻の「さるまゝには真字を走り書きて、さるまじきどちの女文に、半ば過ぎて書きすくめたる、あなうたて、この方のたをやかならましか

ばと見ゆかし」に見えた女子の教養と漢字との関係、或は常夏、行幸、真木柱の巻々に見えた作者の近江の君の言動に対する批評等

ハ　愚管抄巻七に現れた国語論

ニ　日蓮上人遺文録に現れた方言尊重論

ホ　徒然草の「文の詞などぞ古の反古どもはいみじき」の段に現れた古語に対する憧憬

ヘ　安原貞室の片言に於ける訛語矯正

ト　女重宝記、女節用類に於ける言葉の教養、躾

チ　蘆排小舟、紫文要領に現れた本居宣長の擬古文に対する態度

リ　歌論、連歌論に於ける用語修辞の問題

ヌ　明治以後の国語問題、国語教育論に現れた国語論

猶注目すべき幾多の文献があり得る筈であらうが、更に又一般に学問的見地からしては末書として等閑に附せられがちな片々たる修辞学書、雄弁術、朗読法、話術、書道に関するものより、ラジオ放送に於ける朗読法、用語の選択に関する所論に、本論の立場から採り上げて見るべきものがあるであらう。これらを本論を基礎として、術を術のまゝに体系付けることが要求されねばならない。更に眼を転ずれば、字書辞書の如きも、従来単に韻書とか、画引字書とか、音引辞書とかのいはば編纂形式の点のみから観察され分類されて来たものを、字形の取捨選択、語彙の載録の範囲等の如き規範的意識の現れとしてこれを観察する時、これらも亦本論の資料の一として加へることが出来るであらう。

(二)　国語そのものに現れた規範的意識とその技法とに関する資料

一切の国語の文献がその資料として考へられねばならないと同時に、本論の研究の中心も亦こゝにあるのであるが、それら文献が、如何なる規範的意識とその技法の具現であるかを結論することは、各〻の資料を個々に観察してゐる限

り恐らく困難なことであらうと思ふ。若しこれを性質の異つた資料相互について、又時代の異つた資料の間に於いて比較検討することによつて始めて規範的意識とその技法の相違を見出すことが出来ると思ふ。例へば万葉集の仮名書の部分は、これを漢文的記載法の巻々との比較対照によつて、規範的意識とその技法の特色を把握することが出来るであらうし、物語文学と説話文学との言語上の相違を見ることによつて、作者の用語に対する規範的意識と、又時代によるそれの変遷の跡を覗ふことが出来る。資料の言語的相違を惹起こす要因の少くともその重要な一はこれを話手の規範的意識とその技法との変遷に求めることが出来るであらう。従つて何等かの基準に基いて、資料の分類整理といふことが先づなされねばならない。本論研究上の困難な点は、恐らく音韻文字の如く具体的な形式に於いて本論の研究対象を把握することが出来ない点であつて、それには本項第一に述べた国語論を整理することによつて問題の所在を明かにし、他方本稿第四項国語規範論上の諸問題の諸項に従つてこれを観察することによつて、研究上の手がかりと足場を得ることが出来ると思ふ。

四　国語規範論の諸問題

イ　言語基底

言語に於ける規範的意識を考へるについては、先づ言語に於ける主体の存在と、その主体の表現意識の存在が考へられなくてはならない。規範的意識とは、かゝる主体の持つ表現意識に他ならないのである。そしてこのやうな規範的意識が成立するためには、言語に於ける主体的意識を制約するものの存在が必要である。言語に於ける主体的意識を制約するものとして、これを外的事情と内的事情とに分つて考へるのが便宜である。今こゝに甲地から乙地に向つて航行する船があるとする。乙地に向つて進路をとつてゐるといふことは、船自体の持つ目的から出てゐることであるから、これを内的事情とするならば、たま〳〵風波のために、丙地に向つて航行することを余儀なくさせられたとすれば、それは船の目的とは別個な風波といふ外的事情によるものである。勿論乙地に向ふといふ船の目的それ自体も、考へやうによつては船の航行を左右する一つの外的事情であるとも考へられるが、今は只便宜上このやうに別けて考へることとする。

言語に於ける主体的な表現意識を制約する内的事情として、最も根本的なものは、これを言語に於ける表現基底（或は簡単に言語基底）であるといふことが出来る。言語基底の制約によつて各言語は夫々特異な表現形式をとり、その言語の特質を形づくるのである。言語に於ける基底といふことは、一般には音声学上に使用される術語であつて、base d'articulation, Artikulations basis. などと使はれる base, basis の訳語であつて、佐久間鼎博士はこれを調音の基底と訳された。調音の基底といふことが如何なる事実をいふかは同氏の説明に明かである（日本音声学二七、一八七頁）。

イギリス人の発音には、各人および各発音に共通な色合があつて、国語またはフランス語などと、その語義を知らなくても容易に区別されるところがある。かやうな特色は、つまりそれ〴〵の言語に於ける発音機能の習性的傾向であり、調音運動の伝統的傾癖である。（中略）細かく見るならば、舌の形状およびその運動の方向、唇や下顎や口蓋帆や声帯の運動に関聯するわけである。この全体的傾向に名づけて調音の基底といふ。

こゝに調音の基底といふのは、発音運動の属性ではあるが、その由来するところは、発音主体更に一般的に云つて言語主体そのものの傾向として考へられなくてはならない。このやうな言語主体の傾向は、必しも発音に際してのみ観取される事実でなく、言語表現のあらゆる過程に伴ふのは当然であつて、従つて意味基底とか、文字基底とか、構文基底とかいふことも可能な訳である。今これら言語表現のあらゆる過程の上に見出される主体的傾向色合ひを言語基底と名づけるならば、言語主体は他のあらゆる外的事情の制約を受けるよりも、先づこの言語基底によつて表現が制約されるのである。言語基底はこれを別の言葉でいへば、言語主体の生命或は精神ともいふべきもので、日本語の表現の根本には日本精神があり、フランス語にはフランス精神が発動する。要するに各国語の基底としてそれぞれの国民性民族性といふものが、それぞれの国語の表現を制約し、従つてこの制約を破つて表現することは不可能であるか、或はこのやうな表現は国語らしさを失つてしまふのである。言語基底はこれを個別的に見れば、各個人の間にも相違があり、又時代的に見て社会的階層の上から見て相違があるであらうが、又これを全体的に見れば、日本語なら日本語としての共通した基底を見出すことが出来るであらう。かゝる言語基底が何によつて成立するかは、言語と、歴史、社会、風土等凡その民族なり国民なり特定時代人なり特定地方人なり個人なりの性格を決定させる処の条件を考へることであつて、言語研究上これ又一つの重要な問題である。

ロ　規範的意識の種々相

言語の規範的意識が言語基底に根ざすものであることが明かにされたが、このやうな規範的意識は、又言語基底の種々相に従ひ、幾つかの種類に分つて考へることが出来る。例へば、（一）論理的（二）美的（三）論理的（四）実用的の如きものを挙げ得るかと思ふ。或る民族は論理的表現を好み、或る民族は実用的表現に重きを置くといふ風に民族的好尚から言語の特色が著しくなる場合や、又時代によつて何れかを重んずるといふやうな事実もあり、又人により差等のあることも認めなければならない。しかしながら、規範的意識の種々相は、元来人間生活の種々相と相呼応すべきものであつて、民族や時代や個人差に固定させて考へるべきものではないのであらう。生活面の変化に応じて又規範的意識も変化して来なければならない。円満な言語生活の訓練は、生活の場に即応する規範的意識の練磨を意味するのであつて、感情の調和といふことのみを偏重した平安朝の言語の如きものを捉へて、国語の特質がそこにのみあると考へるのは言語生活の真相を認識しないものである。我々は国語の特質といふものを、右のやうな宿命的な考方を以て律してはならないと思ふ。我々は現代生活の種々相に対する認識から、言語に於ける種々な規範的意識の存在を予見し、それに従つて国語の多角的な——即ち美的道徳的論理的等々の——発展に努力することが真に国語を愛護する所以である。

八　表現の選択に於ける価値判断と表現技術

如何なる場合に如何なる表現が適切であるかは、言語主体の表現に於ける価値判断に基づくのである。二点間の最短距離を択ぶといふやうな言語表現の選択は、実用的な場面に於いては最良と考へられようが、それは常に必しも論理的美的規範意識を満足さすとは限らない、要は生活との聯関に於いて決定されるのである。

次にこのやうにして選択された表現を実現するには如何なる方法をとるべきか。こゝに言語に於ける表現の技術といふことが問題になつて来る。こゝに技術といふのは、資材である言語を採つてこれを使ひこなす技術をいふのでなく、言語といふ一の表現形式を成立させる、或は実現させるところの技術として考へるべきものである。換言すれば、道具を使用するところの技術ではなくして、行為実現の技術である。実践の方途としての技術である。こゝに於いて我々は嘗ては国語学や言語学の中心問題から追ひやられてゐた修辞法朗読法雄弁術話方言葉の躾書道の如きものを、言語研究の中心課題とまでは行かなくとも、少くとも重要な課題として取上げねばならないこととなる。勿論これらの術はそれ自身学問ではないが、言語の実践に関する一つの論として、規範論の対象となるべきものである。

二　規範的意識の種々な制約

以上述べたことは規範的意識成立の内的事情と、言語主体の側に関する事項のみを取上げたのであるが、規範的意識の成立には、更に外的事情がこれを制約し、言語主体とそれら外的事情との間に機能的関係のあることを考へなければならない。表現は、決して表現主体の余すところなき自己表現に於いて完成されるものではなく、表現を制約する幾多の外的事情が存在し、表現は寧ろかかる制約の下に自己を実現させることに於いて完全な表現となり得るといふことが出来る、前項に於ける言語の技術とは、実にかかる制約下に於いて、言語主体が如何にして自己を外部に表現さすかの方法をいふのである。以下言語に於ける外的制約の幾つかを列挙して見ようと思ふ。

(1)　言節構造形式の制約

音節は言語の構成要素として一般には取扱はれてゐるが、これを言語主体の立場からいふならば、宛も絵画に於ける絵具の如く、表現の媒介として、表現の一つの制約としての意味を持つてゐる。例へば、「経済生活の根本的再建を企図する」といふ文に於いて、「再建」「企図」をそれぞれ「たてなほし」「くはだてる」と改めても意味内容には一向増減がないから差支へない筈である。このやうにして難解な漢語彙を出来るだけ駆逐してこれを本来の日本語に置き換へる主張や運動が国語を純化し、簡易化する手段として考へられる訳である。ところが右のやうな語彙の入れ換へが或る抵抗を感ぜしめるのは何故であらうか。それは純国語の音節構造と漢語のそれとの間に相違があり、漢語の音節の中に純国語の音節を交へることは、そこに音節的調和或は音節的統一を破るものがあるからである。一体漢字音の子音を以て終るもの、或は重母音のもの、例へば、旦、南、陽、葉、突、竹、愛、道等が国語として用ゐられた時は、二音節となるべき筈であるが、極めて国語化した毒《ドク》、罰《バチ》、銭《ゼニ》、櫃《ヒツ》等の如きもの以外の多くの漢語として意識せられる語の音節は、二音節でありながら、それが猶一音節としての統一体として意識せられる傾向が強い。前例の文に於ける「経済」「生活」「根本」は夫〻に四音節ではあるが、その各音節は決して同価値に結合させてゐるのではなく、第二第四音節は夫夫第一第三音節に従属した形をとり、結局これらの語は複合的二音節ともいふべき構造をとる。従つて若しその中に純国語的な単純音節の語が介入して来る時は、勢ひ音節的調和が乱されるといふことになり、そこに語の選択に対する制約が生まれて来る。この制約に従つて表現を実現させる技術として考へられることは、何れか一方の音節構造に統一さすか、或は異つた音節を混入させながらその間に調和を求めることである。前者の方法に従へば、漢語を主にした漢文直訳体の文章、或はその反対に和語を主にした和文調の文章が成立し、後者の方法に従へば、和漢混淆調の文章が成立することとなる。

（２）文字の制約

文字も音声と同様に言語の表現過程であり、表現の媒材である。そして今日国語が漢字と仮名の混用によつて標記される場合に於いて、文字は必しも意味或は音声の表現としての役目を荷ふばかりでなく、語の種類別に対応する漢字仮名の使ひわけに相違があり、文字それ自体の与へる字形的印象に相違がある。例へば、「能率の増進」「必要な改革」の如き標記に於いては、漢字と仮名とが混用されてゐても、そこには語の種類に対応する使ひわけに一定の秩序があつて混乱を感じさせないが、「能率のぞうしん」「ひつような改革」或は「能りつのぞう進」「ひつ要な改かく」といふやうに標記すれば、第一にそこには語の種類に即応する文字使用の習慣を破り、他方、語として統一感が漢字仮名の混用によつて乱されてゐる。文字を単に表音表意の機能の点からのみ見れば、多画のものを仮名に置きかへることは一向差支へない訳である。それにも拘はらず、右のやうな記載法が我々に満足を与へないのは、表現内容とは別個の、文字の字形的制約が存するからである。このやうなところから一見甚だ不経済な宛字例へば「巴里」「天婦羅」「無暗」の如きものが現れて来るのである。

聴手や言語表現の場所環境等が同様にして表現を制約する外的事情として存することも明かであるが、今それらについて詳説することを略すこととする。

（※一九四七年発表）

国語に於ける変の現象について

はしがき

この論文は、私の国語学原論に於いて、殆ど全く触れることの出来なかつた国語史研究、国語方言研究に一歩を踏入れようとしたもので、原論に述べた言語観察の態度と、その根本理論の発展として、国語史研究或は国語方言研究への最も素朴な出発点を示さうとしたものである。本編は、先きに発表した「言語学と言語史学との関係」（橋本進吉博士還暦記念国語学論集）とともに、私の「国語研究法」への追加の一部としたいと思ふ。

国語史研究或は国語方言研究は、国語の系統研究とともに、明治の新国語学が、西洋の言語学を学んで設定した重要な研究課題ではあるが、それは、国語の事実、現象を基にして、そこから必然的に要請された国語学上の研究分野であるよりも、外から与へられた課題研究であつたために、真の学問的研究にまで発展するための重要な地盤が欠けてゐるやうに思はれる。既に国語研究法の中でも述べたやうに、国語学は、その伝統的な研究課題の発展により、又は西洋言語学の示唆により、その躰系を整備して行くことも大切であるが、同時に、又それ以上に、国語現象に対する不断の沈潜と凝視により、新しい研究領域を見出し、理論の修正と発展とを期さなければならないのである。本編は、このやうな研究態度に基いた一試論である。

一　変といふ語の意味

国語に於ける変の現象とは、どういふ事実を云ふのであるか。それらの事実を列挙して示す前に、ここに用ゐた変といふ語の意味を、先づ明かにして置くことが便宜であると思ふ。国語学上の術語として、私が変といふ語を用ゐたとしたならば、必ずや読者諸君は、そのやうな術語は、どの国語学書にも、まだ見たことが無いと云つていぶかるであらう。そして、変《へん》な術語だと思はれるに違ひない。私はここで洒落を云はうとしてゐるのではない。変といふ語の意味は、まさしく諸君が今現に経験された変な感じの変そのものなのである。「変な顔をしてゐる」「調子が変です」「変になま温い」などといふ時の変である。又、「時代の変遷」「気候の変化」「日華事変」などいふ時の変であり、時には独立して、「機に臨み、変に応ずる」「承久の変」などと用ゐることもある。そこで、ここに用ゐられてゐる変といふ語が、一躰どのやうな意味に用ゐられてゐるかを考へて見るのに、変といふ語が用ゐられるには、必ず二或は二以上の事実があつて、それを比較対照するといふ思惟の働きが必要である。「調子が変だ」といふ場合には、今の調子Aと、他の場合の調子Bとが比較対照されてゐるので、Aだけを捉へて、「調子が変だ」とはいふことが出来ないのである。次にAとBとの間には、何等かの相違が認められ、そして屢々Bが常態であつて、Aがその異常態である場合に、そこに変が認められる。しかし、常態であるか、異常態であるかは、数的に決定される場合もあり、主観的な判断による場合も多い。「変な魚だ」といふ判断は、さういふ魚を見なれない異国人の判断であり、さういふ魚が普通であると認められるに従つて、変の感情も解消してしまふ。しかし、ここに大切なことは、AとBとの比較対照によつて変が認められるについては、AとBとは外見上相違して居つても、その間に、本質上の一致点があるといふこと、換言すれば、AとBとは同種類のものであることが必要である。「変な犬だ」といふ時には、その犬は他の同種類の犬との比較対照の上で云はれることで、犬を猿に比較して、変だと云はれないのである。

以上は、云はゞ変といふ語によつて表現される事柄の客観的根拠とも云はれるものであつて、変といふ語が用ゐられるについては、この外に主観的根拠とも云ふべきものが必要である。AとBとが同種類のものであつて、しかもその間に相違する事実が客観的に存在して居つたとしても、その相違を認定する観察主躰が、それを少しも変だと感じなければ、変といふことはあり得ない筈である。林檎の実は木になつてゐるのが常態であるとすれば、それが突然地上にバタリと落ちることによつて、そこに一の変が起こつたことになる。そこで、ニュートンはこれを「変だ」と思ひ、「どうしてだらう」と考へた。しかし、一般の人たちはその変を認めない。たとへ認めたとしても、それを変だとは考へない。これは客観的事実としては、変が存在したのであるが、主観的には、変と考へられなかつた例である。主観的に変だと考へられて、始めて変として表現されるのである。であるから、変といふ語は、客観的事実としての変と、それに対応する主観の受取り方、主観的な気持ち、感情を表はす。故にこの語は、「あやしい」「不思議だ」「をかしい」などといふ語と共通した意味を表してゐる。林檎が木から落ちるといふやうな平凡な変の現象には、多くの人人は、変の感情を持たないが、その反対に、一般の人々が変だと思ふこと、例へば、「何処何処の七不思議」といふやうなことは、科学者の目から見て、変でも何でもないと云ふやうなこともあり得るのである。このやうに変といふことには、主観客観両方面の根拠があることが分るのであるが、科学の発達には、客観的な変の現象を、主観的に変と意識する鋭敏な感受力を養ふことが大切である。それは、現象に沈潜し、これを凝視する観察的態度から生まれて来るのである。

以上は、変といふ語によつて表はされる事実を分析して、客観的事実と、主観的事実とに分つて見たのであるが、この変といふ語の一般的使用に於いては、それは客観的事実を云ふこともあり、主観的事実を云ふこともあるが、多くの場合、それは客観的事実と、それによつて触発され、刺戟されて起こる「をかしい」「怪しい」等の主観的感情情緒をも含めて、総合的に云ひ表はしてゐると見るのが妥当である。あたかも、「見える」「聞える」といふ語が、客観的事実としての事物の現象と、同時にそれに対応する主観的な知覚を合はせて表現してゐるのにひとしい。「今日は頭が変だ」と云へば、主観的な感情情緒を云つてゐるやうであるが、実は同時に、頭の生理的変調をも含めてゐるのである。又、

「あの人の目つきは変だ」と云へば、目の客観的な状態を云つてゐるやうであるが、それは同時に、それを認知する主観の感情情緒の内容をも含めて云つてゐるのである。ただ感情情緒に対応する客観的事実が漠然として捉へどころがないやうな場合に、「わたしこの頃変なのよ」と云ふやうに、専ら感情情緒の表現であるやうに見られ、逆に「変態性欲」とか、「偶然変異」とか云ふやうに、感情情緒を抜きにした客観的事実の表現であるやうに見られることもあるのである。

又、変といふ語の常識的用法に於いては、二或は二以上の事物の比較対照から専ら一方の事物にのみこの語を冠して、その事物の性質、属性を表現するに用ゐられることが多い。「変な顔」「調子が変」などは皆、顔の属性、調子の叙述に用ゐられてゐるのであるが、これらの場合でも、事物の比較対照といふ思惟の働きが、このやうな表現の根底になつてゐるといふことは変らないのであつて、「きれいな顔」「調子が高い」などといふ場合の、「きれいな」「高い」などが専ら事物の属性を表現してゐるのと異なる。思ふに、右のやうな変の意味の転用は、比較対照された事物について、一方を正常のものとし好ましいものとし、他方をさうでないとする価値意識が伴ふためであらうと考へられる。しかし、このやうな価値意識は、多くの場合、主観的なものであり、又動揺してゐるのであつて、変といふ語の意味するものは、現象の対立、交替、推移、更に進んでそれらの比較対照といふことにあるといふことは云へるであらうと思ふ。まづ、私は変の語の意味を以上のやうに考へて論を進めようと思ふ。

次に、この論を進めるに当つて、こと更に変といふ語の意味の詮索から始めたのは、この語の意味に特別な興味を持ち、それを手懸りとしてこの論を始めたといふやうなものでなく、学問研究の最も素朴な出発点とその方法を考へるに当つて、これを云ひ表はすのに、この語が甚だ適切であり、便宜であると考へたからである。多くの場合に我々の日常使用する語は、現象に対する我々の素朴な把握の仕方を示すものとして注意しなければならない。学問上の術語に最初から厳密な定義を下して進むといふことは、論理の厳密性を尊ぶ点からは肯定出来ても、我々の素直な現象把握の態度を歪め、遮断してしまはないとも限らないのである。我々の日常の語を手懸りとして、深い思索に入つて行くことは、非科学的なやうに見えて、実はそこにこそ、真の科学への道があるやうに考へられる。それは、我々の素朴な考方に出発して、それを次第に彫琢して、純粋学問的なものにすることに他ならないからである。

二　国語に於ける変の現象

私が、今ここで用ゐようとする変といふ語は、右に述べたやうな極めて常識的な意味によるのである。従つて、変といふ語によつて表はされる国語の事実そのものも、右の意味以外の何ものでもない。換言すれば、国語の観察者である私の目に映ずる国語の変の現象と、同時に国語に対する変の感情情緒を出発点として、それに学問的整理を加へ、組織を与へ、理論を抽出さうとするのである。そして、国語史研究とか、国語方言研究とかいふ国語学の領域は、ほゞそれらの変のあるものの考察から導き出されるものであらうといふことが予想されるのである。従つて、この方法は、事実の学問的認識の自然の結論として、一の研究領域を打建てようとする行き方であつて、予め研究領域を設定して、それに該当するやうな事実を、適宜に配列するといふ行き方に対立するものである。云はば、内容に従つて枠を作らうとするのであつて、枠によつて内容を取捨するといふのではないのである。

右に述べて来たところによつて明かなやうに、学問躰系といふものが、外部から与へられたものでなく、研究者が、事実そのものから帰納しようといふ態度をとる時、その躰系は、研究者の対象把握の方法、態度によつて異なるのは自然であつて、そこに学問研究に於ける観察主躰即ち研究者のことが、重要な問題になると云ふことについては、既に「国語研究法」に詳かにしたところである。

さてそれならば、国語に於いてどのやうな現象が変と考へられるであらうか。

私は、戦災を受けてから、ずつと長野県の東北隅、沓掛の奥に住んでゐるのであるが、土地の人たちと交際するやうになり、土地の言語を聞くにつれて、屢々そこに変の現象と、変の感じを抱くやうになつた。私たちが、「とても暑い」とでも云ふやうな場合、「まづ暑い」といふやうである。又、「当分これで間に合ふ」と云ふやうな場合、「ときにこれで間に合ふ」といふやうである。これなどは、同一の事実に対して、私たちとは異つた別の音声を以て表現するので、しかもそれら別の音声が、私たちには別の観念を喚起するところに、変が認められるのである。

私は、学校で源氏物語を講ずるやうになつて、そこに使はれてゐる語が、現代の使用と相当の距離のあることを発見して奇異の感に打たれることがある。例へば、「つつまし」とか、「はづかし」といふやうな形容詞、「たのむ」「うれふ」といふやうな動詞をとつて見ても、現代語の語感とはかなりの相違が認められるのである。これらの語は、源氏物語を読み始めた頃には、さまで気附かずに、こともなく過ぎて来たのであるが、読むことの数を重ねるに従つて、今まで何等奇異に感じなかつたこれらの語に変を感ずるやうになつて来た。

沈潜の深さ、凝視の鋭さによつて、何でもない平凡の現象の中に変を見出して行くといふことは、本居宣長が、和歌の語と散文の語との間に相違を見出したこと（玉あられ、文の詞を歌によむ事）にも、我々は多くのことを学ぶのであるが、かういふ態度は、学問の出発点として、又方法として極めて大切なことである。もし我々観察者の感受性を鋭敏にするならば、枕草子と源氏物語との間に存する変や、源氏物語の中でも、巻々の間に存する変のいくつかを嗅ぎ出せないこともないであらう。

このやうにして、国語の現象に沈潜して行く時、平安朝の物語文と、漢籍や仏典に加へられた訓読語との間の変、物語文と軍記物語の文との間の変、更にもつと微細な点に及んで「花咲きて」が「花咲いて」となることの変、そして、「咲く」といふ語が、「咲か」「咲き」「咲く」「咲け」となることの変など、いづれも皆我々の観察の対象となるであらう。現代の国語にある「おかへり」「おかへりなさい」「おかへんなさい」等の間の変、「早いね」「早うございますね」等の間の変等、我々がそれらを歴史的現象であるとか、方言的現象であるとか、敬語的現象であるとかいふ風に、早急に結論を求める前に、それらが何等かの変の現象であることを認めることから、まづ入つて行く必要があるのである。それらを、変一般の問題として考へて行くといふことは、方法論的に見ても大切なことである。

変といふことは、国語の中だけで認められることではなく、外国語と日本語との比較対照の上からも、国語に対して外国語を変と考へ、外国語に対して国語を変と見ることも当然あり得ることで、それは言語といふ広い地盤の上に立つて云はれることである。素朴な常識では、自国語に対して外国語を特に変と感ずるのであるが、客観的に見れば、いづれが常態であり、いづれが変態であるとも、云はれない訳である。ところが、観察的立場に於いて、屢々英仏独語の如き言語に対して、日本語を変態的言語のやうに考へられがちであるのは、それらの言語が、法則的に日本語よりも明かにされてゐるところが多いためであらうと考へられる。いはば、素朴な観察眼から来ることである。

言語といふものを考へて行くに従つて、いはゆる言語類似のものと言語との間に変を見出すやうになつて来る。言語と信号や符牒との間の変、言語と身振や表情との間の変、言語と音楽、絵画、舞踊などの間の変は、更に広い共通地盤である表現一般から言語とそれに類似のものとの間の変を考へることである。

三　変の意識の成立する立場

国語に於ける或る現象と、それに応ずる、或はそれに刺戟されて発生する感情情緒を、変の現象といひ、変の意識と名づける時、そのやうな現象が認知され、そのやうな意識が発生するのは、如何なる立場に於いてであらうか。私は、国語学原論第一篇総論第四項に於いて、言語に対する主躰的立場と観察的立場の別を述べた。言語主躰即ち言語に於ける個々の話手が、思想の音声的或は文字的表出に於いて、文字を正確に、或は美しく書かうとしたり、思想に適切な語を選ばうとしたりするのは、主躰的（或は実践的とも）立場に於ける意識である。「表現がどうも落付かない。何か別のいひ方はないだらうか。」と感じたり、「悪いことを云つてしまつた。ああ云へばよかつたのに。」と後悔するのも主躰的立場に属する意識である。そして、このやうな主躰的意識そのものを対象化して、それが言語主躰の価値意識或は表現技術に属するものであると考へるのは、言語を認識することであつて、観察的（或は研究的、学問的とも）立場に属するものであるとしたのである。国語に於ける変の意識は、主躰的、実践的立場に於いても、また観察的、研究的立場に於いても同様に発生するものであることを注意しなければならない。以下、この両者の立場に於ける変の意識が、どのやうに相違するものであるかについて述べようと思ふ。既に述べたやうな主躰的立場の場合、即ち「表現が落付かない。」「悪いことを云つてしまつた。」といふやうな反省は、明かに二の表現についての比較対照に基くものであつて、そこに二者の相違といふ変の意識が発生してゐることは事実であるが、それは、そのやうな変の意識或は現象を客観的に観察しようとしてゐるのではなくして、表現に於いて、一を捨て丶、他を選択しようとしてゐるのであつて、価値意識に基く判定であり、それは言語的実践を制約するところのものである。「変なことを云ふ人だ。」といふ感情は、主躰的な理解行為に伴ふ感情であつて、それは、直に、「私ならから云ふであらうのに。」といふ風に、言語的実践を規定するのである。これに反して、主躰的立場に於いては、何等変を意識することなくして、観察するものの立場に於いてのみ変と考へられる場合がある。自分の言語と、隣村の人の言語との間に変が認められるやうな場合である。このやうな場合、話す自分或は話す隣村の人は、自らの表現に於いて変を意識して、自らの表現を規制しようとしてゐる訳ではないのである。このやうな場合には、変の意識は、自己の言語的実践を規定したり、制約したりするものではなく、変の事実そのものを観察し、研究しようとするのである。私が今問題にしようとする変の現象と変の意識とは、右に述べたやうな観察的立場に於ける変の意識であり、そしてそのやうな意識を成立させる根拠となる客観的事実についてである、即ち国語の研究的態度の根底にあり、国語の研究を推進するものとしての変の意識を問題にしようとするのである。これを譬へて云へば、料理に対する主躰的立場の欲望は即ち食欲であつて、料理に対する観察的立場の欲望は、これを観察し、研究しようとする意欲であるから、両者の間には、本来何の関係も存在しないものなのである。国語の実践的意欲と、研究的観察的意欲とは、決して同じものとは云ふことが出来ないのである。

さてそれならば、このやうな国語の観察的欲望の根底となる国語に対する変の意識と、その客観的事実とはどのやうなものであり、又それは如何に整理され、理解されねばならないであらうか。

以上のやうに問題を限定して来るならば、本論の主題は、厳密には、「国語に対する変の意識と、国語に於ける変の現象」といふ方が、更に適切であることを知るのである。

四　変の現象の類別

以上述べたやうな観察的立場に就いて把握される種々な変の現象は、どのやうな方法によつて整理されなければならないか。それは結局、変の現象それ自躰の観察によつて、異同を類別して行かなければならない。

変の意識の成立は、共通地盤を持つ二或はそれ以上の事実の比較対照に基くのであるから、変といふことを、単に時間的推移、或は因果関係ある事実であるといふ風に限定して考へることは、事実に忠実な態度とは云ふことが出来ない。我々はもつと事実そのものに直面することから始めなければならない。さもなければ、今日我々が漢字と仮名とを持つてゐるといふ事実を、漢字の省画、略体によつて仮名が作られたといふ歴史的変の事実と混同されないとも限らないのである。

国語に於ける変の現象の科学的考察は、変の現象によつて触発される観察者の「これはをかしい」「これは変だ」といふ感情情緒に出発することは、自然科学が、自然に対する驚異から出発するのと似てゐる。

次に、このやうな観察者の感情情緒が解消されることが、要求されるのであるが、それには、右のやうな観察者の感情情緒の因由となつた客観的事実が、合理的に説明されることが必要とされるのである。その方法は、大凡次のやうにして遂行されなければならない。

第一は、比較対照される事柄の共通地盤を求めることである。既に述べたやうに、変の意識と感情とは、同一種類に属すると考へられる二或はそれ以上の事柄を比較対照して、その間に発生するところのものである。「変な犬だ」といふのは、犬といふ共通地盤に立つて、甲の犬と乙の犬とを比較してゐるのである。犬と猿とを比較して変を感ずるのは、動物といふ更に広い共通地盤に立つてのことである。言語の場合について云ふならば、「アメ」（雨）が、「アマグモ」となつたり、「アマガサ」となつたりして、そこに変が意識される場合、「アメ」と「アマ」との共通地盤は何であるかといふならば、それは、これらの語が、ともに同じ事物即ち「雨」を表現してゐる同一の語であるといふことである。そして、この同じである二つの語は、ただ「メ」と「マ」の相違であるから、同一の語の音声上の変といふことに問題を帰着させて考へることが出来るのである。又、「サク」（咲く）が、「サカ」となり、「サキ」となり、「サケ」となつた場合も、それが、同じ事実を表現して居り、音声の上で小異が認められるに過ぎないので、これを同じ語であると考へることが出来る。ここに変が認められるのは、そこに音声上の変があるからである。それならば、これを前例同様、音声上の問題に帰着さすことが出来るかといふのに、この場合は、この語と他の語との接続関係といふことが、重要な理由になつて、そのために生じた音声上の変として、前の場合の例とは相違する。即ち接続する語の異同による音声上の変である。

又例へば、楷書の「山」と草書の「山」との間の変に於いては、共通地盤は、同じ事物を表はしてゐるのに、それを表現する文字の字躰に於いてのみ小異が認められるのであるから、これは字躰上の変と考へられる。これに反して、「山」「川」等の文字の間の変は、一般には、字躰上の変とは考へられない。何となれば、これらの文字は、それぞれに異つた事物を表現するのであるから、共通地盤は語の文字的表現といふことである。事物の視覚的定着を文字と名づけるならば、「山」も「川」も文字であり、表現される事物の相違に応ずる文字の異同を字形の変と名づけるならば、これらの変と、前述の字躰の変とは同一に考へることは出来ない。要するに、それは、それら文字の間の変の共通地盤を異にしてゐるからである。そこでこれらを区別して、前者を字躰或は書躰の変とし、後者を字形の変とする所以である。

同様のことが、「アカ」（赤）、「キ」（黄）といふやうな語の異同についても云へる。これらは、表現される事物の相違に基いて別の語となるのであるが、両者ともに、事物を表現する語であることに於いて共通してゐる。この別に対して、「黄」を「キ」と云つたり、「キー」と云つたりするのは、語の変ではなくして、音声的変である。何となれば、それは表現される事物に於いて共通し、ただ音声に於いてのみ相違するからである。語を登録し、それを説明する辞書は、

「キー」を、「キ」や「アカ」や「シロ」などと同例には記載登録することが出来ないといふことになるのである。

このことに関連して、表現される事物が同じで、外見上音声が相違することに於いて、前例と似てゐる例、例へば「ツユ」と「バイウ」(梅雨)との変、「シタジ」と「ショーユ」(醤油)との変をどのやうに考へるかといふならば、これらは、外見は音声上の変のやうに考へられるが、実は、それぞれに同一事物に対する命名法を異にし、起源を異にしてゐるのであるから、これをただ音声上の変といふことは出来ないのである。従つて、「キ」と「キー」との間の変は、これを音声論的に説明が出来ても、「ツユ」と「バイウ」との間の相違を音声論的に説明することは出来ないのである。

以上のやうに、変に於いて、共通地盤が何であるかを考へることは、変の現象そのものを説明するために必要なことなのである。

第二には、比較される言語事実が、同一言語主躰に属するか否かを明かにすることが必要である。「はづかし」といふ語が、平安朝物語文学に於ける場合と、現代文に於ける場合とでは意味する事実が相違してゐる。しかしこの二の場合に於いて、音声的に共通し、表現される事実そのものも、全く別のものであるといふわけではないから、両者の場合で、語が全く別のものであるとは云ふことが出来ない。それは同一の語の変であるが、この場合、それぞれが、同一言語主躰に属するか否かを明かにすることは、この変の事実を類別するために必要なことである。この場合は明かに、一方は平安朝物語文学の言語主躰に属するものであり、他方は現代語の言語主躰に属するものであつて、言語主躰を異にする同一の語の変である。これに反して、「おそろしい」といふ語は、「おそろしい顔だ」といふ時と、「おそろしい早さだ」といふ時とは、意味の上に変が認められる。しかしこの変は、別の言語主躰に於いて認められるものではなく、同一言語主躰に於いて、既に二様の用法が対立してゐるのである。ひとしく変と云つても、右のやうに全く性質の異つたものがあるのであるからこれを区別することが必要である。前者は、いはゞ歴史的変であり、後者は、これを躰系的変といふことが出来るであらう。

第三には、変の現象が、同一言語主躰に属する場合でも、それが同一言語躰系に属するか否かを明かにすることが必要である。例へば、第一人称代名詞には、「わたくし」「あたし」「わし」「おれ」「じぶん」「てまえ」「われわれ」「ぼく」などがあると云はれ、そこに変が認められるのであるが、これらの語は、同一言語主躰に属するものであることは明かであるにも拘はらず、「ぼく」は、決して「わたくし」や「われわれ」の代用語として置換へることはできない語である。何となれば、これらの語は、同一言語主躰に属するとは云つても、それぞれに異つた言語躰系に属する語であるからである。譬へて云へば、寝衣も礼服も作業服も、皆私に属するものではあるが、それぞれに代用することの出来ない、別個の生活に応ずるところの服装であることに似てゐる。現代口語の音便形と文語の原形との間には、異つた言語主躰間の歴史的変の事実が認められるが、平安朝物語文に於ける両語形の並存は、同一言語主躰に属するものとして、両者の間には因果関係を認めることが出来ない。一方が正格的な硬い表現であるのに対して、他方がくだけた柔い表現として別個の言語躰系に属するものと考へなくてはならない。音便といふ名は、このやうな事実にふさはしい名称である。今日の行書と草書との変も、同一言語主躰の異つた文字躰系として理解しなければならない。これを、書躰の相違として見ることに理由がある訳である。郷土の親しい友人に語る場合と、公の会議の席上などで意見を述べる場合とで使ひ分けられる方言と標準語の変も同様に考へなければならない。敬語と敬語でない表現との対立、音声言語と文字言語との対立、口語文と文語文との対立など、皆同一言語主躰に属する異つた言語躰系間の変の現象である。それは言語に於いて通常文躰の概念を以て把握されて来た事実である。

第四には、同一言語主躰の同一言語躰系に於ける変の現象を如何に処理するかといふことである。例へば、我々の音声に「ア」「キ」「モ」といふやうに、種々な変が認められる。これらの音声は、それぞれに異つては居るが、音声といふ共通地盤に於いて同一であつて、ただ調音上の変があるのである。これらの変は、異つた言語主躰間の推移によるものでもなく、異つた躰系として対立してゐるものでもなく、同一言語躰系の中のものとして、それは躰系そのものを構成するところのものである。音声の変の系列は即ち音韻躰系である。私は、国語学原論第二篇第三章に、国語の単語を詞と辞とに分類し、詞は表現される事柄の概念的表現であり、辞は言語主躰の種々な立場の直接的な表現であるとした。

この詞と辞との対立は、語の変であるが、それは、言語主躰の思想の表現といふ点で共通し、その表現過程に於いて相違してゐる。そして、この詞と辞は、国語の語の躰系を構成してゐる。国語の表記に用ゐられる漢字と仮名との変は、歴史的変とも考へられるし、又異つた言語躰系に於ける表記形式とも考へられるが、今日の表記形式に即して云へば、漢字と仮名とは、それによつて語を書き分けるために使ひ分けられてゐる。即ち漢字と仮名とは一の躰系を構成してゐると考へなければならない。これを文字躰系といふことも出来るであらう。

以上述べたところを要約するならば、言語に於ける変は、

一、同一言語主躰の同一言語躰系に於けるものとして、

例へば、語の類別（躰言、用言の別、動詞、形容詞の別等）、活用の種類、活用形、音韻躰系、漢字と仮名との別等

二、同一言語主躰の異つた言語躰系に於けるものとして、

例へば、文躰の相違、敬語と敬語でないもの、音声言語と文字言語、標準語を用ゐる場合と方言を用ゐる場合

三、別の言語主躰に於けるものとして、

例へば、地域的、階級的に現れた相違及び時間的に現れた変遷

の如く類別することが出来るであらう。即ち、一は、躰系的変であり、二は、様相的変であり、三は、方処的、歴史的変である。

五　国語史研究及び方言研究への道

以上、私は、国語に於ける変の現象を、その言語主躰或は言語躰系との関係に於いて類別して来たのであるが、これ

らの変の種類に従つて、これを考察する部門が、国語学に於いてどのやうな位置を占めるものであるかゞ想像されるのである。第一の躰系的変に関するものは、今日までの国語学の中心課題を占める音声、文字、文法、意味等の諸部門である。第二の同一言語主躰の異つた言語躰系に現れた変の現象は、近来、位相とか、様相とかの名によつて研究され始めたことであるが、なほその中には理論的に見て、まだ完全に純粋化されない点が見られるやうであり、丁度、各時代語の記述を以て、国語史研究と誤認するやうな態度も見られなくはない。将来、この方面の研究が、躰系的研究とは別個の立場に於いて発展し、その独自の研究領域を見失はないことが希望される。第三は、全く同一言語主躰を離れた、異つた言語主躰の間に現象する事実であつて、それは前二者と著しく相違する。前二者に於いては、変の事実は、これを言語の主躰的意識に還元することが可能である。例へば、語に於ける変としての詞辞の対立は、主躰的意識にこれを求めることが出来る。これに反して、第三の場合の如きは、その対立を主躰的意識に求めることが出来ない。語の意味の時代的変遷の如きは、ただ観察者に於いてのみ認め得るに過ぎない。もし主躰的意識に還元し得るやうな事実の対立であるならば、それは歴史的変遷とはいふことが出来ないものである。即ち前二者は、言語的事実であるが、第三は言語的事実以外のものであるといふことが出来るのである。従つて、前二者の変の事実は、言語研究の内部の領域設定をするであらうが、第三の研究は、言語研究以外の、人間文化の伝承、分布を研究する学の一部を構成するであらう。言語を如何に分析しても、そこには、言語の変遷といふ事実は見出すことが出来ないからである。我々の見出すことが出来るものは、一時代の或る言語主躰に関する言語事実だけである。

勿論、以上のやうな見解は、言語学の具躰的な対象は、言語主躰の個々の言語表現以外には、考へることが出来ないとする言語過程説の見解に従つたものであつて、ソシュール言語学のやうに、歴史的変といふことを言語《ラング》の一面と見て、これを言語の躰系的事実に対立させる考方に従ふならば、異つた言語主躰間の変も、様相的変や躰系的変と同様に、言語の内部的事実であるといふことになる。しかし、それが非であることは、別のところで既に述べたことである。（言語学と言語史学との関係）。

異つた言語主躰の間の変の現象は、人躰に於いて、躰力が次第に衰へるやうなものとして、或は又、鮮かな紫色が、日光に当つて、次第に鈍い灰色に変るやうなものとして現象するのではなく、個々に全く独立した言語表現の、比較対照の上に現象し、又意識せられるやうな事実である。従つて、仮に甲と乙との二つの事実が、時間の上に点綴せられて、甲より乙への推移として考へることが出来たとしても、それは、ソシュールが云ふやうに、音声と意味とのずれとして、換言すれば、言語の崩壊として現象するものではない。具躰的な個々の言語表現は、それ自躰に於いて独立し、完結し、且つ消滅するものであるから、そこには変が存在しない。従つて、変のになひ手である個々の表現とは別の「言語《ラング》」というやうなものがなければならないと云ふことは、国語史を記述するものが、屢々云ふところであるけれども、それは変といふことを、自然科学的な物質変化の意味に於いてのみ理解するからである。我々は、言語に於ける変の現象を、自然科学的変化の事実に類推して考へる前に、もつと、虚心、言語の変の事実に直面して、それがどのやうな事実であるかを明かにすることが肝要である。言語の歴史的変を研究する学問を、史的言語学として、言語学内部の一領域とは考へず、言語史学として、美術史、文学史、建築史などとともに、広く史学の一領域のものと考へたのは以上のやうな理由に基くのである。国語の方言研究の如きも、人間文化の地理的、階級的分布伝播を取扱ふ分布学（もしそのやうな学問が存在するならば）の一領域を構成すべきものである。さういふ意味で、従来のやうに単純に、方言学の総和が、即ち国語学であるとする、方言学と国語の躰系的研究を混同する見解や、方言的事実を言語《ラング》の一面と考へる立場は、もう一度検討されなければならないであらう。方言研究を、文化の分布学の一領域と考へるならば、民謡や伝説や風俗の地方的分布を対象とする郷土的民俗学と方言研究との交渉について考へる道が開けさうである。従来、民俗学に対する方言研究のありかたは、方言研究が、民俗学に資料を提供するといふ従属的関係に於いてしか考へられてゐないのであるが、言語が文化の一形式であると考へるならば、方言それ自躰立派に独立した郷土的文化の一形式と見るべきであつて、そのやうな文化の分布、統合の現象は、言語の歴史推移を研究する国語史学と同様に重要な課題となるであらう。

国語史学や国語方言学が、厳密には国語学の一領域を構成せず、他の学問の研究領域に属するものであるとはいつても、従来これらの学問が、国語学に属するものとして研究されて来たのは、国語の史的事実、方処的事実を構成する根拠が、国語の事実そのものに存し、又それらの現象を明かにすることが、国語そのものを明かにするに役立ち、且つ必要なところから、これを国語学にあはせて研究するやうになつたのである。あたかも、国語学史が、それ自躰は国語に関する学説史として、当然思想史の一部を構成すべきものであるにも拘はらず、それが国語の事実を理解するに役立つといふ見地から、これを国語学に附帯して研究し、講ずるやうになつたのと同じである。

（昭和二十三年九月八日）

（※一九四九年発表）

国語史研究の一構想

はしがき

言語構成観に基づく、従来の要素史的国語史研究が、言語を人間の表現、理解の形式であるとする言語過程観に従ふならばどのやうに書き改められなければならないか、また、従来の国語史研究は如何なる位置を占めるべきものであるか等の問題は、「国語学原論」が公にされてから後の、私の大きな宿題であつた。ここで、私は右の問題に対するささやかな中間報告を述べて見たいと思ふ。

極めて試掘採業に類することであるが、この方面の問題については、私は既に次の二つの論文を発表した。

言語学と言語史学との関係　昭和十九年十月　橋本進吉博士還暦記念「国語学論集」

国語に於ける「変」の現象について　昭和二十四年六月　国語学会雑誌「国語学」第二輯

右の二論文に於いては主として国語史研究の国語学に於ける位置、或は、「変」の概念を設定することによつて、国語史的事実を、どのやうな「変」として把握すべきかを論じて来たが、それらの際には、言語をただ、表現、理解の一形式であるとだけ考へて、言語生活の最も具躰的な姿が、「読むこと」「書くこと」「聞くこと」「話すこと」の四の形態の総合にあるといふことを考へに入れて置かなかつた。本稿は、右のやうな最も具躰的な事実を基礎にして、国語史研究を展開させようと試みたものである。

一　従来の国語史研究の性格

国語の歴史的研究によつて、国語史を編むといふことは、明治以後の国語学の主要な課題であり、今日なほ多くの問題を残して、将来、完成されねばならない宿題であるといふことは、ここに事新しく述べるまでもないことである。今ここに、私の国語史研究に関する見解を述べるに当つて、順序として、まづ従来の国語史研究の概略と、その性格を述べて置くことは、必要なことであると思ふ。

明治以後の国語史研究の課題は、全くヨーロッパの印欧言語学の課題に従つたものである。ソシュールが出て、言語学に、言語の歴史を研究する通時言語学と共に、言語の躰系を研究する共時言語学の存在が必要であるといふことが主張されるまでは、言語学は即ち言語史学であるとまでいはれたやうに言語史の研究が、言語学の主要な部分を占めて居つたのであるから、これを受け継いだ明治以後の国語学の主要な題目が、国語史研究にあつたことも当然であると云つてよいのである。

右のやうな国語史研究の根本になつてゐる言語に対する考方即ち言語観が、どのやうなものであつたかといふのに、これもまた言語の持つ言語観を、そのまま踏襲したものであつて、言語は、思想と音韻、或は文字との結合によつて構成されたものである。といふ考方の上に立つてゐるのである。このやうな言語観を、構成主義的言語観といふことが出来るであらう。ソシュールは、このやうに、要素の結合されたものを、「ラング」(langue) と名付け、言語史は、「ラング」の要素である音韻と、概念とのずれに基づくものであると考へたのであるが、ソシュールの言語理論は従来の言語学に於ける言語史観を、最も理論的に組織立てたものであるといふことが出来るのである。わが国語史研究に於ける言語史観も、大躰右の線に沿つてゐると見ることが出来ると思ふのである。

右のやうな言語観と言語史観とに従ふ結果、言語の歴史は、必然的に、思想と音韻との結合躰である「ラング」の崩壊として観念され、著しく自然物の変化、生成の現象に類似されて考へられるやうになつた。これまた当然のことであつて、ソシュールのいはゆる「ラング」は、心理的実躰であるとは、云はれてゐるけれども、それが、思想と音韻との結合躰であるとすることによつてその存在のしかたは、全く自然科学の対象である物的存在と同様に考へられて居つたからである。事実は、恐らく、自然科学的対象の概念の類推によつて、「ラング」の概念が生まれ、更に自然物の変化、生成の類似から、右のやうな言語史観が生まれるやうになつたのではないかと考へられるのである。従つて、言語史を考へるに当つては、史的変遷をになふところの、変化を受ける当のものであるところの、実躰的な「ラング」の概念の設定は、必要欠くべからざるものとなつたのである。個人の主躰的行為として、瞬間に成立し、消滅する言語行為を、言語研究の最も具躰的な対象とする言語過程説が、言語の史的変遷の事実を説明するには不適当であり、最も難点があるとして批判されて来たのも、従来の言語史研究の根底に、右に述べたやうな言語観と、言語史観とが、存在してゐたからに外ならないのである。自然科学的な「物」の変化の概念の類推による従来の言語史観が、人間の文化に属する言語の史的事実を説明するには、不適当なものであることは、既に論じたところである。(言語学と言語史学との関係)

右に述べたやうな言語史観に基づく国語史研究は、その必然の展開として、まづ、言語をその要素に分析して、その要素要素について、各個的にその歴史を記述することから、始められた。音韻史、文字史、語彙史、文法史といふやうなものが、このやうにして成立したのである。国語の歴史は、このやうな、各個的な要素史の総合の上に、把握されなければならないのである。

次に、従来の国語史研究の一の重要な性格と考へられることは、考究の対象が、国語の史的変遷の全般にあつたのではなく、国語史の中で、特に口語の歴史の探求といふことが、その中心になつてゐたことである。このことは、一には、それ以前の国語研究が文語、特に文学的言語を偏重したことに対する反動であるとも云へるのであるが、更に他の重要な理由は、これもヨーロッパ言語学の傾向に存したことであるが、口語が最も自然な真の言語であつて、文語或は文学的言語は、人間の生得のものでない、人為的なものであつて、言語学の真の対象とはなり得ないものであるとする考方に基づくものである。このやうに、口語を優位な研究対象とする考方に従つて、明治以後の国語研究も、自然、口語の研究に力を注ぐやうになり、国語史即ち口語史であるといふ考方も、殆ど常識になつてゐたのである。

国語研究の中心領域が、口語の歴史の探求にあるとするならば歴代に存在する数多い文献も、殆どその目的に対しては、用をなさないところから、明治以後の国語史研究者の努力は、口語史研究に役立つやうな文献の探索に向けられたのである。そして、そこに見出される口語の片言隻句を捉へて、口語の実際を記述し、再現しようといふのであるから、その苦心は、容易なことではなかつたのである。このやうにして探索された口語資料として、漢籍の講説を記録した室町期の抄物類や、当時の口語をローマ字を以て忠実に表音的に記録したキリシタン文献や、当時の会話を交へた歌舞伎狂言本、浄瑠璃院本などの類が、貴重なものとされたことも周く知られてゐることである。

以上、私は極めて概略ではあるが、明治以後の国語史研究を支配したものが何であり、その性格が、従つて、どのやうなものであり、また学者の努力した点が、どのやうなところにあつたかを述べて来た。そして、これを一言にして云へば、従来の国語史研究は、構成主義的言語観に基づく要素史的国語史研究とも云ふべきものである。

しかし、ここで考へなければならないことは、我々の「国語はどのやうに変遷して来たか。」といふ素朴な質問を、ただ、音韻語彙、語法の記述によつて、満足させることで充分であるかといふことである。平安末から鎌倉期へかけて、国語が著しく変遷して来たことが、感じられるのであるが、それが、音韻や語彙や語法の記述によつて、充分に満足させられるのであらうか。明治以後の国語も、近世のそれに比して、著しい変動を示してゐるのであるが、これを要素史的に見れば、何ほどの変動を示してゐるとも思はれない。そこに我々の素朴に考へる国語変遷の意識や混乱の意識と、学問的記述との間に食ひ違ひが認められるのである。国語が、政治や文化の変動につれて、変遷するといふことは、国語研究者の屢々いふところであるが、国語史的結論は、必しも右のやうな外界の事情を反映するとは限らない。して見れば、我々の国語変遷の意識を、国語史研究は説明し得ないこととなるのである。

また、例へば、今日の場合に例をとつて見ても、国語教育者はしきりに今日の国語の転換を目ざして、新しい国語教育の方法を論じ、かつ実践しようとしてゐる。その新しい国語教育の目標が何れのところにあるかは明かにされないにしても、それが、単に発音や語彙や語法の改新にのみあるとは考へられない。音声言語教育の強調が、発音や語彙の矯正にあるとも考へられない。しかし、国語教育の新しい動向は、結局、昨日の国語を、明日の国語に変へて、国語の新しい出発を企図しようとしてゐるのであるから、それは、国語の新しい歴史を創造しようといふことに他ならない。しかして見れば、国語教育の今日の問題は、最も国語史研究者の関心事でなければならない筈である。このやうなことが、国語史研究と直結せず、その視野の外に置かれてゐるところに、国語史研究の反省を要する点が潜んでゐるやうに考へられるのである。私は、ここに従来の要素史的国語研究の限界を観取し、これに代るに、言語を、言語主躰の表現、理解の行為であるとする言語過程観に基づく国語史研究の構想を考へようとするのである。

二 国語に於ける四の言語形態と国語生活の実態

言語過程説に従へば、言語は、言語主躰の音声または文字による思想の表現及び理解の過程そのものであり、それは、人間の行為或は生活の一に属すべきものである。従つて、言語、言語活動言語生活、言語行為などといふ名称は、それぞれ、強調する点に幾分の相違はあるが、皆、同義語と考へて差支へないものである。これを更に具躰的に云ふならば、言語は、個人に於いて成立する「読む行為」「書く行為」「聞く行為」「話す行為」以外はあり得ないものである(国語学原論一一頁)。この四の言語行為は、それぞれに形態を異にしてゐると考へられるので、これを、「読む形態」「書く形態」「聞く形態」「話す形態」と名付けるならば、我々の言語即ち言語生活は、これら四の言語形態の総合により成立してゐると見ることが出来る。従つて、今もし言語生活の実態といふことを云ふならば、それは、我々個人個人に於いて、これら四の言語形態がそれぞれに独立した機能を持ちながら、相互に緊密な関係によつて対立し、一の躰系を構成しつつ、言語生活以外の他の人間生活とも交渉し、連関する状態をいふのである。

ここに、形態といふ名称を借用したのは、文学論にいはゆる韻文形態、物語形態などと用ゐられる意味から類推したので、人間行為のいろいろな仕方の意味である。読み、書く形態の中に、更に、記録とか、小説とか、評論とかを小別することが出来るが、それは、形態中の小形態であつて、文学論に云ふところと全く共通して来る。音声言語形態の中に、更に会話とか、お話しとか、演説とか、討論とか小形態を分けるのも、同様な意味に於いてである。ここで、一言補足して置くならば、文学論に於いて、形態を論ずる時は、一応創作者と鑑賞者とを捨象し、作品を客躰化して云ふのであるが、もし、具躰的に云ふならば、書く形態としての小説、読む形態としての小説といふ風に考へなければならないのである。何故に、このやうな事々しい区別をするかと云ふならば、仮に、一人の読者も持たない作品が創作されたとしたならば、それが如何に傑作であつたとしても、一般の読書生活には何のかかはりもないこととなるからである。文学史が、選ばれた少数者の躰験の記録でありながら、その民族の躰験の記録となり得るのは、右のやうに、作品が多くの人に読まれたがために云ふことが出来るのである。

国語生活に於ける実態といふ名称は、生物の生態の概念の類推によるものであつて、種々な生活形態の総合を生態といふのに対して、同一言語主躰に於ける言語形態の相互関係、及び他の生活との関連、交渉の状態を、その言語主躰の言語生活の実態と云つたのである。従つて、国語の実態調査とか、実態記述といふのは国語を、その内部構成要素に従つて分析し、音韻、文法等を、記述することではない。それは、国語学の躰系論の任務とすることであり、各言語形態の内部構成を明かにするに必要なことである。国語の実態記述といふのは、このやうな分析作業をいふのではなく、言語としての統一躰である「読む行為」「書く行為」等のそれぞれが、その個人の言語行為全躰の中に占める位置、領域相互関係について、或はこれら言語行為と他の行為との関連、例へば、「話す行為」は、物品を購入するといふ生活の手段として行はれるとか、「読む行為」は、知識を獲得するために行はれるといふやうな、生活との関連の問題、或はそのやうな言語行為が表情とか、身振とか、動作などの身躰的なものと、どのやうに結合し、また交渉するかといふやうな問題、総じて、言語生活に於けるありかた、具躰相を調査し、記述することである。ここでは、言語といふ事柄それ自身の構造が問題になるのでなく、むしろ他の事柄との関連、事柄を支へてゐる他の事柄との交渉が問題になる。従つて、言語行為の成立条件である言語主躰、場面、表現対象である題材、話題といふやうなものが重要である。中でも、言語主躰のことは、最も重要である。言語主躰としての言語行為は全人間的活動の中の言語行為として、それが、如何に他の政治生活、経済生活、家庭生活などと交渉するか等の問題が研究されなければならない。実態並に実態調査といふ語の一般に用ゐられてゐる意味及び目的といふものも、大躰右に述べて来たことと大差はないと思ふ。人口や交通の実態調査といふことに見ても分かると思ふのである。

以上のやうに国語生活といふものを規定して得たところによつて、国語史とは、如何なるものであるかの概念が、ほゞ明かにされることになる。国語史はいふまでもなく、国語の歴史であり、国語の歴史は、即ち国語生活の歴史であり、更にそれは、国語形態の総合の歴史でなければならない。国語史は、「読む行為」「話す行為」等に関する個別的な国語形態史でもなければ、また各形態の要素である音韻、文字、語彙、語法等に関する国語要素史でもないのである。

言語過程観に基づく国語史とは大躰以上のやうなものである。

三　言語生活史としての国語史上の基本的な諸問題

(一)

言語は、人間行為の一であるから、そのいづれの形態に於いても、精神生理的過程であつて、その瞬間、瞬間に成立し、完結しそして、消滅する性質を持つものである。しかしながら、このやうな形態は、他の言語主躰を制約しながら、同一形態の間には、強固な伝統が成立する。例へば、書簡文には、書簡文の伝統があり、挨拶の言語には、挨拶の言語の伝統がある。このやうな言語形態の総合である言語生活は、それぞれの言語形態の間に、一定の躰系を保ちながら、甲言語主躰から、乙言語主躰にそのまま継承されることになり、ここに同一時代の言語、同一社会の言語といふ意識が生ずる。国語の変動は、この総合的な国語生活に於いてそれの構成要素である言語形態に異同が生ずるか、他の別個の躰系と、伝統を持つた国語生活が、これに対立するか、或は別個の国語生活によつて、置代へられるかによつて起るものであることが想像されるのである。あたかも、日本式生活様式の中で、服装形式だけが変つた場合、或は、日本式に、西洋式が対立して、すべてに折衷様式が生じた場合、或は日本式が全然西洋式に置替へられた場合などに比較して考へることが出来る。仮名の創作は、書く形態の言語行為を拡大させた。その意味で国語史上の一事実であるといふことが出来るが、まだ国語生活の躰系を覆すまでにはならない。武士の勃興や、町人の擡頭や、江戸市民の文化圏の拡大は、別個の伝統を持つた言語主躰の出現であつて、ために言語生活の対立、抗争、模倣の状態を引き起こした。明治時代に至つて、国語生活は、全く別個の伝統に置替へられて、国語史上の大きな時期が劃されるのであるが、私生活に関する音声言語の形態には、なほ各地の方言の伝統が、持続して居つて、国語生活の全躰が、同一躰系に帰したとは、云ひ難い状態である。標準語が方言生活を切崩しつつある状態も、今日の国語史上の一の事実といふことが出来るであらう。以上は、国語生活の伝統と国語史の素描である。

（二）

国語生活の構成要素である言語形態の概念は、音楽に於ける音階にも等しいものであつて、実際に音階を具躰化するものは、音そのものであるやうに、言語形態を具躰化するものは、言語形態の要素である文字、音韻、語彙、語法である。これらの各要素はそれぞれの言語形態内で、一の躰系をなしてゐるといふことは、既に知られてゐることである。従つて、これらの要素は、言語生活の変遷、交替とは無関係に、各形態内に独立的に保持されることがある。例へば、鎌倉期の国語の変動にも拘はらず、文字言語の形態には、公卿階級の用字方式がそのまま踏襲された如きが、それである。明治時代の国語生活の変動にも拘はらず、口語の語法は、なほこれを近世末期の人情本等の語法に求めることが出来る。このやうに、国語の要素は、各形態内に伝統が保たれてゐるが故に、要素史的国語史研究も、国語形態史の範囲に於いては、妥当するけれども、それを以て、国語史変遷の指標とすることは出来ない訳である。ここに、従来の要素史的国語史研究の価値もまたその限界も考へられるのであるが、総合的な国語生活の研究は、従来の要素的国語研究の成果を、その正しい位置に据ゑるためにも、極めて重要であるといふことになる。以上は、国語史研究と、従来の要素史的国語史研究の関係に関する問題である。

（三）

同一言語主躰に於いて、その国語生活を構成する要素となる、各言語形態相互の比率関係を考へて見る。文字言語として対応してゐる「読む行為」「書く行為」の関係は、必しも等質、等量の関係ではない。「読む行為」は、新聞、広告、手紙、小説、論文等に亙つて、消極的にただ目に触れる場合、積極的に進んで読まうとする場合を含めて、その質に於いて、その量に於いて、極めて広い範囲に及ぶのに反して、「書く行為」は、その量に於いてその質に於いて、驚くべきほど貧弱なのが普通である。新聞の社説を読み、小説を読む多くの人々が、決して自ら論説を書いたり小説を書いたり、シナリオや脚本を書くとはかぎらない。せいぜい、手紙を書き、日記を書き、或は事務的な記録を作製するに止まつてゐることが多い。このやうな関係は、音声言語の場合にも移して考へられるのであつて、「聞く生活」と、「話す生活」とは必しも等質、等量といふ訳には行かない。聞く行為は、会話、講談、演説、討論等に及んでも、話す行為は、殆ど日常の衣食住のことに限られてゐる場合もある。もちろん、最近のやうに、すべてが会議の形式によつて運営されることになれば、一般の人々も会議や討論に参加することも多くなり、従つて、音声言語に於ける両者の比率も自ら異つて来る訳で、そこに国語生活の大きな変化が認められるやうになるのである。

「読む形態」と「書く形態」、「聞く形態」と「話す形態」の間に、以上のやうな大きな開きがあるやうになつたのは、近代に於ける印刷術の進歩と、ラジオの普及によるものであつて、一人の作者の書いたもの、話したことが、数万人の人に読まれ、聞かれるといふことは、国語生活の大きな変化であると云はなければならないので、今日の国語生活と、作品が手写されて、僅か数人の読者しか持ち得なかつた時代の国語生活とは、また同日に論ずることが出来ない訳である。以上は、国語生活の実態調査の一の方法を暗示したものである。

(四)

辞書の類別に用ゐられてゐる画引躰、音引躰、分類躰等の名目は、一見、言語の要素である漢字の字形、仮名、音声、意味等に従つてゐるもののやうに考へられるのであるが、これらの分類は更に根本的には、読むための辞書であるか、書くための辞書であるかの類別を示すものであることは、既に、橋本進吉博士が述べられたところである(古本節用集の研究三〇三頁)。辞書の成立が、右のやうに、言語形態の相違に応ずるものであることから見ても、言語生活に於いて、四の形態を考へることは、言語の具躰性を離れた煩瑣な分類でなく、最も実際的な観点であると云ひ得るのである。平安末期に成立した伊呂波字類抄以下節用集に至る、音或は仮名によつて、それ相当の漢字語を求める音引躰辞書の出現は、当時の国語生活の実態に対応するものとして、如何なる言語主躰の、如何なる言語形態の実践に備へられたものであるかといふことが、これら辞書の研究に当つて、最初に提出されなければならない問題である。辞書は、国語生活の反映と見ることが出来るのである。

(五)

言語生活は、その実態を、各個人について調査して行くならば恐らく、各言語主躰の間に於いて、著しい相違のあることが、見出されるであらう。あるものは、文字といふものを殆ど知らずに専ら音声言語の世界にのみ、生きてゐるのに反して、あるものは、終日書斎に閉籠つて、読む生活ばかりに没頭してゐるといふ風に。このやうに各個人によつて、国語生活が異つてゐるならば、一時代、一社会の共通した国語生活といふものは、把握出来ないこととなる。しかしながら、これら区々たる国語生活にも、階級、職業、年齢、性別に応じて、そこに自ら共通したものが見出される訳である。平安朝貴族の国語的教養がどのやうなものであつたか、近世女子の国語の躾はどのやうなものであつたかは、文献に徴しても知られることであるが、それから推して、実際の国語生活も想像することが出来るであらう。国語生活が、階級、職業、性別に応じて、対立し、隔絶して居るといふことは、その時代の社会組織や生活様式によることであつて、近世の、士農工商の身分、階級の峻別されてゐた時代には、武士は武士として、町人は町人としての言語的教養とその生活が、区別して考へられて居つたから、このやうな時代に、統一された国語生活といふものが把握されないのは当然である。今日に於いては、義務教育の施行により、また国家的社会的意識の向上に伴つて、標準的国語生活といふものが、把握出来るやうになつて来た。もちろん、標準的国語生活といふものが、何によつて決定されるかは、困難な問題であるが、一国、一社会、一階級の中枢階級にとつて必要な国語生活といふものが考へられなければならないと思ふのである。以上は、国語生活の個別性と普遍性の問題を取上げて見たのである。

(六)

言語が、人間生活の一形式であり、そして、それが常に他の生活の手段であることが、重要な機能であるとするならば、すべての言語行為が、生活との関連に於いて見る時、皆常に同じ価値のものであるとは云ふことが出来ない。人間を救済しようといふ聖者の言葉は、日常の雑談よりは、価値ある言語と考へられてゐる。このやうにして、我々の言語行為の中に、迫力のある言語、洗煉された言語、深遠な言語等々を区別する。これらの区別は、主躰的意識に関することであつて、その根拠は、言語生活の根底をなす生活そのものにある。言語が、旺盛な生活意欲から行為された場合、また言語が、政治的文化的活動の反映である場合、そのやうな言語行為は、実用的手段的役目を果す以外に、言語行為そのものが、他の言語行為を指導し、これに影響を与へ、憧憬の対象となり、模倣の対象となる。泡沫のやうに消えて行く流行語でも、それが、その時々の生活意欲の表現であることによつて、模倣され、流行するのである。

このやうな主躰的意識と心理とによつて、言語が統合され、時に言語生活全躰が、他の言語生活に置替へられて、国語の主流といふものが変転して行く。国語の模倣、進んで統合を規定するものは、共同生活躰である社会であるけれども、更に根本的には、言語に迫力を与へる生活力そのものであると云ふことが出来る。

四　言語的関心

言語的関心といふのは、人間が、その生活環境に於いて、言語行為をしようといふ意欲を持ち、かつそれを実践しようとする心構へを持つことで、言語の主躰的意識の一に数へられるものである。このやうな言語的関心が生まれるのは、言語行為を必要とする条件が発生したためであつて、それは、人間が或る生活水準に到達したか、或は特殊の環境に置かれた場合に発動するものである。人間は、例へば、外敵の侵略を受けたやうな場合、これに対して攻撃的行動に出るべきか、待避的行動に出るべきかを考へる。これは、いはゞ行動的関心と云はるべきものであるが、言語的関心も、行動的関心と共に、人間の行為に対する関心の一に数へることが出来る。共に有意識的行為として、本能的衝動に対比されるものである。

太古、人間が、孤立的、刹那的、本能的な生活をしてゐた時代があつたと仮定するならば、そのやうな時代には、恐らく、自己の意志や感情を他人に伝達しようといふやうな意欲は生まれなかつたに違ひない。即ち、そのやうな状態では、言語的関心が発生しなかつたと云ひ得るのである。ところが、人間が社会生活を営むやうになれば、他人との交渉、対人関係の調整のために、自己の思想を表現し、また他人の思想を理解する必要上、ここに言語的関係が生じ、また高められて来るのは当然である。しかしながら、人間は、最初から社会生活を営むものとして、存在したものであると考へるならば、右のやうな言語的関心に関する説は成立しないであらうし、言語的関心は、人間の発生と同時に存在し、人間本然のものとも云ひ得るのであるが、総てを言論に訴へて解決しようとする民主々義の精神のやうなものが、太古から存在してゐたとも考へられないから、言語的関心といふことが、仮に太古から存在してゐたとしても、それは、極めて低度のものであつたに相違なく、当時に於いては、多くの場合、実力に訴へて、総てを解決しようとする行動的関心の方が、優勢であつたと想像されるのである。して見れば、言語的関心の発達といふことは、文明、文化の一の象徴とも見ることが出来るのである。

文字が発明されなかつた時代に於いても、人間は、特殊の事件を、言語によつて、後代に伝へたいといふ要求を持つたに違ひない。そこで、語部といふやうな職業が発生して、記録の代用をつとめた。このやうな特殊の職業が発生する以前は、或は古語拾遺に云ふやうに、「貴賤老少口口相《ニ》伝《ヘ》。前言往行存《シテ》不《レ》忘《レ》」といふやうな状態であつたかも知れない。そして、恐らく、これらの伝承の言語は、日常の言語とは、種々な点で、相違したものであらうといふことが想像されるので、それは、音声言語とは云つても、一の別の形態の言語であつたと考へられるのである。従つて、このやうな特殊の言語の発生といふことは、言語史上の一事実と考へられることであつて、その根底には、さういふ伝承を発生せしめるに至つた、その民族の言語的関心の昂揚といふことを考へなければならないのである。

我々は、日常の衣食住に関する会話のやりとりを、敢へて伝承させたり、文字に書き留めて後世に伝へようとはしない。特に伝承させたり、文字に書き留めようといふ言語的関心、特に文章的関心が発動するのは、表現しようとする事柄が、重要である場合、興味がある場合、後日のために記憶に留めて置く必要がある場合、他人の共感を求めようとする強い要求がある場合等であつて、そこに、言語主体が、或る程度の生活水準に到達したか、または旺盛な生活意欲のあることが観取されるのである。生活——言語的関心——言語形態の分化発達——言語生活の多様性といふ一連の事実の因果関係は、国語生活史としての国語史を考へる場合の重要な要素である。鎌倉時代の武士階級も、ただ兵馬のことにのみ専念してゐる間は、恐らく、高度の言語的関心も、文章的関心も持たなかつたであらうが、彼等が政権を握ることにより、その生活環境の必要により、文章的関心が高まつて来た。貞永式目、東鑑の如きものが成立した所以である。室町時代の寺院を中心とする庶民教育、或は往来物の普及発達、節用集の成立刊行等等の事情に、庶民階級の生活水準の向上と共に、文字言語的関心の次第に高まつて来るのを見ることが出来るのである。言語的関心はただ文章的関心に高められるばかりではない。音声言語に対する関心によつて、音声言語の形態も、分化、発達して来る。例へば明治以来の議会制度の発達から、従来の音声言語の形態には見ないやうな、討論とか、会談とか、弁論などといふ形態が発生し、終戦後、特にそのやうな音声言語の教育や、訓練が強調されるやうになつた。これは、一般民衆の言語的関心の向上を意味し、それが明治以後、特に日本民主化を理念とする現代の国語生活を特徴づけてゐるのである。明治以後のこれらの国語史的特徴は、ただ一般民衆の生活水準や、政治的自覚の向上によるばかりでなく、自我の覚醒、個性の尊重といふやうな近代思想によつても、その言語的関心の方向が特徴づけられてゐると見ることが出来る。それらの点が、国語の躰系的要素の末端にまで、如何ににじみ出てゐるかといふことも、見逃すことの出来ないことである。

言語的関心の問題は、国語変遷の事実を考へる上に、必要な事柄であるばかりでなく、今日の標準語対方言の教育上の問題にも移すことが出来る。標準語教育の根本は、国民として、社会人としての表現を意識させることにあるので、単に標準語法の習得といふやうな、技術上の問題ではないのである。

以上は、言語的関心を、専ら表現者の意識の問題として考へたのであるが、同時に、聞くことに対する関心、読むことに対する関心といふことも当然考へなければならないことである。読書生活の向上は即ちその一であつて、それは、いふまでもなく、国民の国語生活の発展を意味し、国語史上の一の事実として取上げることの出来る問題である。

五　資料としての文献と研究対象としての文献——文献の国語史的定位——

明治以後の国語史研究は、口語の歴史的研究を、その主要な課題とした。口語は、文字言語とは、その形態を異にするものであるから、たとへ、口語をそのまま文字に記載した口語文といへども、厳密には、口語そのものであるとは云ふことの出来ないものである。特に言文二途に別れてゐた明治以前に於いては、文献は殆ど全部が、口語とは別の躰系を持つた文語で書かれたために、国語史研究者は、まづ、口語再現に必要な文献の探索に力を注いだ。そして、口語の記述の方法は、次のやうなものであつた。

古来ノ口語ノ変遷ヲ知ラムニハ、書籍ニ拠ラズハアルベカラズ。然ルニ、世ニ存スル書籍ハ、悉ク文語ニテ記シテアレバ、其ノ変遷ノ径路ヲ知ルニ由無シ。但シ、両語（筆者註。文語と口語の意。）相別レテヨリ、文語ハ学ビテ始メテ記シ得ルモノトナリシガ故ニ、数百年来ノ文語文ハ、人々、己ガ日常ノ口語ニアラズシテ、スベテ、学ビテ記ス擬古文ナレバ、コレヲ記スニ当リテ、思ハズ取外シテ、往々口語ヲ雑フルコトアリシナリ。此ノ事アルニ考ヘツキテ、乃チ、幾多群書中ニ就キテ、其ノ雑ヘタル口語ヲ探リ（中略）斯ノ如クシテ、辛ウジテ変遷ノ痕ヲ認メタリ（国語調査委員会編纂口語法別記例言）。

即ち、文語文献中に、稀に存する口語を採掘して、辛うじて口語史を記述するといふのであるから、その苦労は容易なことではない。このやうな口語史研究に於いては、文献が、口語史編述のために有効な資料であるか、否かといふことが常に考へられた。しかしながら、この文献に対する態度は、口語史研究の場合に限つたことではない。国語史研究全般に亙つて、すべて、文献は皆、資料的意味に於いて利用されて来たのである。例へば、山田孝雄博士が、「平家物語の語法」に於いて、延慶本平家物語を記述せられる場合にも、本書が鎌倉時代の音韻、語法を記述するに、最も適当な資料であるとし、これを鎌倉時代言語の一証であるといふやうな見解の下に、研究、記述せられたのであつて（同書序説）、延慶本平家物語なるものが、言語として、如何なる形態に属し、如何なる性質のものであるかを明かにされようとしたのではなかつた。凡そ文献に対する態度として、(一)それが、或る時代の音韻、語彙、語法を記述するに役立つ資料として、これに対する態度と、(二)文献を、一の書く行為の所産として、或は読む行為の対象として、それを一個の言語と考へ、それの所属する言語形態、または他の言語形態との関連と考へる態度とがあり得る訳である。前者は、資料として文献を見ることであり、後者は、研究対象として文献を見ることである。従来の国語史研究が、文献を、専ら資料的意味にのみ解して、これを利用して来たのは、これも従来の国語史研究が、音韻、語彙、語法を記述したり、或は一単語の語史を記述したりする要素史的国語史研究であつたことに帰因するのであつて、そのために、与へられた、文献や作品を正面に据ゑて、それを一の言語形態と考へ、当代国語生活との関連に於いてその言語的位置を決定するといふことは、殆ど問題にならなかつたのである。湯沢幸吉郎氏の室町時代の言語研究に於ける抄物の一群、同じく同氏の徳川時代言語の研究——上方篇——に於ける歌舞伎狂言本、浄瑠璃院本の関係は、皆、同様であるといひ得るのである。ただ、橋本進吉博士の吉利支丹教義の研究は、「吉利支丹教義」の文章、語彙、語法に亙つて、本書の言語としての性格を描き出すことに努力されたものであつた。例へば、語法については、

此の書の文は、当時の俗文である。其の語法は、中古語の語法が後世の口語の影響を受けて変化したもので、中古の文とも同じからず、当時の口語とも相違がある（吉利支丹教義の用語について七四頁）

と述べられ、本書自身が要求する研究題目を指摘されて、

当時行はれた俗文の語法を知り、日本の文語の発達を研究するには、必しも其の要なしとは云はれないのである（同上）

と述べて居られる。また語彙については、

此の書は通俗を目的としたものであるが、其の文には、かなり漢語が混じて居る。是は、当時の俗語に、漢語から来たものが多かつたからであつて、漢語でも必しも難解ではなかつたのである。併しながら、一つは、此の書が文語で書かれた為、又一つは、宗教上の理論を説いたものである為、自然、普通の口語に用ゐないやうな耳遠い語を用ゐなければならなかつた事は、容易に想像し得べき事である（同上九四頁）

と述べられ、本書の言語としての性質を述べようとされたので、ただ口語資料としてのみ研究されたものではなかつたのである。

言語過程観に基づく国語史研究に於いては、国語生活の実態を記述することが、第一の必要事項とされる。従つて、国語生活を構成するものとしての四の言語形態は、それぞれに、独自の意味と価値とがあるのであつて、その中で、特

に音声言語の研究だけが、価値あるものとされる何等の理由も認めることが出来ない。のみならず、もし言語的関心といふことを問題にし、主躰的価値意識に基づくならば、文献的言語の方に価値があると云はなければならない。国語史研究は、国語の主流についての史的記述であるといふやうな考へがあるのも、無意識の中に、国語の価値あるものを研究対象として居つたことなのである。

次に、各時代に存在する文献は、それ自躰が一の言語生活の具躰化されたものとして、研究の対象とならなければならないものである。従つて、室町時代の抄物群は、それが如何にして、口語の資料として利用されるかが考へられる前に、漢籍の講釈の言語としての特異な言語形態に所属するものであることが明かにされる必要がある。また平安鎌倉期に成立した点本の傍註、附訓は、それが何れの階層の何れの時代の言語資料として利用せられるかが問はれる前に、それが、一の飜訳作業として成立したものであること、そこにとられた飜訳方法が如何なるものであるかが問題にされ、日本に於ける外国語飜訳史の一環として研究される必要がある。

既に述べた辞書の場合も同じで、それが国語時代史の有力な資料となる前に、当代の国語生活を実践するに必要な手段として、これを見るといふことがなければならない筈である。

このやうにして、あらゆる文献を、それが国語としての第一義的な意味に於いて、これを捉へ、これを明かにすることが、文献の国語史的定位と云はれることである。ここに於いて、始めて各時代の国語生活の独自性といふことも、多様性といふことも明かにされることになるのである。

言語過程説に基づく国語史研究の第一の仕事は、各時代、各社会の国語生活の実態を明かにすることであり、このやうな国語生活そのものの変遷に於いて、国語史を把握しようとするのである。従つて、各時代、各社会の言語行為の全貌を、描き出すことが、まづ、なされなければならない。各時代に存在する文献は、決してそれによつてその時代のあらゆる言語行為が知られるものでなく、言語行為の一部分であるに過ぎない。しかし、それが文献として成立したことは、そこに特殊な言語的関心が、存在したことを示すものである。今この選ばれた言語行為に対して、特に研究の関心を払ふことに、どのやうな意味があるのであらうか。或る言語行為が、文献として成立したとする。その同じ時代に、田舎の片隅では、文献として記載もされず、日々に成立し、消滅して行つた幾多の言語行為があつた筈である。国語史研究が、このやうな言語を取上げないのは、ただ方法上から見て、不可能であるといふ理由に基づくのであらうか。従来の口語史を主題にした国語史研究は、資料の周到な探索によつて、この不可能の限界を出来るだけ縮めようと努力して来たことは事実である。しかし、国語史研究は、今後も、このやうな方向に、その主力を注いで行くべきであるか、どうか。従来の国語史研究が、その考察の焦点を、この選ばれた国語即ち国語の本流に置き、また置かざるを得なかつたことに対して、安藤正次氏は、「資料をこゝに求むるのは、一方には事のやむを得ざるによるとはいへ、また他の一方には、理の当に然るべき所以が存するのである。」（国語科学講座、国語発達史序説緒言）と述べて居られるのであるが、氏の云はれるやうに、文献的資料は、「質においては、たしかに選ばれたものであり、時代を代表するに足る資格を有するもの」（同上書）であるが故に、とられた方法であると見るべきであらうか。文献をすべて資料と見る国語史研究方法論から云へば、文献的資料は、当代言語の代表であると見なければ、意味が無くなるのは当然である。しかしながら文献それ自体を言語行為と見る立場から云へば、それが当代国語の代表であるかは問題にならない。それが個性的のものであり、特異のものであるならば、それをそのまま記述すればよいのである。文献を国語史的に定位するといふことは、個性的のものを個性的のままに、類型的なものを類型的のままに、それが如何なる言語形態に属し、国語生活の中に如何なる位置を占めるかを明かにすることが肝要である。文献を国語史的に定位するといふことは、その文献の言語を以て、当代の言語の代表に置替へることではなくして、逆に、その言語が、当代言語の如何なる部分を占めるものであるかを明かにすることである。

このやうにして編まれた国語史は、恐らく文字言語の歴史として、しかも特殊の階級の国語史として、一般大衆の言語生活は、その歴史の上に、痕跡を止めることが出来なくなるのではないかといふ疑を抱かしめるであらう。この疑問は、恐らく次のやうな謬見に基づくものではないかと考へられるのである。それは、口語は大衆のものであり、文語は特殊の階級のものであるとする考方である。既に述べて来たやうに、口語と文語、音声言語と文字言語とは、階級的にその所属を異にするものではなく、異つた言語形態として、言語生活を構成する要素となるべきものである。従つて、口語史と大衆の言語史とは、決して同義語であるとは云ふことが出来ないのである。かつまた、読む立場に於ける言語的関心を問題にするならば、中世、近世に成立した多くの文語的文献が、如何に多くの読者を持ち、もちろん今日とは比較にならないにしても、一般の言語的行為がそれに参与したかを想像することが出来るのである。文語的文献を読むといふことは、嘗ては読む形態の大部分を占めて居つたことを知らなければならない。文献が、書かれたものとして定位されると同時に、読まれたものとして定位されることは、国語生活史としての国語史研究の重要な立場である。

文献言語の歴史的研究が、国語史研究上に占めるべき位置は、以上述べた如くであるが、それは、決して、文献言語史即ち国語史であることを意味させようとするものでもなく、さりとて、それは口語史研究の下風に立つといふやうなものでもないことも明かにして来た。それは、古代、中古の国語史研究が、文献言語、特に文学的言語の研究に終始して来たこととは、全く別の意味に於いて、その研究が促進されなければならない。その一として、またその一段階として各時代の文献の総括的な分類を行ふことが必要である。そして、時代的にどのやうに文献が増加し、分化して行つたか、また如何なる階級がどのやうにして文献を生産して行つたかを調査することは、言語生活の拡大、発展を明かにする上に、必要なことであつて、それは、現代の国語生活の実態を明かにすることと直接に結付くことである。

六　国語史と政治・社会・文化史との関係

言語が、人間生活の手段であり、結論であるといふことは、言語の本質的な機能の上から云へることである。言語が表現せられる時は、それによつて、他人が話手の要求通りな行動を起こして呉れるか、それによつて、知識慾の満足を得るか、常に実用的であるといふことは、言語の根本的な使命である。言語は、それ自身独立した芸術作品として鑑賞される場合でも、絵画や音楽などと異り、多分に他の生活の手段としての実用性を持つてゐることは、建築の場合と似てゐる。建築は一個の美術品として鑑賞される前に専ら、住宅、寺院、或は城廓としての実用のために生産せられたものである。多くの恋愛歌は、その表現が鑑賞されるためであるよりも、それによつて相手が同情するか、共鳴するか、求愛に応ずるか、総じて、それは人間の異性に対する挑みの表現である。言語のこのやうな性質から、言語が、最も政治、社会、文化の変遷と関係し、またそれを反映してゐるであらうことが想像されるのであるが、それは、言語形態の構成要素である音韻、語彙、語法などと直接に結付くものではない。例へば、ハ行子音がfからhに変つたり、下二段活用が下一段活用に統合されたりしたことが、何等かの政治的文化的変動に関係するものであるとは考へられない。理論的に云つても、政治と音韻との間に、どれだけの関係を見出し得るかは、頗る疑問である。語彙の面では、当代の政治、社会、文化と密接な関連が認められるやうであるが、本来、語彙の増減といふことは、主として言語の題材に関することであるから、その両者に、必然的な関連を見出すことが出来ないと見るのが至当である。例へば、現に、民主々義が主張されてゐる時代にも、多くの論文に、封建制度に関する語彙が使用されてゐるし、またその必要に迫られるといふことも当然のことである。軍国主義が否定されたことと、国語に軍事に関する語彙が存在することとは、全く別のことである。

言語と、政治、社会、文化との関連は、言語を、専ら言語生活と見る立場に於いて、始めて見出すことが出来るのである。言語を生活と見るならば、それは、人間の他の生活である政治生活、社会生活、文化生活と並行するものであると同時に、既に述べた言語生活は、常にそれらの手段であり、結論であるから、言語は最も政治、社会、文化と交渉し、関連して来るのが当然である。その関連の仕方は、既に前述の諸項目の中でも、随所で触れたことであるが、ここで一括して述べることとする。

（一）

日本では、いつの時代にか、大陸伝来の漢字を以て、国語を記載するやうになつた。この事実を、国語史的には、どのやうな意味に解したならばよいであらうか。一般には、漢字の使用によつて、金石文や文献が成立したことが、国語の歴史時代の開始を意味すると考へられてゐるやうである。この見地に於いては、これら金石文や文献は、ただ国語を観察するに便宜な資料としてのみ考へられてゐるのであつて、それらの金石文や文献が、言語的行為の所産であるとは考へられてはゐないのである。しかしながら漢字によつて国語を記載するといふことは、従来、目の前の聞手に対してしか、効力を持たなかつた音声言語のみの生活に、新に地域を異にした、或は時代を異にした聞手に対しても、効力を持ち得るやうな文字言語の形態を創造したことであつて、それは、国語生活の変遷に外ならず、そのこと自躰が、国語史上の一の大きな時期を劃するものであると云はなければならないのである。このやうに、漢字伝来といふことは、単に文字史の一頁をなすといふやうなものではなくして、国語生活そのものの変動を意味することになるのである。

（二）

近世から明治へかけて、政治、社会、文化の面が著しく変動した。それが、国語生活にどのやうな影響を与へたかを見るのに、

一、活版印刷術の普及。従来の整版印刷術の時代に比して、一般の人々の読む生活は、その量に於いて、また質に於いて、比較にならないほどに拡大された。

二、政治思想と政治組織の影響。自由民権論、議会制度の発達に伴つて、一般の人々が、言論を以て政治に関与する道が、開かれたために、日常の音声言語形態に、新に、演説、弁論、討議といふやうな新しい形態を分化、発達させることになつた。

三、国家意識、社会意識の発達。各人が、国家或は社会の構成員としての活動の場面が、多くなるにつれて、国家的、社会的意識が発達して、対隣人、対郷土人のみの方言生活から脱却して、標準語生活をする必要を感ずるやうになつた。

四、ラジオの普及。ラジオの「私たちの言葉」、街頭録音、放送討論会等の時間によつて、多くの人々が、その喜びや、悲しみや、感想、意見、不平、要求等を、表明する機会が与へられることは、話す行為に対する新しい刺戟であつて、それは対個人的な或は一方的な意見や感想の発表とは異なつた、大衆に呼びかけ、また呼びかけられるやうな音声言語の形態を生み出す契機となるであらうといふことが考へられる。

五、団躰行動、輿論の喚起。政治が多数決の原理によることになり、団躰行動、時にはモッブの力を必要とするやうになれば、輿論の喚起、或は煽動といふことが先決問題になる。そこで、簡明直截に大衆の群衆心理に訴へるスローガンやプラカードやアジビラ等に適するやうな表現形式が生まれて来る。新聞や広告文の表現にも、共通した表現意識が働いてゐる。

六、言語の受容者の立場の変化。総じて、近世の政治、文化は言語の過剰、氾濫を来してゐる。そこで、昔のやうに、言語はただ素直に受取り、理解すべきものと考へてゐたのでは、時に屢々事の真相を誤り、偽瞞されることが多くなつて来た。言語に対する批判的な冷静な受取り方が要求されるやうになる。言論戦、宣伝戦、広告戦術に対する反作用とも見ることが出来る。

以上のやうな点を取り出して見ても、現代の国語生活が、それ以前と如何に変化し、また多様性を帯びて来たかが想像出来るのであるが、それらは、殆ど現代の政治、社会、文化と密接に関連してゐることが知られるのである。

㈢

現代を観察した眼を以て、古代を振返つて見るならば、そこには、やはり類似の、或は異つた言語形態が、政治、社会、文化などの関連に於いて、発見されるであらうことが、想像される。文字言語の形態としては、いはゆる文学形態に属するものは勿論のこと、院宣、牒状、願文等の形態が見出されるが、音声言語に属するものとしても、説教、聴聞、論議等の宗教に関係する形態が見出されるであらうし、寺院大衆の僉議の如きは、寺院内の社会組織の反映として見ることが出来るであらう。また、太平記二十一天下時勢粧に、「公家の人々、いつしか、言ひも習はぬ坂東声をつかひ云ゝ」といふやうな現象は、政治的変動に伴ふ音声言語躰系の混淆雑居の状態を云つたものと解せられるのである。国語の変遷が、単に一部国語形態の変化に止まる時は、さまで目立たないけれども、その伝統が、全く他の伝統に入替へられる時に、最も著しい。京都語中心から、東京語或は標準語中心に移つたやうな場合は、その例で、それは云ふまでもなく、政治、文化の中心の移動に基づくのであるが、私生活の面では、なほ方言生活が依然強い根を張つてゐるのは、標準語と、政治、社会、文化の密接な関係を物語るものといふことが出来るであらう。

言語の躰系的要素と、政治、社会、文化が密接に関連してゐるやうに考へられる場合でも、その中間に、言語生活といふものを想定することによつて、始めて妥当な説明を下すことが出来るのである。例へば、漢字の隷書の起源として伝へられてゐることは程邈が、官獄事多きに因つて、文字を省略して、之を徒隷に施したところから名づけたものとされてゐる（国語調査委員会編漢字要覧による）。そして「之を徒隷に施す」といふ漢書芸文志の意は、岡井慎吾博士に従へば、それ以前の文字である小篆を、通俗用にしたことである（漢字の形音義）。して見れば、隷書の発達そのことが、直に政治に直結されるのではなく、その中間の段階に、書く言語生活が急に増大して、文字が実生活に頻繁に利用されるやうになつたことを考慮に入れなければならないのである。このことは、我が国の片仮名の創作、発達についても云はれることで、仏教経典の学習に伴つて国語を速記的に経典の行間に記載して行くといふ国語の記載生活がなかつたならば、省筆躰の片仮名は発生しなかつたに違ひない。同様に、美的な草仮名も、平安期の恋愛生活の重要な手段である和歌の贈答といふ言語形態をまつて、始めて生まれて来たものであるといふことが出来る。

（昭和二十四年〔一九四九〕九月四日）

（※一九四九年発表）

対人関係を構成する助詞、助動詞

はしがき

この小稿は、昭和二十六年十一月十一日、京都における国語学会の講演に基づくものであります。最初、講演の原稿を、そのまま「国語・国文」の編集者の方にお渡しする予定にして居りましたところ、活字にするには、お話のままでは、不都合であると考へましたので、これを論文の形に改めることにし、順序も大分変更して、講演当日、時間の関係で、充分説き及ぶことが出来なかつた末尾の部分から説き始めることにしました。

国語学会でのお話の主題は、私の「言語の社会性について」(文学昭和二十六年九月)をお読み下さつた方には、大体の見当がおつきになつたことと思ひますが、その概要を申せば、「言語は、話手の思想内容を、聞手に伝達するための表現行為であるが、それは常に話手の生活目的を達成するための手段(言語の実用的機能)として行為されるので、従つてそれは、話手と聞手との間に、種々な対人関係を構成することにおいて表現されるものである。このことは、文学についても適用されることであつて、作者と読者との間には、常にある種の対人関係が構成されてゐると見なければならないのである。もし、言語について社会性といふことが云はれるならば、それは右のやうに、話手と聞手との間に、対人関係を構成する機能について云はれなければならない。換言すれば、言語が、常に社会生活の重要な手段となつてゐる点に、「言語が社会的であると云はれる根拠がある」といふことでありました。講演は、右に述べたやうな、言語と社会生活との関連交渉といふ点から、説き始めたのであります。「文学」の論文では、言語における右のやうな対人関係の構成には、助詞及び助動詞、即ち主体的表現である辞が、重要な役割を果すものであることを示唆したのでありましたが、この論文は、その点を具体的に説明しようとしたものであります。

言語の社会的機能、即ち、言語が対人関係を構成する機能については、私は、既に「国語学原論」の総論第五において、話手と聞手との間の機能的関係を論じ、「古典解釈のための日本文法」の単元第三十二「韻文散文の混合形式の意義」において、贈答歌の社交的機能を明かにし、更に「文学研究における言語学派の立場とその方法」(国語と国文学昭和二十六年四月)において、文学作品も、その根本において、言語の持つ実用的機能を外にするものでないことを述べて来たのでありますが、これは、言語の具体相を追求すれば、当然、起こり得るところの問題なのであります。しかしながら、右の諸論文においては、このやうな言語の社会的機能が、言語の如何なる形式において、また如何なる部分において存するかといふことは、まだ残された問題となつて居りました。この論文は、更にそれを一歩前進させ、助詞、助動詞が、どのやうな対人関係を構成するかを検討しようとしたものでありますが、まだ、決して網羅的に扱つたものであるとはいへません。本稿では、辞である助詞、助動詞が、それに対立する詞と比較して、どのやうな表現機能を持つてゐるかといふことから、説き始めようと思ひます。

一　詞と辞の分類とその表現機能の相違

国語の語彙の中に、語としての性質が全く異なつたものが存在して、それを「詞」と「辞」に対立させて考へることは、既に、鎌倉時代に成立したと云はれてゐる手爾葉大概抄に見えてゐることである。本書では、「てには」といふ名称が用ゐられて、まだ辞といふ名称は用ゐられてはゐないが、その内容は、ほぼ近世に云はれてゐる「辞」に相当するものであることは明かで、近世国学者の用ゐた「辞」といふ術語も、これを「テニハ」或は「テニヲハ」と訓ませてゐるところから考へて、少くとも、この分類は手爾葉大概抄のそれを継承したものであることは認めてよいと思ふ。このやうに分類された詞と辞が、どのやうな表現機能を持ちまた詞と辞との相互にどのやうな関係があつたかといふことに対する認識は、「手爾葉大概抄」においては、僅かに次のやうな説明からこれを知ることが出来るに過ぎない。

和歌《ノ》手《テ》爾《ニ》波者、(中略)以《テ》レ之《ヲ》定《メ》二軽重之心《ヲ》一、音声因《テ》レ之《ニ》相続《シ》、人情縁《テ》レ之《ニ》発揮《スル》也。

詞《ハ》如《ク》二寺社《ノ》一、手爾波《ハ》如《シ》二荘厳《ノ》一。

以《テ》二荘厳之手爾葉《ヲ》一定《ム》二寺社之尊卑《ヲ》一。

詞《ハ》雖《モ》レ有《リト》二際限一、新《ニシ》レ之《ヲ》自二在《ニスル》 之《ヲ》一者《ハ》手爾葉也。

右のやうな記述からして、私は、詞は客体的表現であり、辞は主体的表現であるとし、詞と辞は、その表現性の上から見て、次元を異にするものであり、かつ、辞は、詞に対する主体的表現であるといふ説明を加へたのであるが(国語学原論第二篇第三章詞辞の意味的聯関)、右の手爾葉大概抄の見解は、近世になると、やうやく明瞭な形をとつて表明されるやうになつた。例へば、本居宣長は、詞は衣の布であり、辞はこの布を縫ふ手或は技術に比して考へて居る。ここでも、詞が客体的表現であり、辞が主体的表現であるといふ大概抄の見解はそのまま継承され、詞と辞との間に存する次元の相違といふものは、決して見失はれてゐない。次に、鈴木朗の場合も同様で、朗は、「名」「作用の詞」「形状の詞」を一括して詞とし、これに「てにをは」即ち辞を対立させて考へてゐる。朗の詞と辞に対する見解の重要なものを表解すると次のやうになる(言語四種論)。

〇三種の詞
さす所あり
物事をさしあらはして詞となり
詞は器物の如く

〇てにをは
さす所なし
其の詞につける心の声なり
てにをはは其を使ひ動かす手の如し

右の説明において、詞が客体的表現であり、「辞」が主体的表現であると認めてゐることも、先行学説と同様であるが、辞が、「其の詞につける心の声なり」として、詞と辞の間に密接な関連を認めたことも、大概抄以来の見解を継承したものであることは明かである。例へば

をちこちのたつきも知らぬ山中におぼつかなくも呼子鳥かな（古今春上）

における詠歌の辞「かな」について見ても、それが詞である「呼子鳥」に対する感動として、作者の心の声を表現したと見ることは正しいことである。

今日か、明日か参ります。

何百万円かが盗まれた。

の場合の「か」について見ても、それらは、「今日」「明日」「何百万円」といふやうな詞によつて表現される事柄が、話手にとつて確定的な事柄となつてゐないところから、加へられたものであつて、これも詞についた話手の主体的な気持ちの表現であると見ることが出来るのである。

大概抄以来辞或はてにはは専ら右のやうな見地で取扱はれて来、またそれは決して誤りではないのであるが、辞の中には、右のやうに、専ら、詞に対する主体的表現としての機能を持つものがあると同時に、聞手に対する主体的立場を表現するものがあるといふことも見逃すことが出来ない事実であつて、言語が対人関係を構成する重要な手段であると考へるならば、辞の右のやうな機能こそ、言語の最も重要視しなければならない点と云はなければならない。「か」が詞に対する主体的なものを表現することは、既に述べたが、更に、次のやうな例について見るならば、

どうだ、欲しいか。

このことについて、お考へ下さいますか。

右の例の「か」は、勿論、「欲しい」「お考へ下さる」といふやうな詞について、それに対する疑ひを表現してゐることは事実であるが、同時にそれは、聞手に対して話手が疑問を投げかけて居ることを表現してゐるものであることも、無

視してはならないことである。この「か」といふ一語の使用によつて、話手と聞手との間には、質問者と被質問者といふ対人関係が構成されることになるのである。恐らく我々の生活において、質問者と被質問者との関係が構成されることが無かつたとしたならば、知識の獲得も、用件の打合せも、危険の防止も出来ないこととなつて、我々の社会生活の成立も、その根柢を失つてゐたに違ひないのである。助詞「か」については、右に述べたやうに、詞に対する主体的な疑ひの表現であると同時に、聞手に対する疑問の表現として、二様の表現機能を持つものであることは、これを、「が」「の」「に」「を」等が、専ら詞に附いて、それら詞相互の関係の認定だけを表現するものと比較するならば、一層、明かにされるであらうと思ふのである。

猫が鼠を食ふ。

本が机の上にある。

右の例における「が」「を」「の」「に」は、話手と聞手との間に、何等の対人関係をも構成しないのである。同様にして、山田孝雄博士のいはれる副助詞の如きも、それが附く詞に対する限定を表現はするが、決して対人関係を構成する機能を持つわけではない。

それればかりが心配です。

みやまには松の雪だに消えなくに、

右の例の「ばかり」「だに」は、それが附く「詞」即ち「それ」「松の雪」を限定するに過ぎない。

辞を専ら詞に附く主体的表現とのみ考へたことは、近世国語学の未だしい点であつて、それは、近世国語学が、専ら、自然、人事に対する観照を主にした文学的作品としての和歌散文だけを取扱つてゐた為に、言語に、人と人とを結びつける重要な機能のあることを、ややもすれば、見落すことになつたと考へられるのである。言語における対人的な思想伝達、思想交換の機能が注目されるやうになつた今日、辞に右のやうな機能のあることは、当然、注目されるべきことであり、その点から、近世国語学の欠陥を補訂しなければならなくなるのは当然である。私は次の項で、辞のうちで、対人関係を構成すると考へられるもの若干を摘出して説明を加へようと思ふ。

二　対人関係を構成する助詞、助動詞

一　感動詞のあるもの

感動詞は助詞或は助動詞に所属するものではないが、話手の主体的表現である辞として、その根本的機能をひとしくしてゐる。それは、詞に附くものではないが、常に、詞によつて表現されるべき可能性を持つた事柄に対する感動を表現するものである。

あはれ、今年の秋もいぬめり。
おやまあ、大変なことですね。

右の「あはれ」「おやまあ」は、「秋の過ぎ去ること」或は、人の話した内容に対する感動を表現したもので、この場合は、特に対人関係を構成するといふものではない。ところが、

いいえ、そんな事はありません。
こら、そこを通つてはいけない。
はい、きつといたします。

右の「いいえ」「こら」「はい」は、ある事柄に対する主体的立場の表現であるといふよりは、聞手の意志や希望や命令に対する反応の表現として、話手と聞手との間に特殊な対人関係を構成してゐるといふことは、極めて見安い道理である。即ち、「いいえ」といふ語は、多くの場合、相手の意志や期待を拒否する心持ちを表現して、「はい」とは反対の対人関係を構成するのである。

二　辞としての敬語

すべての敬語が対人関係を構成するとは限らない。例へば、

甲が乙に本を読んであげた。

今頃はもうお着きになつたでせう。

における「あげる」「お着きになる」等の敬語は、この表現の話題の中の人物相互間の関係を表現してゐるのであるが、この表現の相手である聞手に対して対人関係を構成してゐると見ることは出来ない。これに反して、

今日は行きません。

と云つた場合の「ません」は、

今日は行かない。

と云つた場合の「ない」と比較して見る時、前者は、後者の場合とは、異なつた関係に、聞手を置いてゐるといふことが云へるのである。辞としての敬語とは、このやうな助動詞に現れる敬語を云ふので、この場合の「ません」は、「行く」動作の主語の身分の高下には少しも関係しないのである。それは、専ら聞手に対する話手の敬意を表現したものである。従つて、「行きません」といふ場合と「行かない」といふ場合とでは、対人関係の構成の仕方が異なるのであるから、それが適当に表現されない場合は、聞手に不快の感を与へたり、水臭い感を与へるといふことになつて、延いては、対人関係の円満な進行を妨げる結果にもなるのである。

このことは、肯定の場合も同じで、否定の場合と対比すれば、次のやうになる。

肯　定	否　定
今日は行きます。………	今日は行きません。
今日は行く▨……………	今日は行かない。

「ません」の肯定は「ます」であるが、敬語を含まない「ない」に対応する肯定は、肯定を表現する特殊の語を用ゐない

で、動詞の終止形を用ゐるので、これを零記号の肯定辞が附いたものと考へて右のやうに図解したのである。

三　推量の助動詞

推量の助動詞は、他の助動詞と同様に、話題の事柄に対する話手の推量判断を表現するのであるが、同時にそれは、聞手に対して、話手が、自己の思想を強制しない態度を表現し、従つて、それは屢〻聞手に対する婉曲な表現となるのである。

今日は御返事をうかがひませう（「御返事をうかがひます」に対して）。

こんな事はお嫌ひでせうから、止めませう（「お嫌ひですから、止めます」に対して）。

推量の助動詞「う」が、第一人称の動作について意志を表はし、「べし」が、第二人称について命令を表はすのは、本来、意志や命令を婉曲に表はしたものが、その表現効果を失ふに至つたものではないかと考へられる。あたかも、「貴様」や「僕」が尊敬謙譲の効果を失ふに至つたと同じ経路を踏んだものと見ることが出来はしないであらうか。

以上のやうな表現機能から、話手において極めて確実な事柄についても、聞手に同調を求めるやうな場合には、推量の助動詞が用ゐられることがある。

今日はいいお天気でせう。（「いいお天気です」と云ってよい場合）

私はこんなに元気でせう。

右のやうな場合には、語尾が上昇的な抑揚をとるのが普通である。

四　否定の助動詞

話題の事柄に対する否定を表現するのであるが、それが対人的には、屢〻聞手の意志、期待を拒否することになることがある。従つて、否定の助動詞を用ゐることは、話手と聞手とを背中合せに対立させることになる。特に、否定の附く詞が、聞手に交渉を持つ場合に著しい。

電車が来ません。

時計が動かない。

右のやうな否定は、対人的に何等の影響を持たないのであるが、

僕は欲しくない。

せつかくですが、明日はあがりません。

等の表現は、時によつて聞手の感情を刺戟することがある。このやうな場合、恐らくはこれを肯定判断或は推量判断の形に改めることによつて、対人関係を和げることが出来るであらう。

僕はたくさんだ（「結構だ」「ありがたう」等とも云へる）。

せつかくですが、明日は失礼します（「あがりかねます」とも云へる）。

五　「ね」

国語における一種の感動助詞であるが、詞に附いて、それに対する感動を表現するといふよりも、聞手を同調者としての関係に置かうとする主体的立場の表現である。

風が寒いね。

ずいぶん疲れたね。

の如きを、「風が寒い」「ずいぶん疲れた」といふ表現と比較してみれば明かであつて、「ね」を伴はない場合は、話手の判断だけを表現して、聞手が共鳴するか、同調するかといふことは問題外だといふ表現である。従つて、このやうな「ね」を伴ふ表現は、聞手を常にある間隔に置かうとする敬語表現とは表裏をなすことは明かで、聞手との親しい関係においてのみ許されるのであるから、改まつた敬語的な会話では、

風が寒うございます。

ずいぶん疲れました。

のやうに、「ね」が用ゐられないのが自然である。

六　「ぞ」「よ」

聞手に対して、話手の意志や判断を強く押しつける表現であるから、敬語的表現や婉曲的表現或は、相手に同調を求める表現とも対立する。

雨が降つてゐるぞ（「——降つてゐます」「——降つてゐるだらう」「——降つてゐるね」等に対立する）。

私が行くよ（「——行きます」「——行くだらう」「——行くね」等に対立する）。

七　命令と禁止

禁止は「な」によつて表現され、聞手の意志を拘束するのであるから、その対人関係は、聞手に選択の自由を許さないやうな逼迫したものである。命令の場合でも同様で、禁止との対応関係は次のやうになる。

禁止	命令
行くな。………	行け▨。
起きるな。……	起きよ（ろ）。

命令の場合は、禁止の「な」に相当するものが、「よ」によつて表はされてゐるが、四段活用の場合は、活用形だけで示されてゐるので、命令は零記号の辞によつて表はされてゐると考へることが出来るのである。

命令、禁止は聞手を強く拘束するものであるから、話手にそのやうな意欲がある場合も、敬語的表現を必要とするやうな関係においては、もつと婉曲な対人関係の構成を求めて、実質的には、それと同様な効果を出さうとする方法がとられる。

お書き下さいませんか（「書け」を意味する）。

おいでになるのですか（「行くな」を意味する）。

お止めになりませんか（「止めよ」「するな」を意味する）。

右の表現は、推量、疑問の辞を用ゐることによつて、話手の意志を聞手におしつけることなく、聞手の判断の自由を認めることになるのである。

結び

以上は、ただ思ひ附くままを、列挙したものであつて、なほ、この他に、誹への「なむ」、希望の「な」（四段未然形に接続）、念を押す「かし」等が、対人関係を構成する辞として注意されるであらう。

対人関係を構成する助詞、助動詞といふものが、従来の文法研究において、全然無視されて居つたのではなく、既に文法上の術語として、禁止、命令、願望、希求等の名称が用ゐられて居たところから、その関心が知られるのであるが、それらは、主として助詞、助動詞の意味として考へられて居つたので、ここにこれらを対人関係の構成といふ観点から観察するならば、一層その具体的な機能を明かにすることが出来るであらうし、国語教育の面にも、古典解釈の面にもこれを適用することが出来るであらうと思ふのである。

以上のやうな助詞、助動詞の観察によつて、言語によつて、結ばれる対人関係は、いはゆる社会学等において取扱はれる対人関係よりも更に複雑微妙であり、また、このやうな対人関係は、人間社会の組織の根柢に横はるものであつて、人間文化の発展も、このやうな基礎構造なくしては到底考へ得られないと云つても過言ではないことを知るのである。

（昭和二十六年〔一九五一〕十一月十九日）

（※一九五一年発表）

文法研究における一課題——文の統一について——

はしがき

ここに取上げようとする問題は、文の統一[註一]に関することであつて、そのことは、既に私の文法関係の著書[註二]の中で、説き及んで来たことで、ここに述べようとすることも、それに新しいものを加へるのではないのである。改めて、この問題をここに取上げた理由は、文の統一論を文法研究の展開に対する大きな主題として、前面に押し出さうと考へたからである。私の見解では、従来の文の考察は、やゝもすれば、文の成分論に偏して、文を文たらしめる統一の問題を、閑却してゐたのではないかと考へる。その結果は、文を、それを成立させる重要にして不可欠な条件である人間から切離して、一個の構成体と見る考へ方を導いた。

文の研究が、成分論に偏してゐたことは、論理学の羅絆を未だ文法学が脱し切れなかつたことに原因するものと考へられるのであつて、一般に、論理学における判断においては、その統一形式は、単純な肯定判断、即ち繋辞を考へれば、事足りるのであるが、言語的表現においては事情を異にし、判断そのものの質的相違といふことが問題にされなければならない。従来でも、文論において文の種類といふことが問題にされ、叙述文、疑問文、感歎文等の名目が掲げられては来たのであるが、それら文の種類別けといふことは、一般には常識的な解説の範囲を出でず、必ずしも、文の構造の研究と有機的に結びついてゐたとは考へられない。しかも、右のやうな文の種類別けは、文の統一形式の問題として、論理学を越えた言語固有の問題として重要性を持つのである。

更に、文の統一形式の相違といふことは、文の対人的機能に関係することであつて、文を言語の本質的機能である伝達の事実と関連させて考へる場合には、忽せに出来ない重要な事柄となつて来るのである。文の統一といふことは、従来、専ら文の成立条件として、表現の形式の問題として取扱はれて来たのであるが、更に詳かに観察すれば、文の統一は、文を文たらしめる必要条件であるばかりでなく、それが、聞手との対人関係を構成するものとして伝達の事実に関係して来る。何となれば、文の統一は、主体的作用の表現であり、話手と聞手との交渉は、専ら表現における主体的なものによつて成立するからである。

（註一）ここに「文」といふのは、客体的表現である詞と、主体的表現である辞との結合よりなる統一体を指す（日本文法口語篇第三章文論）。

（註二）国語学原論第三章文法論第四項
日本文法口語篇第三章文論

一　文の統一の問題はどのやうに扱はれて来たか

山田孝雄博士は、その文法学の体系において、文の統一の問題を重視せられて、次のやうに述べて居られる。

実在の観念と属性の観念とありとても吾人の思想のこれを統一することなくば、唯片々たる観念の累々たるのみにして一の思想を組織すること能はざるべし。この故にこれらを統一する精神の作用が、この実在と属性との外に存在するは明かなり（日本文法学概論九四頁）。

右は、言語において、実在の観念と属性の観念と思想の統一作用との三者の識別を説いたもので、更にこの三者の中、思想の統一作用については、次のやうに述べて居られる。

而もその三者中統一作用の思想上最も必要なることはこれを欠かば、思想は毫末も成立する能はざるによりても明かなり（同上書九四―九五頁）。

次に、右の如き統一作用は、実在の観念と属性の観念とに対して、どのやうな関係にあるかについて、博士は、次のやうな図式を以てこれを説明して居られる（同上書六七八頁）。

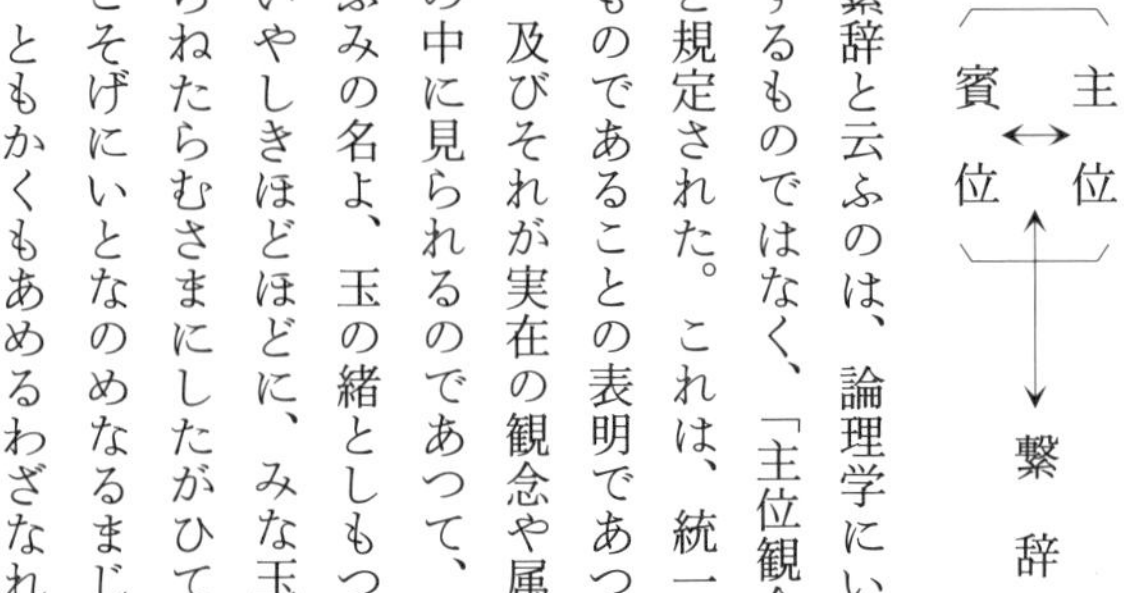

ここに繋辞と云ふのは、論理学にいふ copula であつて、統一作用の言語として表現されたものであり、それは、主格に対立するものではなく、「主位観念と賓位観念との対比といふこと、それ全体に対して存立するもの」（同上書六七八頁）であると規定された。これは、統一作用の表現といふことが、実在の観念、属性の観念の表現とは、その次元を全く異にしたものであることの表明であつて、注意しなければならない重要な点である。右のやうな統一作用の表現についての認識、及びそれが実在の観念や属性の観念の表現とは次元を異にするものであることについての認識は、既に近世の国語学の中に見られるのであつて、例へば、本居宣長は、「詞玉緒」に次のやうな比喩を以てこの問題に触れてゐる。

此ふみの名よ、玉の緒としもつけゝるよしは、人の身のよそひにも、万の物のかざりにも、あがれりし世には、高きいやしきほどほどに、みな玉をなむものして（中略）さるはいとかぎりなくめでたき物のかざりならむにも、ぬきつらねたらむさまにしたがひてなむ、いま一きはの光もそはりぬべく、またはえなくきえても見えぬべければ、此緒こそげにいとなのめなるまじき物には有けれ（中略）ことの葉の玉のよそひはた、此ぬきつらぬるてにをはからむ、ともかくもあめるわざなれば、又よそへてなむ。（言葉の玉のをの序）

即ち、玉を統一するものとして緒を考へ、その緒に比すべきものとして「てにをは」を考へてゐるのである。また、歌にまれ詞にまれ、此てにをはのとゝのはざるは、たとへばつたなき手して縫たらん衣のごとし（同上書巻七）。

とあるも同様の意味で、「てにをは」の統一機能を、布を統一する裁縫の技術に譬へたのである。

山田博士の説が、ヴント心理学における統覚説に出たものであつて、宣長説に出たものでないことは明かであるが、その著眼点は揆を一にしたものと見ることが出来るのである。たゞここに注意すべきことは、宣長が言語における統一作用の表現を、「てにをは」（今日いふところの助詞助動詞その他）に求めたのに対して、山田博士においては、これを、用言及び説明存在詞「なり」に求めたことである。

吾人が用言として一括したるものは多くの場合に於いて属性観念を伴ひてあらはせりといへども、その本体は精神の統一作用をあらはせる点にあり（日本文法学概論九五頁）。

山田博士は、観念的には、精神の統一作用の表現を、実在の観念或は属性観念の表現とは、別個のものとして扱ひながら、また、統一作用といふものを、実在、属性両観念の全体に対するものと規定しながら、統一作用をただ用言に寓せられてあるものと考へられたことは、大きな矛盾であると云はなければならないのである。今、繫辞を、「主位観念と賓位観念との対比といふこと、それ全体に対して存立するもの」とする博士の考へを、忠実に発展させるならば、例へば、「月明かなり」といふ文は、次の如く図解せられなければならない。

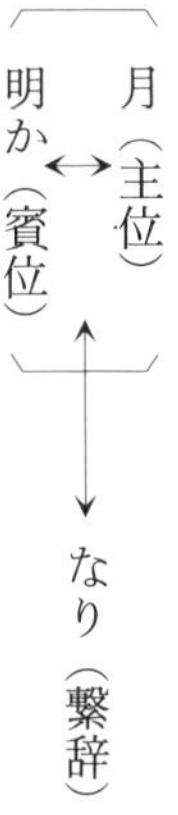

右の図解において、「月」は主位観念、「明か」は賓位観念で、「なり」は、この両観念を統一する繫辞である。この図解は、博士が日本文法学概論（六七九頁）に解説せられたところのものに従つて試みたものである。この図解を妥当のものとするならば、例へば、「花咲く」といふ文は、当然、次の如く図解せられなければならない筈である。

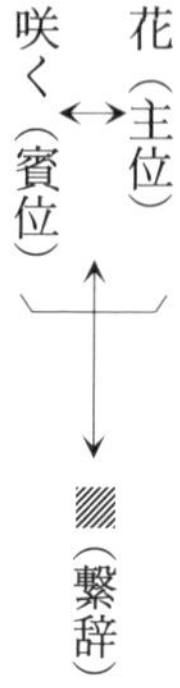

右の図解において、「花」は主位観念、「咲く」は賓位観念で、この両者を統一する繋辞は、▨の位置にあるものと見なければならないのである。然るに、賓位観念に用言が用ゐられ、繋辞が単純な肯定判断の場合は、繋辞に相当する語を省略し、形式「零」の形で、統一を表現する。これが、私のいふところの零記号の陳述である（岩波全書「日本文法口語篇」二五六頁）。これは正しく山田博士の統一作用の説の正しい継承と認められなくてはならないのである。然るに、山田博士においては、賓位観念に用言が用ゐられた時は、本来、主位観念と賓位観念との全体に対するものと規定された繋辞を、賓位観念である用言の中にありと認め、これを述格と名づけ、却つて、賓格は述格の内部に没入し去つたものと説明されたのである（「日本文法学概論」六八三頁）。これは、明かに自己撞着の説である。用言に賓位観念と繋辞との二つの要素を認め、更に、賓位観念よりも繋辞としての機能をこれに重視したことは、博士の文法体系全体に響く重大な過誤であつたと私は考へるのである。主位観念と賓位観念との全体に対するものであるべき陳述が、賓位観念と合体して述格となると考へる時、もはや述格が主位観念に対するものでないと力説する博士の説は、事実上崩壊したものと云はなければならないのである。このことは、単に述格の名義の問題に止まらず、博士の文法体系における統一作用の説の発展をも阻害したことになるのである。私は、博士の統一作用の説の正当であることを認め、出来るだけ、それを純粋の形において展開さすことを試みたいと思ふのである。

山田博士の複語尾説は、博士の文法体系における異色の部分である。しかしながら、その中には、全く性質の異なつたものを含むことは、博士の指摘せられるところである。それは、

一、属性の表はし方に関するもの
二、陳述のし方に関するもの

（日本文法学概論三一〇頁）

の二大別である。

一は、受身、可能、使役の意味を表はす「る」「らる」「す」「さす」「しむ」で、賓位観念を表はすものであるから、主位観念に対立するものであることは明かである。然るに、二は、統覚の運用に関する「つ」「ぬ」「たり」「き」「けり」「らむ」「べし」等であるから、主位観念に対立するものではなく、主位賓位両観念全体に対する思想の統一作用の表現として考へなければならないものである。即ち、それらは、繋辞の変容として、例へば、「花咲くべし」といふ文は、次の如く図解せられなければならないものである。

花
咲く
べし

これに対して、一の属性の表はし方に関する場合は、例へば、「彼は打たる」といふ文は、

彼
打たる
▨（繋辞が零であることを示す）

の如く、受身の複語尾「る」を伴つた「打たる」は、それ全体で、主位観念である「彼」に対立する賓位観念であり、この文を統一する陳述は、主賓両者全体に対するものとして、零記号として表現されたものと考へなければならないのである。博士の統一作用の説を、そのまま追求するならば、複語尾中の「陳述のし方に関するもの」に属するものは、主位観念に対立する賓位観念の表現である用言に所属するものとは考へることの出来ないものであつて、博士のいはゆる存在詞「なり」と同様に、繋辞の一種と認めざるを得ないのである。

以上述べて来たことは、山田博士の文法学説を批判することが主要な目的ではなくして、博士の重視せられた思想の

統一作用の説を、その正しいと思はれる方向に発展さすことを試みたものであつて、それによつて、私の文法学説における「辞」の統一機能の説の出て来る根拠を明かにして来たのである。

因みに、私は文の図解を、文の記載の形式をそのまゝ生かして、次のやうな形式を用ゐた。

月　明か　なり

思想の統一形式が、主・賓両観念に対する関係は山田博士と全く同じである。異なるところは、山田博士は、統一形式の表現である陳述「なり」に一つの格を認めて、これを述格とされたことである。私は、格の概念を、統一されるものの秩序を云ふことに限定し、統一作用に格を認めることをしなかつたことである。

思想の統一作用といふことは、山田博士の文法体系においては、統覚作用、陳述等の名称によつて繰返し強調されたことであるが、今日一般に通用してゐる文法学説、例へば、橋本進吉博士の「新文典」或はその系統に属する国定教科書「中等文法」においては、殆ど全く取上げられることがなかつた。更に、橋本博士の文法体系の根幹をなす文節論は、文節的分解と意味の脈絡との関係が、充分に究明されてゐない為に、文はただ、文節の連接として（竹の節のやうに）理解されて、そこから、文の統一を理解する手がかりを求めることを困難にした。このことは、換言すれば、文法において、言語主体を全く捨象したことを意味し、文法を、古い論理主義に逆行させたことを意味することになるのである。

例へば、「美しき花咲きたり」といふ文は、

修飾語　主語　述語
美しき　花　咲きたり

の如く分解され、文はただ、主語、述語、修飾語等の成分相互の相関々係においてのみ理解されて居るが故に、この表現を統一するものが何であるかを問ふことはなかつた。従つて、右の例文は、

美しき花も咲くべし。

美しき花も咲かず。
美しき花も咲かなむ。
美しき花も咲け。

などと比較して、文法上何等の相違も見出すことが出来ないこととなつたのである。しかしながら、右の諸文は、文末の形式を異にすることにおいて推量、打消、願望、命令等を表現し、それぞれにおいて、異なつた機能を持つものとして取扱はれなければならないのである。もし、これが、現代口語として表現されたとするならば、推量、打消等々の相違は、聞手にとつては重大な問題であつて、肯定と打消とを混同したり、願望と命令とを同一のものとして聞き流すことは出来ない筈なのである。以上のやうな問題は、結局、山田博士のいはゆる思想の統一の方式に帰着させて考へるべきことであつて、今後の文法研究に課せられた一つの重要な問題である。国定の文法教科書が、初歩の段階において、比較的容易に理解される理由の一は、思想の統一表現の問題を全く捨象し、ただ論理的な成分関係において文を操作してゐるからである。しかしながら、それは宛も人間を解剖学的にのみ理解しようとするやうなもので、その欠陥は、例へば、文法体系が殆ど全く古文の解釈に対して無力であるといふやうなところに現れて来てゐるのである。文法が言語的実践に効力を発揮するためには、ここに、文の統一の問題を正面に取上げることが必要とされて来るのである。

二　文の統一の種々相

文を、その成分の構成といふ問題から、思想の統一作用の問題に移した場合、およそ、文にはどのやうな統一形式があるかを考へて見ようと思ふ。

一　指定の助動詞「なり」「たり」「である」「だ」等による統一。山田博士のいはゆる存在詞中、陳述の義のみを表はすものとされたのがそれである。存在の義を表はす存在詞は、属性観念の表現であつて、これは明かに主位観念に対立するものであるが、陳述の意味を表はす存在詞は、思想の統一作用の表現であつて、それは、主位観念と属性観念との全体に対するものであることは、前項に述べたことである。

月　明かなり。

今年は豊年だ。

右の「なり」「だ」は、それぞれ、「月明か」「今年は豊年」全体に対する統一作用の表現である。

二　助動詞の中、通説における受身、可能、使役、敬譲等の助動詞を除いた以外の、推量、打消、過去及び完了、敬譲（聞手に対する敬意の表現に属するもの）等の助動詞による統一。これらは、すべて陳述のし方に関するものである。

雨降らむ。

花咲かず。

右の「降ら」「咲か」は、主語「雨」「花」に対立する属性観念の表現であるが、「む」「ず」は、前項の「なり」「だ」と同様に、「雨降ら」「花咲か」全体に対する思想の統一を表現したものである。

三　零記号の陳述。主語に対する述語（山田博士の賓語）に用言が用ゐられる場合、統一が単純な肯定判断の場合は特に統一を表はす語を用ゐない。

雨降る▨。

花咲く▨。

右のやうな文については、山田博士は、陳述が用言に寓せられてあるものと説明されたが、属性観念である「降る」「咲く」は、前項同様に、主位観念である「雨」「花」に対立するものであるのに対して、陳述は、前項の「む」「ず」と同様に、「雨降る」「花咲く」全体に対するものと考へなくてはならない。そこで、そのやうな陳述を▨とし、これを零記号の陳述としたことは、既に述べたところである。

右の三者は、すべて主語と述語、或は主語の省略された述語から成る文であつて、陳述によつて統一されたものであり、第一、第三は単純肯定判断の場合、第二は推量、打消、確認等の単純肯定判断以外の判断に属するもので、論理学では殆ど問題にされないが、言語表現においては、文の統一の質的相違を示すものとして重視されなければならないものである。

右のやうな文の統一についての考察は、畢竟助動詞論に帰着させて考へることが出来るので、助動詞論の固有の領域は、文の統一を構成するところにあるといふことが出来るのである。

陳述に、更に助詞の添加したものは、一層複雑な文の統一を構成するものと見ることが出来る。

あゝ、悲しきかな。

右は、零記号の陳述に、詠歎の助詞「かな」の加つたもので、全体を詠歎の陳述によつて統一したものと見ることが出来る。

花の色はうつりにけりな。

右は、「ぬ」「けり」の陳述に、詠歎の助詞「な」を加へて一層複雑な統一を構成したものである。

四　以上は、陳述を基底とする文の種々な統一形式であるが、文には、陳述を含まず、専ら助詞によつて統一されたところのものがある。

妙なる笛の音よ。

右は、詠歎の助詞「よ」に統一されたもので、その中には、陳述による統一を含まない。山田博士は、既に述べたやうな陳述によつて統一された文を述体の句と名づけ、ここに挙げるやうな場合のものは、これを喚体の句と名づけられ、国語における二の文型の対立を示された（日本文法学概論九二四頁）。私は、この結論を正しいものと考へるのであるが、その説明に些か理解に苦しむ点があるので、これを指摘して置かうと思ふ。述体の句においては、主格と賓格との対立を統一するものは、述格であり、述格は即ち陳述であることは、博士の繰返し説かれてゐるところである。述格とは、どこまでも、言語主体の思考作用の表現であつて、それによつて統一せられる、云はば素材である主位観念と賓位観念との全体に対立するものである。然るに喚体の句においては、対者に呼びかける言語主体の思考作用そのものを呼格とせず、呼びかけられた対者を以て呼格とし、意識の統一点は呼格に寓せられてゐるとされたのである。従つて、前例の「妙なる笛の音よ」における文の統一は、「よ」に表現せられてゐるのではなく、「妙なる笛の音」にあると考へられたのである。陳述が、山田博士においては、結局において、賓位観念を表現する用言の中に解消されてしまつたやうに、喚体の句の統一作用も、また、詠歎の対象である実在の観念の表現である語の中に寓せられるとされ、文における統一作用の表現といふことが、博士においては、実在の観念及び属性の観念とは全く別の次元のものと考へられてゐたにも拘はらず、結局において、文の成分論の中に解消してしまつたことは、甚だ残念なことであつた。博士が、陳述に一の位格を認め、これを述格と命名されたところに、統一論が成分論に堕して行く因由があつたとも考へられるのである。

以下、陳述を含まない文の統一を構成する助詞を挙げれば、次の如きものである。

「もが」「もがな」　　以上は希望

「か」「かな」「な」「よ」「や」　　以上は詠歎

「よ」「や」　　以上は呼びかけ

猶、零記号の陳述による統一が考へられると同様に、零記号の助詞による統一といふことも考へられるのである。和歌、俳句における体言留めは、即ちそれである。

春過ぎて夏来たるらし、白妙の衣ほしたりあめのかぐ山。

古池や、蛙とび込む水の音。

右の傍線の語の下には、表現せられてゐない詠歎があつて、それによつて、全体が統一せられてゐると見るべきである。

以上の如き文の統一論が成立するためには、助動詞及び助詞に、思想の統一作用を認めなければならないのであるが、その点については、て、に、を、は或は辞の名称によつて、助詞、助動詞を一括して、これを主体的なものの表現と見て来た古来の伝統的学説に、充分の価値を認めなければならないのである。

結び

本稿は、「はしがき」にも述べて置いたやうに、文法理論として、私が既に発表したもの以外に、別に新しいものを加へたといふものではない。しかしながら、文の統一といふことを主題にしてみた時、既に述べて来たところで明かなやうに、文法研究が論理学的な成分論に終始して、統一の問題が、やゝもすれば、置去りにされてゐることが観取されるのである。

私は、この主題を展開させるに当つて、文の統一論について、多くの示唆を与へられた山田博士の文法学説を出発点とし、これを追求し、その正しいと考へられる方向へ展開を企ててみた。妄言については、博士の御寛恕を乞ふ次第である。

本稿は、また、屢々批判せられて来た、私の零記号の陳述の意義、及び形容動詞に対する取扱ひ方についての補説ともなるであらうといふことを附加へて置きたい。

（昭和二十七年〔一九五二〕十一月五日）

（※一九五三年発表）

金田一春彦氏の「不変化助動詞の本質」を読んで

一

この拙文の目的は、本誌第二十二巻第二・三号に掲載された金田一春彦氏の表題の論文中、随所に引合に出された私の所説に対する釈明をすることである。氏の所論だけから、私の学説を想像し、理解しようとされる読者は、恐らく私の真意とは全く相違したものを理解されるであらうことが懸念されたからである。氏の論文の全面に亙つては、氏の文法体系の全貌が明かにされた時、またその機会もあるであらうから、今回は専ら右の点に限定して、私の考へを述べることとする。今回の論文には、主観的表現と客観的表現といふことが、論文題目の副題に附けられてゐるのであるから、主観的表現、客観的表現といふことが、氏の品詞分類の重要な基準であるやうにも受取られるのであるが、その点は、この論文では明かにされてゐない。また、主観的表現、客観的表現の概念内容そのものも、明かには規定されてゐないのであるから、今はただ私の理解のままに、述べて行くより外に致方がない。ただそれが私の詞辞の分類と、何か関係があり、私の分類方法に何等かの訂正を要求して居られるかのやうに受取られる文面に接することによつて、私にとつてはこのままでは済まされない責任を感ずることになつたのである。

二

私の文法学説において、主観的・客観的といふことと、主体的・客体的といふこととは、全然別個の概念として使ひ別けられ、それが、詞と辞の区別の根本にも触れることになるのであるが、金田一氏は、私の主体的客体的の別を、無雑作に、主観的客観的の語に置きかへられてしまつた。例へば、第三号二六頁に、私が、いはゆる敬語の助動詞を、「語としては、客体的な事物の特殊な把握をしてゐる」と規定したことを承けて、それを客観的表現に属する語であると云ひ改められた如きがそれである。このことは、単に用語上の問題に止まらず、ひいては、学説内容を混乱させ、氏の言語過程説に対する正しい理解を阻んでしまつたと考へられるのである。金田一氏が、この用語上の区別に、細心の注意を払はれなかつたことは、私の解説の不行届によるものであらうが、（一応の解説は、国語学原論二三一頁にしてゐる）、私の用語上の区別は、次のやうになつてゐる。右の主観的・客観的といふことは、次のやうな場合に用ゐたのである。

形容詞「赤い」は、ある事物の属性を表現し、「恋しい」は、感情情緒（必ずしも話手のそれに限らず）を表現する。この場合、前者を客観的な属性を表現する語とし、後者を主観的な情意を表現する語として区別した（国語学原論三七五頁）。そして、「をかしい」「にくらしい」「恐ろしい」等の語は、同時に、客観的属性と主観的情意とを表現するところから、これを主観客観の総合的表現の語としたのである（同上書三七五頁、古典解釈のための日本文法五〇頁）。右の主観客観の意味は、一般に使用されてゐる通念に従つたまでである。右の形容詞は、たとひそれが主観的表現の語である場合でも、語としては、客体的表現である詞に属してゐるのである。主観的表現であつて、しかも客体的表現であるといふことは、何を意味するのであらうか。ここで、主体的客体的の別を明かにする必要が出て来るのである。

三

主体的・客体的の別は、それの表現する内容が、客観的な属性であるか、主観的な情意であるかに問題があるのではない。ある内容を、客体化して表現するか、主体そのままを表現するかといふ、表現の手続き、或は表現の過程に区別があるとするのである。この場合、主体的とは、話手に関することであり、客体的とは、話手に対立するものである。主観的な「驚き」の感情を、客体化して表現するか、客体化せず、そのままに表現するかに従つて、詞と辞の区別が生ずるとするのである。この場合、「驚き」を客体化せず、主体的に「おや」「まあ」と表現することが出来るのは、それが話手のものである場合に限られ、第三者の「驚き」は、それが既に話手に対立した客体的な内容であるために、客体的な詞としてしか表現することが出来ない。このやうに、主観的といふことと、主体的といふこととは、相覆ふことが出来ない概念であつて、そこにこそ言語過程説の最も重要な立脚点もあり、詞と辞の類別の根拠もあるのである。言語の表現の手続き上の区別を客体的主体的といふ語によつて云ひ表はしたので、言語過程の相違といふことと、それは表裏一体をなしてゐるのである。従つて、客体的な詞に属する語は、すべて、その語によつて、対象的に指されてゐる何ものかがあるのである。以上のやうな主体的客体的の別を、主観的客観的の別にすり代へ、客体的とは、事物の客観的な存在状態を表現する語であるといふやうに、専ら表現される内容と結びつけて考へたのが、金田一氏の言語過程説に対する理解であり、また批判であつたのである。主観客観を、どのやうに考へようとも、氏の独自の文法体系の基礎理論としては自由であるが、それは言語過程説における詞辞論とは、何の縁もゆかりもないものと考へなければならないのである。

四

主体的客体的といふことを、言語主体の表現における手続きとしてではなく、専ら語によつて表現される内容の別と考へ、これを主観客観の別と理解した金田一氏は、主体的表現と客体的表現との対応（国語学原論二八八頁）についての私の所説をも正当に理解することが出来なかつた。否定の助動詞「ない」は、「否定される属性を持つてゐる（または、状態にある）」といふことを表はすが故に、客観的な表現に用ゐられる助動詞で、私の分類において、当然詞に入れるべきであると考へられたやうである。私の述べたところの対応の事実とは、既に江戸時代の学者の云つたことに過ぎないのであるが、主体的な辞は、常に必ず客体的な詞に対応する事実であつて、例へば、

花咲かむ

における話手の推量表現の「む」は、「花咲く」といふ表現内容が、現実の事実でない、仮想的な事実、或は将来に起こると考へられる事実に対応する判断であることを云つたものである。この場合「む」が如何に客体的事実に対応して用ゐられようとも、「む」が表現するものは、どこまでも客体化されない主体的事実である推量であつて、それ故に、それは主体的表現の辞と云はれなければならないのである。金田一氏は、私の詞辞の別を、表現される内容に結びつけて考へたがために、辞の表現性（ある内容を対象化さない、客体化さない表現の手続き上の相違）を問題とせず、辞が附くところの詞の表現内容を以て、直に辞の性質と考へてしまつたのである。「花は咲かない」において、「ない」は、「花」のある状態を云つてゐるから、辞ではなく詞に入れるべきであると主張されるのである。確かに、すべての助詞助動詞は、それが附く詞によつて表現される客体的（金田一氏の云ふ客観的）な事実や状態に対応してゐる。それ故に、助詞助動詞は客観的表現であるとするならば、辞は、恐らく、すべて客体的表現である詞に繰入れらるべきで、特に主体的な辞を区別する根拠を失ふに違ひないのである。氏が主観的表現と考へて居られる感動助詞の類でも、はたして、客観的表現の助動

詞の類と区別する根拠があるかどうかは疑問である。例へば、

三笠の山に出でし月かも

の「かも」は、「三笠の山に出でし」といふ修飾語を伴つた詞「月」に対応する辞であるが、これも、「感歎されるやうな属性を持つてゐる月」を表現してゐるので、当然客観的表現の語としなければならない。

君は行くか

の「か」も同様で、「か」は、「君は行く」といふことが、疑はれてゐる状態にあることを表現してゐるので、これも客観的表現である。

君は行くだらう

の「だらう」も同様で、「君は行く」といふことが、私によつて想像されてゐる状態にあることである。

行け（命令）

も同様で、「行く」といふ行為が、私によつて要求されてゐる状態にあることを表現してゐるのである。

雨は降るまい

の「まい」も同様で、雨が降るといふことが、どう考へても起こり得ない状態の表現として詞に属する。

以上のやうなことは、助詞と云はれるものについても当然云はれるので、

猫が鼠を食ふ

の「が」は、「猫」が、動作の主格に立つてゐる事実を表現するが故に客観的表現の語である。「を」も同様に考へ得られる。

右の事実は、ことさらに、論者を揶揄するために列挙したのではない。論者自身論文の「あとがき」に仄めかして居られることであつて、「う」「よう」「まい」を主観的表現と見ることには自信を欠くと云つて居られるが、正にその通りで、氏の論旨をつきつめて行けば、氏の立場において、主観的表現などと云ふものは、当然考へ得られない筈なので

ある。

以上のやうな不合理は、どこから来るかと云へば、詞と辞の表現性、即ち、ある内容を客体化して表現するか否かといふことを全然不問に附して、ただその語が客観的事実を表現してゐるか否かの点だけから語性を決定しようとされたことから来たことである。しかしながら、これも、氏独自の文法体系の原理としてならば、自由であるが、言語過程説における詞辞論に対する批判といふことになれば、それは全く的を外れた所論であると云はなければならないのである。言語過程説における詞辞論の批判は、何よりも、主体的客体的といふ表現過程の別を考へることが、はたして正しいか否かの点に向けられなければならなかつたのであるが、氏の論文は、それらの点には全く触れるところが無かつたのである。

以上、私は、金田一氏の所説の中、ただ私の学説に向けられた批判の点についてのみ釈明を試みて、他の点については、今回は保留して置きたいと思ふのである。

（昭和二八、五、三）

（※一九五三年発表）

文章研究の要請と課題

はしがき

もし国語学の体系の中に、文章研究といふ領域があるとするならば、それは、どのやうな要請に基づくのであるのか、また、それは、どのやうな理論の上に立つて、そのやうな領域を設定することが出来るのであるのか、また、それには、どのやうな研究課題があるのかといふやうな問題について考へてみた。

文章研究といふ部門を設定するには、そのやうな部門を位置づけることが出来るやうな地盤を先づ考へなければならない。といふのは、卒直に云へば、従来の国語学には、その母胎である言語学においても同様であるが、文章研究といふやうな研究課題を受入れる理論的態勢が、整つてゐなかつたのではないかと考へられるからである。それは、国語学の理論的射程が、そこまで伸びてゐなかつた為であるとも云へるし、また、一方、外部からの要請に対して、国語学が、従来の体系的な枠を固執して、殊更に、眼を閉ぢてゐた為であるとも云へるのである。

国語学に、文章研究といふ領域を設定するには、もつと考へなければならない基礎的な問題があるやうな気がする。少くも、書斎に書架を一つ新調するといふやうな簡単なことではなささうであるが、今は、ただ覚書としてこれを纏める以上のことは出来なかつた。

一　文章研究といふ研究部門はどのやうにして設定されるか

従来、言語研究の領域或は部門として設定されて来た音韻論、語彙論、文法論は、対象研究の一領域或は一部門としての意味よりも、言語の歴史的或は史前的系譜を明かにするための比較言語学的方法の手段として設定されたところの部門であるといふべきものであらう。中島文雄氏の『英語発達史』（岩波全書）は、「語彙の増大」「発音の変化」「屈折の消失」「統語法の発達」等の項目に分けて、史的発達が記述されてゐるし、明治以後の国語史研究も、大体において、右の三部門に従つて記述されて来た。

言語の共時的体系的研究が起こつて来た場合にも、その記述は、大体において、右の三部門が踏襲されて来た。音韻、語彙、語法の三部門に従つて言語を記述することは、一応、便利な方法であるために、広く行はれて来たのであるが、それがいつの間にか、言語研究の対象部門と考へられるやうになつて、音韻、語彙、語法は、言語の構成要素として認められるやうになつた。言語記述の方法として取出されたものを、対象の研究部門にすりかへて来たのであるから、これらの三部門は、言語対象の精密な考察から規定されたといふやうなものでないことは明かであるにも拘はらず、かなり無条件に承認されて、一般の国語学概論書の部門別に適用された。この便利な足場の故に、研究対象である言語を、虚心、対象的に考察する態度を鈍らせてしまつたことは、覆ひかくすことは出来ない。それは、公式主義が、ものの真相を見る目を盲にすると同じである。このやうな伝統的な言語学において、文章研究といふやうな研究部門が設定されてゐないのは当然である。それなくしても、言語を記述するに事欠かないからである。

ソシュールの云ふところの「ラング」なるものが、言語学の対象として設定されたものであるかといふのに、これもまた、疑問である。一体に、近代言語学は、前近代的自然科学の影響下に発達したために、言語の細胞学的単位を抽出して、その結合或は集積によつて、すべての現象を説明し得るものと信じた。ソシュールの「ラング」は、言語における細胞学的単位であつて、我々が実際に経験する言語活動は、それが如何に具体的な経験であつても、言語学の対象とは考へられなかつたのである。文法論において、単語論が優先したのも、単語が対象として把握されたといふよりも、それが一切の言語的事実を説明するための細胞学的単位と考へられたからである。ソシュールが

言語活動は、全体としてみれば、多様であり混質的である。数個の領域に跨り、同時に物理的、生理的、且つ心的であり、なほまた個人的領域にも社会的領域にも属する（小林英夫訳「言語学原論」改訳新版十九頁）。

といふ時、文章の如き、「ラング」の運用によつて成立するものは、「ラング」によつて説明は出来ても、それ自身は混質的であつて、言語学の対象とは考へられないものであるとされたのである。

以上の如き方法は、すべて、究極不可分の単位を以て、全体を説明しようとする立場に立つものである。しかしながら、部分から出発して全体を説明しようとする行き方に対して、先づ全体を捉へて、それとの関連において、または全体を明かにするために部分を問題にしようとする行き方も考へられる。形態心理学は、その代表的なものである。私が、言語研究において「単位」といふことを云ふ時、それは、言語としての全体的なものを指すのである（「日本文法口語篇」第一章三・四項）。ソシュールが、混質的であるとして、言語学の対象とするに相応しくないものとして排除した精神生理物理的言語活動は、混質的なものの総合として、それ自身一体的なものである。私は、その中に次の三者を認める。

一　語
二　文
三　文章

右の三者は、それぞれに、一つの統一体としての構造を持つものであつて、言語研究の目的は、これらの対象が持つ質的統一体としての構造を明かにすることである。文章といふものは、このやうにして、始めて言語研究の対象とすることが出来るのである。

精神生理物理的混質体である言語活動が、一つの統一された全体として、科学の対象になり得ることは、絵画が芸術

学の対象となり得ることと極めて似てゐる。絵画は、それを構成する要素として、絵具といふ純粋に物質的なものを含んでゐる。また、絵画が絵画として鑑賞されるためには、知覚といふ心理的な面が加はらなければならない。また、絵画が製作されるためには、画家の生理的活動によつてカンバスに絵具が塗られなければならない。一の絵画は、このやうに異質的な要素の総合であり、しかも、それら異質的なものが画家によつて統一されるところに成立する。芸術学は、このやうな混質的な統一体を対象とするものである。混質的なものを避けて、それ自身同質的な心理的実体なる絵画といふものが要請されたことは、未だ聞いたことがない。ソシュールが、混質的であるが故に、対象とすることが出来ないと云つたのは、原子論的、細胞学的単位を追求する自然科学的方法論を、人間の精神現象に適用しようとしたことから来た重大な誤謬である。我々は、絵画を芸術学の対象とするやうに、人間の精神生理物理的活動である言語活動そのものを、言語研究の真正な対象としなければならない。文章研究は、かくの如くして、始めて国語学の一領域とすることが出来るのである。

二　文章は言語における最も具体的な対象である

文章が、言語研究の対象として考へられるためには、言語が、表現活動そのものであるとする考へが、前提とならなければならないことは、前項で述べた。言語を表現活動とする時、語もまた言語研究の一つの対象と考へられる。しかしながら、語は、具体的な表現活動の中に把捉される一断片であつて、その意味で、一つの全体ではあるが、抽象的な対象であるに過ぎない。文法上に云ふところの文、即ち主語述語を備へた思想表現の一まとまりである文も、言語研究の一つの対象と考へられ、それは、語よりもはるかに具体性を持つた対象であると見られてゐる。しかしながら、これもまた、語と同様に、表現活動の流れの中に把捉される一断片であつて、その抽象性において、語と同様である。例へば、論理的一貫や原理的構成は随筆から遠いものである（谷川徹三「ディレッタンティズムに就いて」より）。
といふ文法的に完結した文は、決してそれだけで孤立して成立したものではなく、その前に、
随筆は固定的見地を嫌ふ。
といふ一文があり、それの説明布衍として、右の文が出て来たのである。更にそれは、それに先行する現代のディレッタンティズムの叙述の一例証として、随筆の問題に及んだことを知るのである。そればかりではない。右の文は、それに後続する文に対しても緊密な論理的関係を持つてゐるのである。このやうに見て来るならば、いはゆる文法上の文は、多くの場合に、それ自身で全体であることは、稀であつて、その前後に展開する幾多の文の連続の中に位置づけることによつて具体性を持つて来るのである。

このやうに見て来るならば、言語研究の最も具体的にして、それ自身全体である対象は、文章でなければならない。文章が、最も具体的な言語研究の対象であり、また、なければならないといふことは、これを、言語的実践の面からもいひ得ることである。実際の表現活動において或は読書生活において、我々の目指すものは、決して、文法上にいはゆる一つの文ではない。必ず、それ自身完結し、他の如何なる前提も、余論も予想しない文章である。少くとも、文章の制作者或は読者の立場においては、そのやうな表現活動や読書活動が意図されてゐるのである。途中で読みさした小説は、どこまでも未完結なものとしての満足感しか与へないのは、我々が、全体としての文章を意識してゐる証拠である。

このやうな文章の性格は、語の集積或は文の連続としては、説明することが出来ないものである。それは、文章それ自体に、これを一つの統一体として意識させるところの原理を含んでゐるからである。語も文も、それぞれ抽象的ながら、それ自身を、一つの統一体として意識させる統一原理を持つてゐる。そのことは、在来の文法学においても不充分ながら明かにされたことである。さて、それならば、文章の統一原理は何であるか。文章をして文章たらしめるものは何であるか。これは、いふまでもなく、文章研究の課題であり、また、文章研究の要請される所以でもあるのである。

三　国語教育の要請するもの

言語学や国語学が、それらが持つてゐる基礎理論から、文章が、対象として正面に据ゑられることを拒んでゐる間に、素朴な実践的言語意識においては、語よりも、文よりも、文章が当面の問題となつてゐることは、既に述べた。この現実の言語生活に即応して、国語教育に即して道を開かうとしたのが、垣内松三氏のセンテンス・メソッドの提唱である。垣内氏に従へば、これまでの国語の読み方教育は、訓詁に傾き過ぎて、文自体から出発することを忘れてゐたのである（「国語の力」）。氏が文と云はれるものは、私が本稿に云ふところの文章である（私は、文法上に云ふところの「文」との混雑を避けるために「文章」の名称を用ゐた）。氏が、文自体から出発すると云はれたことは、先づ文章全体の把握を通して、一語一句を、その全体との関連において理解することを、国語教育の主眼点とされたことを意味する。センテンス・メソッドは、読み方の正しい方法として、教材の全体的把握を目ざす、国語教育の方法に関することであるが、その前提として、文章の構造に関する問題が取上げられてゐることは注目しなければならない。文章は既に心理学上の問題として、また、文学研究、特に作品批評に関連して取上げられて来たものであるが、ここに至つて、国語教育の方法論の基礎とされたのである。垣内氏が、文章において分析し得たものは、次の諸点である。

一、文章は、先づ直観せらるべき全体である。

二、文章には展開がある。

三、文章中の一語一句は、その意味が、全体との関連において制約規定される。

四、文章は、作者の想の形象である。

五、文章において作者を追求することは、読者の自己形成である。

以上は、読むことを通してする文章の把握であるが、そこに把握せられた文章は、垣内氏においては、一つの同時的全体であつた。それは、氏が、ヴントの次の如き言葉を援用してゐるところから、覗はれることである。

暗室で、ある画に向つて居る時、突然一方から光がさしこんだら、先づ初めに画の全体の形が現はれて次第に部分々々が明に見えて来るやうに、先づ文の形が見えて来る（「国語の力」解釈の力九）。

文章が、絵画よりの類推によつて理解されたところに、これを同時的全体と見る文章観が生まれて来るのであるが、文章の全体性をどのやうに解するかといふことは、文章研究の今後に課せられた一つの問題である。文章は、音楽と同様に、時間的に展開するものであるから、同時的全体と見るよりも、これを継時的全体と見るのが正しいであらう。読み方において文章が問題になると同じ意味において、作文においても、全体としての文章が、先づ問題にされなければならないのは当然である。

四　表現技法としての文章観或は性格表現としての文章観

昭和の初、文章に関する二つの研究が現れた。一つは、波多野完治氏による文章の心理学的研究であり、他は、小林英夫氏による文体論的研究である。この二つの研究に共通するところのものは、文章といふことを、表現者の表現技法として考へてゐることである。そして、ともに、ソシュール的な言語理論の上に立つてゐることである。私が本稿で云ふ文章は、両者においては、単なる資料的意味しか持たない。文章自体が問題になるのではなく、文章の与へる独自の印象と、作者の個性との関係を問題にしようとするのである。作品は、それぞれに、特定の印象を与へるものであるが、そのやうな印象の根源は、作者が、如何に文を構成し、語を選択し、云ひ廻しを用ゐたかにあるとする。従つて、このやうな意味における文章論或は文体論は、それ自身全体としての文章の性格を明かにする文章論とは、性質の異なるものである。

以下に、このやうな文章論の現れて来た理論的根拠を明かにしてみようと思ふ。

バイイは、ソシュールの「ラング」の言語学に対して、「パロル」の言語学を開拓した。個人は、その特異な感情、意志を表現するには、社会の共有する「ラング」を選択し、これを運用しなければならない。個人によつて用ゐられた「ラング」は、特殊の意味に限定せられて、「パロル」として顕現する。「ラング」を「パロル」として顕現させる作用を言語活動と云ひ、バイイは、言語活動を研究する学をスティリスティークと名づけた。文章における語は、陰在した「ラング」が、作者によつて「パロル」として顕現したのであるから、そこには当然作者の個性が表現され、或は流露する。作者の個性が、「ラング」の運用によつて如何に文章に表現されるかを研究するのが、スティリスティーク（文体論）であるから、文体論は、表現を通してする性格学の一種であり、作家論の一種でもある。性格学としての文体論の方法を、小林氏の実演について見るならば、読者は、先づ、文章全体からある印象を受ける（小林氏は、これを「文体映像」といふ―「文体論の建設」四五頁）。その印象は、文章構造によつてもたらされるものであり、更に、その文章構造は、作者の文芸理想に基づくものであり、更に、それは、作者の世界観に由来し、更に根本において、作者に淵源する。そこで、作者の性格に文芸理想に基づくとする文章構造において、何を調査するかと云へば、

A、構成。B、構文法。C、語彙的事実（愛用語、感覚語、言廻しの特風、句の頻度）。D、品詞。E、リズム。F、テンポ。の如き項目が挙げられる（前掲書、四九頁）。このやうにして、個々の項目について、精密な数字的調査が試みられ、これらが、読者が受ける印象の物質的基底をなすものとされる。この方法は、波多野氏においても、用ゐられてゐる。例へば、

和語から成る本来の形容詞や合成動詞が柔軟、纏綿の感を与へ、漢語製表現が的確、精到の印象を与へることは当然のことである（小林英夫「文体論の建設」八九頁）

一体名詞というものは、静止的な表現価値をもち、動詞は流動的な、時間的な表現価値をもつものである。（中略）和歌が流動的であるのは俳句にくらべて動詞の使用が多いことに原因するからである（波多野完治「文章心理学入門」一一一頁）

文体印象を与へる右の如き語の品詞別を文体因子と名づけ、それらは作者の性格に淵源する。例へば、作品「秋」における色彩語の数字的調査の結果、色彩の種類が均等に分布され、間色を表はす語が多く用ゐられてゐるところから、作者芥川竜之介は、視覚型の性格を有するとするのである（前掲書、九九頁）。

小林、波多野両氏に共通して著しいことは、文体印象の契機を、語、特にその品詞的区別の相違に求めてゐることである。作者の人生観や性格が、品詞的区別、例へば、動詞とか形容詞等にどのやうに対応するかといふことは、容易に理解し得ない点であるが、両氏が、文章を、性格表現として捉へてゐることだけは、以上述べて来たところで、充分観取せられるであらうと思ふ。しかしながら、ここにも、表現の事実を、音韻、語彙、語法の三部門に還元して説明しようとする原子論的、細胞学的方法が、無条件に脈を引いてゐることを見逃がしてはならない。依つて来たるところは、文章が、語彙や文の集積とは見えても、文章全体が、それ自身一体なるものとして把握されてゐないことである。バイイ的立場においては、文章は、恐らく個々の語の云ひ廻しの連続以上のものとしか、把握されてゐなかつたに違ひない。文章が、ただ資料としての意味しか持つてゐないと云つたのはそれである。しかしながら、文章を一つの全体として見る時、文章が、ある所から始まつて、ある所で終つてゐるといふ事実、換言すれば、連続した事実を、ある所から切取つて、ある所から切取らなかつたといふことは、作品と作者の性格或は人生観を考へる上に、極めて重大なことである。例へば、本望成就のために、肝胆をくだく大石内蔵之助を描く作者と、万事を終へて静かに司直の裁きを待つ内蔵之助を描く作者とは、本来全く別個の人生観に立つてゐる。同じ人物と事件とを扱つても、その処理のしかたに作者の性格が表現される。八百屋お七も、淫乱な女性にもなれば、可憐な少女ともなる。日々の社会面の記事は、それを取扱ふ記者の人生観や新聞社の態度によつて見出しからして違つたものとなる。語の表現する意味内容や品詞的差別は、作者の人生観や性格に関連するよりも、より多く表現せらるべき題材に関係する。それは、語の持つ表現機能から云つて当然のことである。勿論、作品を単なる資料として、例へば、鷗外の作品中に用ゐられてゐる詰屈な漢語や用字を楯にとつて、作者のペダントリーを云ふなら別であるが、作品に現れた作者の人生観や文芸観を云々する場合には、何よりも文章全体が、一つの全体として把握されることが先決問題である。この問題は、作者の人生観や性格は、文章において如何に表現せられるかといふ設問に立返つて考へられなければならない大きな問題である。

五　文学史研究の基礎としての文章

日本文学史を形成する素材としての文学作品は、既に風巻景次郎氏の指摘されたやうに（「文学史の問題」季刊国文学第一号）、一は、近世の国学的見地からするところの素材の限定であり（記紀、祝詞、宣命、その他の史書がこれに入る）、他は、西洋文学史の模倣による材料の選択である（中世以降の軍記物語、謡曲、連歌、俳諧、歴史小説等がこれに入る）。文学史研究の立場からするならば、これら雑多な素材群から、最も文学の名に値するものを選び出して、そこに史的系譜を作り出すことが、主要な仕事である。その際、これら雑多な材料のいづれを文学とし、いづれを文学としないかの、文学を決定する尺度が要求されるのは当然である。この仕事は、いはゞ、文章より文学を選び出す仕事に他ならない。もしさうであるならば、文学を選び出す前に、先づ、文章といふものが何であるかが問はれなければならない筈である。それは、宛も、良書が選び出される前に、凡そ書物とは如何なるものであるかが問はれなければならないと同じである。一体に、文章と云はれるものは、文学と云はれるものに比して、装飾的なもの、技巧的なもの、非主体的なものとして、第二義的価値しか与へられてゐない。これは、恐らく、国学者たちが、国学への入門のための習作として試みた文人墨客趣味的文章観に基づくところが多いのではないかと考へられる。しかしながら、人間が、自己の何等かの思想を、何等かの目的のために、文章に形成して来た営みは、それが感想であらうと、記録であらうと、報告であらうと、たとへそれが今日いふところの文学的概念に合致しなくとも、これらを軽く扱ふ理由はないのである。それらは、人間のかりそめの所為とは考へられない。そこには、人間の広い生活的地盤が考へられるのである。文学は、これらの文章形成の一つとして位置づけられなければならないものである。古事記が、その中に含まれる歌謡の故に、文学史の中に位置づけられると考へることは、狭い意味の文学史的限定であつて、その前に、古事記の文章作品としての意義と性格とが問題にされなければならない筈である。徒然草の如きものも、恐らく、その大部分は、今日の文学的基準に照してみるならば、その中のある部分しか文学の名に値しないものであらう。今日一般に徒然草を問題にするのは、それが文学であるといふよりも、もつと広い意味の文章としての観点からであると云つてよいであらう。

そこで考へられることは、文学的記述は、文学史的素材を、純粋な文学的基準によつて、これを精選して行くことではなくして、一旦これを、文章作品といふ広範囲な領域の中に解消し、文章作品としての価値と基準との上に立つて、これを選び直すといふことでなければならない。文章形成の立場といふものは、文学を形成する意識よりも、もつと広い地盤の上に立つてゐるものと考へられるからである。

一般に文章史的研究と云へば、文章の外殻的な形式面の史的記述に終つて、文章形成の社会的意義や人間的欲求の深奥には触れることが無かつた。宣長が、古事記を称揚したのは、それが古代の有様を、古語を以てありのままに伝へたと考へたからであり、そこに日本書紀との比較論も出て来たのであるが、云はゞそれは古代精神探求の資料的価値においてこれを見たのであつて、必ずしも古事記形成の意義や目的を追求したとは考へられないのである。勿論、文章の価値は、社会的意義や実用的価値のみで決定されるものではないことは当然であるが、それぞれの文章の持つ意義や機能が明かにされることによつて、文学独自の意義や機能も明かにされるといふものである。

（昭和二十八年〔一九五三〕十月二十七日）

（※一九五三年発表）

詞と辞の連続・非連続の問題

はしがき

昭和二十八年五月二十四日、国語学会の研究発表会が、京都大学の教室で行はれて、私もこれに列席することが出来た。会の後、遠藤嘉基博士を初め、池上禎造、浜田敦、阪倉篤義その他京都側の学会役員諸氏と、会食懇談する機会に恵まれた。談たまたま、詞と辞の連続、非連続の問題に及んで、先づ、私から、池上、阪倉両氏にその所信を質した。池上さんは、例の極めて謙虚な調子で、「詞と辞とは連続してゐて、どこまでが詞で、どこからが辞であるといふやうには、はつきり、その境界線を引くことが困難ではないのでせうか」といふ意味のことを云はれた。阪倉さんは、前年の二十七年四月に、『日本文法の話』を公にされて、詞辞が連続的であることを主張して居られるので、その所信は、その時も変りはないものと推測された。私にしてみれば、詞辞が連続的であると云はれることは、言語過程説の根本を覆す大問題であると、ひそかに考へてゐたので、抗弁これ努めた。「たとへば、こんなこともあるのではないんですか。気が滅入つてゐる時に、何かの拍子で気分がガラリと変つて、全く違つた人生観が生まれて来るといふやうなことが。意識に非連続があるやうに、詞と辞との間も非連続とは考へられませんか。」と。浜田さん曰はく、「時枝さんの比喩は曲者だから……」うつかりその筆法には乗れないといふ調子であつた。詞辞の論も「いづ方により果つともなくて、はて

〳〵は怪しき事どもになりて」散会することになつた。

その後、二十八年十月には、阪倉氏は、佐藤喜代治教授の『国語学概論』を評して、詞辞論に言及し、「時枝博士の詞と辞との論に対して、著者が、対象化客観化の最も濃厚なものを一方の極に据ゑ、それが著しく稀薄で、主体的志向作用の最も著しいものを他の極に据ゑて、而も両者を連続の相に於て眺めようとされる点に、深い興味と共感とを禁じ得ない」旨を附記されてゐるのを読んで、いよいよ四面楚歌の思ひを深くした。

もともと、詞辞を非連続とする考へは、言語過程説の最も根幹的な思想であつて、詞辞の分類を認めることは、即ち詞辞の非連続を認めることであり、詞辞の連続を認める立場は、即ち言語過程説の文法論を根本的に否定する立場でなければならないと考へられるのであるから、私にとつては、この問題を、雲烟過眼視するわけには行かないのである。本稿は、詞辞の連続論を取上げ、その正体を明かにするとともに、それが言語過程説の基本的な考へ方と相容れないものであることを明かにしようとするのである。

一 詞辞連続論とその根拠

ここに詞辞連続論といふのは、次のやうな考へ方をいふのである。文法学上、語を、詞と辞とに二大別した場合、言語過程説に基づく文法体系では、語は、必ず、詞か辞かのいづれかに所属し、その間に、截然と境界線を引くことが出来るとするのに対して、詞と辞とは、そのやうに明瞭に分割出来るものではなく、最も詞的なものと、最も辞的なものとを、両極とし、その中間に、詞的性質と辞的性質とを兼有する語があるとする考へ方である。この考へ方に従ふならば、両極においては、詞と辞とを、明かに区別することが出来ても、その中間においては、詞とも辞ともいふことが出来ない語が存在すると考へるのであるから、詞と辞との類別を、単語類別の根本方針とすることには、一応の合理性しか認められないといふ結論に到達するのである。以上の考へ方は、ある語には、詞的性質と辞的性質とが混在し、また、語は、詞的性質の語より辞的性質の語へ、辞的性質の語より、詞的性質の語へ移動するとするのであるから、これを、詞辞連続論と呼ぶことが出来るわけである。右のやうな説が出て来る根拠を、実際の国語の用例について具体的に説明するならば、例へば、「たり」といふ語について見ると、

珠に貫く楝《あふち》を家に植ゑたらば、山ほとゝぎすかれず来むかも（万葉集、三九一〇）。

われはもや、やすみ児得たり、皆人の得がてにすといふやすみ児得たり（同、九五）。

宿りして春の山辺に寝たる夜は、夢のうちにも花ぞ散りける（古今集、春下）。

における傍線の「たり」及びその変形は、すべて、現代語の「た」に置きかへられるので、これを、確認判断を表はす辞或は完了の助動詞とするに相応しいものであることを知る。これに対して、

女郎花咲きたる野辺を行きめぐり、君を思ひ出でたもとほり来ぬ（万葉集、三九四四）。

富士川といふは、富士の山より落ちたる水なり。（中略）とりあげて見れば、黄なる紙に、丹《に》して濃くうるはしく書かれたり（更級日記）。

われらが生死の到来、ただ今にもやあらん。それを忘れて物見て暮らす。おろかなることは、なほまさりたるものを（徒然草）。

における傍線の「たり」は、すべて、現代語の「てゐる」「てある」に相当するものと解釈されるのであるから、属性概念を表はす詞と考へなければならない場合である。もし、この「たり」を、共に助動詞として一括するならば、助動詞「たり」には、辞的なものと、詞的なものとがあると云はなければならないことになるのである。

同様のことは、「り」についても云はれるのである。

思ひ立つほどは、いと心澄めるやうにて、世にかへりみすべくも思へらず（源氏、帚木）。

引き動かし給へど、なよ〳〵として我にもあらぬ様なれば、いといたく若びたる人にて、ものにけどられぬるなめりとせむ方なき心地し給ふ。からうじて紙燭もて参れり（同、夕顔）。

右近はものも覚えず、君につと添ひ奉りて、わなゝき死ぬべし。また、これもいかならむと、心そらにてとらへ給へり（同）。

における傍線の「り」及びその変形は、現代語の「た」に相当し、そこには、動作の継続状態は、表はされてゐないが、

白妙のわが下衣失はず、持てれわがせこ直に逢ふまでに（万葉集、三七五一）。

残りたる雪にまじれる梅の花早くな散りそ雪は消ぬとも（万葉集、八四九）。

雪の木に降りかゝれるをよめる

春立てば、花とや見らむしら雪のかゝれる枝に鶯の鳴く（古今集、春上）。

等においては、「たり」の後の場合と同様に、「持ちて居れ」「まじつてゐる」「降りかゝつてゐる」の意味を表はす。

同様のことは、「たり」「り」の根源である「あり」についても云はれるのである。

しましくも独りありうるものにあれや、島の室の木離れてあるらむ（万葉集、三六〇一）。

命をしまたくしあらば、ありぎぬのありて後にもあはずあらめやも（同、三七四一）。

において、「独りあり」「離れてある」「ありて後」等の「あり」及びその変形は、すべて、存在の概念を表はしたものと解すれば、これを、詞と考へなければならないのに対して、「ものにあれ」「またくしあらば」「あはずあらめ」等の「あり」は、陳述を表はしたものと解せられるので、これを辞と考へなければならない。してみれば、「あり」といふ語も、詞的な性質と、辞的な性質とを兼有してゐることになるのである。

同様にして、「あはれ」といふ語も、

契りおきしさせもが露をいのちにて、あはれ今年の秋もいぬめり（千載集、雑上）。

においては、感動詞であるから、言語過程説の立場では、これを辞とするのである。ところが、一方、「あはれを知る」「あはれを催す」等における「あはれ」は、明かに詞（体言或は名詞）としての用法である。

一つの語が詞として用ゐられると同時に、辞としても用ゐられるといふ現象は、現代口語にもあることで、例へば、

汽車が着いた。

あなたに送つた本は、届きましたか。

着いたら、電報を下さい。

等の「た」及びその変形は、完了の助動詞即ち辞といふに相応しい用法であるが、

尖つた帽子。

折れた釘。

さびた刀。

等の「た」は、それぞれ、「尖つてゐる」「折れてゐる」「さびてゐる」の意味である。従つて、これらの「た」は詞に属すると云はなければならない。もし、これらを、

帽子が尖つた。

釘が折れた。

刀がさびた。

などと云ふ時は、これらの「た」は、前者の場合と意味が、異なつてゐることが分る。前者の意味を表はさうとすれば、「帽子が尖つてゐる」「釘が折れてゐる」「刀がさびてゐる」と云はなければならないのであるから、「た」にも、詞辞両様の用法があることが考へられるのである。

また、

子供の絵本。

海の見える丘。

における「の」は、一般に格を表はす助詞と云はれてゐるが、

私が買つて来たのは、この本です。

あなたが、おつしやつたのに、附け加へます。

における「の」は、「もの」「こと」の意味で、詞としての用法である。橋本進吉博士は、これを、準体助詞と名づけられた（『国語法要説』橋本博士著作集第二巻七二頁）。この命名を、言語過程説流に翻訳すれば、「詞に準ずるところの辞」といふことになつて、「の」には、詞辞両様の性質が認められることになるのである。

以上は、詞辞連続論を成立させた根拠と考へられるところの国語の事実を、摘出してみたのであるが、更に、詞辞連続論の学説としての淵源をたづねてみようと思ふ。

山田孝雄博士の文法論は、国語の語類別について、科学的な考察を下した最初のものとして注目すべきものであるので、私は、主として、山田博士の見解について述べて行きたいと思ふ。博士の文法体系は、その成立したものについて云へば、決して、詞辞による分類を企図したものではない。しかしながら、山田博士が、語を、観念語と関係語に分類した場合、その関係語と称せられるものは、詞辞論の辞の中の助詞に該当するので、それと、ほゞ詞に該当する観念語との関係を、どのやうに、博士が見て居られるかを考へてみる。

今、吾人は国語の単語を類別すべき順序となれり。（中略）かくて、これを独立の観念の有無によりて区別すれば、一定の明かなる具象的観念を有し、その語一個にて場合によりて一の思想をあらはし得るものと然らざるものとあり。一は所謂観念語にして他は独立の具象的観念を有せざるものなり。この一語にて一の思想をあらはすことの絶対的に不可能なるものはかの弖爾乎波の類にして専ら観念語を助けてそれらにつきての関係を示すものなり。この関係を示す語と、それら関係語によりて助けらるる語との区別はかの具象的観念を単独に有するものと有せぬものとの区別に該当す。この故に、先づ単語を大別して観念語と関係語との二とす（『日本文法学概論』八四頁）。

とあることによつて見れば、観念語と関係語との相違は、それらの語が、独立の具象的観念を表はすか否かにあるものと見て居られるのであつて、ここでは、未だ明瞭には示されてはゐないが、観念語と関係語との間に、連続性を認めようとする考へ方の萌芽を、ここに認めることが出来るのである。一体に、ヨーロッパ言語学の影響下に発達した明治以後の文法学においては、語は、すべて、音韻と意味との結合体として考へられてゐるので、これを類別する根拠を、語の意味の具象性と抽象性といふことと、語の用法上の相違とに求めたことは、当然なことであるといふことを念頭に置く必要があるのである。

山田文法における観念語と関係語との類別の基準とされた、独立の具象観念の有無といふことは、「あり」といふ語の説明に、次のやうに現れて来てゐる。

要するに「あり」といふ語及びそれより発展せる一系統の用言をさすものなり。この「あり」といふ用言は存在の義をあらはし進みてはたゞ陳述の義のみをあらはすに至れり（『日本文法学概論』二七〇頁）。

とあつて、「あり」及びその系統の語は、存在の概念から、陳述へと連続的に移動したものと説明されてゐるのである。これは、明かに連続論の考へ方である。同様なことは、「なし」についても云はれてゐる。

「なし」はもと「あり」の存在の反対たる「無」の意義をあらはしたりしが、いつしかその意義拡張せられ、陳述をなす「あり」の反対なる意にまでも用ゐられたるものにしてこゝに「非」の字の義を有するに至れるものなり（同上書、三三一頁。圏点は筆者）。

詞辞論の立場では、「非」の義を表はす「なし」は、辞に属し、「無」の義を表はす「なし」は、詞に属して、両者は、非連続的と考へられてゐるのであるが、山田文法においては、この二つの意義は、一方から他方へ移つたものか、或は、「なし」に両様の性質があると考へられたかである。

また、山田文法における複語尾は、一般文法書にいはゆる助動詞に相当するものであるが、それには、(一)属性の表はし方に関するもの（「る」「らる」「す」「さす」「しむ」）と(二)陳述のし方に関するもの（「つ」「ぬ」「たり」「き」「けむ」「めり」「らむ」等）とを含んでゐる。詞辞論の立場では、(二)に属するものだけを、辞とし、(一)に属するものは、これを詞としたのであるが、山田文法においては、両者を一括して複語尾としたので、一品詞（山田文法では、複語尾は動詞の語尾で、品詞ではないが）に詞辞両様の性質があることとなつた。

更に、山田文法における用言は、属性概念を表はすと同時に、陳述をも表はすとした。

実質用言にてはその属性観念が述格（筆者註、詞辞論における辞に相当す）と共に具有せらるゝが故に賓格（筆者註、属性概念を表はす格を云ふ）なるものは実際上述格と共に一語の中に存して、外形上その二者を区別すべき方法なし（同上書、六八三頁）。

右の考へに従ふならば、用言（詞辞論の立場では、専ら詞に属するとする）には、詞的な性質と辞的な性質とが混在することとなつたのである。このやうな考方は、大野晋氏の「言語過程説の詞辞の分類について」（国語と国文学昭和二十五年五月）にも現れてゐる。山田博士の見解と相違する点は、博士は、用言そのものに陳述が寓せられてゐると見るのに対して、大野氏は、陳述は、活用の語尾変化即ち活用形によつて示されるとするのである。しかし、ともに、一語の中に、詞的なものと、辞的なものとが、混在することを認めようとすることにおいて同じである。

以上、私は、主として山田博士の文法論において、詞辞の連続論がどのやうに現れてゐるかを見て来た。要するに、詞辞の連続論と云つても、簡単でなく、そこには、種々な現はれ方の相違が認められる。「あり」「なし」の場合のやうに、詞的なものより、辞的なものへ移動する場合、または、共時的に詞辞両様の用法を兼有する場合、或は、複語尾のやうに、用言の語尾に、詞的なものと、辞的なものとを区別し、しかもこれを一括して複語尾と認めようとする場合、或は用言におけるやうに、詞辞両性質が一語に混在することを認めようとする場合等の如く、種々の場合があり得るが、私は、これを一括して、詞辞連続論の立場と呼ぶことにする。以上のやうな見解に立つ時、詞辞の別を以て、截然と語を分つことは、どのやうな見地において可能なのであらうか。

二　言語過程説の立場——詞辞非連続論はどのやうにして成立つか——

言語を、話手の思想内容の表現過程であるとする言語過程説に基づく語の類別論を、詞辞論と呼ぶならば、詞辞論においては、詞と辞とを、非連続とする考へに立つてゐるのである。詞辞非連続の考へは、言語過程説の源流である日本の古い言語学説の中に、既に明かに現はれてゐる。『手爾葉大概抄』が、詞を寺社に、手爾葉（後世の辞に相当する）を、それに対する荘厳に譬へた時、寺社と荘厳との関係は、全く非連続である。また、本居宣長が、詞を玉（装飾用の玉の意である）に、辞を、玉を貫く緒に譬へ、或は詞を布地に、辞を、その布地を縫つて衣服に作り上げる手、技に譬へた時、これら両者の関係も、同様に非連続的なものと考へられてゐたのである（『詞の玉緒』序及び巻七）。私は、これらの比喩的表現から、詞を、素材の概念化客体化の表現とし、辞を、主体の直接的表現とし、その両者に次元の相違が認められるとしたのである。従つて、詞と詞とを結合した複合語、例へば、「はひざら」（灰皿）における「灰」と「皿」は、ともに同じ表現過程に基づく語であるから、それの結合して出来た「はひざら」は、二語の複合とも見られるし、また一語とも見られるのである。ところが、「はひざらだ」といふ語結合において、「だ」は、辞（この場合は、指定の助動詞で判断の表現である）であるから、如何にしても、この辞の附いたもの全体を一語と見ることが出来ないのである。「だ」は、この語結合において、全く次元を異にしたものに結合してゐるのである。右に挙げたやうな比喩的説明を、妥当なものとして承認するかぎり、詞辞は、非連続的であり、その両者の混在、または、移動を認めることは出来ないのである。

詞と辞が次元を異にするものであり、それが非連続のものであるといふ考へは、実は、山田博士の文法学説の中にも見えてゐることとなのである。それは、陳述と、陳述されるものとの関係を述べられたところに見出せるものであつて、博士は、陳述といふことを、次のやうに説明されたのである。

陳述の力といふことは実に主位観念と賓位観念との対比といふこと、それ全体に対して存立するものにして、単に主位観念に対しての存在にあらざるは明かなり（『日本文法学概論』六七八頁）。

として、これを、次のやうに図解された。

主位 ↔ 賓位
↕
繋辞

このことを更に布衍して、

> この故に主格と述格（筆者註、山田文法においては、陳述を表はす語を云ふ）と相対すといふ通常いふ如き説明は実は通俗的の見にして厳密にいへば意義なきことなり（同上書、六七八頁）。

と述べられた。このことは、陳述を、主位観念、賓位観念の表現である観念語に対して、非連続的関係にあることを認めたことを意味する。ところが、この見解は、次の段階において、全く相反する方向へと導かれて行つたのである。

> 実質用言にてはその属性観念が述格と共に具有せらるゝが故に賓格なるものは実際上述格と共に一語の中に存して、外形上その二者を区別すべき方法なし。この故にかゝる場合にはその重き性質に基づいて、その語をば述格に立てりといふことゝし、賓格はその内部に没入して差別を立てゝ認めざるものとす（同上書、六八三頁）。

即ち、主位観念と賓位観念との全体に対してあるべき筈の陳述が、ここでは、賓位観念と合体して、主位観念に対するものと考へられてしまつたのである。例へば、「花咲く」といふ表現における陳述は、「花咲く」といふ事実全体に対して存立すべきものであつて、それが、ただ、賓位観念の表現である「咲く」といふ語にだけ具有せられると判断する根拠は、どこにも見出せないのである。博士の陳述に対する根本的見解を、そのまゝ推し進めて行くならば、「花咲く」は、当然、次のやうに図解されなければならなかつたのである。

主位観念（花）↔賓位観念（咲く）
↕
陳述（この場合は語形式に表はされてゐない）

山田文法における、陳述が用言に具有せられるとする歪められた見解は、句論の喚体の句の説明にも見えてゐる。先づ、「句」の定義を、次のやうに下す。

一の句とは統覚作用の一回の活動によりて組織せられたる思想の言語上の発表をいふ（同上書、九一七頁）。

とし、統覚作用による統合とは、説明、想像、疑問、命令、禁制、欲求、感動等の思想の力によるものであることが説かれてゐる（同上書、九〇一、九一八頁）。

従つて、

妙なる笛の音よ。

の如き表現において、これを統合するものは、「妙なる笛の音」に対する感動であつて、この場合は、助詞「よ」にそれが表現せられてゐると見るべきであつたのである。ところが、右のやうな喚体句の統一点は、呼格である「笛の音」に寓せられてあるとされたことは（同上書、九三五頁）、博士の、文の統一といふことに対する見解とは著しく隔たつたものとなつてしまつたのである。当然展開すべき方向が、阻まれたところに、博士の用言観が成立するのであるが、佐藤喜代治教授の次のやうな見解も、また、この歪められた方向の上に樹立せられたものと判断されるのである。

概念過程をふむかふまないかは、一往両者を区別すべき根拠となし得るであらう。しかし、その故を以て主体的なものの直接的表現、言語主体の主観に属する、判断、情緒、欲求等の表現が辞にのみ限られて詞には許されないといふことは首肯し得ない（『国語学概論』一三二頁）。

用言や体言にも、辞的なものが、具有せられるとすることは、同時に、詞辞の連続論を主張する根拠となり、また、詞辞の非連続論を否定する根拠ともなるのであるが、それが、山田文法の正しい発展であるかは、私の大いに疑問とするところである。

以上によつて、用言に、詞的な性質と辞的な性質とが、共存するといふ連続論に対する言語過程説の立場は明かにされたと思ふのである。以上のことから、ただちに説明し得られることは、形容動詞抹殺論である。例へば、「暖かなり」

を形容動詞とする時は、この一語の中に、属性概念を表はす「暖か」と、陳述を表はす「なり」とが混在して、一語を構成するといふことになるのであるが、次元を異にした詞と辞とが結合して、一語となることはないといふ立前で行けば、「暖か」「なり」は、当然分離して考へなければならないことになり、従つて、形容動詞といふ品詞目は存在しないことになるのである。

詞辞の非連続論を否定する更に一つの有力な根拠は、既に、前項において例を挙げて説明したやうに、一つの語が、例へば「あり」が、ある時は、詞として用ゐられ、ある時は、辞として用ゐられるといふ事実である。同じ語が、詞辞両様に用ゐられるといふやうに考へられるのは、その根本に、ソシュールが唱へるところの資材的言語（ラング）の思想が考へられてゐるからである。言語過程説の立場においては、言語は、個々の表現者の個々の表現行為としてのみ成立すると考へる。従つて、

こゝに梅の木がある。

これは梅の木である。

といふ二つの表現において、「ある」が、それぞれに、語としての表現性において相違があることが、認められた場合、前者を詞（動詞）、後者を辞（助動詞）として、それぞれ別個の語として取扱ふのが、言語過程説の立場である。また、

ここには梅の木がない。

これは梅の木ではない。

の二つの「ない」について、前者を形容詞、後者を助動詞として別個の語として取扱ふのも同じ立場である。これらを、「あり」「なし」の二つの用法と考へるのは、表現以前の語としての「あり」「なし」を考へることになつて、ここの立場とは別個のことになるのである。同様のことは、「たり」「り」「あはれ」「た」「の」等についても云ふことが出来るのであつて、それぞれに、詞としての「たり」、辞としての「たり」といふやうに区別して考へることが要求されるのである。

助動詞の中から、受身、可能、使役の意味を表はす「る」「らる」「す」「さす」「しむ」及び口語におけるそれに相当するものを、接尾語（詞）として、除外するのも同じ立場である。

要するに、語は、個々の表現を基にして、それぞれ、別個にその語性が判定されなければならないといふことになるのである。このやうに考へて来ると、例へば、「あり」は、その表現においては、必ず、詞の場合であるか、或は辞の場合であつて、同一表現において、詞であると同時に辞であるといふやうなことはあり得ないのである。古文などの場合に、詞であるか辞であるかの判定に苦しむ例に行き当ることがあるが、それは、我々が、当代人の意識をつきとめることが困難であるために、起ることで、表現者の立場においては、必ずそのいづれかであるに違ひないのである。この理論を立証するために、心理学で用ゐられるルビンの視知覚の図形（註）E. Rubin: Visuell wahrgenommene Figuren を借用しようと思ふ。私は、ここでは、この図形が心理学で使用される本来の意味とは、別の意味で使用することになるかも知れないのである。この図形の中心を凝視してゐると、盃の部分が、図形として前面に張出し、二つの顔は、背景になつてゐるやうに知覚される。次の瞬間に、今度は、二つの顔が、図形として前面に張出し、盃がその背景になる。このやうな交替が繰返される。ここで知り得ることは、(一)初めの図から次の図への交替は、突如として行はれるので、図形より背景への転換には連続性はない。(二)一つが図形として知覚される時は、他の図形は、全く意味を失ふ。二つの図形

が、同時に成立することはない。(三)盃が図形になる時と、顔が図形になる時とは、それぞれ別個の図として扱はれなければならない。以上、三つの事柄であるが、ここで重要なのは(三)である。この図は、同書の解説によれば、多義図とも云はれてゐるさうであるが、それは、この図を凝視する者の立場を離れて、第三者的立場から云ふことで、凝視者の立場から云へば、最初の図と、次の図とは、全然別個の図であつて、両者の間には、何等の関係もない。交替の度毎に、新しい図が出来るわけであるが、最初の図と、第三の図とは同じものであるから、無数の図が出来ると云つても、類別すれば、二つの図が成立すること

になるのである。ここで、私の今の問題に関連させてみることが出来るのである。一つの図形が、二つの意味を持つてゐると考へるのは、ソシュール的立場であり、一語に詞的なものと辞的なものとが共存すると考へる立場である。凝視の態度によつて出来る図形を、それぞれ別個の図形とするのは、図形は、凝視者を離れて本来あるものでなく、凝視者によつて作り出されるとするもので、言語過程説における詞辞論の立場である。

最後に、詞辞論の立場を、曖昧にするものは、主体的、客体的といふことの意味に対する誤解である。言語過程説において、主体的、客体的といふのは、表現の過程的構造について云はれることで、表現を、

一　概念過程を含む形式

二　概念過程を含まぬ形式

の二に類別し、一を客体的表現（詞）、二を主体的表現（辞）としたのである。従つて、主体的表現といふことは、表現において、ただ、主体が関与するといふ意味ではない。もともと、言語過程説は、言語を、言語主体の表現行為として考へるのであるから、主体の関与といふことであるならば、詞を含めて、一切の語は、主体的であるといふことになるのである。同様にして、客体的といふことも、ただ、客体的素材の制約による表現と解するならば、判断は、判断せられる客体的事実に対する判断であるから、辞も、また、客体的表現と云はざるを得なくなる。佐藤喜代治氏が、

仮りに他人の主観に属することであつても、自己が言語をもつて表現するかぎりは、自己の主観を通して主体的に把握されてゐるのである（『国語学概論』一三二頁）。

と云はれることや、阪倉篤義氏が、

詞は、客体界の事柄が主体の認識を経て表現されたものであり、逆に辞は、客体界のありかたによって規定された主体の立場であるとすれば、両者がある一線においてたち切り得ないと考えられるのはむしろ当然でしょう（『日本文法の話』二九三頁）。

と云はれることの中には、上に述べたやうな主体的客体的といふことに対する誤解が指摘されるやうに思はれるのであ

る。代名詞は、他の体言或は名詞と異なり、常に言語主体即ち話手と事物との関係を表現する語である（『日本文法口語篇』七三頁）としても、その関係を客体的に表現することによつて、それは、どこまでも詞と考へられるのである。それは、「山が白い」と表現した時の「白い」は、常に、話手の感覚による認識を通して表現されたものであつても、認識されたものを、客体化して表現したものであるが故に、客体的表現（詞）であるとするのと同じである。もし、これを、主体の把握作用が関与してゐるのであるから、主体的表現（辞）であるとするならば、それは、言語過程説における主体的といふこととは、程遠いものであると云はなければならない。

（註）私は、ここでは、創元社版『心理学初歩』（矢田部達郎監修）一六八頁に掲げられたものを借用した。心理学では、この図形は、図形（Figur）と背景（Grund）との関係を説明するために使用されるのであるが、私は、図形と背景とが交替するところに興味を感じた。次に、右の図形に対する同上書の解説を掲げて置く。

「図はルビンの盃といわれ、或はこの種の図形は多義図形ともいわれる。それは図形と地との交替を示すものである。盃が見えている間は二つの顔は背景にあつて気づかれない。顔が気づかれると盃は図形性を失つて、ただ空虚な空間が顔の後に拡がつているというような印象しか与えない。図形はその内容も充実してをり、前景に乗り出して来るのに反して、地は空虚であり且つ背景に後退する。それと同時に境界線が図形の輪廓としての役割を演じ、地には輪廓がないように見える。図に彩色があると図形の色が鮮やかになつて、地の色が褪色することもわかる」（一六九頁）。

（昭和二十九年〔一九五四〕十一月二十九日）

（※一九五四年発表）

竹岡正夫氏の詞辞論批判に答へる

「ことばの教育」編集部から、同誌七月号を寄せられて、そこに掲載された竹岡正夫氏の「詞と辞について―時枝文法への批判―」なる論文について、一般読者のために、何か書くやうにとの注文であつた。私の文法学説に対する批判や質疑に対しては、虚心、聞くべきものには聞き、答へるべきものには答へて、この学説が正しい軌道に乗つて論議されることを念願としてゐるので、今回も、私がお答へし得ることはお答へすべきであると考へて、喜んで注文に応ずることとしたのである。

竹岡氏は、私の文法学説に対しては、根本的に批判的立場をとつてをられるやうに見受けられた。例へば、私の詞と辞の区別において、詞は、概念過程を含む形式、辞は概念過程を含まぬ形式と規定したことに対して、凡て言語に概念過程をとらぬ表現過程などは考へられぬとして、過程的構造に相違を求める詞辞の別を否定された(六頁左)。また、私が用ゐる詞辞の名目は、古来の用語法の誤解に基いたもので、これが、私の文法学説の致命的欠陥であるとされてゐる(同上)。また、私が、凡ての語を詞か辞かのいづれかに所属させようとしたことは、私の文法理論の根本的な誤りであり(七頁右)、結局、私の詞辞論は根本的に改訂されねばならないものであることを強調する。全体に亘つて、論調は相当にどぎつく、目を見張るに値するものであり、私の文法学説の読者は、私の文法理論の根底に重大な誤謬が犯されてゐるのではなからうかと考へるに違ひないであらう。(さればこそ、本誌編集者が、私に釈明の機会を与へたのであらう。貴重な誌面を与へて下さつた編集者の厚意に対しては、厚く感謝する次第である。)この激越な論調に対して、初めは、単に筆の勢ひが、さうさせてゐるのかとも想像したのであるが、読み返してみると、どうもさうではないらしく、もし、氏が真に私に対して学説の根本的改訂を要求してをられるとするならば、また、私が氏のいふやうに、古来の学説を歪曲してゐたとするならば、事は重大であるので、氏のいふところの致命的欠陥がどのやうなものであり、私の根本的誤解がどこにあり、改訂を要求される氏の立場がどこにあるかをつきとめるために、氏の論文を再三再四熟読してみた。しかし、今までのところ、私は氏の意見がどのやうなところにあるかを完全に理解し得たといひ得るところにまでは到達してゐない。限られた紙数の中での批判であるから、それによつて氏の立論の根本を推すことは正しくないと思ふので、ここでは、ただ思ひついた二三の点を述べて、私の釈明に代へるとともに、更に氏の考へを質したいと思ふのである。

最初に、語を詞と辞に二分した点についてである。語には、全然性質の異つた二類のものがあるのではなからうかといふ予想は、いはば、私にとつては学問以前の課題であつた。それは、例へば、「驚き」といふ語と、驚きの感情を表はす「おや」とか「まあ」とかいふ語との相違である。相違してゐるといふことは直観的に認められながら、それが何の相違であるかを理論的に説明する方法が見出せないことにあぐんでゐた時、たまたま、これに光明を与へてくれたものが、日本古来の詞と辞(テニハ、テニヲハ)の別に対する考へ方である。古来の詞辞論が成立するためには、語はまづ、表現と考へられなければならない。そして、詞と辞との別は、表現過程の相違と考へられなければならない。これが、古来の詞辞の別に対する私の解釈であり、更にまた、私の国語学の基礎理論ともなつてゐるのである。竹岡氏に従へば、表現過程に二つの別があるとは考へられない(八頁に別個の解釈が見られるが)。「驚き」といふ語も、「おや」といふ語も、ともに概念の表現であるとする。「一体、概念過程をとらぬ言語表現があるなどとは考へられない」(六頁左)といふのが氏の批判である。ここでは、氏は、私の最も重要な理論であるところの、言語を過程とする考へ方は肯定し、ただ、過程の中に、構造の異なつたものを認める考へ方を否定したことになるのである。もし、氏の批判に従つて、言語は過程的構造をとるが、その中に、二つの性質の異なつたものを認めることができないとすれば、それは、確かに、私の文法理論の根幹をなす詞辞論の崩壊を意味し、ひいて、私の文法学の体系の否定を意味する。私の理論の崩壊はいたしかたないとして、それならば、「驚き」と「おや」との間には、何等の区別が無いものとして、そのまま放置してよいものであらうか。更に、古来「詞」と「テニヲハ」とを、語の類別として認めて来たこと、そして竹岡氏自身「陳述作用そのものが言語として表はれたものが助詞・助動詞などのテニヲハの類である」(七頁右)といつて、テニヲハに所属する一類の語を分立させてゐるのであるから、それが何の別に基づくものであるか、他の語と、どのやうな点に根本的な区別があるかに対する氏の解釈が示される必要がある。氏がいふところの詞辞の名目に対する古来の正しい用法もそこに示されることになるのである。上にも述べたやうに、私の詞辞の規定は、古来の類別に対する一つの解釈であるから、新しい解釈説が出て、私の説が否定されることは、学問の進歩として、むしろ喜ぶべきことであるが、事実として、国語の中に二様の性質の異なつた語があり、古来、それを識別して来た事実は無視してはならないのである。恐らく、この辺に、文法学上の最も深い思索が要求されてゐるのではなからうか。この思索を抜きにし、私の解釈を否定しながら、一方に古来の識別を無解釈のまま承認して、それによりかかるといふ態度は禁物である。

私は、私の疑問を解決するために、日本の伝統的な考へ方を援用した。竹岡氏に従へば、それは、「全く古来の用語法の誤解から出発して」をり、従つて、私の文法理論にとつて「致命的である」とまでいはれてゐる(六頁左下)。氏の批判が事実であるならば、私は、証人の言を曲げてこれを利用したことになり、先人に対する、また今日の読者に対する罪は、決して軽くないことになるのであるが、仮に一歩譲つて、私が先人の説を曲解して私の説を立てたとして、それで、私の文法学説に致命的な欠陥が生じたといふことになるかどうか。もし、欠陥があるとするならば、私の立論の根本にそれがあるはずで、古来の用語法を正しく踏んでゐるか否かにあるのではない。私の文法学説には、古来の文法学説の考へ方が流れ込んでゐることは事実であるが、私の文法学説はどこまでも私の学説であつて、責を先人に負はせ、先人の説を盾にとるものではないのである。私の文法理論の正しさが、古来の説を正しく踏襲したか否かによつて保証されるなどとは到底考へられないことである。私は、先人の学説を、一から十まで、忠実に踏襲することなど毛頭考へてゐない。先人の見解に誤があると認められた場合には、これを改修し、これに補強工作を施して、新しい理論を立てて行くことが、後進の当然の義務であると考へてゐるのである。竹岡氏も、その辺の道理は、十分に承知してをられると思ふので、致命的云々と述べられたことは、単なる筆の勢ひと私は認めたいのである。ところで私が誤解してゐるとして挙げられた鈴木朖の説であるが、七月号六頁より七頁に亘る竹岡氏の引用について見ても明かなやうに、朖は、用言の語尾をテニヲハとしてゐる。例へば、「青し」の「し」、「咲く」の「く」は、朖においては、確かにテニヲハの中に入れられてゐるのである。それを私が訂正して、「し」「く」をともに、用言内部のものとしたことが、古来の用法に対する全くの誤解であり、私の学説の致命的欠陥であるといふことになつたのである。ところが、右の朖の説は、引用について見れば分ることであるが、語の成立論或は起原論の立場から論じられたもので、体系論の立場での論ではないのである。即ち「青し」といふ語は、「青」といふ体の詞と、「し」といふテニヲハが結合して出来たものであるが、出来上つた「青し」といふ語は、形状詞と考へられてゐるのである。従つて、「青し」といふ語は、一般に体詞とテニヲハとの結合した「山を」「花が」などとは別のものと考へられてゐるのである。私のテニヲハの用語法が、古来の用語法の全くの誤解であるとはいへない理由は、以上で明かになつたと思ふ。

次に、詞と辞との類別に伴つて、この両者に次元の相違があるとすることは、私の文法学説の重要な点で、古来の学説にも、その考へ方が現れてをり、その根本は、詞と辞の表現性の別を認めたことに基づくと私は解釈したのであるが、その次元の概念が、竹岡氏によつて、勘ちがひされてゐるのではなからうかと推測される点があるのである。次元といふ名目が、常識的には、位相とかカテゴリーの意味に用ゐられることがあるが、竹岡氏は私の説明を離れて、或は無視されて、常識的な用法に従つたのではないかと想像されるふしがある。七頁右中以下に述べられてゐることがそれである。右の記述を追つて行く時、まづ奇異に感ぜられることは、氏が、私の詞辞の分類と、それが次元を異にするものであるとする考へを肯定してをられることである（六頁には否定されてゐる）。そしてそれに続いて、詞辞は次元を異にするが故に、語をそのいづれかに分属させることは困難であるとする説が見えることである。これをどのやうに理解したならばよいか、また、上のやうな見解が出て来るには、竹岡氏はその根本に何を考へてゐられるのか。これをつきとめようとして私は何べんもこれを読み返してみた。結局私は、はつきりしたものをつかみ得なかつたのであるが、少しくうがち過ぎた推測になつて恐縮であるが、氏は、ソシュールが、ラングといつたものを詞としパロルといつたものを、テニヲハとし、その両者の相違を、次元の相違と考へたのではなからうかといふことである。八頁左から右にかけての説明の中で、「犬！」について、これを辞書に説かれてゐるやうな語として見れば詞で、具体的場面において発せられたものとして見れば、テニヲハであるといふやうな意味のことが述べられてゐる。次元の相違を、このやうに考へれば、語をラングとパロルに分属できないやうに、語を詞と辞とに分属できないといふ論も出て来るのである。しかし、このやうな次元の名目の使用は、氏の口吻を借りれば、私の用法に対する全くの誤解に基づくものであり、同様に、古来の詞辞の別に対する誤解ともなるのである。このことは、八頁に掲げられてゐる過程図からも推測できることで、言語過程において、話手の判断、意志、感情が加はつたものが、テニヲハでありそれの加はらないものが、詞であることになる。このやうに見て来ると、すべての説も、それが具体的に用ゐられた時はテニヲハであるといふことを意味する。古来のテニヲハ名義にこのやうな用法があるかは、私は知らない。しかし一方、氏は語のあるものをテニヲハとしてゐるのであるから、その真意がどこにあるかは、私には容易につかめない。氏の根本的理論が打出されてゐないのであるから、これ以上の推測をたくましくすることは差控へたい。

最後にもう一言。八頁に私の言語過程図の修正図が掲げられてゐる。言語を過程として見るといふことは、如何なる言語過程にも、個人個人の判断意志感情が伴ふものであることを意味する。話手の関与のない過程といふものは、それ自体矛盾した考へ方である。この修正図式が成立するためには、人間を離れて言語過程が成立するといふ、全く別個の見解が成立してゐなければならない。この修正図を、「国語学原論」中の過程図の修正として掲げられたことは、言語過程説の根本精神に対する無理解を示すとともに、多くの読者をあやまるものであることを、私はおそれる。

（※一九五六年発表）

国語史研究と私の立場

私はこの小稿で、言語過程説の理論的射程の限界を験さうとすると同時に、もつと楽しい国語史研究への登口を探さうと努力した。ここに「楽しい」といふ限定修飾語をわざわざ冠らしたのは、従来の国語史研究は、私には、暗闇の洞窟の中で行き当つた、堅いつめたい壁のやうな感じがする。それを突き破らうとする堅忍不抜の精神も大切かも知れないが、登口を適当に選ぶならば、もつと展望のきく、広い山野の愉快なハイキングコースのやうなものがあるに違ひない。リゴリズムが、学問の価値を保証するものにはならないと思つたからである。

序

国語史の研究、特にその音声言語の歴史的研究は、明治以後の国語研究の主流的課題として、今日まで継承され来つたものである。そして、それはいふまでもなく、近代ヨーロッパ言語学の課題に淵源する。

音声言語はその性質上、成立した瞬間に、我々の感覚の外に消え失せるものであるから、時代を隔てた今日において、これを復原するといふことは容易なことではない。大槻文彦は、この研究法上の困難を次のやうに述べてゐる。

今日、普通ノ文章ニ記ス言語ヲ文語トシ、談話ナルヲ口語トス。文語ト口語ト両途ニ別レ始メタルハ、平安朝時代ノ中世ヨリナリ。其ノ差違ハ、発音ト用言ノ語尾活用トノ変転ニ生ジタリ。古来ノ口語ノ変遷ヲ知ラムニハ、書籍ニ拠ラズハアルベカラズ。然ルニ、世ニ存スル書籍ハ、悉ク文語ニテ記シテアレバ、其ノ変遷ノ径路ヲ知ルニ由無シ。但シ、両語相別レテヨリ、文語ハ学ビテ始メテ記シ得ルモノトナリシガ故ニ、数百年来ノ文語文ハ、人々、己ガ日常ノ口語ニアラズシテ、スベテ、学ビテ記ス擬古文ナレバ、コレヲ記スニ当リテ、思ハズ取外シテ、往々口語ヲ雑フルコトアリシナリ。此ノ事アルニ考ヘツキテ、乃チ、幾多群書中ニ就キテ、其ノ雑ヘタル口語ヲ探リ、遂ニ十巻二十巻中ヨリ一二語ヲ拾ヒ、五十巻百巻中ヨリ三五語ヲ索メ得テ、（全ク見出サヾリシ書固ヨリ許多ナリキ）斯ノ如クシテ、辛ウジテ変遷ノ痕ヲ認メタリ（『口語法別記』例言四）。

文語の中から口語を探り求めるには、何を目安にして行ふものであるかは、ここには述べられてゐないので知ることは出来ないが、その困難は充分想像し得ることで、私はこれを、「誠に容易ならざる研究方法の困難であるが、この困難を排して、これを遂行させたものは、『口語こそ、言語学の真正な対象である』とするヨーロッパ言語学の至上命令であつたのである」（『現代の国語学』八五頁）と批評したことがある。

私は、そもそもの研究の出発点から、このやうな研究課題には批判的立場をとり、それとはおよそ無関係な課題から、研究に手をつけることになつた。そして、私の研究の発展途上において、従来の国語史研究といふものを、私の研究体系の中にどのやうに位置づけすべきであるか、また国語において歴史といふものがあるとすれば、それはどのやうに考へるべきであるか等の問題について思ひ廻らすやうになつた時、いはゆる国語史研究の考へ方と、私の基礎理論との間には、越えることの出来ない溝の存することに気付いた。私は私の理論的立場から、国語の歴史といふものを、言語生活の歴史として把握し、他の一切の歴史的事実の一環として、またそれらとの関連交渉において記述することの合理的であることを認めるやうになつた。国語史を、このやうに考へる立場から見るならば、従来のいはゆる国語史は、人間の歴史とは切り離されたそれ自身別個の世界を構成するものとして、果して歴史の名を冠らせるに値するものであるかどうかに疑問が持たれて来るのであるが、あるいは、それはそれとして別個の名称において存在の意義が認められるものであるかも分らない。ここに以上のやうな結論に到達した経緯を明かにして置きたいと思ふのである。

一　近代言語学の性格とその言語史観

近代ヨーロッパ言語学は、言語研究の普遍的な方法と課題とを提供したもののやうに見えて、実は、その生ひ立つた時代の思想的背景に制約されて、その言語に対する見方において、その価値評価において、課題の設定の仕方において、またその研究方法において、一種の偏向と限界とを持つてゐたものであることを認めないわけにはゆかない。近代言語学の主流的課題である言語史研究も、当然その偏向と限界とを免かれ得ないものであつた。

十八世紀から十九世紀へかけての言語学が、言語研究の対象を、専ら音声言語にとり、しかも田夫野人の率然と発する方言俗語に、言語の最も自然な、無技巧な姿があるとしたことは、人為的なものを拒否した、当代のローマン主義的思想の反映と見なければならない。また、言語における理性の働きを軽く見て、情意の占める役割を過大評価したことも、同じ思想に基づくのである。そこでは、文字といふものを、言語の真の姿を覆ひかくす衣装の如きものとして、その罪過が問はれ、言語学者はひたすらこの欺罔の外殻を払ひ除けて、言語の赤裸々の姿に迫まるべきことが要求された。このやうな観点においては、文字言語が言語学の正面の対象に据ゑられることもなく、人類が何故に文字を創作し、多くの記録や文書を制作するに至つたかといふ、文字の文化的価値も、文字の機能に対する考察も全く不問にされ、人類文化と言語との交渉を問題にする道を遮断してしまつた。古典主義的思想が、言語に対する価値観念に、ある偏向をもたらしたと同様に、ローマン主義的思想も、また別の意味において言語に対する特殊な偏倚した観点を用意したのである。それは、自然主義が、人間の中にひそむ獣性を以て人間の最も本質的根本的性格であると判断したのと共通した思想であつて、明治以降の国語史研究は、近代言語学のこの根本思想を、何の疑ひもなく無批判に、一個の至上命令として受入れたものであつたのである。国語史研究即ち音声言語の史的研究であるといふやうな理解の根源は、以上のやうな事情に存するので、もし国語史研究に対する反省が求められるとするならば、以上の点に立ち返つて考へて見る必要があるのである。

もつと具体的な事実に例をとるならば、国語において文字が用ゐられるやうになり、記録や文書が制作されるやうになつたことは、常識的には、国語の時代を劃する重要な事件として受取られるのであるが、在来の国語史研究においては、文字は、ただ古代国語の音韻体系を明かにする手がかりの意味においてしか扱はれてゐない。まして、文字の使用といふことが、日本の歴史の動きとどのやうに交渉するかといふやうな問題を考へる理論的足場を提供することがない。このやうな国語の史的事実を無視した、一切を音声言語に還元するやうな考察は、それこそ言語の真の姿から遠ざからせ、国語史を他の歴史的事実から孤立させることになつてしまふのである。このやうな結果を招いた根源は、ただ課題の設定の仕方に問題があるといふよりは、それを導いた近代言語学における言語史観に、更に根本的には言語に対する見方に問題があると見なければならないのである。

近代言語学に与へた他の一つの制約は、自然科学の物質観とその研究方法とである。言語は、有機体あるいは物質と同様に、要素の結合した構成体として捉へられた。この考へ方は、言語を有機体あるいは自然物から峻別したソシュール言語学においても、その対象の構造に対する考へ方においては、根本的変革はなかつた。ソシュールは、言語学の対象である言語《ラング》を、聴覚映像と概念といふ二要素の結合した心理的実在体 une entité psychique であるとした（小林英夫訳『言語学原論』八九頁）。このやうに、要素の結合体として把握されるものは、有機体あるいは自然物に限られるのであつて、歴史学の対象である人間の行動、事件といふやうなものは、このやうな構造をとることが出来ない。近代言語学における言語史が、一般歴史とは無縁なものとして、独自の世界を構成する理由の一つは、右のやうな言語に対する見方にあると見ることが出来る。

次に、歴史学の対象である人間の行動や事件には、その主体である人間が常に重要な、また不可欠の条件になつてゐる。ところが、言語《ラング》は、人間を除外しても考へることが出来るといふ点でも、有機体あるいは自然物と同様のありかたをしてゐる。

言語は話手の機能ではない、個人が受動的に登録する所産である（同上書二四頁）。

言語は言語活動の社会的部分であり、個人の外にある部分である（同上書二五頁）。

言語は、言の運用によつて、同一社会に属する話手たちの頭の中に貯蔵された財宝であり、各人の脳髄の裡に、一層精密にいへば、一団の個人の脳髄の裡に、陰在的に存する文法体系である。何となれば、言語は個人にあつては完璧たることなく、大衆にあつて始めて完全に存在するからである（同上書二四頁）。

右によつて知られるやうに、個人や大衆は、言語《ラング》の主体ではなく、言語《ラング》の存在する場所であり、しかも個人は言語の一部分を分有してゐるに過ぎない。言語が個人の外にあるといはれる所以である。有機体や自然物と異なるところは、それらの存在する場所が空間であるのに対して、言語は、大衆の脳髄を存在の場所としてゐるといふ相違点があるに過ぎない。

言語の構造を、「もの」と同一視するところから、言語史に対する見方も、「もの」の変貌や変化と同様なものとして捉へられてゐる。

束の間も絶ゆることなき語形及び意義の異動は恰かも岩石が風露に曝されていつしか磨滅し、さては長き歳月の内に新しき山をも積み、谷をも穿つ様に似たるが上（金沢庄三郎訳セイス『言語学』二四二頁）。

言語の発生発達衰凋及び消滅等の諸現象と、有機物と種との間に存する現象とには、甚深の類似を有するを見る（保科孝一訳ホイットニー『言語発達論』三二一頁）。

右の見解は、自然科学の影響を脱し切れない近代初期言語学の面影を残してゐると解釈されるかも知れないが、ソシュールにおいても、言語《ラング》を草木の幹に譬へ、その横断面を言語の共時態に、その縦断面を通時態に比してゐる（小林英夫訳『言語学原論』一一七頁）。これは、単なる便宜的な比喩として見過すべきではなく、ソシュール並に近代言語学の言語に対する見方を、その根底に蔵してゐると見るべきである。共時態と通時態とは、一つの「もの」の二面であるとされ、変化といふことが成立するには、変化の担ひ手である「もの」の存在を前提とすることにおいて、言語の変化を、岩石の崩壊や植物の成長・衰滅にたとへた考へ方と五十歩百歩であり、全く自然科学的類推の域を出てゐない。ソシュールは、言語において「歴史」といふ用語を避けて、これを「通時態」diachronie と呼んだ。しかし、それは従来史的言語学と呼ばれたものを、共時態の言語学と並べるために通時言語学と呼んだまでで、史的といふことの概念内容の厳密な批判に基づいて、通時的といふ用語が選ばれたと見ることは出来ないのではないかと思ふ。ソシュールにおいては、むしろ、歴史を自然の変化と同様に考へる傾向があつたのではないかと思はれる。

言語の歴史といふことをいふ時、例へば、音韻推移の現象や、動詞の活用が下二段活用から下一段活用に移つたやうな現象を、歴史的事実として捉へ、それを以て国語史の時代区劃を設定したり、それらの変遷の原因を明かにすることが、国語史研究の重要な仕事と考へられて来たのであるが、それらの現象は、人間の目的意識の結果ではなく、多分に自然史的現象に類似したものであつて、これを、「歴史」の概念に包摂するには疑はしい点がある。私などの中学生の頃は、動物・植物・鉱物に関する教科は、「博物」と呼ばれてゐたのであるが、その原語は、natural history であつて、自然をその変化の様相に従つて、歴史として捉へることが、この学問の本来の姿であつたと考へられる。このやうなところから、言語における自然史的事実を、国語史と呼ぶことに何の疑もさしはさまなかつたことになつたのではないかと思ふ。しかしながら、このやうに人事・自然を通じて、歴史といふことがいはれることについては、次のやうな批判が提出されてゐるのである。

歴史たる真の歴史と、いわゆる自然科学の領域から発生して同じく歴史――「自然の歴史」――と呼びならわされているしかし名のみの歴史との差異を、その根本の動機から理解しようとするならば、この過程の批判を徹底させなければならない（羽仁五郎訳、クロオチエ『歴史の理論と歴史』第一部九「自然の歴史と歴史」岩波文庫本一六七頁）。精神労作のこの両形式（筆者注、歴史の叙述と自然史の叙述を指す）の混同に対しては、数年前、正しい活潑な抗論が起った。その一つの形式は真の歴史、例えばペロポネソスの戦の、ハンニバルの戦のまたはエジプト古代文化の歴史を含み、その他の一つの形式は、真でない歴史、例えばいわゆる動物有機体の歴史、地面構成の歴史または地質史、太陽系の形成の歴史、宇宙史等を含む。この二形式の混同が抗議されたのである（同上書一六七頁）。人は、あるいは云ふかも知れない。言語史は人事に関することの歴史であるから、クロオチエのいふ真の歴史に所属すべきもので、決して名のみの歴史とはいふことは出来ないと。正にその通りで、言語史は歴史として記述されなければならないものである。しかしながら、近代言語学においては、言語学の対象は、決して人事に属するものとして把握されてゐない。既に述べて来たやうに、ソシュールにおいては、「言語《ラング》」は、聴覚映像と概念との二面を備へた心理的実在体として把握され、自然における「もの」と同一視されてゐる。この言語観から導き出された記述が、自然史的記述になるのは当然である。このやうな結果を打開する道は、一つは、いはゆる言語史を歴史の概念の外に追ひやるか、あるいは、言語そのものに対する考へ方を改めるかの二つの道しか考へられない。歴史と自然史との混同に対するクロオチエの見解を、今少しく追つて見るならば、この二つの歴史の差異について、

歴史家の歴史はつねにその対象として個別的に規定されたものをもちそして内的な再構成によって進むものであるに反して、自然研究者の歴史は類型として抽象を土台とし、類推によって進むものであることが想起された（『歴史の理論と歴史』一六八頁）。

とし、

この僭称的歴史または偽歴史は、空間的に差別ある事物を外見的年代学的に整理したものとして定義され、この定義によってこれを史而上学メタヒストリクという新しいまたその性質に称った名をもって名づけることが提議された（同上書一六八頁）。

と述べてゐる。そしてこの分類的外観が、歴史叙述の外貌を被つた偽歴史は、自然科学に限られず、人間世界の諸科学の領域にも現はれるとし、

言語を抽象的に解剖して、語法部分の諸型式、名詞、動詞、形容詞、代名詞その他を定める方法、または言葉を綴と音とに解剖し、または文体をその本義的な言葉と比喩法的の言葉とまたこの比喩話法の各種の類とに分解する方

法の中においては、われわれが単一より複雑に至る配列を構成することは稀ではない。そしてこれは一つの言語の歴史の幻覚を誘起する。ここに幻想された言語の歴史は各種の語法部分の獲得の連続の進展として、または単音から綴え（単綴言語）、綴から複綴え（複綴言語）、さらに単語から章句え詩節え韻律え、と進展する経過として考えられる。こうした想像的歴史は学者の書斎の中によりほかに演ぜられるものではない（同上書一七〇頁）。

自然科学的考へ方の、もう一つの重要な点は、対象において、それを構成する原子論的単位を分析し、その単位の結合において全体を説明しようとする方法である。ソシュールが、聴覚映像と概念との結合した心理的実在体を、言語《ラング》とする時、それは究極不可分の単位であると同時に、正にそれは言語学の対象でもあるのである。言語学は、この単位的要素と、その結合方式とが問題なのである。従来の言語学が、語論より措辞論への方向をとつて進んで来たのはそのあらはれである。音声学においても同様で、先づ単音を求め、その結合において音節を規定し、リズムを考へるのもすべて同じ原子論的方法に基づくものといへるであらう。このやうな立場においては、分析されるべき全体といふものは視界に入つて来ないし、またそのやうなものを対象として措定する必要も感じられないのは当然である。歴史学の対象は、先づ全体として与へられるのであるから、言語史学が歴史科学として成立し得なかつた理由の一つは、この辺にも求め得られるかも分らない。歴史学そのものの領域においても同様な見地が行はれたものらしく、十九世紀末に、カール・ランプレヒトは、ランケ学派を批判して、「今や歴史学においても『歴史生活の最小の細胞』から出発する新しい科学的方法の時代が来なければならぬと宣言した」といはれてゐる（林健太郎『史学概論』五一頁）。同様のことは、文学研究の世界にも行はれたらしく、夏目漱石は、文学の内容をなす意識の流れの一瞬時をとらへて、これを焦点的印象Fと、それに附着する情緒fの結合から成るとし、この最小単位の結合を以て文学を説明しようとした（『文学論』第一編）。漱石は、このやうな研究が、リュッカー教授の原子論に関する講演に刺戟を受けたものであることを、その書簡の中に述べてゐる。十九世紀後半において、自然科学的考へ方が如何に影響力を持つてゐたかを知ることが出来るので、言語学だけがその埒外に立つことは許せなかつたことであらう。しかしながら、歴史学の対象は、自然科学のそれと異なり、「歴史はつねにその対象として個別的に規定されたものを持」（クロオチエ、同上書一六八頁）つてゐるのであるから、与へられた全体的なものが先づ考へられなければならないのである。

二　言語過程説から導き出された言語史の概念——言語生活史——

言語過程説は、言語を、

人間の表現・理解の行為である

とする仮説的理論に出発し、すべての言語的事実を、それによつて説明しようとする学説であり、またその展開の体系である。それは言語を、聴覚映像と概念との結合体であるとするソシュールの仮説的理論に対立する。それは言語をその実践において捉へてゐるのに対して、ソシュールのそれは、脳中に記憶されたものの総和と体系において捉へてゐる。

言語を、人間の行為であるとするところから、次のやうな等式が成立する。即ち

言語＝言語行為
　＝言語生活
　＝言語活動

行為、生活、活動といふ語は、それぞれに概念内容に若干のずれがあるが、ともに人間の有目的的活動であるといふ点で共通し、無目的的、無意志的な反射運動の如きものと相違する。ここで表現・理解の主体とされてゐる「人間」とは、いふまでもなく、個々の具体的な「人間」であつて、人間一般のやうなものを意味しない。従つて、言語は、個々の人間の行為あるいは生活として成立するものである。この考へ方は、個人の外にあつて、大衆の脳裏に蓄積された言語記号の総和として把握される「言語《ラング》」の概念とは著しい対立をなすものである。またソシュール理論においては、言語《ラング》に備はる共時態、通時態のうち、通時態を対象とするところに、史的言語学が成立すると考へられてゐるのであるが、言

語過程説においては、このやうな変化変遷の担ひ手として言語を考へることはない。そのやうな変化変遷を受ける当体を考へることは、言語を自然科学的な「もの」に類推することから来ることとして排斥する。次に、言語を表現・理解の行為と考へることによつて、具体的にはそれぞれの媒材である音声・文字の相違によつて、言語に次の四つの形態を区別する。

表現 ｛ 音声……話す行為 / 文字……書く行為

理解 ｛ 音声……聞く行為 / 文字……読む行為

この仮説的理論の展開は、言語の実際を観察し説明するに適切な足場であると同時に、ロマンティシズム言語学において、音声言語のみを優先的に、また排他的に取上げた考へ方に対立することになる。言語行為において、右のやうな四つの形態が区別されるといふことは、これら四つの形態がそれぞれにその機能を異にし、言語生活の体系を形作つて、生活の種々相に関連し交渉する事実を明かにするための理論的根拠を提供する。ここから、言語生活の実態といふ考へが出て来る。

次に、言語を行為とする考へ方は、すべての行為が、常に完結を目指し、統一した全体を形成すると同じく、言語行為も完結された全体として実現するものであることを意味する。我々の行為は、その外観だけを見るならば、異質の行為の連鎖、なひまぜとしてしか受取られない。例へば、私が朝起きて洗面し、原稿の続きを執筆し、朝食をとり、また執筆を続け、必要な参考書を調べ、喫茶店でコーヒーを飲み、新聞を読み、昼寝をし、等々の行為が連続する。しかしこれらの雑多の行為の連続を、ただ雑多なものとして意識してゐるのではなく、その中からあるものを選び、ある行為とある行為とを連結させて、行為の連続と統一とを意識するのである。先づ、洗面とか食事とか散歩とかいふ行為は、他の原稿執筆といふ一連の行為から切離されて、日常の衣食住に関する行為として意識される。そして残された原稿執筆といふ行為は、起筆から脱稿までの経過を以て、完結し統一ある行為として意識されるのである。これが、私の言語生活である。しかし、この言語生活の中にも、参考書を読むといふこと、私の思想を文字に定着させる書くといふ異質の言語生活がなひまぜになつてゐる。人間の生活は、すべてこのやうな形で連続してゐる。

これは、行為といふものが、時間の経過の上に実現するものとして、自然物のやうに空間に並んで同時的に存在することが出来ないからである。このやうな混淆の連続、なひまぜの中から、それぞれ統一した関連ある行為を引き出すところに、政治史、経済史、文学史、芸術史、学問史等々が成立するのであらう。言語生活史はそれらの歴史の一環をなすものであると同時に、それらの歴史を成立せしめる、最も基本的な生活である。人間の文化的生活は、何よりも人間相互の関係、即ち社会を構成することを先決問題とする。このやうな社会構成の役目を負ふものは言語以外にはない。そしてこのやうな機能は、言語における主体的表現に属する辞乃至辞的なものによつて達成される。例へば、疑問表現によつて、人間相互の間に、質問者と被質問者といふ社会関係が成立する。このやうな関係の構成によつてのみ、経験と知識が伝承される。文字は、このやうな伝承を、時間的にも空間的にも拡大させるところに本質的な機能が存在する。総じてこのやうな社会関係が構成されるには、表現者の言語が、受容者によつて理解されるといふ伝達の事実を前提としなければならない。伝達を媒介として、始めて言語生活が社会構成に関与し、政治生活、経済生活、その他の文化生活に交渉関連を持つて来る。人間関係の構成は、疑問表現によつて成立するだけではなく、種々様々の関係を構成することが出来る。このやうな関係なくしては、我々の社会生活は一歩も前進することは出来ないのである。

言語行為が完結し統一したものとして成立するといふことは、その反面に、未完結に終はる場合のあり得ることを意味するので、例へば、途中で読みさして放擲してしまふ参考書もあれば、未完のまま放置しなければならなくなる原稿もあり、いつ終るとも分からぬやうな果しない冗舌もあるが、それらはそれで、未完結といふことに問題が生じ得るので、完結したものも、未完結のものも無差別であるとはいへないのである。例へば、尾崎紅葉の『金色夜叉』夏目漱石の『明暗』の如きは、ともに未完の作品であつて、それらは未完の作品であるといふところに、完結した作品とは別個の考慮において見られなければならないことを意味する。

以上のやうに、言語行為において、完結した統一体としての全体を問題にすることが出来るのは、言語を行為と見ることから来ることで、言語において、究極不可分の単位的要素を求め、その結合において言語の事象を説明しようとする、近代言語学の原子論的考へ方からは出て来ないものである。

以上のやうな言語過程説の理論が、国語史の概念にどのやうに交渉するかといへば、先づ第一に、我々の言語生活は、「話す」「聞く」「書く」「読む」の四の行為形態が、一つの体系をなしつつ、生活と関連し交渉する。この形態の一つを欠く時は、例へば、聾啞者、盲人の場合のやうに、生活への関与に甚しい不便を来たすことがあるし、そのやうな生理的欠陥によらない場合でも、文盲者は、今日の時代においては、一般人と同様な言語生活を営むことが出来ない、不具者と同様に扱はれなければならない。もしある時代の、各個人の言語行為の体系を記述することが出来るならば、我々はその時代の言語生活の実態に触れることが出来るわけである。現代のやうに識字度が非常に高くなつて、殆ど万人が一様に文字を読み、また書くことが出来るやうになつた時代と、文字が、一部階級や特殊の身分のものに限られてゐたやうな時代とを、比較して見るならば、そこには、著しい段階的発展の様相を観取することが出来る。この発展をもたらした最大の原因は、教育であるが、更にその根底には、中央集権的政治意識があることは著しい事実である。このやうな意味で、我々は封建制の崩壊と明治政府の成立といふ政治的変革を、国語史上の一劃期とすることが出来るのである。もしこれを国語の内部構成である音韻、語彙、文法に目安をとるならば、江戸時代と明治時代との間には、劃然とした一線を引くことは出来ないであらう。

また音声言語について見るならば、その実態を知ることが出来る資料を持合はせてゐないのは、それはそれとして、音声言語がまだ社会的に政治的にその機能が認められてゐなかつたことを物語るのであつて、今日と比較して、そこに言語生活の変遷を知ることが出来るのである。更にこれを、太古において文字の使用のなかつた時代と、ラジオ、テレビ等のマスコミュニケーションの媒体による音声言語生活の相違を比較するならば、音声言語生活の実体そのものの変遷をも観取することが出来る。そしてこれらの言語生活の実態の変化は、それぞれの言語形態の音韻、文字、語彙、文法の細部を制約し、例へば、最も耳に入り易い語彙とか、音韻、文法の形式を選ぶといふやうな努力が払はれる。ここでも、言語は全体が部分を規定し制約するといふ、原子論的観点とは反対の、全体論的観点が要請されるのである。

以上、言語を、人間の行為とする言語観を発展させて、国語史を、言語生活の体系の変遷として捉へたのであるが、言語を人間の行為と考へることによつて、それが人間の他の行為即ち政治、経済、教育等の文化的活動と無縁のものでなく、言語史を歴史の一環と見る根拠を明かにすることが出来たのである。ソシュール言語学は、言語の内的要素と外的要素とを区別し、外的要素の研究は、言語の内部組織を知る上に、不可欠のものでないことを力説してゐる（小林英夫訳『言語学原論』三三頁以下）。ここに外的要素とは、言語に交渉を持つところのあらゆる制約、即ち政治、教会、学校等を指してゐる。これら外的要素が言語の内部組織に関係がないといふのは、外的なものが、その「言語《ラング》」的なものにおける体系と文法とには無関係であることをいつてゐるので、確かに、日本語の体系と文法とと《ママ》は、国語が多くの漢語をその中に摂取したこととは、無関係に考究することが出来るに違ひない。借用語は、その渡来の経路の如何に拘はらず、体系としては、固有の語と何等の区別がないとしてゐる。この考へは、言語研究の正面の対象を、「言語《ラング》」の体系とその文法組織とにとることからいはれることである。しかしながら、もし言語研究の対象を、言語行為、言語生活といふことにとるならば、文学生活と政治生活とにおいて、異なつた言語の表現形式即ちジャンルが持たれてゐた、例へば、平安貴族の言語生活の如きものにおいて外的要素の重要である所以が分るのである。

三　筆者の国語史研究に関する論文の解説

前項に述べたことは、言語過程説に基づく国語史研究を、その理論に従つて体系的に述べて来たのであるが、ここでは、国語史研究に関する既発表の論文を、その時間的発展に従つて、略述したいと思ふ。これは全く自己反省のため以外のものではない。

(一) 国語学の方法論に対する一の提案（『国語学への道』に収載）

昭和四年九月二十六日、東京大学国語研究室会における談話に基づいたものである。従来の国語史研究は、近代ヨーロッパ言語学の課題と方法とに従つたもので、そこでは、印欧言語に存する類縁性 affinity を追つて、そこに存する系統関係を明かにしようとしたもので、それは、ヨーロッパ人にとつては極めて日常的な問題に出発してゐることを知ることが出来る。ところが、国語がその近隣の諸言語との間に何等かの類縁性があるといふことは、学問的操作の結果においていはれることで、朝鮮語との関係すら常識的には意識にのぼらない。学問の課題が、ただ学問の課題として設定されることは不健全であつて、国語学においては、国語における最も顕著な問題に著目し、そこに課題を設定し、方法を考へるべきである。国語における最も顕著な事実は、国語が、国初以来、日本語とは性質の異なつたシナ語を多分に摂取して来たといふことである。類縁性、系統関係を追求する言語学の代りに、異質言語との混淆現象を問題とする言語研究が想像される。このやうな課題が、今日の甚しく煩雑な相貌を呈してゐる国語の実際を解明する基礎ともなるであらうとしてゐる。ここに考へられてゐる国語史像は、第八項に解説する『国語学原論続篇』第六章「言語史を形成するもの」の河川図式的国語史に図式化された。

(二) 言語学と言語史学との関係（昭和十九年十月『国語学論集』橋本博士還暦記念会編）

前項の談話を承けて、私は京城大学において、「漢字漢語の摂取に基づく国語上の諸問題」なる題目の下に、その方面に関する先学の業績を整理する仕事に従事したが、「もしこの問題を国語の歴史的現象として捉へようとするならば、国語史観の樹立こそ先決問題であり、更にそれは言語の本質に関する問題の解決によつて、始めて可能である」（『国語学への道』六四頁）といふ見地から、私はその後、十年余、専ら『国語学原論』の内容をなす諸問題に精力を傾注した。本論文は、このやうにして、ほぼ形を整へるに至つた言語過程説理論に基づいて、近代言語学の言語史観を批判したものである。

ソシュールが、言語《ラング》に対する観点の相違から、共時言語学と通時言語学とに分つ考へ方を批判し、言語の変遷の担ひ手である言語《ラング》自体の変貌とすることは、言語を自然物や有機体である「もの」と同一視することから来る誤りである。歴史的変遷の認識は、独立し、完結した個々の言語的事実相互の関係において構成される研究者の認識であることは、彫刻の歴史、文学の歴史について見ても明かである。白鳳時代に成立した一仏像が、次第にその外貌を変じて天平時代の仏像になつたのではない。白鳳のそれは、それで独立し完結したものであり（行為の完結であり）、天平のそれは、それでまた完結して一個の独立体をなしてゐる。この両者に何等かの関連と発展が認められた場合、ここに白鳳期より天平期への彫刻の歴史が記述されることになる。勿論、白鳳期の一仏像が、年月の経過において、ある部分が剥落し、色彩が褪ることがあり得るが、それは自然的変化であつて、この仏像の作者の関知しないところである。それは人間に関する事柄でも事件でもないから、これを歴史的変遷とはいふことが出来ない。このやうに見て来ると、言語表現の体系に属することは、言語学の対象であるが、個々の表現相互の間に認められる歴史的変遷の事実は、彫刻の歴史、文学の歴史においてと同様、歴史学の対象に属することである。言語を、彫刻や文学と同列に見る考へ方は、言語を行為と見る言語過程説の根本理論を踏まへた立言である。

本論文では、まだ、言語生活の体系といふことも、言語生活と他の人間生活即ち政治、経済、教育等との連関交渉といふこと、換言すれば、言語生活の実態といふ考へも打出されてゐない。この事実が打出されるためには、表現・理解の行為といふことを、個々別々に取上げたのでは不可能なことであつて、表現より理解への流れ、即ち伝達の事実を媒介として、始めて言語と他の人間行為とが関連を持つて来る。言語の機能といふことも、そこから問題になつて来ることである。

㈢ 国語における「変」の現象について（昭和二四年六月『国語学』第二輯）

前項論文において、国語における変遷と変化の差異を論じたので、この観察的立場における認識を、一般的な「変」の事実に還元して、それら「変」における種々相を吟味した。

㈣　国語史研究の一構想（昭和二四年一〇・一一月『国語と国文学』二六ノ一〇・一一）

本論文では、言語生活が、「話すこと」「聞くこと」「書くこと」「読むこと」の四つの形態の総合によつて、ある体系をなしてゐるといふ考へを打出し、これらが、個人の言語生活において、また一時代全体の言語生活において、どのやうな比率になつてゐるかを問題にし、そのやうな体系の変遷において、国語史が成立することを説いた。ここでも、まだ四つの形態のそれぞれが、各個別にある生活と結びついてゐるやうに説かれたために、言語が社会生活を成立させる、最も根本的な紐帯であることが明かにされなかつた。

㈤　国語生活の歴史（昭和二六年九月『国語教育講座』巻一「言語生活」下、刀江書院）

前項論文を講座向きに書き改めたもの。国語生活の時代的変遷の大要を記述しようとして果さなかつた。歴史的変遷を記述する前に、国語生活の体系の変動をもたらす要因となるものが何であるかの目星を、もつと方法論的につけて置くべきことが痛感された。

㈥　言語の社会性について（昭和二六年九月、岩波『文学』十九ノ九）

㈦　対人関係を構成する助詞、助動詞（昭和二六年十二月『国語・国文』二〇ノ九）

右の二論文は、国語史研究に直接関係がないやうに見えて、実は国語史研究の前提問題を扱つたものとして、私にとつては重要な意義があるものである。論文㈥の「はしがき」に、私は次のやうに述べてゐる。

私は、この二三年来、私の最近の研究題目である「国語史研究」を展開するために、言語の社会性をどのやうに見るべきかの問題について考へをめぐらして来た。そして、言語の社会性は、ソシュール並にフランス言語社会学派が考へてゐるやうな「ラング」の概念の設定においてでなく、更に積極的に云ふならば、「ラング」の否定において、正しく認識せられ得るものであると考へるやうになつた

とあるやうに、本論文執筆の直接の目的は、言語過程説において、言語の社会性をどのやうに考へるかを明かにすることであつた。また本論文執筆の動機は、大久保忠利氏その他の人々から寄せられた過程説批判である。言語を、人間の

表現・理解の行為であるとしたところから、それは、個人心理学的であり、社会性意識において欠如してゐる。その点ソシュール理論より後退してゐるといふのである。それならば、フランス言語社会学派において、言語《ラング》を何故に社会的と云つたかを見るのに、それは、言語《ラング》が社会の成員の交渉の結果、同一社会に共通なものとして成立したがために、そのやうにいはれてゐるに過ぎない。ラングが社会的結晶とも、社会的所産ともいはれるのは右の意味である。更に、言語社会学派の研究業績を見れば、言語が、いかに当代社会の政治、経済、文化等を反映してゐるかの調査であつて、その意味において、言語研究が社会学に大きな貢献をするものと考へられてゐるのである。このやうな思想においては、言語が如何に社会を構成するかの、積極的な機能の面は全然見失はれてゐる。ところが、この点が人間社会と動物社会とを区別する重要な点で、常識的には多くの人によつていはれて来たことであるが、二の言語学説はこれに答へることが出来ない。何となれば、言語《ラング》は個人の機能の外に立ち、社会的所産であり、社会の反映に過ぎないと考へられてゐるからである。言語過程説は、これに答へるに、先づ、社会とは、人間相互の関係現象とする社会学説に立ち、言語はこのやうな社会関係を構成する機能を持つが故に、言語が社会的であるともいはれるとした。

論文(七)は、右の社会的機能を、具体的に言語の表現形式に即して考察したもので、言語が対人関係を構成するのは、主体的表現に属する辞即ち助詞助動詞あるいは辞と同等の機能を持つ形式に基づき、質問者と被質問者（疑問の助詞により）、命令者と被命令者（命令形により）、勧誘者と被勧誘者（推量の助動詞により）等の対人関係が成立し、ここに社会が成立する。動物は、恐らくこのやうな関係を構成するための表現形式を持たないであらう。以上のやうな理論の展開は、『国語学原論』の場面論に基礎を置くものであつて、あるいは、個人心理学的であるが故に、よく言語の社会的機能に触れ得たとも云ふことが出来るのであらう。

(八) 国語学原論続篇（昭和三〇年六月刊、岩波書店）

国語史に関するものは、主として、その第六章「言語史を形成するもの」に述べられてゐるが、なほ、各論第一章「言語による思想の伝達」第二章「言語の機能」特にその第一項「言語と生活との機能的関係」第四章「言語と生活」第五章「言語と社会及び言語の社会性」等の諸項目は、それぞれに独立した問題を扱ひながら、第六章に対しては、序論的、予備的、前提的な位置と意味とを持つものである。これらは、上に解説した諸論文に扱つた事項を整理包含しながら、言語と生活との交渉の問題の基礎に、伝達論を置いたといふことは、すべての問題を具体化する上に極めて有効であつたと思ふ。ソシュール言語学においては、伝達の問題は極めて軽く扱はれた。軽く扱はれたといふことは、社会の共通財としての言語《ラング》を設定したがために、言語が通ずるものであることは、極めて自明のこととして説明が出来るのであるが、実際問題としては、伝達が成立しない、甚だ成立しにくいといふのが実情である。

そこで、私は言語は通じないものであるといふ、伝達悲観論を前提として、言語が通じない所以を明かにし、更に通ずるための条件を探求するといふ方向に研究を進めた。国語教育の立場も、国語政策論の立場も、すべて言語を通じさせる努力であると考へられるやうになつた。このやうな問題設定のためには、また問題解決のためには、個人心理学的と批判された言語過程説こそ、最もよき武器であると考へられたのである。私が、伝達論を正面の課題に据ゑた時期といふのは、講義案を見てもさだかには知り得ない。ただ、長野県で行つた講演が、「国語における誤解と曲解」と題して同県教育会誌（昭和二六年五月『信濃教育』七七三号）に掲載されてゐるところから見ると、その前後にそのやうな問題に関心があつたことが分る。私の記憶では、言語過程の表現過程の部分をそれまで問題にして来たので、次には、理解主体を主にして扱はうと意図してゐたもののやうである。しかしながら、誤解とか曲解とかいふことは、第三者の観察的立場の問題であつて、実践の当事者の意識の問題でないと考へた結果、表現より理解への流れを、伝達として把握してこれを正面の課題に据ゑるやうになつたものと思ふ。昭和二十九年四月刊行の『国語教育の方法』には、伝達を主軸にして国語教育の問題を扱つてゐる。以上のやうな経過によつて、伝達論が、言語過程説の体系の基礎的な部分となつたのであるが、言語と生活との関係によつて記述される言語生活史のためにも、重要な基礎的な問題として設定されたのである。

次に、本書において、新しい国語史研究は、これを「河川図式」において構想すべきことを述べて、従来の国語史の

「樹幹図式」であるのに対立させた。樹幹図式は、生物学において、原始生物から分岐して今日の状態を発生したとする進化学説を図式化したもので、これを言語の進化に適用したものが、言語系統図であるが、それが、生物学からの類推であると同時に、その興味は、生物学の場合と同様に、原始形態に向けられるのは当然で、原始形態からの進化発達として言語史を記述しようとするのである。印欧祖語の復原、原始日本語の探求といふことは、皆、同じ立場における研究と見ることが出来る。これに反して、「河川図式」的構想においては、原始形態の進化発達において歴史を見ようとするのではなく、異質的なものの流入において、新しい環境への適応において、常に新しい体系を創造して行く様相を歴史として把握しようとするので、これは一般文化史の研究とその歩調を合はすものである。例へば、儒教思想が仏教思想を取入れて、朱子学として再生したやうに、また我が国の仏教の歴史について見ても、依拠した経典の相違により、社会状勢の変遷に伴つて、都市仏教より山岳仏教へ、更に人心の救済を第一義とする鎌倉仏教へと、その教理体系を革新したやうに、国語の歴史についても、同じやうな観点が用意される必要がある。この考へは、本項の(一)に述べた「国語学の方法論に対する一の提案」に述べたところを承けたものである。

また本章において、従来、国語史研究の資料の欠漏の穴埋めに利用された漢文訓読語の研究に対して、これを外国語摂取のための飜訳の事実として見ること、そして、それが漢文訓読の第一義的意味であるとしたことも、上に述べた趣旨に連なるものである。国語の文体の変革といふことは、漢文そのもの、あるいは欧文そのものの影響によるといふよりは、厳密には、国語による飜読の形式を媒介とするものであることは、極めて自明の事柄であるからである。同様の意味で、古語資料的宝庫と考へられてゐる古辞書の類も、第一義的機能としては、漢字あるいは古語を飜訳するところにあつたと見るべきであらう。

また、本章において、文学史を、言語生活史の一環、即ち文章生活史として位置づけたことも、「書くこと」「読むこと」を言語生活の形態とした基礎理論の当然の帰結である。従つて、文学史は創作主体の側からのみ記述されるべきでなく、それが如何に受容されたかの読者の側からの記述が重要になつて来る。古今集の文学史的価値は、その作品の絶対的価値によるよりも、それが永い年月に亙つて作歌の規範として受容され、一つの精神史を形成したことに基づくのであらう。万葉集が明治時代に入つて復興したことも、文芸復興期にギリシャ思想が復活したと同様に、読む立場に立つならば、万葉集が奈良時代にその幕を閉ぢたとはいへないわけである。この場合、古典文学が外国文学と同様な、新しい文学生活の原動力となつたのである。

以上、私は、近代言語学における言語史に対して、言語過程説に基づく言語史の体系と、その理論の展開の次第を略述して来た。しかし、国語史を具体的にどのやうに記述するかといふことは、全く今後に残された問題になつてゐる。

（※一九六〇年発表）

言語・文章の描写機能と思考の表現

はしがき

本稿は、早稲田大学国文学会主催の昭和四十年度入学国文科学生の歓迎講演会（四十年四月二十四日）において行つた講演原稿に、若干手を加へたものである。

本稿の内容は、言語の表現論の一環をなすもので、言語において、描写とはどのやうな事実をいふものであるかを、最初に問題として取上げ、次に、言語の本質的機能は、描写よりも、思考を表現するところにあることを明らかにしようとしたものである。思考の表現といふことは、文学的、非文学的作品に通じていはれることで、すべての言語的作品の根本的性格とも考へられるものである。

一

文学において、描写といふことが、やかましくいはれるやうになつたのは、ヨーロッパの文学理論である写実主義が輸入されてからであり、特に、明治三十年代の後半から、四十年代の前半にかけて、自然主義文学のリアリズム論が、盛になつてからであるといつてよいであらう。描写といふことは、それまでの小説が、例へば、馬琴の『八犬伝』のやうな、読本系統の小説が、脚色と、外面的な文章技巧とに浮身をやつしてゐたことに対して、もつと人生に触れるやうな作品を作るための方法として提唱されたものである。例へば、島村抱月は、「文芸上の自然主義」(明治四一、一「早稲田文学」)といふ論文を発表し、自然主義文学の方法としての描写の問題を大きく取上げてゐる。抱月において、文芸の目的は、人生の真を写すにあるとされてゐるのである。描写といふのは、趣旨を伝へたり、筋を語つたり、事件を伝へたりするのではなく、生き生きとした光景を、そのまま文章の面に再現しようとするのである。そのために、作者は、自己の思想や判断を捨てて、自然人事に対して、傍観的態度でこれを観察し分析しなければならない。描写といふことは、描写そのことに意義があるのではなく、それによつて、自然人事の真相に触れるところに意義があるとしたのである。

田山花袋は、「露骨なる描写」(明治三七、二「太陽」)、「描写論」(明治四四、四「早稲田文学」)を発表し、その時代の文章を、鍍《メツキ》文学として斥け、「何事も露骨でなければならない、何事も真相に触れなければならない、何事も自然でなければならない」といふやうなことを述べてゐる。

時代が溯るが、子規が「写生文」を提唱したこと(明治三三年頃)や、「俳人蕪村」において、蕪村の写生句を高く評価したこと(明治三十年頃)なども、右に述べた描写論に関係があるかも知れない。更に溯ると、明治十八年の逍遥の『小説真髄』には、小説の主眼を説いて、小説の目的は、人情特に情慾の内幕を洩すところなく描くことであり、傍観者の立場において、ありのまま模写することであると述べてゐる。

このやうにして、描写といふことは、近代文学の重要な方法とされ、〈描かれてゐるか否か〉といふことは、文学評価の重要な基準とされたのである。津田左右吉の次の論は、近代描写論を基準として、和歌文学を批評した言葉とも受取られるのである。

以上は長歌に於いてのことであるが、短歌ではなほさらであるので、恋人のすがたを想見する詠は少なくないが、それを叙《註》してあるものは極めて稀である。(中略)かういふことを叙するよりは、わが心情を述べるところに歌の興味が置かれたのである。自然界の風光に対しても同様であつて、花鳥の色をも音をも精細に写すことはせず、山水の姿も空ゆく雲のたゝずまひ波たつ海のながめも、そのものそのさまを叙するよりは、それに対する作者の感懐を述べるのが主であつた（『文学に現はれたる国民思想の研究』改訂版第一巻一五五頁）。

註　「叙す」は、ここでは、「描写」と同意語と見てよいであらう。

後の第四項に述べるやうに、言語文章の本質的機能を、思考の表現にあるとするならば、文学作品に対する評価の基準は、自ら異なつて来るであらうといふことが考へられる。

二

描写についての問題や疑問は別として、我々の日常の読書経験としては、確かに描写と名づけるにふさはしい事実を、しばしば経験する。例へば、

春の苑紅匂ふ桃の花下照る道に出で立つをとめ（万葉集、家持）
みよしのの象山のまの木ぬれにはここだも騒ぐ鳥の声かも（同　赤人）
閑さや岩にしみ入る蟬の声（芭蕉）
牡丹散りて打重なりぬ二三片（蕪村）

等において、ある種の色彩経験と音響経験とを獲得する。しかしながら、これらの表現において、言語が、絵画のやうに、自然の景色を模写してゐる、音楽のやうに、自然の声を再現してゐると見てよいであらうか。ヨーロッパの文学理論では、言語は、文学表現の媒材メディアと考へられてゐるので、文学と、その媒材である言語との関係は、絵画と、その媒材である線や絵具との関係、彫刻と、その媒材である石材や木材との関係、音楽と、その媒材である音との関係

と対比されて考へられてゐる。芸術作品と媒材とは、彫刻と石材・木材のやうに、それぞれ別の世界のもので、媒材は、描写の手段、道具として扱はれてゐる。花袋が「描写論」において、〈描写〉といふ語に、〈ペーンティング〉の語を当ててゐるのは、絵画の類推において描写を考へてゐたのかも知れない。絵具が外界を模写して絵画が成立するやうに、言語が外界を描写して文芸が成立するやうに考へてゐたのかも知れないのである。

この言語と文学との関係論に即応するかのやうに、ヨーロッパの言語理論には、語の一般的意味と臨時的意味とを区別する。一般的意味といふのは、辞書に記載されてゐるやうな非限定的意味で、この語を、赤人が経験したやうな〈鳥〉を表現するために用ゐるならば、この〈鳥〉の意味は、特定の鳥に限定される。これを臨時的意味と呼んでゐる。即ち、この語は、特定個物を表現したことになるのである。また例へば、芭蕉が、〈蟬の声〉と詠んだ時、この蟬は、芭蕉が経験した特定の蟬に限定されてゐるとする。そこで、その特定の蟬が、アブラゼミかニィニィゼミかのせんさくが重要なことことされて来るのである。作品の鑑賞といふことは、作者の経験した個物に立返ることであるとし、従つて、語の限定された表象の受容といふことが問題になる。これらの考へは、すべて語が特定個物を表現することができるとする考へに出発してゐる。しかし、言語が、特定個物を表現することができるといふことは、表現だけの問題としてならば、承認できても、我々の具体的な言語経験である、表現より理解への流れを問題にする伝達論の立場では、全く承認できないことを知るのである。前掲の諸例から受ける闡明な印象は、決して、そこに用ゐられてゐる語が、作者の特定経験を如実に描写してゐるためではない。作品を読んで我々が経験するものは、音の連続か、文字の連続だけに過ぎない。それらの音や文字に何等かの意味があると感じたとしたらば、それは読者が、彼の脳中に、音や文字を媒介として、彼自ら喚起したものに過ぎないのである。絵画における色彩や、音楽における音の強弱は、我々の感情に直結するのであるが、言語における音の連続は、読者の頭脳に、概念を喚起するに止まる。この概念を闡明なものにするのは、受容者である読者の経験、教養、経歴等によるのである。読者自身の経験や教養によつて着色、肉付けされたものを、言語の描写機能によるもののやうに錯覚するに過ぎないのである。

桑原武夫の『文学入門』(岩波新書) 第五章「アンナ・カレーニナ読書会」に次のやうな問答が記されてゐる。

A　思想的な小説なら、そうでしょうが、それでも小説には描写がございます。家とか器物とか着物の柄とか、そういうものは訳(註、翻訳の意) で十分わかりますかしら?

(中略)

K　言葉でもってものを十分に描き現わそうということが、そもそも無理なことなのです。しかし、近代の小説はリアリズムに立っている。リアリズムというのは、ものを目に見えるように描写するというより、むしろ、ものを見たかのように意識させる方法といえましょう。

A　人間の肉体を描くことになると、トルストイの上に出るものはない、と申しますが、たしかに、ここにもたくましい肉体性がありますわね。

K　ええ、ただその肉体性というのは、肉体そのものをこまかに描き現わしているという意味じゃなくて、つまり絵画や映画、あるいはいわゆる近頃の肉体描写をいうのでなくて、文字によって読者に肉体の存在を意識させるということでしょう。……私たちはアンナにすれ違ったような気がするが、この美人の灰色の眼のほかは何もわかっていない。

以上のやうに、絵画や音楽が、外界を描写するといふことと、言語が、外界を描写するといふこととは、根本的に異なつた事実であることを知るのである。このことは、同じく表現といつても、言語・文学と、絵画や音楽とは、著しく異なつたものであつて、同一線上では扱ふことができないものであることを知るのである。

描写といふことが、言語の表現機能ではなく、受容する読者の側の体験、教養に基づくものであることは、次の事例によつて知ることができる。北原白秋の『邪宗門秘曲』中の第二聯、

目見《まみ》青きドミニカびとは陀羅尼誦し夢にも語る、

禁制の宗門神を、あるはまた、血に染む聖磔《くるす》、
芥子粒を林檎の如く見すといふ欺罔《けれん》の器《うつは》、
波羅葦僧《はらいそ》の空をも覗く伸び縮む奇なる眼鏡を。

右の「芥子粒を林檎の如く見す」といふところは、吉田精一の『日本近代詩鑑賞』の説明によれば、もと、『切支丹宗門来朝実記』に、「芥子を玉子の如く見する近眼鏡（註、顕微鏡の意）」、とあるのによつたものとされてゐる。白秋が、「玉子」を「林檎」に置換へた意図を推測するのに、林檎といふ語は、読者に強烈な視覚印象を喚起させることができることを期待したからであらう。それは、読者の経験・体験を計算に入れての表現であつて、表現そのものの機能とは考へられない。今、この白秋詩がフランス語に飜訳された場合を仮定してみると、フランス人は、「林檎」の訳語 pomme といふ語から、色彩の美しい果実を思ひ浮べる代りに、土色をした馬鈴薯に似たものを頭に描くに過ぎない。フランス語で、「馬鈴薯」を、「土の林檎」あるいは単に「林檎」と呼んでゐるのは、この両者の外形や色彩が似てゐるといふ生活経験に基づくのである。従つて、ここでは、直訳が全く意味をなさないことになるのである。

三

正岡子規は、「俳人蕪村」において、蕪村の客観句を高く評価して、それが芭蕉よりも上位に位するもののやうに見てゐるが、既に述べたやうに、それは、自然主義リアリズム論の尺度による作品評価に過ぎない。言語・文章は、絵画、音楽のやうに、外界を模写したり、再現したりする機能を持合はせないとするならば、言語・文章の表現の特質は何であるかが問題になる。

近代文学論の描写論の基礎にある言語理論は、言語を、文学表現の媒材メディアとする考へ方であることは、既に述べた。言語は、絵画における絵具、彫刻における石材、木材と同じに考へられてゐる。両者は全く別の世界のものとす

るのである。言語と文学との、以上のやうな関係論に対して、中国における詩論にあらはれた考へ方は、それとは全く別のものであつた。そこでは、心の中にある感動が、言となり、詩となると考へるのである。これは、言語と詩とを別の世界のものと考へず、言語と詩とを連続的のものとする考へ方である。言語を、文学を成立させる手段・道具と考へないで、言語の根本的性格において文学を考へようとする立場である。日本の文学論にあらはれた言語と文学との関係に対する考へは、すべて、この連続観に立つてゐると見てよいであらう。例へば、古今集の序に、

やまと歌は、ひとの（異本に、ひとつとある）心を種として、よろづの言の葉とぞなれりける。世の中にある人、ことわざしげきものなれば、心に思ふことを、見るもの聞くものにつけていひいだせるなり。

とあるのがそれである。また、京極為兼の『和歌抄』に、

万葉の比は、心のおこる所のまゝに同事ふたたびいはるるをもはゞからず、褻晴《けはれ》もなく、歌詞たゞのこと葉ともいはず、心のおこるに随ひてほしきまゝに云ひ出せり（「日本歌学大系」巻四）。

とあるのも同じである。

為兼は、更に、

言葉にて心をよまむとすると、心のまゝに詞のにほひゆくとはかはれる所あるにこそ。

と述べてゐるが、右の引用の前半は、言語を、文学表現の媒材とする考へとして解釈することができるが、後半は、言語・文学の連続観を述べたものと見るべきであらう。この連続観は、本居宣長が、

詞のほどよくとゝのひてあやありとうたはるゝものはみな歌なり（『石上私淑言』上巻）。

と言つた思想にも通ずるのである。

文学を、言語の根本的性格において考へるといふことは、どのやうなことを意味するのであるか。言語が、絵画のやうに、外界を模写するものでないことは、既に述べた。言語において、描写といふことがいはれたにしても、それは、絵画における描写とは、全く異質のものであることも既に述べた。言語は、音楽のやうに、感動を表現することがある。

しかし、それは、音楽の律動が感情や情緒に直結するやうな関係で、感動を表現するものではない。例へば、和歌で、抒情といふことがいはれても、それは決して音楽が抒情的であることと同一ではない。言語において、描写といふことがいはれ、抒情といふことがいはれる時、それらはすべて思考の表現を媒介としてのみ、描写や抒情が成立するのであつて、言語の根本的性格は、思考を表現するところにあるといふべきであらう。もしここに、言語・文学を連続的なものとする考へ方を持込むならば、文学は、思考を表現するものであるとするところに、その表現の根本的性質があるとしなければならない。これが即ち文学を、言語の根本的性格において考へることの意味である。

四

言語・文章の根本的性格を、思考の表現にあると考へ、文学を、言語・文章の発展とする言語・文学連続観に立つ時、文学といへども、言語・文章の根本的性格である、思考の表現といふことを免かれることはできない。このことを明らかにするために、次のやうな順序に従つて、論を進めることにする。

一　思惟・思考の表現とは何か

二　俳句における実例の解説

先づ思惟・思考とはどのやうな事実であるかを「哲学辞書」に当つて見ることにする。

「思惟」—認識一般において受容的な多様性の側面に対して、能動的統一化の側面を思惟といい、古くから感性的知覚に対立させられている（平凡社『哲学事典』の「思惟」の項）。

「思惟」—思考ともいふ。心理学的には結合の目的が意識せられた表象と表象との結合即ち統覚(註)の一種。換言すれば自我の能動的統合作用（岩波『哲学小辞典』）。

（註）統覚―ライプニッツは、㈠明瞭なる表象、㈡経験を総合し統一する作用の二義に用ひたが、カント以後多くは後者の意味に用ひられる（岩波『哲学小辞典』）。

もし、私の理解に誤りがないとすれば、思考あるいは思惟といふことは、多様な外界に働きかけて、これを統一する自我の作用であるといふことになる。このやうな思考を表現したものが、言語・文章であり、その表現の法則を記述したものが、あるべき「文法」の体系であると言つてよいであらう。ここで、あるべき文法といつたのは、今日通行の文法は、必ずしも、ここにいふ思考即ち話手である自我の作用・活動を考慮して組織されたものではなく、いはば、統一作用の志向対象となつてゐる〈受容的な多様性の側面〉のみについて組織されたものである。世に「時枝文法」と呼ばれてゐる日本の伝統的文法においては、「てにをは」の名称によつて、この話手の統一作用の表現を重視してゐることは、注意してよいことである。

今、この思考における〈能動的統一作用〉といふことは、一般には、真理を対象とする論理的判断（命題）に限られてゐる。そして、その統一作用の言語的表現の在所は、通行文法においては、文の述語に寓せられてゐる。例へば、

　旅に病んで夢は枯野をかけ廻る

においては、統一作用は、述語の〈かけ廻る〉に寓せられてゐるとされてゐる。しかしながら、〈かけ廻る〉といふ語は、受容的な多様性の側面に属する、表現者の立場からいへば、客体界に属する事柄であつて、表現者の統一作用といふ主体的な判断が、そこに寓せられてゐると考へることは適当でない。今、この表現の否定判断の場合を考へてみると、

　夢は枯野をかけ廻らず‖

となつて、否定判断の表現〈ず〉は、述語外に置かれてゐる。ここから逆推して、単純な肯定判断の場合は、

　夢は枯野をかけ廻る▨

のやうに、述語の外に置かれると考へるのが妥当である。私は、このやうな、言語形式に現はれない統一表現を、〈零

記号の辞〉と呼んでゐる。この統一表現は、客体界の表現である〈旅に病んで……かけ廻る〉全体を包んでゐると見ることが許されるであらう。その意味で、この句を思考の表現といふことができるのである。

思考の表現といふことは、右に挙げたやうな、主語（夢）、述語（かけ廻る）を具備した文についていはれるだけでなく、

面白うてやがて悲しき鵜舟かな

のやうに、全体が、〈かな〉といふ感動によつて統一されたものも、これを思考の表現といふことが許されるであらう。その他、感動、欲求、命令、希望、意志等の表現は、それらの主体的なものを以て、客体的事実を統一してゐるといふ意味で、これを思考の表現とすることができるのである。

若葉して御目の雫拭はばや

旅人と我が名呼ばれむ初時雨

は、希望、情意によつて、全体を統一してゐるのである。

次に、上に述べた零記号の辞の考へを、ここに持込むならば、

古池や、蛙飛び込む水の音

の句は、単に外界の事物、事柄の羅列、取合はせではなく、そこには、言語形式によつては表現されてゐない、外界に対する作者の感動があるとみなければならない。強ひて、これを言語形式化するならば、

蛙飛び込む水の音かな

となるであらう。すべて、体言留めの句は、言外の統一作用を認めることによつて、これを思考の表現とすることができるのである。

夏草や兵どもが夢のあと

閑かさや岩にしみ入る蟬の声

荒海や佐渡に横たふ天の川

命令といふ作者の意志は、多くの場合に、用言の活用形の変化によつて表はされる。

五月雨の空吹き落せ大井川

〈吹き落せ〉といふ命令形には、この語の概念内容と、命令といふ主体的なものとが、重ね合はされた形になつてゐる。命令が、この用言に寓せられてゐる形になつて居り、そのやうに説明する文法理論もあるけれども、この場合も、零記号の辞にならつて、主体的な命令表現を「吹き落す」といふ語の外に置いて、

空吹き落せ▨

とすることも可能である。これらの操作は、受容的な多様性の側面といはれる客体的なものの表現と、それに対する自我の統一作用の表現とを、峻別しようとするところから、来ることである。

言語の文章の根本的性格を、思考の表現といふところに置くならば、思考を表現するといふことは、思考された対象だけを表現することではなく、対象に対する表現者の判断、その他の統一作用を表現することである。従つて、文章を、描写の点だけから、あるいは語が喚起する表象の点だけから見たのでは、文を全面的におさへたことにはならない。その文に表現されてゐる主体的な統一作用の表現を見落すことは許されない。

五

芭蕉の『笈日記』に、〈露沾公に申侍る〉と前書して、

五月雨に鳰《にほ》の浮巣《うきす》を見に行かん

の句がある。これについて、俳言・俳諧といふことが問題にされてゐる。土芳の『三冊子』には

春雨の柳は全体連歌也、田螺《たにし》取る烏は全く俳諧なり。五月雨に鳰の浮巣を見に行く（イ、見に行かん）といふ句は詞に俳諧なし。浮巣を見に行かんといふ所俳也。

とある。〈俳〉といふことは、一般には、高尚な生活に関する語、卑俗な生活に属する語といふ見地から、和歌の言語、連歌の言語の区別を立てて、卑俗卑近な語に俳諧を認めようとするのである。ところが、〈鳰の浮巣〉の句には、上に述べたやうな意味での俳言を見出すことができない。それならば、どのやうな意味で、これを俳諧とすることができるかといふことが、『三冊子』の問題なのである。

先づ、穎原退蔵の見解を見てみよう。

もしこの鳰の浮巣を、和歌・連歌と同じく、水に随つてよるべないさまなどによんだら、まつたく連歌になる。しかしさうしたいはば風雅の題材にされる鳰の浮巣を、わざわざ江戸から近江くんだりまで見に行かうといふ風狂が、今まで歌人などに見出だされなかつた境地である（『俳句評釈』上一一六頁）。

として、語の所属において、俳言を区別するのではなく、素材の取上げ方、その風狂の態度に俳諧が見出せるとした。

『三冊子評釈』の能勢朝次が、

それを見に行かんと表現すると、そこに風雅に狂ずる風狂の感が生れるから、俳諧の世界となる（二三頁）。

といつてゐるのも同じ趣意である。

右のやうな、風狂の態度に俳諧があるとする見解とは別に、次のやうな解釈が成立することも許されるであらう。思ふに、芭蕉は、貞享四年の夏には、上京する予定にしてゐたので、そのパトロンである平の城主内藤露沾公に、同道を勧める挨拶の消息を贈つたのである。この場合、芭蕉に、風雅に狂ずる風狂の感を想定することは、必ずしも必要ではない。『三冊子』が、〈浮巣を見に行かん〉に俳諧を認めたのは、この表現が、日常卑近な勧誘の言葉に通ずるものがあり、それをそのまま、句にすることに、俳諧の理念を認めたことによるのではないかと思ふ。

このことは、『黒冊子』に、

師のいはく「俳諧の益は俗語を正す也。つねにものをおろそかにすべからず。此事は人のしらぬ所也。大せつの所也」と伝へられ侍る也。

とあることや、『俳論集』（「日本古典文学大系本」）の補注に示された支考の『十論為弁抄』の引用、

故翁のいへるは、人ありて俳諧といふは何の為ぞと問はむに、俗談平話をしる為なりと答ふべきか

とあることや、また、同じ補注に、朱拙の言葉として、

誰かつたへし、俳諧は平話の新しみを本意として、あながち古人のことばを用ひずと、芭蕉庵の示されしとて、窮巷僻地には、傾冶の艶言、舞妓の荒唐、俚語俗詞ならねば、俳諧ならずと、此筋の魔境におちいるもの多し。

とあることなどを考へ合はせると、日常卑近の言語の発想法に従ふところに、俳諧が成立すると考へられてゐると解釈することが許されるのではなからうか。このことは、和歌より連歌、連歌より俳諧への歴史、あるいは談林より蕉風への流れにおいて、目指されたものを考へ合はすならば、極度に芸術化されたものを、言語の世界に引き戻すところに、俳諧の理念があつたと見ることは、必ずしも無稽の論とはいへないやうである。

いざさらば雪見にころぶ処まで

『笈の小文』に出てゐて、名古屋長谷川夕道宅にての吟であるが、全く対人的会話の語法を、そのまま句として生かしたものである。

辛崎の松は花より朧にて

『甲子吟行』に、「湖水眺望」と題して掲げられた発句であるが、其角、去来の間に、この句の発句としての条件について論がある。この句を、もし、

辛崎の松は花より朧かな

とするならば、この句は、辛崎の松を対象とした、不完全な描写の句となるのであるが、『去来抄』に述べられてゐる、

先師重ねて曰く、其角・去来が弁、皆理窟なり。我はただ花より松の朧にて面白かりしのみなり、

とある芭蕉の言に従ふならば、これは、〈松〉を対象的に捉へてゐるのではなく、松と花とを比較した、比較判断の表現そのものを句としたものであることが分るのである。

若葉して御目の雫ぬぐはばや

『笈の小文』に出てゐるこの句も、鑑真の像を描いてゐるのではなく、作者の鑑真に対する尊敬の気持ちと、それに伴ふ行為の衝動とをそのまま句にしたものである。

面白うてやがて悲しき鵜舟かな

全体は、感動の表現である〈かな〉によつて統一された表現であるが、その内容は、また思考の経過そのものを表現したものである。

結び

文学を、描写の点だけから評価するのは、芸術は、自然人事を模倣するものであるとする芸術論の見解に引きずられた考へ方である。言語・文学の連続観に立つ時、文学の根底、背景には、広大な言語の世界があることを知るのである。言語の世界とは、いふまでもなく思考表現の世界であつて、そこには、文学の本質を考へる場合の重要な基礎があると考へられる。本稿では、専ら芭蕉の俳諧に焦点をしぼつたのであるが、この観点は、他の文学作品にも及ぼすことができるものであると言つてよいであらう。

（※一九六六年発表）

時枝誠記（ときえだ・もとき）

1900年生、1967年歿。国語学者。1925年東京帝国大学国文科卒業。京城帝国大学助教授（1927年）を経て1933年同大学教授。1943年東京帝国大学教授。同年文学博士。1961年定年退官し早稲田大学教授となる。言語過程説を提唱し、国語問題や国語教育にも力を入れた。主著『国語学史』（1940年）、『国語学原論』（1941年）、『国語学原論続篇』（1955年）のほか、『日本文法口語篇』（1950年）、『日本文法文語篇』（1954年）など。

時枝誠記論文選　言語過程説とは何か

刊　行　2018年8月
著　者　時枝 誠記
刊行者　清 藤　洋
刊行所　書 肆 心 水

135-0016 東京都江東区東陽 6-2-27-1308
www.shoshi-shinsui.com
電話 03-6677-0101

ISBN978-4-906917-82-2 C0081

乱丁落丁本は恐縮ですが刊行所宛ご送付下さい
送料刊行所負担にて早急にお取り替え致します

―既刊書―

垣内松三著作選　国民言語文化とは何か

1　国語の力（全）
2　形象理論の道

垣内松三著

「真実・信実・誠実」回復の日本語論。日本語の歴史的共同性再構築のための根本的な視座。――不誠実な言葉による社会崩壊の危機が限界に達し、空疎な、しかし盛装した虚言が横行する今、そして戦後以来の転換期と目される今、（再）発見されるべき垣内松三の言語思想。風土・歴史・生活によって結晶された言葉の実相を探り、国学の可能性の中心である「まこと」を近代的に再理論化。初等教育から哲学まで、世阿弥、宣長から漱石まで、国民言語文化の諸問題と方法論を示す。

各5700円＋税

国文学への哲学的アプローチ

土田杏村著

哲学的アプローチが国文学の深層を現在化する。――西田哲学の流れを汲む「忘れられた哲学者」が「国文学の中核的な仕事は哲学的方法を以てなされねばならない」という立場から、富士谷御杖を一大頂点とする国文学のポテンシャルを哲学的に読み出す。「御杖に聞くべきは、その根本哲学だ。古典を理解する時のその一般的方法論だ。だから我々はその術語などは言霊であっても何でもよい。突き進めた彼の根本思想を尋ねて見たい。」

5400円＋税

—既刊書—

日本文字の歴史

山田国語学入門選書　3

山田孝雄著

漢字＋かな表記はなぜ生れたか、なぜ我々はそれを使い続けるのか。——日本人の心性と不可分の書記システムがもつ歴史性とは何か。文法論や文章論からでは分からない、文字づかいから見える日本語の特異相。「仮名の歴史を論ずる場合に万葉仮名の実体を研究せずしてただちに仮名の論に入るがごときものは、本末を顚倒し、源流を究めずしていたずらに末流に彷徨するものといわねばならぬ」。万葉仮名の革命性を詳説。　3800円＋税

敬語法の研究

山田国語学入門選書　4

山田孝雄著

敬語が日本語の一大特徴として存在するのは何ゆえか。敬語法研究史の原点。——敬語使用の具体例と山田文法の関係から、敬語の諸法則を網羅する。山田文法の最終版『日本文法学要論』（山田国語学入門選書１）における三大論点（語論・位格論・句論）を縦糸に、敬語の種別を横糸に織り上げられた敬語法の構造。　4800円＋税

—既刊書—

日本文法学要論

山田国語学入門選書 1

山田孝雄著

「山田文法」の到達点の精髄。「日本語に主語は必須か」論議を開拓した巨人。——「かかり」とは何か？ 宣長の真価を読み破り「係助詞」の分類を立て、「は」の本質を明るみに出すとともに日本語における表現の本源的な力（陳述の力）を見出して、日本文法学に一大画期をなした理論をはじめとし、日本人の思考法を「長期の歴史において規定する」文法的核心を、一書においてシステマティックに簡潔に網羅する。山田文法論最後の著作。 3800円＋税

国語学史要

山田国語学入門選書 2

山田孝雄著

「言葉」から掘り起こす日本思想史、山田国語学。「日本語とは何ものか」をめぐる千五百年史の要点。——古代から近代まで、日本語研究の歴史と主要論点・主要学説の流れを一書に示す。漢文訓読に始まる国語の自覚、あるいは日本語の特性としてのテニヲハの発見。仮名文字、五十音図、仮名遣い、活用、かかり、それらの有機的関係がなす、国語学史という生命。日本人はいかに日本語を自覚し、日本語となしたのか。 3800円＋税

—既刊書—

時枝言語学入門　国語学への道

附　現代の国語学　ほか

時枝誠記著

言語の本質とは何か。時枝自身による時枝言語学入門

ソシュールらを模倣した近代日本言語学を批判し、日本語に即した日本語研究として構築された「言語過程説」の由来、精神、方法、歴史。『国語学原論（正続）』『国語学史』以降の時枝思想のエッセンス。近代型普遍化主義の迷妄を学問的に批判しうる特異なポジションにある日本言語学の意義を明らかにする。

言語を要素の結合としてでなく、表現過程そのものにおいて見ようとする過程的言語観あるいは言語過程観による、時枝誠記の「言語過程説」。ヨーロッパに発達した言語構成観に対立する、それとは全く異なった言語に対する思想から見出された言語の本質とは何か。

本書は、時枝自身による学問的自伝『国語学への道』に加えて『現代の国語学』を収録。『現代の国語学』の第一部は、言語過程説の理論が正しく理解されるために、明治以来の国語学の全体を叙述し、言語過程説をそこに対比的に位置づける。第二部は言語過程説に基づく国語学の体系を示す。さらに、岩波文庫版刊行中の『国語学原論（正続）』『国語学史』をのぞく主要著作の序文類および目次などを附録し、その業績のアウトラインを俯瞰。

6900円＋税